Kölner Zunftprozesse vor dem Reichskammergericht

Rechtshistorische Reihe

Band 370

Peter Lang
Frankfurt am Main · Berlin · Bern · Bruxelles · New York · Oxford · Wien

Philipp Nordloh

Kölner Zunftprozesse vor dem Reichskammergericht

Peter Lang
Internationaler Verlag der Wissenschaften

Bibliografische Information der Deutschen Nationalbibliothek
Die Deutsche Nationalbibliothek verzeichnet diese Publikation in der Deutschen Nationalbibliografie; detaillierte bibliografische Daten sind im Internet über <http://www.d-nb.de> abrufbar.

Zugl.: Münster, Univ., Diss., 2007

Diese Arbeit wurde von
Herrn Prof. Dr. Tilman Repgen
zur Aufnahme in diese Reihe empfohlen.

Umschlagabbildung:
Justitia – Sinnbild der Gerechtigkeit.
Dieser Bildausschnitt wurde einem Buch
aus dem 17. Jahrhundert entnommen.

D 6
ISSN 0344-290X
ISBN 978-3-631-58059-2

www.peterlang.de

Meinen Eltern

Vorwort

Die vorliegende Arbeit wurde von der rechtswissenschaftlichen Fakultät der Westfälischen Wilhelms-Universität zu Münster im Sommersemester 2007 als Dissertation angenommen.

Mein besonderer Dank gilt meinem Doktorvater, Herrn Professor Dr. Peter Oestmann, der mir nicht nur die Anregung zu dieser Arbeit gegeben hat, sondern mein Promotionsvorhaben in jeder Hinsicht betreut und gefördert hat. Von seinen eigenen intensiven Forschungen auf dem Gebiet der Reichskammergerichtsbarkeit habe ich bei meiner Arbeit sehr profitiert.

Zu danken habe ich auch Herrn Professor Dr. Nils Jansen für die schnelle Erstellung des Zweitgutachtens.

Mein herzlicher Dank gilt an dieser Stelle auch Frau Dr. Annette Hennigs, die mir das Lesen frühneuzeitlicher Archivalien – die Grundvoraussetzung für die Erstellung dieser Arbeit – beibrachte. Ein ebenfalls herzlicher Dank gebührt Frau Dr. Iris Tillessen und Frau Dr. Marion Wiese für ihre wertvolle Unterstützung bei der Übersetzung zahlreicher lateinischer Textpassagen.

Ein herzlicher Dank gebührt schließlich meinen Eltern. Sie haben meine Arbeit stets mit großem Interesse verfolgt und mir immer wieder neue Motivation für die Fertigstellung dieser Arbeit gegeben. Ihnen widme ich dieses Buch. Meiner Mutter danke ich zudem ganz besonders für die sorgfältige Korrektur meiner Arbeit und die vielen wertvollen Anregungen.

Münster, im Dezember 2007 | Philipp Nordloh

Inhaltsverzeichnis

Einleitung

Forschungsarbeiten über das zünftige Handwerk in Deutschland sind zahlreich vorhanden. Besonders für eine im Mittelalter und der frühen Neuzeit so bedeutende Stadt wie Köln liegen zudem zahlreiche Arbeiten über einzelne größere Handwerkszweige vor. Diese Arbeiten richten ihr Augenmerk jedoch vorwiegend auf die Darstellung der zünftigen Arbeitsweise sowie auf die gesamtgesellschaftliche Einbettung der Zünfte. Auf rechtliche Konflikte, die im Rahmen der Abgrenzung der verschiedenen Arbeitsbereiche zahlreich auftraten, gehen sie nur kurz ein.

Die vorliegende Arbeit konzentriert sich auf die Darstellung und Auswertung gerichtlicher Zunftkonflikte. Dabei stehen aufgrund der Quellenlage solche Prozesse im Vordergrund, deren Ursachen in der wirtschaftlichen Konkurrenz der Zünfte untereinander liegen. Es werden aber auch zunftinterne Konflikte sowie Streitigkeiten mit Dritten untersucht. Kurz gesagt, sollen also Konflikte dargestellt werden, die aus der Reichsstadt Köln im „Kampf um die Nahrung"[1] vor dem Reichskammergericht ausgetragen wurden. Natürlich kann bei einer Konzentration auf die beim Reichskammergericht geführten Prozesse nur ein kleiner Ausschnitt aus der großen Masse der Zunftkonflikte dargestellt werden. So war in der Reichsstadt Köln in erster Instanz der Kölner Rat für Zunftkonflikte rechtlich zuständig. Für diejenigen zunftinternern Konflikte, die die Zünfte im Rahmen ihrer eigenen Zunftgerichtsbarkeit entschieden, z.B. Übertretungen der Zunftordnungen, fungierte der Rat als Appellationsinstanz.[2] Diesem war zumeist sehr an einer einvernehmlichen Lösung der Konflikte gelegen. Scheiterte dort jedoch die Konfliktbeilegung, konnte die unterlegene Partei unter bestimmten Voraussetzungen mittels einer Appellation vor das Reichskammergericht ziehen. Eine Appellation an ein innerstädtisches Gericht gab es in Köln nicht.[3] Klagen vor dem

1 Dieser im Rahmen der historischen Forschung von Werner Sombart akzentuierte Begriff bezeichnet das bei Handwerkern des Mittelalters und der frühen Neuzeit erkennbare Streben nach einem „standesgemäßen Einkommen", Sombart, Der moderne Kapitalismus, zweiter Bd., zweiter Halbb., S. 691; siehe auch Wankell, Beiträge zur Wirtschaftsgeschichte der freien Reichsstadt Köln im 18. Jahrhundert unter besonderer Berücksichtigung der Industrialisierung, S. 14f.

2 Schwerhoff, Köln im Kreuzverhör, S. 70; Groten, Kölner Ratsbeschlüsse, S. XV.

3 Arlinghaus, Gelehrte Juristen und das Prozeßgeschehen in Deutschland im 15. Jahrhundert, S. 313, Fn. 27.

Reichskammergericht, dem neben dem Reichshofrat höchsten Gericht im Alten Reich, stellten daher die letzte Möglichkeit für die Kläger dar, mit ihren Begehren durchzudringen. Da Prozesse vor dem Reichskammergericht zumeist sehr langwierig waren und wegen der Inanspruchnahme von Anwälten und vor Gericht auftretender Prokuratoren sehr kostspielig sein konnten, wurden hier Konflikte von grundsätzlicher Bedeutung und hohem wirtschaftlichen Interesse der Beteiligten ausgetragen. Mit der Anrufung des Reichskammergerichts verlagerten die Kläger zudem ihre Konflikte auf die reichsrechtliche Ebene, was ihnen die Möglichkeit gab, zur Untermauerung ihrer Rechtsausführungen vor allem auch Reichsgesetze anzuführen. So lässt sich anhand der vor dem Reichskammergericht geführten Konkurrentenklagen – der Quellenbestand für das Untersuchungsziel beschränkt sich auf 20 Prozessakten –[4] dennoch ein guter Überblick darüber gewinnen, welche rechtlichen Konflikte im gewerblichen Bereich, und damit im eigentlichen Werkbereich der Zünfte auftraten. Die Argumentationsführung der beim Reichskammergericht eingereichten anwaltlichen Schriftsätze, die sich häufig auch mit verfassungsrechtlichen Fragen auseinander setzten, offenbart zudem sehr anschaulich das rechtliche und politische Selbstverständnis der Zünfte. In diesem Sinne lassen sich Berührungspunkte auch zu den sonstigen bereits ausgewerteten Zunftprozessen aus der Reichsstadt Köln feststellen, die am Reichskammergericht ausgetragen wurden. Hierauf soll allerdings nur am Rande verwiesen werden. Es handelte sich hierbei fast ausnahmslos um Konflikte im Zusammenhang mit Wahlen zum Kölner Rat, die aufgrund der Eigenschaft der Kölner Zünfte als Verfassungsorgane entstanden. Die Kölner Verfassung wird im 1. Teil der Arbeit kurz dargestellt, da ihre Kenntnis für das Verständnis der untersuchten Prozesse unverzichtbar ist.

I. Zum Forschungsstand

Umfangreichere Untersuchungen zur Zunftgeschichte auf Basis von Gerichtsakten sind bisher nicht vorhanden. Hierauf hat Peter Oestmann erst kürzlich hingewiesen.[5] Lediglich wenige Detailstudien liegen vor. So beschreibt Oestmann eine Konkurrentenklage aus der Stadt Lübeck zwischen dem eingesessenen Schuster-

4 Prozessakten, die unmittelbar Konflikte innerhalb der zünftig, wie auch unzünftig organisierten Handwerkerschaft zum Inhalt haben, sind: HAStK, RKG, B 150; C 97; C 101; C 102; C 106; C 108; C 112; C 113; C 114; C 115; C 116; C 117; C 126; C 128; C 129; C 130; M 95; T 13; V 2; V 3.

5 Oestmann, Zunftzwang und Handelsfreiheit im frühen 19. Jahrhundert, in: ZNR 26. Jahrgang, 2004, S. 246 f.

amt und der Krämerkompanie.[6] Der Fall bietet sich insofern zu einer Einzeluntersuchung an, als hierzu die Entscheidung des Reichskammergerichts nebst umfangreichen Entscheidungsgründen erhalten geblieben ist. Der Prozess zeigt deutlich den mit dem Ende des Ancien Régimes aufkommenden Gegensatz zwischen dem von Seiten der Zünfte energisch verteidigten Zunftzwang, den sie auf rechtlichem Wege gegenüber Unzünftigen mit Hilfe des Verbietungsrechts, sog. „ius prohibendi", durchzusetzen suchten[7], und der aufkommenden Handelsfreiheit, die als Teilaspekt der natürlichen Freiheit des Menschen, sog. „libertas naturalis", die Folge eines aufkommenden liberalen Freiheitsdenkens war.[8] Der ausgewählte Prozess kann sowohl hinsichtlich seiner zeitlichen Einordnung, als auch seines Streitgegenstandes und der Argumentationsmuster als ein typischer Prozess für zünftige Klagen angesehen werden. Je mehr das zünftige Handwerksgewerbe im späten 18. Jahrhundert unter dem Druck der Handelsfreiheit und der frühindustriellen Produktionsweise dem wirtschaftlichen Niedergang entgegenschritt, desto energischer versuchte es, sich gegen Konkurrenz abzuschotten. Für das 18. Jahrhundert betonte daher die Forschung lange Zeit, dass sich das Zunftwesen im egoistischen Kampf um die Sicherung der eigenen Vorrechte neueren fortschrittlicheren Entwicklungen auf seinem Gebiet versperrt habe.[9] Dementsprechend ist bis heute das Urteil der Literatur über das Zunftwesen eindeutig geblieben. Gleich welches Buch oder Lexikon man zum Zunftwesen auch aufschlägt, meist werden bereits nach wenigen Zeilen die Missbräuche der Zünfte hervorgehoben und das ganze Zunftsystem als unsinniges, dirigistisches und innovationsfeindliches Wirtschaftssystem gebranndmarkt.[10] Victor Böhmert fasste

6 Einen ganz ähnlichen Konflikt zwischen dem Bremer Schusteramt und den Bremer Krämern zu Beginn des 16. Jahrhundert beschreibt Böhmert, Beiträge zur Geschichte des Zunftwesens, S. 78.

7 Zum Verbietungsrecht siehe u.a. Lürken, Das Schmiedegewerbe im reichsstädtischen Köln, S. 69.

8 Siehe dazu auch Schlumbohm, Freiheit, Die Anfänge der bürgerlichen Emanzipationsbewegung in Deutschland im Spiegel ihres Leitwortes, S. 122-127.

9 Als symptomatisches Beispiel für die Fortschrittsfeindlichkeit der Zünfte wird für die Reichsstadt Köln der Fall des Meisters Doveren angeführt, der 1755 einen mechanisierten Webstuhl einführen wollte, der die Arbeit von 5 Arbeitern ersetzen konnte. Daraufhin wurde ihm die weitere Verwendung des Stuhls untersagt. Einem Meister Pellenberg wurde sogar die Meisterschaft entzogen, da er sich für den Einsatz innovativer Arbeitsgeräte (einen Schubstuhl) einsetzte, siehe zu beiden Fällen HAStK, Zunfturkunden 474 und 475, zit. nach Wankell, Beiträge zur Wirtschaftsgeschichte der freien Reichsstadt Köln, S. 19.

10 So findet man im einschlägigen Artikel bei Zedler fast am Anfang eine umfangreiche Aufzählung der häufigsten Zunftmissbräuche, siehe dazu Zunfft, in: Zedler, Großes vollständiges Universal- Lexikon Aller Wissenschafften und Künste, Band 23, Sp. 50; vgl. auch Böhmert, der für die ersten Jahrhunderte ihres Bestehens die gegenseitige

die allgemein akzeptierte Meinung über die Zünfte wie folgt zusammen: „Die ganze Zunftverfassung wurde allmählig zum unerträglichsten Hemmnis der gewerblichen Entwicklung des deutschen Volkes.“[11] Die frühneuzeitlichen Zünfte stellten sich aufgrund dieser eindeutigen Bewertungen nicht mehr als Forschungsproblem dar. Das geringe Zunftinteresse beschränkte sich daher auf die mittelalterlichen Zünfte.[12] Für die Stadt Köln wird dies daran deutlich, dass die Edition der Zunftstatuten[13] mit dem Jahr 1500 endet.[14]

Für die Forschung erschien es daher lohnender, sich der Entstehung der zukunftsträchtigeren Gewerbefreiheit zuzuwenden.[15] Dies mag die bisherige geringe Erforschung des Aktenmaterials erklären. Eine erste Bestätigung durch die Quellen findet das breite Urteil im Schrifttum bereits in der zeitlichen Aufteilung der einschlägigen Prozessakten.

In der zweiten Hälfte des 18. Jahrhunderts ist eine deutliche Zunahme zünftiger Konkurrentenklagen vor dem Reichskammergericht für die Stadt Köln festzustellen. So entfallen von den anhand des Kölner Repertoriums zu den Akten des Reichskammergerichts[16] zwischen 1515 und 1794 ermittelten 20 Prozessakten allein 7 auf die zweite Hälfte des 18. Jahrhunderts. Nach 1794 lassen sich keine Prozesse mehr finden, was wohl darauf zurückzuführen sein dürfte, dass im selben Jahr napoleonische Besatzungstruppen in Köln einmarschierten. Am 26. März 1798 wurden die Zünfte schließlich per Dekret durch die französische Besatzungsmacht aufgelöst.[17]

Konkurrenz der Zünfte noch euphemistisch „als das Schauspiel eines edlen Ringens“ charakterisiert, für das 17. und 18. Jahrhundert jedoch von den Zünften als Förderer des „herzlosesten Egoismus und Hemmnis des gesellschaftlichen Aufschwungs“ spricht, siehe Böhmert, Beiträge zur Geschichte des Zunftwesens, S. 27; auch Sombart, Der moderne Kapitalismus, zweiter Bd., zweiter Halbb., S. 691; Lürken, Das Schmiedegewerbe im reichsstädtischen Köln, S. 16-18; auch Wankell, Beiträge zur Wirtschaftsgeschichte der freien Reichssatdt Köln, S. 14, der von den Zünften als „eigentlichen Trägern der Kölner Intoleranz“ spricht.

11 Böhmert, Beiträge zur Geschichte des Zunftwesens, S. 28.

12 Reininghaus, Gewerbe in der frühen Neuzeit, S. 49 f.

13 Loesch, Die Kölner Zunfturkunden nebst anderen Kölner Gewerbeurkunden bis zum Jahre 1500, Bd. 1 und 2.

14 Vgl. zu Köln und zu anderen Reichsstädten die Angaben bei Reininghaus, Gewerbe in der frühen Neuzeit, S. 50.

15 Diestelkamp, Zunftprozesse des 18. Jahrhunderts aus der Reichsstadt Wetzlar vor dem Reichskammergericht, in: ders., Recht und Gericht im Heiligen Römischen Reich, S. 349 f.

16 Kordes, Mitteilungen aus dem Stadtarchiv von Köln, Reichskammergericht Köln, Bd. 1-4, 1998, 2000, 2002.

17 Loesch, Die Kölner Zunfturkunden bis zum Jahre 1500, Bd. 1, S. 2.

Einen guten Einblick in die Rechtsprechung des Reichskammergerichts in Zunftsachen gibt die Arbeit von Rita Sailer über Untertanenprozesse am Reichskammergericht.[18] Sie entnimmt ihre Ergebnisse jedoch nicht den Relationen und Voten der Gerichtsakten, sondern der Kameralliteratur. Unter dem Begriff der Kameralliteratur werden Urteilssammlungen, kommentierte „Decisiones", Darstellungen einzelner Prozesse, Relationen etc. zusammengefasst.[19] Da die Reichskammergerichtsordnung von 1555 den Reichsrichtern über die gefällten Urteile und Urteilsgründe ausdrücklich Stillschweigen verordnete,[20] waren viele dieser Werke an sich gesetzwidrig.[21] Die Autoren dieser Entscheidungssammlungen handelten vor allem in der Absicht, den Richtern eine Orientierung bei der Entscheidungsfindung zu liefern.[22] Sailer wertet für ihre Untersuchung die von Johann Ulrich Cramer[23] herausgegebenen Wetzlarischen Nebenstunden[24] aus. Hierbei handelt es sich um eine Zeitschrift, die der sog. Entscheidungsliteratur zuzurechnen ist. Darunter werden in Abgrenzung zur theoretischen Literatur solche Werke gerechnet, die die Urteilstätigkeit der Gerichte dokumentierten.[25] Diesen kam im Rahmen der Kameralliteratur die höchste Bedeutung zu.[26] Dies wird

---

18 Sailer, Untertanenprozesse vor dem Reichskammergericht, S. 426-466.

19 Scheurmann, Die Wissenschaft vom Kameralprozeß, in: Frieden durch Recht, Das Reichskammergericht von 1495-1806, S. 159.

20 RKGO von 1555, Teil 1, Absch. XIII, § 16. *„Es sollen auch die richter und beysitzer bey ihren gethanen glübden und eyden alles, so im rhat gehandelt, votiert und geurtheylt wirdt, in ewig zeit in guter geheim halten und niemandts offenbaren, sie werden dann sollichs durch die keyserliche maiestat oder uns als römischen könig sönderlich bescheiden lassen."*, abgedruckt bei Laufs, Die Reichskammergerichtsordnung von 1555, S. 97. Zu den Gründen dieses Verbotes siehe Sellert, Zur Geschichte der rationalen Urteilsbegründung gegenüber den Parteien, S. 104 f.

21 Scheurmann, Die Wissenschaft vom Kameralprozeß, in: Frieden durch Recht, S. 159. Die Richter fürchteten offensichtlich, durch Preisgabe der eigenen Entscheidungsgründe den Verurteilten den Weg zur Angreifung des Urteils zu weisen, siehe dazu die umfassende Darstellung bei Hocks, Gerichtsgeheimnis und Begründungszwang, S. 18 ff.

22 Sellert, Zur Geschichte der rationalen Urteilsbegründung gegenüber den Parteien, S. 105.

23 1706-1772, zu seiner Person siehe Scheurmann, Die Wissenschaft vom Kameralprozeß, in: Frieden durch Recht, Das Reichskammergericht von 1495- 1806, S. 159, 167.

24 Seit 1755 entstanden insgesamt 32 Bände, vgl. Scheurmann, Die Wissenschaft vom Kameralprozeß, in: Frieden durch Recht, Das Reichskammergericht von 1495-1806, S. 159, 167.

25 Gehrke, Die privatrechtliche Entscheidungsliteratur Deutschlands, S. 5; Oestmann, Kameralliteratur, in: Zeitenblicke 3 (2004), Nr. 3 (13.12.2004), URL: www.zeiten blicke.de/03/oestmann3/index.html

26 Oestmann, Kameralliteratur, in: Zeitenblicke 3 (2004), Nr. 3 (13.12.2004), URL: www.zeitenblicke.de/2004/03/oestmann3/index.html

auch daran deutlich, dass bedeutende Werke der Entscheidungsliteratur häufig in anwaltlichen Schriftsätzen am Reichskammergericht zitiert wurden, wie sich anhand der Originalakten ersehen lässt. Auf diese Weise konnten die Prokuratoren, genauer gesagt die Schriftsatzverfasser,[27] die Übereinstimmung ihrer rechtlichen Ausführungen mit der Rechtsprechung des Reichskammergerichts herausstellen. Die Entscheidungsliteratur bildete daher bis weit in das 19. Jahrhundert „die eigentliche Brücke zwischen der Rechtswissenschaft und der Literatur".[28] In den in 128 Teilen erschienenen Wetzlarischen Nebenstunden berichtet Cramer von etwa 1000 Prozessen[29] aus seiner Tätigkeit als Assessor beim Reichskammergericht aus den Jahren 1755-1772 und gibt die Entscheidungen des Reichskammergerichts wieder. Weitere bedeutende und allesamt in den hier untersuchten Schriftsätzen angeführte Werke der Entscheidungsliteratur waren die Rechtsprechungssammlungen der Kameralassessoren Joachim Mynsinger von Frundeck[30] und Andreas Gaill[31] sowie von den berühmten Rechtsgelehrten Benedikt Carpzov[32] und David Mevius.[33]

Auch Bernhard Diestelkamp hat darauf hingewiesen, dass das bisherige eher bescheidene Forschungsinteresse an den Zunftprozessen ihrer tatsächlichen Bedeutung nicht gerecht werde.[34] Diestelkamp betont dabei die prägende Bedeutung der Zünfte für die Städte bis in das 18. Jahrhundert und die dadurch bedingte große Aussagekraft solcher Konflikte für die „Befindlichkeit einer Stadt" in dieser Zeit insgesamt, besonders vor dem Hintergrund, dass Zünfte im Spätmit-

---

27 Zur Trennung von Prokuratoren und Anwälten siehe unten Teil 2, IV.

28 Kroeschell, Justizsachen und Polizeisachen, in: Gerichtslauben-Vorträge, Freiburger Festkolloquium zum 75. Geburtstag von Hans Thieme, S. 57, 62.

29 Im Schnitt enthält jeder Band ca. 8 Abhandlungen, vgl. dazu Weitzel, Der Schutz von Freiheitsrechten, in: Diestelkamp, Die politische Funktion des Reichskammergerichts, S. 157, 161.

30 1514-1588, zu seiner Person siehe Schumann, Joachim Mynsinger von Frundeck (1514-1588), herzoglicher Kanzler in Wolfenbüttel- Rechtsgelehrter- Humanist; zur Biographie eines Juristen im 16. Jahrhundert; Scheurmann, Die Wissenschaft vom Kameralprozeß, in: Frieden durch Recht, S. 161, 162.

31 1526-1587, zu seiner Person siehe von Kempis, Andreas Gaill (1526- 1587); zum Leben und Werk eines Juristen der frühen Neuzeit; Scheurmann, Die Wissenschaft vom Kameralprozeß, in: Frieden durch Recht, S. 162, 163.

32 1595-1666, zu seiner Person siehe Kleinheyer/Schröder, Deutsche Juristen aus fünf Jahrhunderten, S. 87-92.

33 1609-1660, zu seiner Person siehe Wiese, Leibeigene Bauern und Römisches Recht im 17. Jahrhundert. Ein Gutachten des David Mevius, S. 22-28; Stolleis, Juristen, S. 425 f.

34 Diestelkamp, Zunftprozesse des 18. Jahrhunderts aus der Reichsstadt Wetzlar vor dem Reichskammergericht, in: ders., Recht und Gericht im Heiligen Römischen Reich, S. 349-373.

telalter und der frühen Neuzeit Konflikte vor dem Reichskammergericht anstrengten, um am Stadtregiment beteiligt zu werden.[35]

Dieser Befund trifft für die Reichsstadt Köln in besonderem Maße zu. Hier waren die Kämpfe der Zünfte um Einfluss und Sitz im wichtigsten politischen Gremium der Stadt, dem Rat, vom hohen Mittelalter bis zum Ende der frühen Neuzeit sehr zahlreich. Nach den Unruhen Ende des 14. Jahrhunderts, die zur Beseitigung der Geschlechterherrschaft geführt hatten,[36] erlangten die Zünfte, in denen sich die Kölner Bürgerschaft fortan organisierte, die Beteiligung an der politischen Macht in der Stadt.[37] Die neue Verfassung der Stadt Köln wurde im Verbundbrief[38] vom 14. September 1396 und dem Transfixbrief vom 15. Dezember 1513[39] niedergelegt und blieb bis zur französischen Besetzung der Stadt Ende des 18. Jahrhunderts in Kraft.[40] Fortan bezogen sich die politischen Zunftkonflikte, die vor dem Reichskammergericht ausgetragen wurden, vor allem auf

35 Diestelkamp, Zunftprozesse des 18. Jahrhunderts aus der Reichsstadt Wetzlar vor dem Reichskammergericht, in: ders., Recht und Gericht im Heiligen Römischen Reich, 1999, S. 349 f.

36 Noch im Jahr 1371 hatten die Zünfte in der Weberschlacht eine verheerende Niederlage gegen die patrizische Geschlechterherrschaft erlitten, vgl. dazu Ennen, Geschichte der Stadt Köln, Bd. 2, S. 661 ff.; Kannowski, Bürgerkämpfe und Friedebriefe, S. 37.

37 Servos, Verfassungsgeschichte der Stadt Köln vom Verbund- und Transfixbrief bis zur Mitte des 19. Jahrhunderts, S. 16; Kannowski, Bürgerkämpfe und Friedebriefe, S. 107, 108.

38 Auch als Schwörbrief bezeichnet, da sich Bürgermeister, Rat, Zünfte und Stadtgemeinde nach Überwindung der patrizischen Geschlechterherrschaft in einem gemeinsamen Eid miteinander verbanden, vgl. Kannowski, Bürgerkämpfe und Friedebriefe, S. 107; Schwerhoff, Apud populum potestas? Ratsherrschaft und korporative Partizipation im spätmittelalterlichen und frühneuzeitlichen Köln, S. 190. Auch in anderen Städten entstanden zu gleicher Zeit Schwörbriefe als Grundlage einer Zunftverfassung, wie etwa in Ulm im Jahre 1397, siehe dazu Naujoks, Obrigkeitsgedanke, Zunftverfassung und Reformation, S. 11 f.

39 Nach dem Aufruhr der Jahre 1512/1513 sollte der Transfixbrief die gemeindlichen Partizipationsmöglichkeiten stärken und verfassungsrechtlich verankern, siehe dazu Schwerhoff, Apud populum potestas? Ratsherrschaft und korporative Partizipation in Köln, S. 221.

40 Huiskes, Kölns Verfassung für 400 Jahre: Der Verbundbrief vom 14. September 1396, in: Rosen/Deeters, Quellen zur Geschichte der Stadt Köln, Bd. 1, S. 1; Schwerhoff, Apud populum potestas? Ratsherrschaft und korporative Partizipation in Köln, S. 188 f.; Eine ähnliche Verfassungsgeschichte weist z.B. auch die Stadt Bremen auf, deren Statuten („Tafel" und „Buch") im Jahre 1433 aufgestellt wurden und bestätigt durch die „Neue Eintracht" die Grundform der Bremer Verfassung bis zum Jahre 1848 bildeten, siehe Böhmert, Beiträge zur Geschichte des Zunftwesens, S. 3.

Ratswahlkonflikte.[41] Hier wurden Auseinandersetzungen über Manipulationen oder sonstige Unregelmäßigkeiten bei Ratswahlen geführt. Besonders wichtig war in diesem Zusammenhang die – erstmals in den 1460er Jahren artikulierte – Forderung nach freier Kür der Ratsherren gegenüber dem Kölner Rat.[42]

Die politischen Konflikte Kölns mit ihren Hintergründen hat Robert Giel für die Zeit von 1450-1550 ausführlich behandelt.[43] Giel zeigt exemplarisch anhand des Reichskammergerichtsprozesses des Wilhelm Treu[44], dem als Leineweber durch Ratsbeschluss das passive Wahlrecht abgesprochen wurde, das divergierende Verfassungsverständnis von Rat und Zünften und arbeitet anschaulich die verschiedenen Argumentationsmuster heraus.[45] Hervorzuheben ist vor allem, dass Wilhelm Treu in seinem Prozess auf eine strenge Anwendung des Verbundbriefes von 1396 pochte und jedweder Form ergänzender Auslegung des Verbundbriefes entgegen trat.[46]

Hierbei zeigt sich methodisch der Nutzen, der aus der Auswertung von Reichskammergerichtsakten folgt. Denn die vor dem Reichskammergericht streitenden Parteien waren gezwungen, sich umfassend zu den zentralen Streitpunkten zu äußern. So musste vor allem der Rat der Stadt Köln im Prozess des Wilhelm Treu sein Verständnis von der politischen Verfassung Kölns, also vor allem des Verbundbriefes von 1396, dezidiert darlegen.[47] Ohne das kammergerichtliche Verfahren würde man solche Interpretationen nicht kennen.

Für die Stadt Köln ist in diesem Zusammenhang auch auf das religiöse Konfliktpotential hinzuweisen. So entzündeten sich zwischen 1575 und 1600 zahlreiche Ratskonflikte dadurch, dass die Stadtführung eine starke Ausgrenzungs- und Kriminalisierungspolitik gegen Kölner Protestanten führte.[48] Diese Situation war

---

41 Glaubt man Judendunck, so „*wurde auff den Zünfften ein gleichmässiger offensichtlicher Gewerb eingeführt/und nicht nur etlche hundert/sondern etliche tausend damit consumirt/und zu schanden gemacht; um die Raths-stellen und selbige Officia zu erlangen*", Judendunck, Theatrum lanienae Coloniensis sive Blutige Schau Bühne, S. 25.

42 Schwerhoff, Die goldene Freiheit der Bürger in Köln, S. 112. Ab 1776 formierten sich die Kölner Zünfte unter dem Losungswort „Verbund und freie Wahl" gegen die zahlreichen Missstände der Verwaltung, vgl. Wankell, Beiträge zur Wirtschaftsgeschichte der freien Reichsstadt Köln, S. 11. Für die Stadt Köln können anhand des Findbuches als Ratswahlkonflikte bezeichnet werden: HAStK, RKG, C 105; C 122; C 123; G 92a; H 92; T 6.

43 Giel, Politische Öffentlichkeit im spätmittelalterlich-frühneuzeitlichen Köln.

44 HAStK, RKG, T 6.

45 Der Prozeß des Wilhelm Treu vor dem Reichskammergericht, in: Giel, Politische Öffentlichkeit im spätmittelalterlich-frühneuzeitlichen Köln, S. 253-324.

46 Giel, Politische Öffentlichkeit im spätmittelalterlich-frühneuzeitlichen Köln, S. 275.

47 Giel, Politische Öffentlichkeit im spätmittelalterlich-frühneuzeitlichen Köln S. 322.

48 Ruthmann, Die Religionsprozesse am Reichskammergericht, S. 75.

auch für andere Reichsstädte zur Mitte des 16. Jahrhunderts charakteristisch. In zwanzig südwestdeutschen Reichsstädten hatte Kaiser Karl V. die Zünfte beseitigen lassen und oligarchische Verfassungen durchgesetzt, um eine Rekatholisierung zu bewirken.[49]

In Köln versuchten sich die Protestanten zur Wehr zu setzten und ihre Rechte zu verbessern, was vor allem dann möglich erschien, wenn sie selbst mit Sitz und Stimme im Rat der Stadt vertreten waren. Der Teilhabe an der politischen Interessenvertretung diente auch die Organisation der Kaufleute in den vier Kaufmannsgaffeln.[50] 1580 kam es zu einer Klage der Gaffel Himmelreich am Reichskammergericht, weil der Kölner Rat den von der Gaffel gewählten Ratsherren nicht akzeptiert hatte.[51] Auch hier führten die Vertreter der Gaffel für ihre Rechtsansicht den Verbundbrief ins Feld und forderten vom Kölner Rat eine strikte Anwendung dieses Verfassungstextes, um einer ausufernden Regierungsgewalt entgegenzuwirken.[52]

War die Argumentation im Sinne einer strikten Berufung auf den Verbundbrief in diesen politischen Auseinandersetzungen recht naheliegend, so ist es bemerkenswert, dass auch im Rahmen der Konkurrentenklagen die Zünfte ihre Rechtsauffassungen anhand des Verbundbriefes festzumachen suchten und dessen strikte Befolgung im Sinne einer wortgetreuen Anwendung verlangten. Verbund- und Transfixbrief stellten bei innerstädtischen Konflikten also schlechthin die „Legitimationsinstanz" dar.[53] Hier zeigt sich die besondere Rechtsnatur des Kölner Verbundbriefes. Wie Mayer-Maly hervorhebt, handelte es sich beim Verbundbrief nämlich nicht um obrigkeitlich gesetztes Recht, sondern um einen Vertrag. Allein diese Tatsache verschaffte dem Verbundbrief aus mittelalterlichem Rechtsverständnis eine besondere Tauglichkeit für eine verfassungsrechtliche Geltung.[54] Gerade über die Akzentuierung des vertraglichen Charakters versuchten die Gaffeln und Zünfte den Status quo ihrer Privilegien zu zementieren und nachteilige Veränderungen, insbesondere durch Entscheidungen des Magistrates,

---

49 Naujoks, Obrigkeitsgedanke, Zunftverfassung und Reformation, S. 118.

50 In Köln waren dies nach dem Verbundbrief von 1396 (abgedruckt bei Deeters/Helmrath, Quellen zur Geschichte der Stadt Köln, S. 16) die Gaffeln Eisenmarkt, Windeck, Buntwörter und Himmelreich.

51 Der Prozess, der im Stadtarchiv Köln unter der Akte RKG, C 103 geführt wird, wurde von Bernhard Ruthmann, Die Religionsprozesse am Reichskammergericht, S. 105-170, ausgewertet.

52 Ruthmann, Die Religionsprozesse am Reichskammergericht, S. 147, 148.

53 Schwerhoff, Apud populum potestas? Ratsherrschaft und korporative Partizipation in Köln, S. 223.

54 Mayer-Maly, Die Kölner Gaffelverfassung und die Rechtsgeschichte der Demokratie, S. 213; Oestreich, Vom Herrschaftsvertrag zur Verfassungsurkunde, Die „Regierungsformen" des 17. Jahrhunderts als konstitutionelle Instrumente, S. 45 f.

zu unterbinden, konnte doch ein Vertrag nur mit Zustimmung aller am Vertragsschluss beteiligter Parteien inhaltlich umgestaltet oder gar aufgehoben werden. Aus Sicht des Magistrats lag hier die Kehrseite seiner erhöhten Legitimität gegenüber anderen Herrschaftsformen. Sie bestand also in einer vertragsbedingt erhöhten Kontrolle der Bürgergemeinde und einem damit einhergehenden erhöhten Rechtfertigungszwang magistratischer Machtausübung. Der Magistrat war daher zunehmend bestrebt, seine Herrschaftsstellung neben dem gemeindlichen Konsens noch auf weitere Legitimationsquellen zu stützen.[55] So finden sich in seinen Entscheidungen u.a. Bezugnahmen auf kaiserliches Reichsrecht oder frühmoderne Staatsrechtstheorien. Für letztere ist insbesondere die Differenzierung von Justiz- und Polizeisachen im 18. Jahrhundert im Rahmen dieser Arbeit von Bedeutung, wie sich später noch zeigen wird.

Im Konflikt der Gaffel Himmelreich mit dem Kölner Rat gab erstere letztlich nach sechs Jahren Prozessdauer auf und schloss einen außergerichtlichen Vergleich mit dem Rat, wohl auch, weil die Kosten sich immer weiter summierten.[56] Dem Kölner Rat war ebenfalls an einer außergerichtlichen Streitbeilegung gelegen, konnte er doch so nach außen wieder ein geschlossenes Bild der Stadtgemeinde präsentieren.[57] Ein weiterer Aspekt dürfte in diesem Zusammenhang auch die fortwährende Bedrohung durch die kölnischen Kurfürsten gespielt haben, die nie ihre hoheitlichen Ansprüche hinsichtlich Kölns aufgegeben hatten und insbesondere auf ihren kurfürstlichen Jurisdiktionsrechten beharrten.[58] Um sich deren Machtansprüchen hinsichtlich der Stadt erfolgreich zu erwehren, war es für den Kölner Rat von großer Wichtigkeit, eine geschlossene Bürgergemeinde hinter sich zu versammeln. Darüber hinaus leitete der Kölner Rat sogar nach eigenem Bekunden seine obrigkeitliche Stellung[59] und Legitimität aus dem bestehenden

---

55 Schwerhoff, Apud populum potestas? Ratsherrschaft und korporative Partizipation in Köln, S. 206.

56 Ruthmann, Die Religionsprozesse am Reichskammergericht, S. 158 f.

57 Ruthmann, Die Religionsprozesse am Reichskammergericht, S. 161.

58 Schwerhoff, Die goldene Freiheit der Bürger in Köln, S. 89f., u. 93; Dirr, Hoheitsrechtliche Streitigkeiten zwischen den Kölner Erzbischöfen und der Stadt Köln auf Grundlage reichskammergerichtlicher Verfahren des 16. und 17. Jahrhunderts, S. 24 und 168, 169. 1288 wurde der Kölner Erzbischof in der Schlacht bei Worringen entscheidend von den Kölner Bürgern geschlagen. Seit 1397 wurde die Stadt Köln auf dem Reichstag in Frankfurt zu den Reichsständen gezählt, siehe von den Brincken, Köln 1475 des Heiligen Reiches freie Stadt, Ausstellungskatalog, S. 10.

59 Im Folgenden wird der Kölner Rat daher – gleich etwa einem Landesfürsten – als Obrigkeit i.S. reichsrechtlicher Normen angesehen, auch wenn eine durch Wahl begründete Herrschaftsstellung unter den feudalen Herrschern als minderwertig galt. Die Bürger selbst bekräftigten denn auch, lediglich Untertanen des Kaisers zu sein, nicht der städtischen Obrigkeit, siehe dazu von Aretin, Heiliges Römisches Reich 1776-1806, S. 90. So schrieb König Ferdinand I. an Kaiser Karl V. über die Ab-lehung des

Konsens „*von allen Zunfft und Gaffeln (welche die gantze Gemeind und Bürgerschafft begreifen)*", der sich regelmäßig in Wahlen manifestierte, her.[60] Es handelte sich beim Kölner Rat aus Sicht der Bürgergemeinde, wie auch nach seinem eigenen Selbstverständnis also um ein „Organ der Bürgerschaft".[61] Den militärisch organisierten Zünften kam beim politischen Machterhalt des Rates natürlich eine besondere Bedeutung zu. Köln war als große Reichsstadt zudem stets um eine enge Anbindung an den Kaiser bemüht, denn die Stadtobrigkeiten der Reichsstädte waren dem Kaiser nicht nur verantwortlich, sondern auch machtpolitisch von ihm abhängig.[62] Eine Niederlage vor dem höchsten Reichsgericht dürfte diesbezüglich nicht hilfreich gewesen sein. Es spricht insofern auch vieles dafür, dass der Rat, der in den Konkurrentenklagen als Vorinstanz zumeist mitverklagt wurde, hier ebenfalls einer außergerichtlichen Streitbeilegung wohlwollend gegenüber stand, zumal einige der dargestellten Verfahren tatsächlich durch einen Vergleich der streitenden Parteien beendet wurden.

Auch wenn schon jetzt gesagt werden muss, dass „greifbare" Ergebnisse in Form von reichsgerichtlichen Entscheidungen nur in wenigen Fällen vorhanden sind, so zeigen bereits die genannten Fälle die rechtsgeschichtliche Bedeutung dieser Prozessakten. Sie liefern Erkenntnismöglichkeiten über das kammergerichtliche Verfahren, über die Rechtsprechung der Vorinstanz sowie über Wirtschafts- und Sozialpolitik im rechtlichen Konflikt. Von besonderem Interesse sind natürlich die juristischen Auseinandersetzungen in den anwaltlichen Schriftsätzen. Diese gewähren nicht nur einen guten Einblick in die Arbeitsweise von Kameralanwälten, sondern liefern auch die soeben genannten weiteren Erkenntnisse.

Obwohl sich die vorliegende Arbeit auf das für die Zünfte prägende wirtschaftliche Betätigungsfeld und die dort auftretenden Spannungen konzentriert, besteht doch zu den politischen Zunftprozessen insofern eine gewisse Nähe, als Zunftfragen in den Augen des Rates generell keine rein zivilrechtlichen Prozesse darstellten, sondern aufgrund der Einbindung der Zünfte in die städtische Verfassung öffentlich-rechtlichen Charakter aufwiesen.[63] Insbesondere stellte der Verbundbrief häufig für beide Konfliktfelder das rechtliche Fundament dar. Dies

---

Gesuchs der evangelischen Städte betr. des ius reformandi: „Weil doch gleich über seinesgleichen keinen gewalt hat", zit. nach Naujoks, Obrigkeitsgedanke, Zunftverfassung und Reformation, S. 9 u. 198.

60 Vgl. dazu HAStK, Köln contra Köln 106, „Gegenbericht", fol. 3, zit. nach Schwerhoff, Die goldene Freiheit der Bürger in Köln, S. 96; ders., Apud populum potestas? Ratsherrschaft und korporative Partizipation in Köln, S. 196 u. 205.

61 Schwerhoff, Die goldene Freiheit der Bürger in Köln, S. 110.

62 Naujoks, Obrigkeitsgedanke, Zunftverfassung und Reformation, S. 9.

63 Giel, Politische Öffentlichkeit im spätmittelalterlich-frühneuzeitlichen Köln, S. 410.

mag auch der Grund dafür gewesen sein, dass der Rat im Jahre 1466 anordnete, sämtliche Klagen gegen Verletzungen der in Zunftbriefen festgelegten Rechte direkt vor den Rat und nicht mehr vor die Ratsgerichte zu bringen.[64] Der Kölner Rat besaß als Stadtmagistrat und Obrigkeit[65] einer reichsunmittelbaren Stadt die rechtliche Stellung eines Reichsstandes und hatte wie andere Landesherren auch, sowohl die Polizei-, als auch die Gerichtsgewalt inne.[66] Der älteren Zeit war nämlich die institutionelle Trennung von Justiz und Verwaltung noch fremd. Je nach Bedarf erfüllten Reichs- und Landesbehörden beide Aufgaben.[67] Daneben gab es im Mittelalter und der frühen Neuzeit eine geradezu verwirrend große Anzahl von städtischen und kurfürstlichen Gerichten. Bedenkt man jedoch, dass jedes Gericht einem bestimmten Rechtskreis zugeordnet war, wird dieser Befund erklärlich.[68]

In der Anordnung des Kölner Rates, Zunftstreitigkeiten selbst zu entscheiden, lag wohl die Absicht, wieder größere Kontrolle über die Zünfte zu erlangen. Diese hatten im Jahre 1396 ihre Zunftgerichtsbarkeit wieder zurückerlangt. Bei Verhandlungen von Zunftangelegenheiten zog der Kölner Rat zudem den Rat der Vierundvierziger, das Vertretungsorgan der Bürgerschaft, hinzu.[69] Dies zeigt, dass sich der Rat seiner herausgehobenen Stellung und der damit korrespondierenden hohen Verantwortung für den inneren Frieden der Gemeinde bewusst war.[70]

---

64 Loesch, Die Kölner Zunfturkunden bis zum Jahre 1500, Bd. 1, S. 90; Giel, Politische Öffentlichkeit im spätmittelalterlich-frühneuzeitlichen Köln S. 409. Die Ausübung der vom Rat errungenen Gerichtsbarkeit erfolgte normalerweise durch zwei besondere Gerichte, dem „Gericht von den Gästen hinter der Thür“ und dem bedeutenderen Gewaltgericht. Ersteres war vor allem für Schuldklagen gegen Kaufleute zuständig. Siehe dazu Lau, Entwicklung der kommunalen Verfassung und Verwaltung der Stadt Köln bis zum Jahre 1396, S. 112 f.; auch Strauch, Kölnisches Gerichtswesen bis 1794, S. 34.

65 Als solche hatte sich der Kölner Rat nach Beschränkung der Kompetenzen von Schöffen und Richerzeche spätestens ab dem Jahre 1320 etabliert, siehe Huiskes, Beschlüsse des Rates der Stadt Köln, S. XII.

66 Huiskes, Beschlüsse des Rates der Stadt Köln, S. XV; Seeger, Die Extrajudizialappellation, S. 140; Buchda, Gerichtsverfassung, in: HRG I, Sp. 1563, 1574. Die gerichtliche Tätigkeit des engeren Kölner Rates ist seit dem Jahr 1320 belegbar, siehe Strauch, Kölnisches Gerichtswesen bis 1794, S. 33.

67 Seeger, Die Extrajudizialappellation, S. 140; Asch, Rat und Bürgerschaft in Lübeck, S. 44; Buchda, Gerichtsverfassung, in: HRG I, Sp. 1563, 1574.

68 Strauch, Kölnisches Gerichtswesen bis 1794, S. 29.

69 Huiskes, Beschlüsse des Rates der Stadt Köln, S. XIX.

70 Giel, Politische Öffentlichkeit im spätmittelalterlich-frühneuzeitlichen Köln S. 409.

II. Quellenlage und Untersuchungsziel der Arbeit

Ein Gericht kann „nur aus seiner Rechtsprechung beurteilt werden“,[71] schrieb Friedrich Hertz in seiner Untersuchung zum Reichskammergericht und Reichshofrat. Gerade bei der Untersuchung von Reichskammergerichtsprozessen ist die Befolgung dieser durchaus einsichtigen Aussage jedoch aus vielerlei Gründen oft nicht möglich. So stellt man beim Lesen der Spezialprotokolle[72] häufig fest, dass diese zu einem beliebigen Prozessstadium abbrechen, ohne dass die Hintergründe dazu ermittelbar wären.[73] Die Prozesse endeten in zeitlicher Hinsicht also nicht selten vor einer sachlichen Beendigung des Verfahrens.[74] In vielen Prozessen ist zudem unbekannt, ob das Reichskammergericht ein Urteil fällte oder nicht. Dies ist ein für reichskammergerichtliche Akten typisches Manko und erschwert die Rekonstruktion der Rechtsprechung sehr.[75] Der Grund hierfür liegt vor allem darin, dass am Reichskammergericht die Urteile nicht in die Akten gelegt, sondern getrennt in Urteilsbüchern niedergelegt wurden, und die Urteilsbücher der Speyerer Zeit, also bis ca. 1688, verloren gegangen sind.[76] Aber auch in den Fällen, in denen ein Urteil erhalten ist, ist eine Ermittlung der Rechtsprechung des Gerichts zu einzelnen gewerberechtlichen Streitfragen insofern schwer, als in den Urteilsbüchern nur der Entscheidungstenor enthalten ist, Entscheidungsgründe jedoch nicht mitgeteilt werden. Es war dem Gericht nämlich verboten, diese gegenüber

71 Hertz, Die Rechtsprechung der höchsten Reichsgerichte im römisch-deutschen Reich und ihre politische Bedeutung, in: Mitteilungen des Instituts für österreich-ische Geschichtsforschung 69 (1961), S. 331.

72 Beim Spezialprotokoll handelt es sich um eine Art Inhaltsverzeichnis. Darin wurde der Verlauf des Prozesses in chronologischer Reichenfolge aufgeführt. Die eingehenden Schriftstücke der Prokuratoren wurden mit dem Einreichungstermin im Spezialprotokoll gekennzeichnet und am linken Blattrand mit einer quadratisch eingerahmten Ziffer durchnummeriert, der sog. Quadrangel. Die einzelnen Schriftstücke wurden ebenfalls mit einer Quadrangel versehen, so dass der Inhalt einer Akte schnell überblickt werden kann. Siehe dazu nur, Anette Baumann, Der Aufbau einer Reichskammergerichtsakte, in: zeitenblicke 3 (2004), Nr.3, (13.12.2004), URL: www.zeiten blicke.de/2004/03/baumann1/index.html#headline_quote.

73 Die Spezialprotokolle weisen am Ende oftmals entweder einen Completum- oder einen Expeditum-Vermerk auf. Im ersteren Fall erging nie eine förmliche Entscheidung, im letzteren Fall erging zwar ein Urteil, das jedoch häfig nicht mehr existiert, siehe dazu Oestmann, Hexenprozesse am Reichskammergericht, S. 18.

74 Hörner, Anmerkungen zur statistischen Erschließung von Reichskammergerichtsprozessen, S. 76.

75 Oestmann, Die Rekonstruktion der reichskammergerichtlichen Rechtsprechung des 16. und 17. Jahrhunderts als methodisches Problem, S. 16; ders., Hexenprozesse am Reichskammergericht, S. 69.

76 Oestmann, Hexenprozesse am Reichskammergericht, S. 18.

den Parteien bekannt zu geben.[77] Ein weiterer Grund für die Schwierigkeit der Ermittlung reichskammergerichtlicher Rechtsprechung liegt darin, dass das Reichskammergericht auch in Prozessen mit bekanntem Ausgang häufig kein Urteil fällte.[78] Dies darf jedoch nicht vorschnell als ein Zeichen für die Ineffektivität des Gerichts gedeutet werden, denn häufig bestand wohl das Prozessziel der Kläger nicht darin, ein Urteil zu erstreiten, sondern unter Wahrung der eigenen Rechtsposition in Vergleichsverhandlungen zu treten.[79] Die Parteien konnten daher durch ihr eigenes prozessuales Handeln verhindern, dass die Voraussetzungen für ein Urteil eintraten.[80] Die durch die eingelegte Klage bewirkte Verfahrensformalisierung war für solche Konfliktlösungen hilfreich.[81]

Dieser Aspekt scheint gerade für die gewerblichen Zunftstreitigkeiten interessant gewesen zu sein, weil die jeweils klagenden Zünfte ihr Begehren vor Gericht auf die ihnen in den Zunftbriefen eingeräumten Privilegien sowie auf Gewohnheitsrecht stützten. Diese Kölner Amtsbriefe stammten größtenteils noch aus dem Jahre 1397, also unmittelbar nachdem die alte Geschlechterherrschaft durch den zünftlerischen Rat abgelöst worden war und infolgedessen sich die Zünfte ihre damals errungenen Rechte durch den neuen Rat sogleich hatten bestätigen lassen.[82] Diese Amtsbriefe sind in der Folgezeit nicht mehr den späteren Entwicklungen und weiteren Ausdifferenzierungen der Gewerbe angepasst worden, so dass eine Streitschlichtung im 17. und 18. Jahrhundert immer schwerer anhand der alten Amtsbriefe erfolgen konnte[83] und der Rat infolgedessen immer häufiger

77 So wurden die Kammerrichter in der RKGO von 1555, Teil 2, Art. XXVIII, (abgedruckt bei Laufs, Die RKGO von 1555 S. 151) darauf vereidigt, alles, was am Reichskammergericht „*in rathschlegen und sachen gehandelt wirdt, … niemandts … vor oder nach der urtheyl*“ zu offenbaren. Siehe dazu auch Sellert, Zur Geschichte der rationalen Urteilsbegründung gegenüber den Parteien insb. am Beispiel des Reichshofrates und des Reichskammergerichts, in: Dilcher/Diestelkamp, Recht, Gericht, Genossenschaft und Policey, S. 68.

78 Für die Rechtsprechung des Reichskammergerichts in Hexensachen hat Peter Oestmann ermittelt, dass nur in etwa der Hälfte der Prozesse mit bekanntem Ausgang ein Urteil erging, siehe Oestmann, Hexenprozesse am Reichskammergericht, S. 69.

79 Diestelkamp, Das Reichskammergericht im Rechtsleben des Heiligen Römischen Reichs Deutscher Nation, S. 10.

80 Hörner, Anmerkungen zur statistischen Erschließung von Reichskammergerichtsprozessen, S. 81.

81 Oestmann, Die Rekonstruktion der reichskammergerichtlichen Rechtssprechung des 16. und 17. Jahrhunderts als methodisches Problem, S. 15.

82 Loesch, Die Kölner Zunfturkunden bis zum Jahre 1500, Bd. 1, S. 3.

83 Sofern jedoch die Amtsbriefe ausdrückliche Aussagen zu den Streitpunkten beinhalteten, kam ihnen maßgebliche Bedeutung bei der Entscheidungsfindung durch den Rat zu, so z.B. beim Ratsbeschluss vom 22. Oktober 1513 im Streit der Weißgerber gegen

rechtsschöpfend tätig sein musste.[84] Vor diesem Hintergrund konnte es für die sich beeinträchtigt fühlende Zunft lohnender sein, durch Erhebung einer Klage vor dem Reichskammergericht die konkurrierende Zunft sowie den Rat als untergerichtliche Instanz unter Druck zu setzten und diesen für eine außergerichtliche Einigung zu nutzen, anstatt um jeden Preis auf dem Erlass eines Urteils zu beharren.

Die Auswahl der in dieser Arbeit untersuchten Prozesse fand anhand der im Jahre 2004 beendeten Neuerschließung der Kölner Reichskammergerichtsakten[85] statt. Dieses nach den „Grundsätzen für die Verzeichnung von Reichskammergerichts-Akten" achtstufige Erfassungsschema des neu erstellten Findbuchs stellte sich als große Hilfe bei der Sichtung des zu untersuchenden Materials heraus und ermöglichte ein schnelleres Einarbeiten in die Prozessakten. Die benutzten Akten kamen im Rahmen der Dezentralisierung des preußischen Aktenbestandes über das Düsseldorfer Provinzialarchiv im Jahre 1926 in das Historische Archiv der Stadt Köln.[86] Darüber hinaus wurden ergänzende Überlieferungen aus Beständen des Archivs Köln verwendet.[87] Bei der Benutzung der Akten ist jedoch zu beachten, dass die z.T. in ihnen befindlichen Urteile nur in den seltensten Fällen Endurteile darstellen.[88] Dies liegt an der oben bereits erwähnten Trennung von Urteilsbüchern und Prozessakten beim Reichskammergericht. Die zu den hier untersuchten Prozessen gehörenden Urteilsbücher zählen zum sog. untrennbaren Reichskammergerichtsbestand und werden im Bundesarchiv Koblenz verwahrt.[89] Bei den dort gesichteten Urteilen handelt es sich jedoch ausschließlich um verfahrensrechtliche Zwischenurteile. Endurteile sind nicht überliefert.[90] Es kann daher zur Ermittlung der Rechtsprechung des Reichskammergerichts nur auf die in den Prozessakten aus dem Stadtarchiv Köln zum Teil vorhandenen reichskammergerichtlichen Mandate zurückgegriffen werden. Die vorliegende Arbeit beschränkt sich bei der Auswertung der Akten weitestgehend auf die von den Prokuratoren beim Reichskammergericht eingereichten Schriftsätze. Anhand dieser soll untersucht werden, wie die jeweiligen streitenden Parteien vor dem

---

die Lohgerber über das Recht des Wollpflückens. Der Ratsbeschluss ist im Rahmen der späteren Prozessschilderung abgedruckt, siehe Fn. 375.

84 Giel, Politische Öffentlichkeit im spätmittelalterlich-frühneuzeitlichen Köln, S. 433, 434; vgl. dazu auch Dieling, Zunftrecht, S. 75.

85 Kordes, Mitteilungen aus dem Stadtarchiv von Köln, Hefte 81-84.

86 Kordes, Mitteilungen aus dem Stadtarchiv von Köln, Heft 81, S. 11-14.

87 Hierbei handelt es sich um Urkunden aus dem Bestand: HAStK, Bestand 95: Zunft.

88 Schenk, Findbücher zu Beständen des Bundesarchivs, Bestand AR I, S. 10.

89 Dortige Bestandssignatur: AR 1 III.

90 Auch prozessabweisende Urteile konnten jedoch faktisch Endurteilscharakter haben, etwa wenn eine Klage aufgrund eines einschlägigen Appellationsprivilegs abgewiesen wurde.

Reichskammergericht prozessual und materiellrechtlich argumentierten, wobei auch von Interesse ist, ob bestimmte Argumentationsmuster wiederholt auftauchten. In diesem Zusammenhang können dann Parallelitäten zu den aus der bisherigen Forschung bekannten Rechtspositionen des Reichskammergerichts dargestellt werden.[91]

Die Konkurrentenklagen der Zünfte aus der Reichsstadt Köln werden in dieser Arbeit in drei Kategorien strukturiert. Hieraus ergibt sich die Gliederung der Arbeit.

Streitigkeiten konnten sich zwischen verschiedenen Zünften, naturgemäß solchen mit ähnlichen Arbeitsbereichen, aufgrund behaupteter Übergriffe in den Tätigkeitsbereich der jeweils klagenden Zunft ergeben. Hier standen Abgrenzungsfragen hinsichtlich der Produktionsbereiche im Vordergrund. Es galt der Grundsatz, dass *„ein jedwedes Amt in seinen Grenzen bleiben* [musste und] *in jene Arbeiten und daraus fließende Nutzbarkeiten nicht eingreifen* [durfte], *die einem anderen vorbehalten waren.*“[92] Auf diese z. T. sehr ins Detail gehenden Abgrenzungen wurde zu damaliger Zeit von den Zünften und Stadträten angeblich „unendliche Mühe und Zeit“ aufgewandt.[93] Diese Gruppe von Konkurrentenklagen ist mit 14 Prozessen am häufigsten vertreten und bildet somit auch den Schwerpunkt der Untersuchung.

Die zweite Ebene von Prozessen befasst sich mit „zunftinternen“ Prozessen im weit verstandenen Sinne. Hier geht es vor allem um Abschließungsklagen, also um Fälle, in denen sich die Zünfte dagegen wehrten, unliebsame Bewerber in ihren Kreis aufzunehmen. Zum Verständnis dieser Prozesse ist von Bedeutung, dass bei Erfüllung der in den Zunftstatuten festgelegten Aufnahmebedingungen grundsätzlich eine Annahmepflicht des Bewerbers durch die Zunft bestand. Diese Annahmepflicht stellte ein notwendiges Korrelat des Zunftzwanges dar und war so selbstverständlich, dass eine schriftliche Fixierung als nicht notwendig angesehen wurde.[94] Erst durch die obrigkeitliche Verleihung des Zunftzwanges und dessen rechtlicher Ausübung durch die Zunft kam dieser nämlich eine öffentlichrechtliche Bedeutung zu, wodurch sie sich von einer lediglich privatrechtlichen

91 Hier ist u.a. auf die Forschungen von Diestelkamp, Sailer und Oestmann zu verweisen.

92 HAStK, Kölner Ratsprotokoll 235, zit. nach Wankell, Beiträge zur Wirtschaftsgeschichte der freien Reichsstadt Köln, S. 15.

93 Wissel, Des alten Handwerks Recht und Gewohnheit, S. 123; Lürken spricht in diesem Zusammenhang von „engherziger Exklusivität und vor allem Konkurrenzfurcht und Brotneid kleinlichster Art“, die unter den Zünften herrschten, Lürken, Das Schmiedegewerbe im reichsstädtischen Köln, S. 17.

94 Loesch, Die Kölner Zunfturkunden bis zum Jahre 1500, Bd. 1, S. 69.

Handwerkervereinigung unterschied.[95] Sogar der für die Zünfte so wichtige und identitätsstiftende Zunftzwang selbst war eine so selbstverständliche Institution, dass er in Amtsbriefen als nicht regelungsbedürftig angesehen wurde.[96]

Die dritte Gruppe der Prozesse betrifft die von den Zünften betriebene Ausschaltung unzünftiger Konkurrenz. Im Unterschied zur zweiten Gruppe von Prozessen geht es hier um solche Fälle, bei denen die Unzünftigen nicht eine Aufnahme in die das jeweilige Handwerk abdeckende Zunft anstrebten, sondern gerade eine ungestörte Ausübung ihrer Tätigkeiten außerhalb der Zünfte. Gegen derartige Konkurrenz sind die Zünfte rigoros vorgegangenen und schreckten dabei auch vor gewaltsamen eigenmächtigen Pfändungen nicht zurück.[97] Der Kölner Rat war bemüht, solche Zunftpraktiken zu unterbinden. Im Jahr 1771 erließ er eine Verordnung, die den Ämtern das eigenmächtige Durchsuchen fremder Häuser untersagte. Auf die Praxis der Zünfte hatte dies allerdings kaum Einfluss.[98] So schreibt Lürken angesichts der regelmäßig von der Kölner Schlosserzunft mit großer Härte durchgeführten Visitationen und Beschlagnahmungen überspitzt, diese seien den Schlossern wichtiger gewesen, als „alle eigene Arbeit."[99] In Lübeck fanden im Rahmen der städtischen Unruhen im Jahre 1665 sogar regelrechte „Bönhasenjagden"[100] mit Duldung der städtischen Obrigkeit statt.[101] Gerade solche Vorgehensweisen der Zünfte begründeten ihren schlechten Ruf in der älteren Literatur. So kommentierte Böhmert derartige Vorgänge als „ein feiges Jagen bemittelter privilegierter Amtsmeister auf Bönhasen ..., deren einziges Verbrechen die Arbeit war und zu deren Verfolgung man ganz extraordinäre Executionsgesetze ersann, indem man ungescheut den fleißigen Arbeiter im Heiligthum seines Hauses überfiel und alle Winkel durchsuchend die Producte

95 Sonntag, Der Zunftzwang in Köln bis zum Ausgang des Mittelalters, S. 14 f.

96 Für die Schmiedegaffel siehe Lürken, Das Schmiedegewerbe im reichsstädtischen Köln, S. 15 f.

97 Vgl. dazu die Prozesse HAStK, RKG, C 113; V 2 und V 3. Nach der Inhaltsangabe aus den Mitteilungen aus dem Stadtarchiv von Köln, Bd. 2, S. 730, wäre unter dieser Fallgruppe auch die im HAStK unter RKG, M 95 verzeichnete Akte einzuordnen. Da der dortige Kläger Jacob Müller auf Weisung des Kölner Magistrats aber nach vorheriger Ablehnung durch die Nadelmacherzunft letztlich doch von dieser angenommen werden musste, ist insofern von einem zunftinternen Konflikt zu sprechen. Zahlreiche weitere Beispiele finden sich auch bei Wankell, Beiträge zur Wirtschaftsgeschichte der freien Reichsstadt Köln, S. 19 f.

98 Wankell, Beiträge zur Wirtschaftsgeschichte der freien Reichsstadt Köln, S. 35.

99 Lürken, Das Kölner Schmiedegewerbe im reichsstädtischen Köln, S. 83.

100 Bönhasen waren Handwerker, die ihr Handwerk verbotswidriger Weise außerhalb der Zunft ausübten.

101 Asch, Rat und Bürgerschaft in Lübeck, S. 112 f. In Bremen fanden ähnliche Verfolgungen statt, siehe Böhmert, Beiträge zur Geschichte des Zunftwesens, S. 49.

seiner Arbeit wegnahm, um ihn und die Seinen dem Elend preis zu geben."[102] In solchen Fällen konnten sich die drangsalierten Unzünftigen allein schon durch die Anrufung des Reichskammergerichts insofern helfen, als hierdurch eine „Verrechtlichung durch Verfahren" eintrat. Dadurch wurde ein wesentlicher Beitrag zur Wahrung des Friedens in der Stadt geleistet.[103]

Aus jeder der drei Kategorien wird im Rahmen dieser Arbeit mindestens ein Prozess beispielhaft herausgegriffen und mit Blick auf die materiellrechtliche und prozessuale Argumentationsführung der streitenden Parteien untersucht. Auf materiellrechtlicher Ebene interessiert vor allem, anhand welcher rechtlicher Normen die Anwälte argumentierten und inwieweit sie sich auf Partikularrecht bzw. auf Reichsrecht beriefen.

1. Privilegium de non appellando von 1576

Auch auf prozessualer Ebene ist das Verhältnis von Reichsrecht zu Partikularrecht von besonderem Interesse. Für die Zunftprozesse aus Köln ist hier vor allem auf das Privilegium de non appellando König Rudolfs II. vom 29. Oktober 1576 zugunsten der Stadt Köln zu verweisen, das besagte, dass gegen Entscheidungen des Magistrats oder seiner Kommissare in Streitigkeiten zwischen Gaffeln, Ämtern und Gaffelmeistern keine Appellation möglich sein solle:

„*... Thun und geben inen die auch von romischer kaiserlicher macht volkommenhait wissentlich in Chrafft diß Brieffs, also, daß nun hinfuro in ewige Zeit, davon Irthumben, so zwischen den Gaffelen und Ämptern in der Stat Cöln, yeder Ampts gerechtigkeit belangendt, oder auch bemelten Gaffelen und derselben Gaffelmaistern, gegen ainen oder mehr Personen derselbigen Gaffelen, auff den Gaffelheusern irrig einfallen, und diselben mit vorgehender gueter deliberation, durch gedachten Rath oder dessen commissarien in der guete, oder auch Obrigkeit halben, zu erhaltung fridens, durch pillichmessige Erclerung entschaiden; und davon durch ainen oder den anderen thail vermeintlich appellirt wurde, daß solche Appellationsachen als frivol und fridlicher Pollicey widerwertig, nit zugelassen, sonder refutirt werden, unnd daß nichts destominder vorernanter Rath zu Cöln zu Execution und Handthabung ihres gethanen pillichmessigen Entschiedtsspruch procedirn moge, von allermenigclich unverhindert.*"[104]

---

102 Böhmert, Beiträge zur Geschichte des Zunftwesens, S. 28.

103 Diestelkamp, Zunftprozesse des 18. Jahrhunderts aus der Reichsstadt Wetzlar, S. 371.

104 HAStK, RKG, RKG, Zunft Urk. 122, zit. nach Eisenhardt, Die kaiserlichen privilegia de non appellando, S. 249-252.

Appellationsprivilegien dienten dazu, den Rechtsweg zu den Reichsgerichten abzuschneiden. Seit dem Ende des 15. Jahrhunderts sind sie in großer Zahl überliefert. Ihnen kam entscheidende Bedeutung bei dem Ausbau der landesherrlichen Gerichtsgewalt zu.[105] Für die Reichsstadt Köln waren Appellationsprivilegien zur Festigung der eigenen Jurisdiktionsgewalt gegenüber den Kölner Erzbischöfen natürlich von ganz erheblicher Bedeutung.[106] Nahezu alle bedeutenden Reichsstände ließen sich vom Kaiser im Laufe der Jahrhunderte mehrfach neue privilegia de non appellando mit immer höheren Appellationssummen gewähren.[107] Zur Befolgung der erteilten Appellationsprivilegien gab es Strafklauseln für den Fall, dass doch appelliert wurde, so auch im Kölner Appellationsprivileg von 1576. Um vor dem Reichskammergericht auch Rechtswirkung erzielen zu können, wurden die erteilten privilegia de non appellando insinuiert. Das bedeutete, dass sie förmlich bekannt gegeben wurden mit der Weisung, sie zu befolgen.[108] Zu diesem Zweck war im Sitzungssaal des Reichskammergerichts eine Tafel aufgehängt, auf denen die einzelnen den Reichsständen gewährten Appellationsprivilegien verzeichnet waren.[109] Die Stadt Köln erhielt bereits am 16. November 1514 für Zivilklagen[110] ein Privilegium de non appellando mit einer Appellationssumme von 100 Goldgulden[111] rheinischer Währung. Im Jahre 1551 wurde die Appellationssumme auf 300 Goldgulden heraufgesetzt und im Jahre 1623 noch einmal auf 700 Goldgulden.[112] Das Appellationsprivileg vom 29. Oktober 1576 war

105 Eisenhardt, Die kaiserlichen privilegia de non appellando, S. 4; Schwerhoff, Die goldene Freiheit der Bürger in Köln, S. 91.

106 Schwerhoff, Die goldene Freiheit der Bürger in Köln, S. 96.

107 Eisenhardt, Die kaiserlichen privilegia de non appellando, S. 4.

108 Eisenhardt, Die kaiserlichen privilegia de non appellando, S. 59.

109 Eisenhardt, Die kaiserlichen privilegia de non appellando, S. 21. Vgl. dazu auch den bei Senckenberg, Neue und vollständigere Sammlung der Reichs-Abschiede, Band 3, S. 661 abgedruckten § 111 des JRA: „*Drittens sollen hinfüro der Ständen Privilegien de non appellando stricte observirt, und zu solchem Ende die mit aller Chur-Fürsten und Ständen Privilegiis de non appellando verzeichnete in der Raths-Stuben hangende Tafel renovirt und erneuert, deren sowohl die ohnbeschränckte, als auf eine gewisse Summa limitirte Privilegia, und die Formalitäten derselben eingerückt, und zu mehrer und besserer der Cammer-Richter, Präsidenten und Assessorn Nachricht und Observantz in dem Rath öffentlich aufgehenckt werden.*"

110 Gegen Urteile in Strafsachen war eine Appellation bereits durch das Privileg Friedrich III. vom 27.04.1493 ausgeschlossen, vgl. dazu Eisenhardt, Die kaiserlichen privilegia de non appellando, S. 95.

111 Der Goldgulden war eine seit dem 14. Jahrhundert in Deutschland verbreitete Goldmünze, die bis zum 17. Jahrhundert geprägt wurde. Auch danach blieb sie weiterhin mit einem Wert von ca. 2 Reichstalern im Umlauf, siehe dazu Verdenhalven, Alte Meß- und Währungssysteme aus dem deutschen Sprachgebiet, S. 107.

112 Eisenhardt, Die kaiserlichen privilegia de non appellando, S. 95.

jedoch nicht an eine Appellationssumme gebunden, sondern bestand sachlich für Entscheidungen des Magistrats in Zunftsachen. Ziel dieses kaiserlichen Appellationsprivilegs war sicherlich ein enormer Machtgewinn des Kölner Magistrats, denn wie man aus den zahlreichen Zunftkämpfen vieler Städte ersehen kann, war in der Vergangenheit von der organisierten Handwerkerschaft die größte Bedrohung für die Obrigkeit ausgegangen. Der Kaiser war natürlicherweise an stabilen Verhältnissen in den ihm unterstehenden Reichsstädten interessiert und daher auch an einer Stärkung der dortigen Stadtmagistrate. Dass die Handwerksorganisationen aus Sicht des Reiches als ständige Unruhequelle betrachtet wurden, die es zu kontrollieren galt, wird bereits aus der Reichspolizeiordnung von 1530 erkennbar, wo es unter Art. 39 „*Von Handwerks-Söhnen, Gesellen, Knechten und Lehrknaben*" unter § 1 hieß:

„*Dieweil im Heil. Reich Teutscher Nation gemeinlich in Städten und Flecken, darin dann bißher die Geschenckte und Ungeschenckte Handwercker gehalten, von wegen der Meister-Söhn, Gesellen, Knecht und Lehrknaben, viel Unruh, Widerwillen, Nachtheil und Schaden nicht allein unter ihnen selbst, sondern auch zwischen derselben Handwercks-Meistern und andern, so Arbeit von ihnen außbereit, gemacht und gefertiget haben sollen, von wegen deß müssigen Umgehens, Schenckens und Zehrens derselben Meister-Söhn und Handwercks Gesellen, bisher vielfältig entstanden sind.*"[113]

In Fällen der sog. verweigerten oder verzögerten Justiz, sowie im Falle nichtigen Handelns der Vorinstanz war es jedoch trotz eines bestehenden Privilegiums de non appellando weiterhin möglich, ein Rechtsmittel vor den Reichsgerichten einzulegen.[114] Das Privilegium de non appellando von 1576 wurde denn auch in vielen Prozessen von den jeweiligen Beklagten zu ihren Gunsten ins Feld geführt. Diesbezüglich ist vor allem die Haltung des Reichskammergerichts von Interesse. Wies es die Klagen als unzulässig ab, dann wäre dies ein Hinweis darauf, dass es sich konsequent an Reichsrecht hielt und nur dieses als Rechtsgrundlage seiner Entscheidungen zuließ. Dann wäre allerdings zu fragen, warum trotzdem so viele Zünfte noch Klage beim Reichskammergericht einlegten. Dies wäre ein Hinweis auf eine eher geringe Resonanz höchstrichterlicher Rechtssprechung in Köln. Hielt das Reichskammergericht das Appellationsprivileg Rudolfs II. allerdings lediglich für nicht einschlägig, so spräche dies dafür, dass das Reichskammergericht partikulares Recht bei seiner Rechtsprechung sehr wohl beachtete, und diesem evtl. auch Vorrang vor dem Reichsrecht zubilligte.

---

113 Die Reichspolizeiordnung von 1530 ist abgedruckt bei Schönwetter (Verlag), Aller Deß heiligen Römischen Reiches gehaltenen Reichs-Tage, Abschiede und Satzungen, S. 278.

114 Conrad, Deutsche Rechtsgeschichte, Bd. II, S. 159 u. 463; Diestelkamp, Rechtsfälle aus dem alten Reich, S. 28 f.

Wie später noch zu zeigen sein wird, ist unter den 20 Reichskammergerichtsakten, die gewerbliche Streitigkeiten zum Gegenstand hatten, lediglich eine einzige überliefert, in welcher der kaiserliche Reichsfiskal die Verurteilung der Appellanten zu der im Appellationsprivileg für die Stadt Köln von 1576 festgelegten Strafe in Höhe von 40 Marck löthigen Goldes beantragte.[115] Da das Reichskammergericht die Appellation zuvor kostenträchtig zurückgewiesen hatte, spricht einiges dafür, dass das Appellationsprivileg hierfür ausschlaggebend gewesen war. Ansonsten war dieses Appellationsprivileg in den anwaltlichen Schriftsätzen eher ein Randthema.

2. *Abgrenzung von Justiz-und Polizeisachen*

Für die im 18. Jahrhundert am Reichskammergericht ausgetragenen Zunftkonflikte war der zentrale prozessuale Streitpunkt jedoch nicht, wie durchaus zu vermuten gewesen wäre, das oben erwähnte Privilegium de non appellando Rudolfs II. Breiten Raum in den Prozessakten nahm vielmehr die Abgrenzung von Polizeisachen und Justizsachen ein. Diese rechtliche Abgrenzung betraf wie auch die Beurteilung des Privilegium de non appellando die Frage, ob der von der Klägerseite angestrengte Prozess überhaupt zulässig war oder nicht.

In der Rechtswissenschaft des 18. Jahrhunderts stellte die Abgrenzung von Polizeisachen und Justizsachen einen viel diskutierten Problemkreis dar. Zu dieser Zeit setzte sich auch institutionell eine Trennung dieser beiden Bereiche durch. Polizeisachen waren als Ordnungsaufgaben des Staates grundsätzlich dem Zugriff der Justizbehörden entzogen.[116] Auch die zeitgenössische Entscheidungsliteratur setzte sich eingehend mit dieser Differenzierung auseinander.[117] Für die sich an das Reichskammergericht wendenden Kläger bestand also neben dem soeben erwähnten Privilegium de non appellando noch insofern ein weiteres prozessuales Hindernis, als in Polizeisachen eine Appellation vom Grundsatz her ausgeschlossen war. Der Reichskammergerichtsassessor Johann Ulrich Cramer hat sich mit diesem prozessualen Problem in seinen Wetzlarischen Nebenstunden mehrfach ausführlich befasst: *„Daß Policeysachen an und vor sich betrachtet*

115 Es handelt sich um die Akte HAStK, RKG, C 109.

116 Maier, Polizei, in: HRG III, Sp. 1800 f.

117 Diese ist jedoch weitgehend in Latein abgefasst und daher nur mühsam auswertbar. Neuere umfangreichere Untersuchungen zu diesem Problemkreis fehlen bislang, worauf Kroeschell bereits hingewiesen hat. Zur Einführung in die Problematik siehe Kroeschell, Justizsachen und Polizeisachen, in: Gerichtslauben-Vorträge, Freiburger Festkolloquium zum 75. Geburtstag von Hans Thieme, S. 57- 72 und Rüfner, Verwaltungsrechtsschutz in Preußen von 1749 bis 1842, S. 23-44.

auch bei den höchsten Reichsgerichten kein objectum justitiae sind, ist wohl außer Zweifel gesetzt.“[118] Vom ursprünglichen lateinischen Begriff „Politia“ ausgehend, verstand Cramer unter der „Policey“ in einem weiten Verständnis alles, „*was zu Führung des Regiments in einem Staat gehöret, nehmlich alle negotia belli & Pacis, und securitatem internam atque externam und bestehet mit einem Wort, in prudenti ordinatione & Regimine totius Status publici.*“[119] Um dem Begriff in der praktischen Anwendung schärfere Konturen zu geben und ihn insbesondere auch von den grundsätzlich justitiablen Privatsachen abzugrenzen, gab Cramer auch eine engere Definition der „Policey“. So „*bedeutet aber das Wort Policey so viel, als die innerliche gute Einrichtung der Bürgerlichen Verfassung, und der Verhältniß zwischen der Obrigkeit und denen Unterthanen, wie auch dieser gesellschaftlichen Handel und Wandel unter einander, und zwar nur in so ferne, als dieses alles einen Einfluß in das Wohlseyn und die Aufnahme des gemeinen Weesens hat. Dahero dann die Policey sowohl in genere als specie betrachtet allezeit mit publiquen Sachen beschäfftiget ist, und an sich und hauptsächlich in Privat-Sachen und jura privatorum sich nicht mischet, als deren Entscheidung denen Civil-Gerichten, so zu diesem Ende ausdrücklich verordnet werden, überlassen ist.*“[120]

Die Cramersche Definition zeigt, dass der damalige Polizeibegriff erheblich umfassender war, als der heutige. „Gute Policey“ bezeichnete einen Zustand guter Ordnung in Stadt und Land, der zur Leitkategorie staatlichen Verwaltungshandelns zählte. Mit Hilfe einer regen Reichs- und Territorialpolizeigesetzgebung suchte die Verwaltung diese Leitkategorie normativ zu fixieren.[121] Diese Reichspolizeiordnungen griffen in nahezu alle Lebensbereiche der Bevölkerung

118 Cramer, WN, 1 IV S. 88. Auch die Rechtsprechung des Reichshofrates schien in diesem Punkt mit der des Reichskammergerichts konform zu sein. So hieß es in einem Reskript des Reichshofrates an das fürstliche ostfriesische Hofgericht, abgedruckt bei Moser, Alte und neue Reichs-Hof-Raths-Conclusa, Band 1, Concl. 354, S. 594: „*... in Fällen so zur Policey gehören, und der Landes-Fürstlichen Bottmäßigkeit zur Disposition unterworfen, einfolglich von denen justitiariis ihrer Eigenschaft nach separiert sein, sich nicht einzumischen, noch einer Cognition über derowegen ausgehende Fürstliche Verordnungen, oder sonst einer Einschränkung der Landes-Fürstlichen Obrigkeit in denen dahin gehörigen Sachen wider die Reichs-Satzungen und Landes Accorden sich anzumaßen....*“

119 Cramer, WN, 7, III, S. 80.

120 Cramer, WN, 7, III, S. 80 f.

121 Härter, Das Reichskammergericht als „Reichspoliceygericht“, in: Battenberg/Ranieri, Geschichte der Zentraljustiz in Mitteleuropa, Festschrift für Bernhard Diestelkamp zum 65. Geburtstag, S. 237; Militzer, Repertorium der Policeyordnungen der frühen Neuzeit, Bd. 6, Reichsstädte 2, Köln, Halbband 1 und 2 weist die Fülle von Reichspoliceyordnungen aus der Stadt Köln nach.

ein, um diese „sozial zu disziplinieren“,[122] aber vor allem auch, um die Wohlfahrt der Gemeinschaft zu befördern.[123] Der im Polizeibegriff enthaltene Aspekt des Gemeinnutzes ließ sich von der Obrigkeit also vortrefflich zur Verteidigung der eigenen Herrschaftsführung instrumentalisieren.[124] Dies wird sich auch im 3. Teil der Arbeit im Rahmen der Schilderung einzelner Prozesse zeigen. Die heute als selbstverständlich geltende Beschränkung der Polizeiverwaltung auf die Aufgabe der Gefahrenabwehr setzte sich erst gegen Ende des 19. Jahrhunderts durch. Maßgeblich für diese Entwicklung war das sog. Kreuzbergurteil des Preußischen Oberverwaltungsgerichts vom 14. Juni 1882.[125] Damit war die „Wende vom absolutistischen Wohlfahrtsstaat zum bürgerlichen Rechtsstaat, von der Policey zur Polizei“ vollzogen.[126]

Für Johann Ulrich Cramer bestand also ein klarer Unterschied zwischen Polizeisachen und Justizsachen. So fielen Polizeisachen in die Zuständigkeit der Regierung,[127] die übrigen in die von „Justiz-Collegia“.[128] Da Polizeisachen Angelegenheiten des Gemeinwesens als Ganzes zum Gegenstand hatten, und gerade nicht in die Sphäre des Individuums eingriffen, war es verständlich, dass Appellationen gegen polizeiliche Maßnahmen vom Grundsatz her mangels unmittelbarer Beschwer des Klägers unstatthaft waren.[129]

---

122 Dieses frühneuzeitliche Phänomen wird heute unter dem von Gerhard Oestreich geprägten Begriff der „Sozialdisziplinierung“ diskutiert, siehe Härter, Das Reichskammergericht als „Reichspoliceygericht“, in: Battenberg/Ranieri, Geschichte der Zentraljustiz in Mitteleuropa, Festschrift für Bernhard Diestelkamp zum 65. Geburtstag, S. 237 f.

123 Vgl. dazu beispielhaft Tit. § 3 der Reichspolizeiordnung von 1530, abgedruckt bei Senckenberg, Neue und vollständigere Sammlung der Reichsabschiede, Band I, S. 345: *„Und daß alle und jede obgemeldte Puncten und Artickel dieser Unser Ordnung, so zu Aufnehmen und Gedeyen gemeines Nutz, mit Rath, Wissen und Willen, Chürfürsten, Fürsten und Ständ, also fürgenommen und aufgericht sind, durch einen jeden Stand des Reichs, weß Würden oder Wesens der wäre, bey Vermeidung Straff und Pön, wie obgemeldt, strenglich gehalten und vollzogen werden...* .“

124 Schwerhoff, Apud populum potestas? Ratsherrschaft und korporative Partizipation in Köln, S. 200.

125 Erneut abgedruckt in DVBl. 1985, S. 219.

126 Wesel, Geschichte des Rechts, S. 434.

127 Bei Mittermaier und Stintzing/Landsberg wird daher auch von „Verwaltungssachen“ gesprochen, vgl. Mittermaier, Grundsätze des gemeinen deutschen Privatrechts, S. 699 und Stintzing/Landsberg, Geschichte der deutschen Rechtswissenschaft, Abt. 3, Halbb. 1, S. 257.

128 Cramer, WN, 7, III, S. 83.

129 Cramer charakerisierte Polizeisachen als solche, *„deren Objectum allein das politicum oder Interesse Status publici ist, ohne daß Jura & Laesiones vel publici vel privatorum mit einschlagen*“, siehe WN, 1, IV, S. 88, 89. Die Unterscheidung von Polizei- und Justizsachen darf nicht mit der heutigen Einteilung von Privatrecht und

Im Rahmen der Polizeisachen („*im Gefolge der Policey*") traten für Cramer „*die Zunft- und Handwerkssachen hauptsächlich hervor.*"[130] Die grundsätzliche Inappellabilität von Policeysachen war für ihn Folge des Art. 8, § 1 IPO, der den Reichsständen die Landeshoheit garantiert hatte.[131] Vor diesem Hintergrund wurde damals zwischen „Policey"- und sonstigen Justizsachen differenziert.[132] Die Inappellabilität von Polizeisachen bestand jedoch auch nach der Ansicht Cramers keineswegs schrankenlos, was sich schon aus § 106 des Jüngsten Reichsabschieds ergab.[133] Dieser verpflichtete die Reichsgerichte lediglich dazu, „*jedes Orts Obrigkeit und des Status publici mit ein laufendes Interesse, mit seinen Umständen wohl erwegen, fürnehmlich aber in dergleichen Sachen keine Inhibition leichtlich erkennen, ...*"[134] So billigte das Reichskammergericht den Reichsstädten zwar grundsätzlich das Recht zu, Polizeiordnungen, sowie den Zünften erteilte Privilegien wie etwa bestätigte Zunftordnungen zu erlassen, bzw. zu ändern. Diese mussten jedoch in ihren Grundzügen mit den Reichsgesetzen übereinstimmen.[135] Eine Einschränkung obrigkeitlicher Rechtssetzung bestand zudem für solche Fälle, in denen „wohlerworbene Rechte", sog. „jura quaesita"[136] durch derlei Maßnahmen beeinträchtigt oder aufgehoben wurden.[137] Bei den jura quaesita handelte es sich um einen Sammelbegriff für subjektive Rechte, die durch Rechtsvorgang erworben waren. Hierunter konnten auch obige Privilegien fallen. Jura quaesita waren also vor allem solche Rechte, die jemandem auf-

---

öffentlichem Recht gleich gesetzt werden. Eine solche systematische Trennung der Rechtsgebiete wurde damals nicht vorgenommen. So enthielten zahlreiche Polizeigesetze Bestimmungen, die privatrechtlicher Natur waren. Der damalige Begriff der Justizsache ist also nicht mit dem heutigen der Privatrechtsstreitigkeit gleichzusetzen, siehe dazu Rüfner, Verwaltungsrechtsschutz in Preußen von 1749-1842, S. 27-30; Maier, Polizei, in: HRG III, Sp. 1800, 1803.

130 Cramer, WN, 125, S. 105.

131 Sailer, Untertanenprozesse vor dem Reichskammergericht, S. 430.

132 Härter, Das Reichskammergericht als „Reichspoliceygericht", in: Battenberg/Ranieri, Geschichte der Zentraljustiz in Mitteleuropa, Festschrift für Bernhard Diestelkamp zum 65. Geburtstag, S. 239.

133 Sailer, Untertanenprozesse vor dem Reichskammergericht, S. 432.

134 Senckenberg, Neue und vollständigere Sammlung der Reichs-Abschiede, Band 3, S. 660.

135 Weitzel, Der Kampf um die Appellation ans Reichskammergericht, S. 313.

136 Ius quaesitum – Wohlerworbenes Recht, siehe zum Begriff, Benke/Meissel, Juristenlatein, S. 182.

137 Sailer, Untertanenprozesse vor dem Reichskammergericht, S. 432.

grund eines speziellen Titels zukamen und nicht lediglich der natürlichen Freiheit entsprangen.[138]

Hieran erkennt man bereits die unterschiedliche Art der Rechtsschutzgewährung, wie sie im Alten Reich im Gegensatz zur heutigen Rechtsprechung bestand. Während heute das verwaltungsrechtliche Handeln durch die Gerichte einer Rechtmäßigkeitskontrolle unterzogen wird, bestand die Aufgabe der Justiz zu damaliger Zeit in der Bewahrung des bestehenden Rechtszustandes.[139] Wurden solche „wohlerworbenen Rechte" verletzt bzw. die Rechtsverletzung geltend gemacht, konnte der Kläger auch in Polizeisachen im Wege einer Appellation, eventuell in Form einer Extrajudizialappellation an das Reichskammergericht ziehen.[140] Wie der Name bereits andeutet, handelte es sich bei der Extrajudizialappellation um eine Berufung, die gegen eine außergerichtliche Beschwer eingelegt werden konnte.[141] Außergerichtliche Maßnahmen waren alle solche, die nicht aufgrund einer Anhörung beider Parteien ergingen. Die Extrajudizialappellation war also eine Berufung gegen außergerichtliche Befehle, Verordnungen, Verfügungen – ab dem 17. Jahrhundert vor allem Polizeiverfügungen – etc., vor deren Erlass die durch derlei Maßnahmen beschwerte Partei nicht angehört worden war. Als außergerichtlich galten auch solche Maßnahmen, die innerhalb eines Prozesses auf Vorstellung lediglich einer Partei ergingen.[142] Solche Prozesse gegen das „jus politiae" der Obrigkeit bildeten den größten Anwendungsbereich der

---

138 Vgl. die Definition bei Pütter, Institutiones juris publici Germanici, Lib. III, Cap. I § 119, S. 123: „... *scilicet quae speciali titulo adquisita, non ex sola libertate naturali obtinet.*"
Übersetzung: „... *diejenigen, Rechte, die man durch einen bestimmten Titel erwirbt, nicht aber nur aufgrund der natürlichen Freiheit.*"

139 Rüfner, Verwaltungsrechtsschutz in Preußen von 1749 bis 1842, S. 30.

140 Die Extrajudizialappellation wurde erstmals im Reichsabschied von 1594 in den §§ 94, 95 erwähnt. Danach war die Extrajudizialappellation zulässig, wenn „*die Obrigkeit jure & vi potestatis atque jurisdictionis, vor sich selbst, oder auf eines andern Ansuchen ihren Unterthanen, oder ein andern außerhalb Gerichts, mit beschwerlichen Bescheiden, Gebotten und Verbotten, oder auch Geld-Straffen gravirt, daß solche Appellationes, vermög der gemeinen Rechten angenommen, wie es auch billich beÿ solcher rechtlichen Disposition verbleibt...* ," siehe Senckenberg, Neue und vollständigere Sammlung der Reichsabschiede, Band III, S. 418, 436. Vgl. auch Rüfner, Verwaltungsrechtsschutz in Preußen von 1749 bis 1842, S. 25.

141 Seeger, Die Extrajudizialappellation, S. XII u. 31. Nicht zu verwechseln ist die Extrajudizialappellation mit dem Extrajudizialverfahren, das dem Judizialverfahren zeitlich vorgeschaltet war, und in dem über die Zulässigkeit eingelegter Klagen entschieden wurde, vgl. dazu Kroeschell, Justizsachen und Polizeisachen, in: Gerichtslauben-Vorträge, Freiburger Festkolloquium zum 75. Geburtstag von Hans Thieme, S. 69.

142 Seeger, Die Extrajudizialappellation, S. 31-33.

Extrajudizialappellation.[143] In diesem Zusammenhang spielten vor allem Prozesse der Zünfte eine bedeutende Rolle, da der entscheidende städtische Rat zumeist aufgrund seiner obrigkeitlichen Gewalt ohne förmliches gerichtliches Verfahren per Dekret eine Partei begünstigte oder benachteiligte.[144] Die Praxis des Kölner Rates schien jedoch dahin gegangen zu sein, in Zunftstreitigkeiten grundsätzlich beiden Parteien rechtliches Gehör zu gewährleisten. Nur selten wurde gegen den Rat der Vorwurf erhoben, er habe eine Partei nicht angehört.[145] Bei Vorbringung von jura quaesita, die auf Gewohnheitsrecht beruhten, bestand jedoch insofern eine Ausnahme, als das Reichskammergericht nur löbliche Gewohnheiten anerkannte. Andernfalls verneinte es die Appellationsbefugnis, weil dann gerade keine Justizsache vorlag.[146]

Auch Cramer sah den Rechtsweg an die Reichsgerichte als eröffnet an, sobald jura quaesita tangiert wurden:

„*... so bald die Unterthanen dem Landes-Herrn die Befugniß streitig machen im Policey-Weesen etwas zu verordnen oder zu verändern, so ihnen Juribus quaesitis und privilegiis praejudiciren könnte, so bald degenerirt die angebliche Policey-Sache in eine Justiz-Sache, weil ... die Policey alsdann occasionem litis, nicht aber das wahre und alleinige objectum abgiebet.*“[147]

Cramer zitierte hierzu die zeitgenössische Rechtslehre, die sich mit der Differenzierung von Justiz-und Polizeisachen intensiv beschäftigte. Mit seiner obigen Aussage schloss er sich der Lehre des hannoverschen Justizrats David Georg Strube[148] an, der einen Traktat[149] über die Differenzierung von „Regierung und

143 Seeger, Die Extrajudizialappellation, S. 204.

144 Kroeschell, Justizsachen und Polizeisachen, in: Gerichtslauben-Vorträge, Freiburger Festkolloquium zum 75. Geburtstag von Hans Thieme, S. 69; Seeger, Die Extrajudizialappellation, S. 140. Für die in dieser Arbeit untersuchten Fälle kann jedoch nicht ermittelt werden, ob es sich bei den eingelegten Appellationen tatsächlich um Extrajudizialappellationen handelte, da dies in den Originalakten nicht gekennzeichnet ist. Auch im Kölner Repertorium wird diese Differenzierung nicht vorgenommen. Für die reichskammergerichtliche Praxis war diese Differenzierung allerdings auch unmaßgeblich, da der Verfahrensgang nach Annahme der Appellation derselbe war, siehe dazu Seeger, Die Extrajudizialappellation, S. XIII.

145 So allerdings der Vorwurf der Lohgerber im Prozeß gegen die Weißgerber und den Kölner Rat, siehe 3. Teil, 2. Prozess.

146 Seeger, Die Extrajudizialappellation, S. 143.

147 Cramer, WN, 7, III, S. 84 f.

148 Zu seiner Person siehe Oestmann, David Georg Strube (1694-1776) Justiz-und Verwaltungsjurist, Rechtswissenschaftler, in: Niedersächsische Juristen, S. 52-58; Stintzing/Landsberg, Geschichte der deutschen Rechtswissenschaft, Abt. 3, Halbb. 1, S. 255-261 u. Anhang, S. 171-175.

149 „Gründlicher Unterricht von Regierungs- und Justizsachen“ aus dem Jahr 1733. Anlass zu dieser Untersuchung gab Strube ein Umstand der Hildesheimer Gerichtsbar-

Justiz-Sachen" verfasst hatte. Schon Strube hatte die Auffassung vertreten, dass eine Appellation vor den höchsten Reichsgerichten auch dann statthaft sei, wenn *„ein Landes-Herr durch neue Verordnungen im Policey-Weesen, oder Abänderung der Alten denen Juribus quaesitis derer Unterthanen, und ihren Befugnissen und Privilegiis einiges Praejudiz zufüget... .*"[150]

Die Aussage Cramers könnte zunächst so verstanden werden, dass im Falle des Betroffenseins wohlerworbener privater Rechte die Streitigkeit auch materiellrechtlich von einer Polizeisache zu einer Justizsache mutierte. Dies meinte Cramer jedoch nicht. Der Wesensunterschied von Justizsachen und Polizeisachen war vielmehr rein prozessualer Natur. Es kam also nicht auf eine tatsächlich bestehende Rechtsverletzung an, sondern allein auf ihre prozessuale Geltendmachung.[151] Hierüber bestand auch unter den zeitgenössischen Rechtsgelehrten Einigkeit; die sich daraus ergebenden Rechtsfolgen wurden hingegen nicht immer einheitlich beurteilt.[152] Dazu Cramer: *„Genug es wird ein jus privatorum, fürgeschützt, darüber muß der Contradicent gehöret, und ihm die Justiz administriret werden, und da kan ja nun wohl ein Regierungs-Collegium weder in propria causa Judex, noch auch sonst Judex & pars zugleich seyn.*"[153]

Die Auffassung, dass bei Geltendmachung wohlerworbener Rechte eine Justizsache vorherrsche, bei der eine Appellation möglich sei, blieb noch bis weit in das 19. Jahrhundert bestehen.

Die diesbezügliche Diskussion in den Schriftsätzen soll in dieser Arbeit untersucht werden.

Die anhand der Auswertung von Kölner Zunftakten zu untersuchenden Fragestellungen der Arbeit sind damit benannt. Vor der Darstellung der einzelnen Prozesse ist es notwendig, in einem ersten Teil der Arbeit die wirtschaftliche und gesellschaftliche Situation der Zünfte sowie die wirtschaftlichen und politischen Verhältnisse der Stadt Köln, die eng mit denen der Zünfte verwoben waren, dar-

---

keit. Dort gab es zwei Gerichtshöfe. Die Zuständigkeit des u.a. ständisch besetzten Gerichtshofes war auf Justizsachen beschränkt. Der andere, nicht ständischem Einfluss unterlegene Gerichtshof, war sowohl für Justiz- als auch für Verwaltungssachen zuständig. Dies hatte zum Bestreben der Hildesheimer Stände geführt, den Begriff der Justizsachen möglichst weit auszulegen, um ihre Klagen vor das ihnen genehmere Gericht zu bringen, Stintzing/Landsberg, Geschichte der deutschen Rechtswissenschaft, Abt. 3, Halbb. 1, S. 257.

150 Zitiert von Cramer, WN, 7, III, S. 89.

151 Mittermaier, Grundsätze des gemeinen deutschen Privatrechts, S. 699; Kroeschell, Justizsachen und Polizeisachen, in: Gerichtslauben-Vorträge, Freiburger Festkolloquium zum 75. Geburtstag von Hans Thieme, S. 69; Rüfner, Verwaltungsrechtsschutz in Preußen von 1749-1842, S. 27.

152 Rüfner, Verwaltungsrechtsschutz in Preußen von 1749 bis 1842, S. 32.

153 Cramer, WN, 7, III, S. 84.

zustellen. Auf diese Weise wird der äußere Rahmen abgesteckt, in den sich die gerichtlichen Auseinandersetzungen einfügen.

In einem sich anschließenden kurzen zweiten Teil sollen schließlich eine Einordnung des Reichskammergerichts in das Reichsgefüge gegeben werden und die wesentlichen Verfahrensgrundsätze dieses Gerichts dargestellt werden. Im dritten Teil der Arbeit werden dann einzelne Prozesse exemplarisch ausgewertet.

1. Teil: Kölns Wirtschaft und Verfassung vom Mittelalter bis zum Ende des Ancien Régime

I. Zum Zunftbegriff

Der Begriff der Zunft taucht bereits im 8. Jahrhundert als Übersetzung der Benediktinerregel aus dem Lateinischen conventus auf und bezeichnet allgemein eine Gruppe, die sich eine Regel gegeben hat.[154] Als Zünfte bezeichnet man heute die Handwerkervereinigungen, die vor allem im 11. und 12. Jahrhundert in vielen Städten Europas entstanden.[155]

Für die Stadt Köln gilt die erstmals 1149 in den Zunftstatuten auftauchende Bettziechenweberzunft als die älteste.[156] Es ist jedoch davon auszugehen, dass es bereits zuvor in Köln Zünfte gab, denn die Bettziechenweberzunft[157] zählte nicht zu den bedeutenderen Grundgewerben.[158] Bereits während des 10. und 11. Jahrhunderts bildeten sich in anderen Städten Deutschlands und Europas Zünfte in bedeutenden Gewerbezweigen, wie z.B. der Weberei. Da die Handelsstadt Köln viele dieser Städte an Größe weit übertraf, kann man auch für Köln die Existenz von Zünften für diese Zeit annehmen.[159]

Eine eindeutige Definition des Zunftbegriffes ist aufgrund der komplexen Strukturen und vielfältigen Zielsetzungen der Zünfte kaum möglich. Dieling versteht unter dem Begriff der Zunft „eine auf genossenschaftlicher Grundlage beruhende Vereinigung regelmäßig aller ein bestimmtes Gewerbe selbständig betreibenden Bewohner einer Stadt oder eines umfassenderen Gebietes samt ihren Hausangehörigen und ihrem Arbeitspersonal zur Erreichung gewisser Ziele wirtschaftlicher, in zweiter Linie religiöser, geselliger und sozialer“ Art.[160] Aus dieser Definition lässt sich bereits entnehmen, dass die Zünfte fest in der mittelalter-

154 Brand, Zunft, Zunftwesen, in: HRG V, Sp. 1792.

155 Brand, Zunft, Zunftwesen, in: HRG V, Sp. 1792.

156 Sonntag, Der Zunftzwang in Köln, S. 6; Loesch, Die Kölner Zunfturkunden bis zum Jahre 1500, Bd. 1, S. 47.

157 Sacktuchweberzunft, geriet wegen ähnlicher Arbeitsbereiche mit der Leineweberzunft in Konflikt, siehe dazu Huiskes, Beschlüsse des Rates der Stadt Köln, S. 918.

158 Pock, Die Kölner Gerberei, S. 48.

159 Pock, Die Kölner Gerberei, S. 48; Loesch weist darauf hin, dass die inneren Verhältnisse Kölns im 11. Jahrhundert im Dunkeln liegen, so dass das wenige gesicherte Wissen nicht gegen die Existenz der Zünfte zu dieser Zeit spricht, siehe Loesch, Die Kölner Zunfturkunden bis zum Jahre 1500, Bd. 1, S. 48.

160 Dieling, Zunftrecht, S. 2.

lichen und frühneuzeitlichen Gesellschaft verankert waren und daher mehr als nur eine wirtschaftliche Interessenvereinigung waren, auch wenn mit zunehmender Zeit die wirtschaftlichen Interessen eine herausragende Stellung einnahmen.

Vielfältig sind auch die für die zünftigen Vereinigungen verwendeten Begriffe. So wird neben der Zunft u.a. auch von Amt, Bruderschaft, Einung, Innung, Gilde oder Gaffel gesprochen.[161] Diese Begriffe sind jedoch nicht immer deckungsgleich. Bei den Bruderschaften standen, im Gegensatz zu den Zünften, gesellschaftliche und religiöse Aspekte im Vordergrund.[162] Bis in das 14. Jahrhundert wurden die Kölner Zünfte als Bruderschaften bezeichnet;[163] diese Bezeichnung sollte den kirchlichen Charakter, oder zumindest die brüderliche Gesinnung der Mitglieder kennzeichnen.[164] Danach setzte sich die Bezeichnung „Amt" sowohl für die Tätigkeit des einzelnen Handwerkers, als auch für die Zunft als Ganzes durch, nachdem der Begriff der Bruderschaft im Zusammenhang mit dem Weberaufstand aus dem Jahr 1371 verpönt war.[165]

II. Kölns Verfassung nach dem Verbundbrief

Unter dem Begriff der Gaffeln verstand man in Köln diejenigen 22 im Verbundbrief vom 14. September 1396 aufgeführten politischen Körperschaften, in denen sich die gesamte Bürgerschaft Kölns organisierte, um jeweils zweimal im Jahr Ratsherren zu wählen.[166] Sie stellten die Basis der im Verbundbrief aufgestellten Verfassung dar. Der Begriff der Gaffel ist also nicht schlechthin gleichzusetzen mit dem der Zunft. So waren in einer Gaffel mehrere Zünfte politisch organisiert, denn die einzelnen Zünfte waren zumeist zu klein, um alleine eine Ratsherrenstelle für sich zu beanspruchen.[167] Das Prinzip der Berufsverwandtschaft wurde bei Schaffung der Gaffeln – Schwerhoff spricht hierbei von ad hoc geschaffenen po-

---

161 Dieling, Zunftrecht, S. 2, Fn. 4; Brand, Zunft, Zunftwesen, in: HRG V, Sp. 1792.

162 Dieling, Zunftrecht, S. 2, Fn. 4.

163 Loesch, Die Kölner Zunfturkunden bis zum Jahre 1500, Bd. 1, S. 43; Pock, Die Kölner Gerberei, S. 48.

164 Keutgen, Ämter und Zünfte, S. 170 f.

165 Loesch, Die Kölner Zunfturkunden bis zum Jahre 1500, Bd. 1, S. 42. Auch im Niederdeutschen und Niederländischen wurden gewerbliche Genossenschaften von Handwerkern und Krämern als Ämter bezeichnet, siehe Huiskes, Kölns Verfassung für 400 Jahre: Der Verbundbrief vom 14. September 1396, in: Rosen/Deeters, Quellen zur Geschichte der Stadt Köln, Bd. 1, S. 25.

166 Servos, Verfassungsgeschichte der Stadt Köln vom Verbund- und Transfixbrief bis zur Mitte des 19. Jahrhunderts, S. 28.

167 Loesch, Die Kölner Zunfturkunden bis zum Jahre 1500, Bd. 1, S. 143.

litischen Artefakten – jedoch nicht immer eingehalten,[168] was Unstimmigkeiten in diesen Gaffeln Vorschub leistete. Dies begünstigte natürlich die Stellung der in sich homogenen alteingesessenen Kaufleutegaffeln. Jeder Bürger, der politisch aktiv sein wollte, musste sich bei einer Zunft oder Gaffel einschreiben, also auch diejenigen, die keinen handwerklichen oder kaufmännischen Beruf ausübten.[169] Als Grund für diesen „Zunftzwang"[170] gibt der Verbundbrief folgende kurze Begründung:

„*Vort umb dat untgainwordige verbont ind alle und yeclige punte und sachen daynne begriffen de vestliger gehalden werden und unvergencklich bliven zo ewigen dagen,...* ."[171] Die Zwangsmitgliedschaft nach dem Verbundbrief stärkte insofern die Bestandskraft des Verbundbriefes, als die Zünfte und Gaffeln durch die politische Kanalisierung der Bürgerschaft als Verfassungsorgane institutionalisiert wurden. Nicht zu verwechseln ist diese Zwangsmitgliedschaft in einer Zunft mit dem daneben bestehenden formalen Zunftzwang bei Ausübung eines handwerklichen Gewerbes. Die bloße Einschreibung bei einer Zunft oder Gaffel berechtigte nämlich noch nicht zur Ausübung des jeweiligen handwerklichen Gewerbes.[172] Hinsichtlich des gewerblichen Zunftzwangs sowie zu sonstigen ökonomischen Fragen enthielt der Verbundbrief allerdings keinerlei Ausführungen.

---

168 Schwerhoff, Apud populum potestas? Ratsherrschaft und korporative Partizipation in Köln, S. 202; Huiskes, Kölns Verfassung für 400 Jahre: Der Verbundbrief vom 14. September 1396, in: Rosen/Deeters, Quellen zur Geschichte der Stadt Köln, Bd. 1, S. 2.

169 Siehe dazu Art. 13 des Verbundbriefes, abgedruckt bei Huiskes, Kölns Verfassung für 400 Jahre: Der Verbundbrief vom 14. September 1396, in: Rosen/Deeters, Quellen zur Geschichte der Stadt Köln, S. 12 f.

170 Siehe zu dieser Begriffsverwendung Barth, Argumentation und Selbstverständnis der Bürgeropposition in städtischen Auseinandersetzungen des Spätmittelalters, S. 265.

171 Zeilen 292- 294 des Verbundbriefes, zit. nach Huiskes, Kölns Verfassung für 400 Jahre: Der Verbundbrief vom 14. September 1396, in: Rosen/Deeters, Quellen zur Geschichte der Stadt Köln, S. 12. Übersetzung ebd., S. 22: „*Damit weiter das gegenwärtige Bündnis und alle und jegliche Artikel und Sachen, die darin begriffen sind, um so fester eingehalten werden und unvergänglich für ewige Tage bleiben.*" Barth sieht dies als eine „kümmerliche Begründung" an, vgl. Barth, Argumentation und Selbstverständnis der Bürgeropposition in städtischen Auseinandersetzungen des Spätmittelalters, S. 341; man könnte dies jedoch auch als den ganz pragmatischen Versuch einer Absicherung der geschaffenen Zunftverfassung sehen.

172 Am Beispiel der Schmiedegaffel erläutert bei Lürken, Das Schmiedegewerbe im reichsstädtischen Köln, S. 19; Arentz, Die Zersetzung des Zunftgedankens, nachgewiesen an dem Wollenamte und der Wollenamtsgaffel, S. 25.

Die Gaffeln wählten zweimal im Jahr zusammen 36 Ratsherren; 13 Ratsherren wurden von den zuvor gewählten kooptiert (sog. „Gebrech")[173], so dass der Rat insgesamt 49 Ratsherren umfasste.[174] In vier enumerativ aufgeführten Fällen[175] bestimmte Art. 1 des Verbundbriefes, dass sich der Rat die Legitimation der gesamten Bürgerschaft einholen musste.[176] Hierzu wurde keine Bürgerversammlung einberufen, sondern vielmehr ein Ausschuss von insgesamt 44 Gaffelvertretern (zwei aus jeder Gaffel), die sog. „Vierundvierziger", die dann über die vom Rat vorzulegende Angelegenheit zu beraten hatten.[177]

Von außen betrachtet könnte man mit Blick auf den Verbundbrief aus dem Jahr 1396, der zusammen mit dem Transfixbrief von 1513 während der gesamten reichsstädtischen Zeit die Kölner Verfassung bildete, durchaus von einer auf

---

173 Gebrech ist das, was an der vollen Zahl von 49 Ratsherren noch gebricht, d.h. fehlt, siehe Huiskes, Kölns Verfassung für 400 Jahre: Der Verbundbrief vom 14. September 1396, in: Rosen/Deeters, Quellen zur Geschichte der Stadt Köln, S. 26.

174 Vgl. dazu Art. 3 des Verbundbriefes, Zeilen 152-159, zit. nach Huiskes, Kölns Verfassung für 400 Jahre: Der Verbundbrief vom 14. September 1396, in: Rosen/Deeters, Quellen zur Geschichte der Stadt Köln, Bd. 1, S. 8: *„Ind asdan so solen wir ampte und gaffelen vurschreven unse gekoiren raitzlude up der stede raithuyss schicken und senden, ind dieselve gekoiren raitlude solen asdan vort bij yren eyden, die sij darup doin solen, dat gebrech des raitz zostunt neymen und kesen uss ampten, gaffelen und gemeynden vurschreven, mit namen under sulgen erberen wijsen luden, die darzo nutzlich und der stede und gemeynden eerlich und beste synt, bis dat der rait in eyme gantzen getzale van nuynundviertzich erberen mannen, burge ren zo Coelne, volkomelichen gesat und ordinert sij."*
Übersetzung ebd. S. 19: *„Dann sollen wir, die genannten Ämter und Gaffeln, unsere gewählten Ratsleute auf das Rathaus der Stadt schicken und senden, und diese gewählten Ratsleute sollen alsdann bei ihren Eiden, die sie darauf ablegen sollen, zur selben Stunde das Gebrech des Rates nehmen und auswählen aus den genannten Ämtern, Gaffeln und der Gemeinde, nämlich aus solchen ehrbaren, verständigen Männern, die dazu nützlich und für die Stadt und die Gemeinde ehrenvoll und am besten geeignet sind, bis der Rat mit der Gesamtzahl von neunundvierzig ehrbaren Männern, Bürgern zu Köln, vollständig besetzt und geordnet ist."* Siehe dazu auch Loesch, Die Kölner Zunfturkunden bis zum Jahre 1500, Bd. 1, S. 144; auch Schwerhoff, Apud populum potestas? Ratsherrschaft und korporative Partizipation in Köln, S. 200.

175 Dies waren Anordnung einer Heerfahrt, Abschließung von Verträgen mit auswärtigen Herren und Städten, Beschwerung der Stadt mit Leibrenten sowie Ausgaben oder Zahlungsversprechen von über 1000 Gulden.

176 Art. 1 des Verbundbriefes, abgedruckt bei Huiskes, Kölns Verfassung für 400 Jahre: Der Verbundbrief vom 14. September 1396, in: Rosen/Deeters, Quellen zur Geschichte der Stadt Köln, Bd. 1, S. 6 f., Übersetzung ebd. S. 17 f.

177 Servos, Verfassungsgeschichte der Stadt Köln vom Verbund- und Transfixbrief bis zur Mitte des 19. Jahrhunderts, S. 31 f; Groten, Beschlüsse des Rates der Stadt Köln, Bd. 2, S. XI.

„demokratischer“ Grundlage basierenden Zunftherrschaft sprechen, wie es in der älteren Literatur auch vielfach getan wurde.[178] Mayer-Maly sieht denn auch in dem berühmten Verbundbrief einen Meilenstein auf dem Weg zur Verwirklichung demokratischer Ideen, denn erstmals wurde der zentralen demokratischen Idee „einer Gleichberechtigung aller Rechtsunterworfenen“ zum Durchbruch verholfen.[179] Hierbei darf allerdings nicht übersehen werden, dass die nach dem Verbundbrief allein wahlberechtigten Bürger[180] unter den 35.000 bis 45.000 Einwohnern, die Köln im Spätmittelalter zählte, nur einen Bruchteil ausmachten.[181] Die gegenüber anderen Städten formal starke verfassungsrechtliche Stellung der Zünfte in Köln war das Resultat des siegreichen Kampfes der Zünfte über die Kölner Geschlechterherrschaft.

III. Verbundbrief im Spannungsfeld zur politischen Wirklichkeit

Die Zünfte waren jedoch nicht in der Lage, die ihnen nach dem Verbundbrief zukommende Rolle politisch auszufüllen. Die tatsächliche Machtsituation war eine andere, denn de facto übten die wohlhabenden Kaufmannsverbände die politische Macht aus.[182] So verfügten die Kaufleute, die alleine schon in 5 der 22 Gaffeln organisiert waren,[183] über einschlägige Verwaltungserfahrung, so dass sie poli-

---

178 So vor allem Servos, Verfassungsgeschichte der Stadt Köln vom Verbund- und Transfixbrief bis zur Mitte des 19. Jahrhunderts, S. 16.

179 Mayer-Maly, Die Kölner Gaffelverfassung und die Rechtsgeschichte der Demokratie, S. 208, 214; Planitz, Die deutsche Stadt im Mittelalter, S. 330, der sogar von der Schaffung eines „echt demokratischen Wahlsystems“ spricht.

180 Verbundbrief, Zeilen 201-203, zit. nach Huiskes, Kölns Verfassung für 400 Jahre: Der Verbundbrief vom 14. September 1396, in: Rosen/Deeters, Quellen zur Geschichte der Stadt Köln, Bd. 1, S. 10:
„*Vort hain wir verdragen, so wilch man van unss ampten, gaffelen und gemeynden vurschreven also zo rade gekoiren worden is, as vur erkliert steit, dat die eyn burger sijn sall,...* .“
Übersetzung ebd. S. 20: „*Weiter sind wir übereingekommen, daß welcher Mann auch immer durch uns, die vorgenannten Ämter, Gaffeln und die Gemeinde, so, wie es oben erklärt steht, in den Rat gewählt worden ist, ein Bürger sein muß...* .“

181 Schwerhoff, Apud populum potestas? Ratsherrschaft und korporative Partizipation in Köln, S. 202. Wankell geht für das Jahr 1781 von 6000 Bürgern bei einer Kölner Gesamtbevölkerung von etwa 40.000 Menschen aus, siehe Wankell, Beiträge zur Wirtschaftsgeschichte der freien Reichsstadt Köln, S. 12.

182 Hier stellte Köln allerdings keineswegs einen Sonderfall dar. In anderen Städten waren ähnliche Entwicklungen sichtbar, vgl. dazu Asch, Rat und Bürgerschaft in Lübeck, S. 23 f.

183 Namentlich waren dies die Gaffeln Eisenmarkt, Schwarzhaus, Windeck, Aren und Himmelreich.

tisch nicht abkömmlich waren. Die Kaufleutegaffeln waren gegenüber den Handwerksgaffeln auch insofern privilegiert, als erstere jeweils zwei Ratsherren stellten, letztere mit Ausnahme der Schmiede und Brauer aber lediglich einen Ratsherren in den Kölner Rat entsandten.[184] Vor allem aber durch die Kooptation des sog. „Gebrechs" gelangten weitere Kaufleute und Verleger sowie wohlhabende Meister aus den Zünften, die ebenfalls im Fernhandel tätig waren, in den Rat.[185] Ein Grund hierfür war wohl auch, dass viele kleinere Zunftmeister nicht über ausreichende finanzielle Ressourcen verfügten, um sich der zeitaufwendigen politischen Arbeit zuzuwenden.[186] In der Reichsstadt Ulm wurde dieses Argument sogar dafür fruchtbar gemacht, um die von Kaiser Karl V. veranlasste weitgehende Entmachtung der Zünfte und die Institutionalisierung oligarchischer Ratsstrukturen im Jahr 1548 zu rechtfertigen. So stellte der dortige Vizekanzler Dr. Seld anlässlich der Einsetzung eines neuen Rates an die Bürgerschaft die Frage, ob sich die Handwerksmeister nicht „*vil baß uff ir Handarbeit zu ir täglichen narung dann uff die versehung des gemeinen nutz*" verstünden?[187] Zwar fand in Köln kein Sturz der Zunftverfassung statt, jedoch nahm auch hier der Rat mit zunehmender Zeit oligarchische Strukturen an. Begünstigt wurde diese Entwicklung zudem von der immer weniger funktionierenden verfassungsmäßig vorgesehenen Kontrolle des Rates durch den Bannerrat, der stehenden Vertretung der Gemeinde.[188] Die 22 Bannerherren wurden von den 22 Gaffeln auf Lebenszeit als ihre Vertreter gewählt und hatten auf die Einhaltung der Verfassung durch den Rat zu achten. Sie waren die eigentlichen Vermittler zwischen Magistrat und Zünften.[189] Diese Kontrolle wurde jedoch mit zunehmender Zeit zur Makulatur, da immer mehr Bannerherren zu Ratsmitgliedern gewählt wurden bzw. sogar teilweise das Bürgermeisteramt bekleideten und die Ämter somit in sich

184 Das seit jeher mächtige Wollenamt stellte allerdings vier Ratsherren, Schwerhoff, Apud populum potestas? Ratsherrschaft und korporative Partizipation in Köln, S. 202 f.

185 So soll in der ersten Hälfte des 15. Jahrhundert vor allem die Kaufleutegaffel Eisenmarkt bei der Stellung der Gebrechsherrn dominiert haben, siehe dazu Schwerhoff, Apud populum potestas? Ratsherrschaft und korporative Partizipation in Köln, S. 203; Irsigler, Kölner Wirtschaft im Spätmittelalter, in: Kellenbenz, Zwei Jahrtausende Kölner Wirtschaft, Bd. 1, S. 222.

186 Bei den Handwerkergaffeln wurden daher zumeist auch Ratsherren gewählt, die keinen handwerklichen Beruf ausübten, vgl. Nicolini, Die politische Führungsschicht in der Stadt Köln gegen Ende der reichsstädtischen Zeit, S. 112.

187 Naujoks, Obrigkeitsgedanke, Zunftverfassung und Reformation, S. 13 u. 123 f.

188 Servos, Verfassungsgeschichte der Stadt Köln vom Verbund- und Transfixbrief bis zur Mitte des 19. Jahrhunderts, S. 33.

189 Servos, Verfassungsgeschichte der Stadt Köln vom Verbund- und Transfixbrief bis zur Mitte des 19. Jahrhunderts, S. 33 f.

vereinigten.[190] Der Bannerrat wandelte sich so zu einem Instrument der obrigkeitlichen Machtsicherung.[191] Es bestand also eine „tiefe Kluft zwischen Verfassungstexten und der gelebten politischen Wirklichkeit".[192]

Diese de facto auch nach Errichtung des Verbundbriefes bestehende oligarchische Herrschaft einiger weniger reicher Kaufmannsfamilien mit allen ihren Auswüchsen in Form von Günstlingswirtschaft und Unterschlagung städtischer Gelder[193] sorgte in Handwerkskreisen zunehmend zu Protesten, die sich in zahlreichen Erhebungen gegen die Stadtobrigkeit niederschlugen und schließlich zur Verabschiedung des Transfixbriefes im Jahr 1513 führten, der als Ergänzung zum Verbundbrief die bestehenden Missstände abstellen sollte.[194] Diese Hoffnung erwies sich jedoch als Illusion, so dass das gesellschaftliche Umfeld, in dem sich das zünftige Wirtschaftsleben abspielte, von dauernden Spannungslagen geprägt war. Vor allem für die zweite Hälfte des 18. Jahrhunderts wird die gesamtwirtschaftliche und damit korrespondierend auch die politische Lage nur als desolat beschrieben. So schrieb ein 1780 durch Köln reisender Franzose: „*Die Regierungsverfassung setzt diese Stadt weit hinter die meisten anderen Städte Deutschlands zurück. Nebst dem allen Republikanern eigenen Haß gegen Neuerungen und der gewöhnlichen Ohnmacht und Trägheit ihrer Regenten herrscht hier noch mit ungleich mehr Stärke das unsinnige Zunftsystem als in einer anderen Reichsstadt.*"[195] Auf politischer Ebene waren Korruption und Vetternwirtschaft weiterhin an der Tagesordnung. 1721 wurde zur Überprüfung von Wahlunregelmäßigkeiten eigens eine Kommission eingerichtet; dennoch dominierten einige wenige einflussreiche Familien während des gesamten 18. Jahrhunderts

190 Servos, Verfassungsgeschichte der Stadt Köln vom Verbund- und Transfixbrief bis zur Mitte des 19. Jahrhunderts, S. 34; Weingärtner, Zur Geschichte der Kölner Zunftunruhen am Ende des 18. Jahrhunderts, S. 3; Wankell, Wirtschaftsgeschichte, S. 10. In der Person Nikolaus de Grootes findet sich auch ein quellengestützter Beleg im Prozess des Weinhändlers Peter A. Vallen gegen das Fass- und Weinmat, siehe dazu die Prozessschilderung in Teil 3, III.

191 Vgl. dazu auch die Erinnerungen Hermann von Weinsberg, in: ders., Das Buch Weinsberg, Kölner Denkwürdigkeiten aus dem 16. Jahrhundert, Bd. 4, S. 186.

192 Schwerhoff, Die goldene Freiheit der Bürger in Köln, S. 109.

193 Treffend dazu auch die Überlieferung eines Sprichwortes des Ratsherren Caspars: „*daß ich Ratsherr bin/danck ich Gott und meinem Beutel*", in Judendunck, Theatrum Lanienae Coloniensis sive Blutige Schau Bühne, S. 25.

194 Irsigler, Kölner Wirtschaft im Spätmittelalter, in: Kellenbenz, Zwei Jahrtausende Kölner Wirtschaft, Bd. 1, S. 224 f. Auch auf die Stadt Aachen traf der Befund von einer „Diskrepanz von Verfassungstheorie und Verfassungspraxis" zu. Wahlmanipulationen, sog. „Mäkeleien" schienen dort an der Tagesordnung gewesen zu sein, siehe dazu Carl, Die Aachener Mäkelei 1786-93, S. 105 f.

195 Zit. nach Pohl, Wirtschaftsgeschichte Kölns im 18. und beginnenden 19. Jahrhundert, in: Kellenbenz, Zwei Jahrtausende Kölner Wirtschaft, Bd. 2, S. 11.

den Rat.[196] So stellte beispielsweise allein die Familie de Groote in diesem Zeitraum 24mal den Bürgermeister.[197] Auch im Bereich der Rechtspflege und der öffentlichen Sicherheit fiel das Urteil auswärtiger zeitgenössischer Beobachter deutlich aus. So schrieb der zeitgenössische kaiserliche Gesandte am Niederrhein Graf Franz-Georg Metternich-Winneburg in seiner für die Wiener Reichskanzlei bestimmten Denkschrift des Jahres 1776: *„Von der alten wohleingerichteten Verfassung sei nichts mehr zu erblicken... . Die Justiz wird in den vielfachen Gerichtshöfen sehr übel administriert und an die ganz verschwundene Polizei gar nicht mehr gedacht.“*[198]

Diese Missstände führten in den 1770er Jahren zu neuen Aufständen der Bürgerschaft gegen die Stadtobrigkeit bei der die Bürger mit teilweise gewalttätigem Vorgehen versuchten, ihre Forderungen durchzusetzen.[199]

So nutzten die Zünfte, die sich durch die starke auswärtige Kon-kurrenz in ihrer Existenz mehr und mehr bedroht fühlten, die Chance der Unruhen und forderten vom Rat die Konfiskation aller in die Stadt Köln importierter zünftigen Handwerksprodukte, was der eingeschüchterte Rat auch bewilligte. Teilweise griffen die Zünfte aber auch zur Selbstjustiz und zerstörten eigenmächtig importierte Ware.[200]

Aus diesen Unruhen, die 1777 ihren Höhepunkt erreichten, entwickelte sich die Kölner Deputatschaft,[201] ein von den Bürgern gewählter Ausschuss, der eine umfassende Klage gegen die Stadtobrigkeit vor dem Reichshofrat anstrengte und im Verlaufe des Verfahrens sogar die Übernahme der Stadtverwaltung forderte.[202] Letztlich aufgrund dieser überzogenen Forderungen ist die Deputatschaft vor dem Reichshofrat in Misskredit gefallen und konnte dadurch auch ihr ursprüngliches Anliegen nach einer Behebung der zahlreichen politischen Miss-

---

196 Schwerhoff, Apud populum potestas? Ratsherrschaft und korporative Partizipa-tion in Köln, S. 210.

197 Pohl, Wirtschaftsgeschichte Kölns im 18. und beginnenden 19. Jahrhundert, in: Kellenbenz, Zwei Jahrtausende Kölner Wirtschaft, Bd. 2, S. 15.

198 Braubach, Beiträge zur Geschichte der Stadt Köln im 18. Jahrhundert, in: JbKGV 12, 1930, S. 99-117, zit. nach Pohl, Wirtschaftsgeschichte Kölns im 18. und beginnenden 19. Jahrhundert, in: Kellenbenz, Zwei Jahrtausende Kölner Wirtschaft, Bd. 2, S. 15, 18.

199 Pohl, Wirtschaftsgeschichte Kölns im 18. und beginnenden 19. Jahrhundert, in: Kellenbenz, Zwei Jahrtausende Kölner Wirtschaft, Bd. 2, S. 19.

200 Pohl, Wirtschaftsgeschichte Kölns im 18. und beginnenden 19. Jahrhundert, in: Kellenbenz, Zwei Jahrtausende Kölner Wirtschaft, Bd. 2, S. 19.

201 Weingärtner, Zur Geschichte der Kölner Zunftunruhen am Ende des 18. Jahrhunderts, S. 20.

202 Weingärtner, Zur Geschichte der Kölner Zunftunruhen am Ende des 18. Jahrhunderts, S. 78.

stände nicht erreichen.[203] Die Kölner Deputatschaft wurde durch das Reichshofratsconclusum vom 15. Dezember 1789 aufgelöst.[204] Der Konflikt hatte jedoch auch insofern unmittelbaren Einfluss auf die Kölner zunftdominierte Wirtschaftsverfassung, als der Reichshofrat den Wirtschaftsprotektionismus des Zunftsystems durch die Erlaubnis des Freihandels außer Kraft setzte.[205]

Köln teilte als große Handelsstadt nach dem Ausgang des Mittelalters und dem Verfall der Hanse das Schicksal des wirtschaftlichen Niedergangs mit vielen anderen Reichsstädten.[206] Vor allem die Territorialstaaten erfuhren durch die Umsetzung der merkantilistischen Wirtschaftspolitik einen wirtschaftlichen Aufschwung und stellten eine bedeutende gewerbliche Konkurrenz für die Reichsstädte dar. Köln hatte im 17. und 18. Jahrhundert zudem besonders durch den wieder aufkommenden Machtanspruch des Kurfürsten zu leiden, der Kölns Reichsunmittelbarkeit nicht anerkannte und Köln vor dem Reichskammergericht verklagte.[207] Infolge dieses Prozesses verschlechterte sich auch das Verhältnis Kölns zu seinen benachbarten Territorien Kurköln und Jülich-Berg. Diese würgten durch mehrmalig verhängte Handelssperren den Handel mit der Reichsstadt Köln komplett ab.[208] Die Reichsstädte litten nun stark unter ihrer wirtschaftlichen Abhängigkeit von den umliegenden Territorien und dem fehlenden eigenen Absatzgebiet. So konnten sich von den einstmals über 100 reichsfreien Orten bis zum Frieden von Lunéville nur 51 mühsam behaupten.[209] Kuske stellt hierzu fest:

---

203 Die Verwaltung der Stadt lag nach dem Spruch des Reichshofrates fest in den Händen der gewählten Obrigkeit. Der von der Deputatschaft zur Gewinnung der Stadtverwaltung entworfene Accisenpachtungsplan wurde vom Reichshofrat „*unter den von der Deputatschaft angetragenen unschicklichen, zum Teil die frevelhafte Absicht eines Eingriffs in die Stadt Regierung enthaltenen Bedingnissen*" scharf missbilligt, siehe dazu Reichshofratsakten, Haus,- Hof- und Staatsarchiv, Wiener HAbt. Coloniensia, Aus den Decisen 1075, 1-131, § 2 F. Conclusi, zit. nach Weingärtner, Zur Geschichte der Kölner Zunftunruhen am Ende des 18. Jahrhunderts, S. 60.

204 Weingärtner, Zur Geschichte der Kölner Zunftunruhen am Ende des 18. Jahrhunderts, S. 76 f.

205 Carl, Die Aachener Mäkelei 1786-93, S. 113 f.

206 Pohl, Wirtschaftsgeschichte Kölns im 18. und beginnenden 19. Jahrhundert, in: Kellenbenz, Zwei Jahrtausende Kölner Wirtschaft, Bd. 2, S. 37; Wankell, Beiträge zur Wirtschaftsgeschichte der freien Reichsstadt Köln, S. 7.

207 Walter, Das alte Erzstift und die Reichsstadt Cöln. Entwicklung ihrer Verfassung vom fünfzehnten Jahrhundert bis zu ihrem Untergang, S. 297; Dirr, Hoheitsrechtliche Streitigkeiten zwischen den Kölner Erzbischöfen und der Stadt Köln auf Grundlage reichskammergerichtlicher Verfahren des 16. und. 17. Jahrhunderts, S. 24 ff. Schwerhoff, Die goldene Freiheit der Bürger in Köln, S. 97 f.

208 Wankell, Beiträge zur Wirtschaftsgeschichte der freien Reichsstadt Köln im 18. Jahrhundert, S. 44; Pohl, Wirtschaftsgeschichte Kölns im 18. und beginnenden 19. Jahrhundert, in: Kellenbenz, Zwei Jahrtausende Kölner Wirtschaft, Bd. 2, S. 37.

209 Naujoks, Obrigkeitsgedanke, Zunftverfassung und Reformation, S. 3.

„Reichsstadt zu sein war nun nicht mehr wie im Mittelalter eine große Erleichterung und ein Triumph für die Städte, sondern geradezu ein Verhängnis."[210] Die Stadt Köln war zudem ein Opfer ihrer eigenen konfessionellen Ausgrenzungspolitik geworden, denn im 17. und 18. Jahrhundert waren zahlreiche protestantische Kaufleute über den Rhein nach Mühlheim emigriert, wo sie durch kurfürstliche Privilegien unterstützt, dem Kölner Handel große Konkurrenz machten.[211] Mit dem Einmarsch französischer Truppen in Köln am 6. Oktober 1794 verband sich daher auch die Hoffnung der Bevölkerung auf eine Verbesserung der wirtschaftlichen und politischen Verhältnisse, wenn auch Angst und Unruhe weiterhin dominierten.[212] Tatsächlich fand unter der knapp 20jährigen französischen Regentschaft ein umfangreicher Reformprozess statt. Am 26. Mai 1796 wurde der seit 400 Jahren bestehende Kölner Rat aufgelöst; zwei Jahre später die Zünfte.[213]

Es ist sicher kein Zufall, dass in der Phase großer politischer und gesellschaftlicher Instabilität Kölns im 17. und 18. Jahrhundert Konkurrenzstreitigkeiten zwischen den Zünften an Häufigkeit und Schärfe zunahmen und auch vermehrt vor dem Reichskammergericht ausgetragen wurden. In der neueren Forschung ist für die Kölner Zünfte denn auch von einer „systematisch betriebenen Schließung" zu lesen, die „kaum noch tragbar" gewesen sei; die Idee der Stadtversorgung sei der „Idee der Nahrung" gewichen.[214] Diese Aussage soll durch die Auswertung originaler Quellen überprüft werden.

---

210 Kuske, Die städtischen Handels- und Verkehrsarbeiter und die Anfänge städtischer Sozialpolitik in Köln bis zum Ende des 18. Jahrhunderts, (Kölner Studien zum Staats- und Wirtschaftsleben, 8), S. 79. Eine ähnliche Situation wie Köln durchlitt Ende des 18. Jahrhunderts auch die Reichsstadt Aachen. Phasenweise war ein Drittel der Zunftmeister ohne Arbeit, siehe dazu Carl, Die Aachener Mäkelei 1786-93, S. 106 f.

211 Schwering, Die Auswanderung protestantischer Kaufleute aus Köln nach Mühlheim am Rhein im Jahre 1714, in: Westdeutsche Zeitschrift für Geschichte und Kunst, S. 196.

212 Brunn, Franzosen in Köln (1794-1814), S. 19, 27.

213 Pohl, Wirtschaftsgeschichte Kölns im 18. und beginnenden 19. Jahrhundert, in: Kellenbenz, Zwei Jahrtausende Kölner Wirtschaft, Bd. 2, S. 21.

214 Milz, Das Kölner Großgewerbe von 1750 bis 1835, S. 7 f. Böhmert formulierte in Bezug auf das 18. Jahrhundert zugespitzt: „Das 18. Jahrhundert war diejenige Periode des Zunftwesens, in welcher dasselbe am meisten ausartete und sich sein eigenes Grab zu graben begann", Böhmert, Beiträge zur Geschichte des Zunftwesens, S.43 f.

2. Teil: Die Stellung des Reichskammergerichts im Rechtsgefüge des Alten Reichs

I. Gerichtsverfassung

Die Gründung des Reichskammergerichts war das Herzstück der Reichsreform von 1495. Sie bildete ein vorläufiges Ende des lange Zeit bestehenden königlich-ständischen Dualismus. Über die Arbeit des seit 1415 nachweisbaren königlichen Kammergerichts, dem Vorläufer des Reichskammergerichts, hatte es eine tiefe Unzufriedenheit und ein großes Misstrauen insbesondere der protestantischen Reichsstände gegeben. Das Reichskammergericht dagegen, sollte eine vom Kaiser weitgehend unabhängige Rechtsprechung garantieren. Zu diesem Zweck sollte das Reichskammergericht seinen Sitz, anders als noch sein Vorläufer, getrennt vom Hofstaat des Kaisers haben. Nach häufigeren Umzügen fand das Reichskammergericht schließlich von 1527 bis 1689 seinen Sitz in Speyer. Nach der Zerstörung Speyers durch französische Truppen hatte es von 1690 bis zur Auflösung des Alten Reiches 1806 seinen Sitz in Wetzlar.[215] Eine der Hauptaufgaben des Reichskammergerichts war die Sicherung des Landfriedens. So sollte das Gericht durch seine Funktion als Schiedsinstanz dem im zersplitterten Reich um sich greifenden Fehdewesen Einhalt gebieten.[216]

Heinz Duchhardt bezeichnet in seinem Aufsatz über das Reichs-kammergericht dessen Gründung auf dem Reichstag zu Worms im Jahre 1495 als eine „Modernisierungs-Maßnahme allerersten Ranges."[217] In der Tat gingen mit der Gründung dieses Gerichts eine Fülle an Neuerungen in der Rechtsanwendung und dem Prozessrecht einher. Bedeutend war vor allem die Vorreiterrolle, die dem Reichskammergericht bei der Rezeption des römischen Rechts zukam. Dadurch wurden eine „Verwissenschaftlichung des Rechtsdenkens" und eine Rationalisierung des Verfahrens der Instanzgerichte in Gang gesetzt.[218] Zur Rationali-

---

215 Joecker, Reichsstädte als Sitz des Reichskammergerichts, in: zeitenblicke 3 (2004), Nr. 3 (13.12.2004), URL: www.zeitenblicke.de/2004/03/joecker/index.html.

216 Scheurmann, Gründung des Reichskammergerichts, in: Scheurmann, Frieden durch Recht, Das Reichskammergericht von 1495 bis 1806, S. 51 f.

217 Duchhardt, Das Reichskammergericht im Verfassungsgefüge des Alten Reiches, in: Scheurmann, Frieden durch Recht, Das Reichskammergericht von 1495 bis 1806, S. 36.

218 Ranieri, Rezeption und Prozessrecht, in: Scheurmann, Frieden durch Recht, Das Reichskammergericht von 1495 bis 1806, S. 170 f.

sierung des rechtlichen Verfahrens trug vor allem der durch die Reichskammergerichtsordnung von 1495 geschaffene Kameralprozess, der ein striktes Terminsystem und die Schriftlichkeit des gesamten Verfahrens voraussetzte, bei. Mit der Reichskammergerichtsordnung wurde erstmals eine, wenn auch bei weitem nicht erschöpfende, schriftliche Prozessordnung für das Reich ausgearbeitet. Beim Vorläufer des Reichskammergerichts, dem königlichen Kammergericht, beruhte der Prozessgang noch weitestgehend auf Gewohnheitsrecht.[219] Zur organisatorischen Bewältigung dieses geregelten gerichtlichen Verfahrens schaffte sich das Reichskammergericht einen behördlichen Unterbau in Form der Reichskanzlei.[220] Auch dies war zur damaligen Zeit ein Novum. Die Anwendung primär gelehrten römischen Rechts machte zudem eine besondere juristische Qualifikation des Richterpersonals erforderlich. Es wurde ein abgeschlossenes juristisches Studium sowie der Grad eines Doctor juris oder eines Licentiaten juris erwartet.[221] Dies förderte die Ausbildung eines Berufsrichtertums.[222] So mussten sich die bewerbenden Assessoren einem strengen Auswahlverfahren unterziehen. Das Reichskammergericht prüfte in einem Spezialverfahren, ob der praesentatus in der Lage

---

219 Sellert, Prozeß des Reichskammergerichts, in: HRG IV, Sp. 29, 31. Neue Erkenntnisse brachte die im Jahr 2004 erschienene Edtion „Die Protokoll- und Urteilsbücher des Königlichen Kammergerichts aus den Jahren 1465 bis 1480“ von Battenberg/Diestelkamp. Danach habe die Kammergerichtsordnung zu einem mit der späteren Wormser Ordnung vergleichbaren Stadium der Verrechtlichung geführt. Für Battenberg hat demnach „die entscheidende institutionelle Verdichtung der Institutionen des Reichs...nicht um 1500, sondern bereits in den siebziger Jahren des 15. Jahrhunderts“ stattgefunden, siehe dazu Battenberg, Königliche Kammergerichtsbarkeit im späteren 15. Jahrhundert, S. 8 und 16.
Siehe dazu auch die Festellung in Peter Oestmanns Rezension, es falle „schwer, weiterhin pauschal davon zu sprechen, 1495 sei ein neues Gericht gegründet worden“, in Oestmann, http://www.forhistiur.de/zitat/0509oestmann.htm.

220 Duchhardt, Das Reichskammergericht im Verfassungsgefüge des Alten Reiches, in: Scheurmann, Frieden durch Recht, Das Reichskammergericht von 1495 bis 1806, S. 35 f.

221 Dies galt jedenfalls für die Assessoren der Gelehrten Bank, die nicht adliger Geburt waren, siehe dazu Diestelkamp, Von der Arbeit des Reichskammergerichts, in: Diestelkamp/Scheurmann, Das Reichskammergericht in der deutschen Geschichte, S. 283, 294f. Für die beim Reichskammergericht zugelassenen Prokuratoren wurden im Wesentlichen die gleichen Anforderungen gestellt, vgl. Weitzel, Anwälte am Reichskammergericht, in: Battenberg/Ranieri, Geschichte der Zentraljustiz in Mitteleuropa, Festschrift für Bernhard Diestelkamp zum 65. Geburtstag, S. 253, 257.

222 Duchhardt, Das Reichskammergericht im Verfassungsgefüge des Alten Reiches, in: Scheurmann, Frieden durch Recht, Das Reichskammergericht von 1495 bis 1806, S. 35 f.

war, zu einer Akte eine Relation mit Entscheidungsvorschlag zu unterbreiten.[223] Auf den Kameralprozess soll später noch genauer eingegangen werden, da er für das Verständnis auch der anwaltlichen Schriftsätze wichtig ist.

Seiner tatsächlichen Bedeutung für die Rechtsentwicklung im Alten Reich zuwider wurde das Reichskammergericht, das zusammen mit dem Reichshofrat die höchste Gerichtsbarkeit im Heiligen Römischen Reich Deutscher Nation bildete, im 19. und 20. Jahrhundert von der Wissenschaft weitestgehend vernachlässigt.[224]

Lediglich Rudolf Smend verfasste 1911 seine umfangreiche Studie über die „Geschichte und Verfassung" des Reichskammergerichts. Vor allem der große Quellenbestand des Reichskammergerichts stieß kaum auf das Interesse der Forschung. Auch die Aufteilung dieses großen einheitlichen Bestandes mag ein Beleg dafür sein, dass den Reichskammergerichtsakten als eigene Erkenntnisquelle keine große Bedeutung eingeräumt wurde.[225]

Grund hierfür war die überwiegend negative Resonanz des Reichskammergerichts bei Zeitgenossen, die vor allem die Langwierigkeit der Prozesse und auch die mangels bestehender Vollstreckungsmöglichkeiten scheinbar geringe Effektivität des Reichskammergerichts kritisierten.[226] Es mangelte daher auch nicht an überzogener, das Gericht lächerlich machender Kritik. So ist vor allem Stölzels Überspitzung, wonach „dasjenige der an der Decke der kammergerichtlichen Repositur aufgehängte Aktenbündel zur Bearbeitung gelangt sei, das zuerst herabfiel, weil sein Bindfaden morsch geworden sei", zu einem Synonym für die Kritik am Reichskammergericht geworden.[227] Auch Johann Wolfgang von Goethe, der für kurze Zeit als Praktikant am Reichskammergericht war, bemerkte kritisch: *„Für einen jungen vorwärts schreitenden Jüngling war doch hier kein Heil zu finden."*[228] Anders als viele seiner Zeitgenossen urteilte Goethe insgesamt aber positiv und sehr ausgewogen über das Reichskammergericht

Die Schuld für derlei Missstände lag jedoch nicht am Gericht und seinen Richtern selbst, sondern vielmehr an externen Faktoren. Hier ist vor allem auf die chronische Unterfinanzierung des Gerichts und die dadurch bedingte zu geringe personelle Besetzung des Gerichts hinzuweisen. Besonders die protestantischen Reichsstände sahen im Reichskammergericht, das sie doch auf dem Reichstag zu

223 Diestelkamp, Von der Arbeit des Reichskammergerichts, in: Diestelkamp/Scheurmann, Das Reichskammergericht in der deutschen Geschichte, S. 283, 295.

224 Vgl. hierzu Diestelkamp, Das Reichskammergericht im Rechtsleben des 16. Jahrhunderts, S. 214; Sailer, Untertanenprozesse vor dem Reichskammergericht, S. 7.

225 Sailer, Untertanenprozesse vor dem Reichskammergericht, S. 6.

226 Laufs, Reichskammergericht, in: HRG IV, Sp. 655.

227 Stölzel, Die Entwicklung der gelehrten Rechtsprechung, Bd. 2, S. 115.

228 Goethe, Dichtung und Wahrheit, 12. Buch, S. 539.

Worms im Jahr 1495 König Maximilian[229] abgerungen hatten, noch immer ein Instrument des katholischen Kaisers, das sie nicht finanzieren wollten.[230] Die von den Ständen zu leistenden Matrikularbeiträge, die sog. Kammerzieler,[231] wurden daher häufig nicht geleistet. Mit dem Jüngsten Reichsabschied von 1654 wurde noch einmal ein letzter Versuch unternommen, die Zustände am Reichskammergericht durch zahlreiche Maßnahmen zu verbessern. Die wesentlichen Maßnahmen waren die Straffung des prozessualen Verfahrens, die Erhöhung der Appellationssumme, sowie eine energischere Beitreibung der Kammerzieler.[232] Auch diese Maßnahmen verschafften jedoch nur für kurze Zeit Besserung. Ein weiteres Manko des Reichskammergerichts bestand darin, dass die Reichsfürsten auch nach der Gründung des Reichskammergerichts weiterhin fest an der sog. Austrägalgerichtsbarkeit festhielten. Bei den Austrägalgerichten handelte es sich um reichsständische Schiedsgerichte, vor denen Reichsfürsten in erster Instanz verklagt werden mussten.[233] Diese konnten sich somit zumindest erstinstanzlich der Reichsgerichtsbarkeit entziehen.

II. Zum Kameralprozess

Ein wesentlicher Grund für die lange Verfahrensdauer und das Anschwellen der unerledigten Aktenberge beim Reichskammergericht lag neben der Arbeitsüberlastung des Gerichts vor allem auch an der Ausgestaltung des Kameralprozesses in den Reichskammergerichtsordnungen von 1495 bzw. 1555 selbst. Grundlage des Kameralprozesses war das römisch-kanonische Verfahrensrecht, wie es seit dem 13. Jahrhundert von Rechtsgelehrten wie u.a. Bartolus, Baldus oder Durantis entwickelt und von geistlichen Gerichten angewendet worden war.[234]

Der Kameralprozess, wie er sich in den Gerichtsordnungen darstellt, basierte auf dem sog. Terminsystem. Ab dem gerichtlich festgelegten Ladungstermin verlief der Kameralprozeß in festen, regelmäßigen Abständen. Kläger und Beklagte hatten dabei zu bestimmten Terminen festgelegte Prozesshandlungen vorzuneh-

---

229 1459-1519, von 1508-1519 Kaiser Maximilian I.

230 Hennig, Kammerzieler, HRG III, Sp. 590 f.

231 Der Begriff rührt daher, dass ursprünglich der Zahlungstermin für die von den Reichsständen zu leistenden Mittel als Kammerziel bezeichnet wurde. Schließlich wurde der Plural der Termine als Singular für die Beitragssumme gebräuchlich. Siehe dazu Henning, Kammerzieler, in: HRG II, Sp. 590.

232 Laufs, Jüngster Reichsabschied, in: HRG II, Sp. 468, 470.

233 Rüfner, Verwaltungsrechtsschutz in Preußen von 1749 bis 1842, S. 24; Kotulla, Austrägalinstanz, in: HRG I, 2. Lieferung, Sp. 387 f.

234 Laufs, Reichskammergericht, in: HRG IV, Sp. 655, 658; Sellert, Prozeß des Reichskammergerichts, in: HRG IV, Sp. 29 f.

men.[235] Bedeutende Kennzeichen des Verfahrens waren Verhandlungsgrundsatz, Dispositionsmaxime, strenge Schriftlichkeit des Verfahrens, Artikelprozess sowie der zweiseitige Akt der Litiskontestation.[236] Das Verfahren sah in seiner Konzeption schon zwölf solcher Termine vor.[237] Nach der Reichskammergerichtsordnung von 1555 lag zwischen den einzelnen Prozesshandlungen eine Spanne von zwölf Gerichtstagen bei Ordinarsachen und sechs Gerichtstagen bei den eiligen Extraordinarsachen. Dies ergab bei drei wöchentlichen Audienzen Fristen von vier bzw. zwei Wochen.[238] Tatsächlich waren die Zeitabstände jedoch wesentlich länger, so dass die Verfahren im ordentlichen Prozess meist Monate, wenn nicht gar viele Jahre dauern konnten.[239] Dies lag nicht zuletzt auch an eigenen Dispositionen der Konfliktparteien.[240] Auch die Ausgestaltung des Kameralprozesses machte es der Konfliktpartei, die an einer zügigen Beendigung des Rechtsstreits kein Interesse hatte, leicht, diesen in die Länge zu ziehen. Gerade finanziell schwächer gestellte Prozessgegner konnten durch ein langes Verfahren in den wirtschaftlichen Ruin getrieben werden.[241]

Diese Probleme wurden auch von den Reichsständen erkannt. Man versuchte daher auf dem Jüngsten Reichsabschied von 1654 das kammergerichtliche Verfahren durch die aus dem sächsischen Prozessrecht übernommene Eventualmaxime deutlich zu straffen. Nunmehr mussten alle gleichartigen Prozesshandlungen von der jeweiligen Partei in den entsprechenden Terminen auf einmal vorgetragen werden.[242] Der Kläger musste also im selben Termin alle Klagegründe, der Beklagte alle Einreden auf einmal vorbringen. Späteres Vorbringen war somit präkludiert.

Eine weitere Verfahrensbeschleunigung sollte zudem dadurch erreicht werden, dass der aus dem römisch-kanonischen Recht stammende Grundsatz der Artikulierung aufgehoben wurde. Nach diesem noch in der RKGO von 1496 rezi-

---

235 Dick, Die Entwicklung des Kameralprozesses, S. 104 f.

236 Sellert, Prozeß des Reichskammergerichts, in: HRG IV, Sp. 29, 31; Wesener, Prozessmaximen, in: HRG IV, Sp. 55-60.

237 Dick, Die Entwicklung des Kameralprozesses, S. 107.

238 Dick, Die Entwicklung des Kameralprozesses, S. 109.

239 Dick, Die Entwicklung des Kameralprozesses, S. 109; Weitzel, Anwälte am Reichskammergericht, in: Battenberg/Ranieri, Geschichte der Zentraljustiz in Mitteleuropa, Festschrift für Bernhard Diestelkamp zum 65. Geburtstag, S. 253 und 262-265.

240 Gerade auch die hier untersuchten Prozessakten zeigen, dass häufig die Prokuratoren mehrmals Fristverlängerungen für die Einreichung ihrer Schriftsätze erbaten.

241 So bat der Prokurator des verarmten Nadelmachers Jacob Müller im Prozess gegen das Kölner Nadelmacheramt das Reichskammergericht um ein baldiges Urteil, *„weil das anmaßliche Tripliciren nur zu erweiterung der acten und verzögerung der hauptsach abzielet,“* siehe dazu HAStK, RKG, M 95, fol. 8r.

242 Wesener, Prozessmaximen, in: HRG III, Sp. 55, 57.

pierten Grundsatz[243] musste der Kläger nach erfolgter Litiskontestation seine Klage in einzelne, sprachlich scharf voneinander abgegrenzte Behauptungen einzelner Tatsachen (= positiones, daher auch Positionenprozeß genannt) aufgliedern.[244] Die einzelnen positiones waren dabei zumeist kurz gehalten und konnten z.B. mit den Worten „Wahr ist zum 1.“, „Wahr ist zum 2.“, usw. eingeleitet werden.[245] Der Beklagte war gezwungen, in exakter Reihenfolge zu den einzelnen vom Kläger vorgebrachten Behauptungen Stellung zu nehmen (= responsiones). Wollte oder konnte sich der Beklagte beispielsweise zu einer vom Kläger vorgebrachten Behauptung nicht inhaltlich äußern, so musste er dennoch der Form wegen auf den Klageartikel antworten. Er konnte dann etwa die klägerische Behauptung bestreiten. In solchen Fällen lautete die responsio dann z.B.: *„Dem 1. wird nit wahr glaubt.“*[246] Für den Kläger bedeutete dies, dass er Beweis für seine Behauptungen antreten musste. Die Konzeption des Artikelprozesses bestand darin, die Parteien zu genauen Erklärungen anzuhalten und die beweisbedürftigen Tatsachen anhand der bestrittenen Artikel zu ermitteln.[247] Der Artikelprozess erwies sich in der Praxis jedoch als viel zu schwerfällig, so dass bereits die RKGO von 1555 im ersten Termin neben dem Artikelprozeß auch die summarische Klage gestattete, nach der die Klage in zusammenhängendem Text einzureichen war.[248] Seit dem Jüngsten Reichsabschied war der Artikelprozeß dann abgeschafft.[249]

Die oben beschriebenen Verfahrensdefizite blieben im Wesentlichen auf das ordentliche Verfahren beschränkt. In eiligen Fällen, für das die Reichskammergerichtsordnung das Mandatsverfahren vorsah, konnte die Prozessdauer aufgrund kürzerer Fristen und einer Begrenzung des Prozessstoffes wesentlich verkürzt werden.[250] Selbst im 18. Jahrhundert wurden solche außerordentlichen Mandats-

---

243 RKGO von 1496 XII.

244 Wieacker, Privatrechtsgeschichte der Neuzeit, S. 185, Oestmann, Artikelprozeß, in: HRG I, 2. Lieferung, Sp. 313.

245 So z.B. zu sehen in dem Prozess HAStK, RKG, C 108, der im zweiten Teil der Arbeit dargestellt wird.

246 Das Beispiel entstammt dem Schriftsatz der Lohgerber aus der Akte HAStK, RKG, C 108.

247 Oestmann, Artikelprozeß, in: HRG I, 2. Lieferung, Sp. 313 f.

248 RGKO 1555, Teil 3, XII, § 8, abgedruckt bei Laufs, Die RKGO von 1555, S. 230: *„Zum andern sovil die klag belangt, so in disem ersten termin der cläger fürbringen soll, wöllen wir eynem jeden cläger freygelassen und heimgestelt haben, dieselbig sein clag articulweiß zu stellen oder aber summarie fürzubringen und volgendts, wie sich gebürt, in termino articulandi zu articulirn. Doch daß solchs nit mündtlich, sonder in schriften geschehe.“*

249 Oestmann, Artikelprozeß, in: HRG I, 2. Lieferung, Sp. 313 f.; Wesener, Prozessmaximen, in: HRG III, Sp. 55, 58.

250 Vgl. dazu die Übersichten bei Hörner, Anmerkungen zur statistischen Erschließung von Reichskammergerichtsprozessen, S. 78 f.

verfahren in wenig mehr als einem Jahr erledigt.[251] Effektiver Rechtsschutz war vor dem Reichskammergericht also weiterhin zu erreichen. Dies erkannte auch schon Goethe im Gegensatz zu vielen seiner Zeitgenossen, wenn er lobend schrieb: „*Frisch arbeiten sie weg alles, was kurz abgetan werden kann und muß, was über den Augenblick entscheidet, oder was sonst leicht beurteilt werden kann, und so erscheinen sie im ganzen Reiche wirksam und würdig. Die Sachen von schwererem Gehalt hingegen, die eigentlichen Rechtshändel, blieben im Rückstand, und es war kein Unglück. Dem Staate liegt nur daran, dass der Besitz gewiß und sicher sei; ob man mit Recht besitze, kann ihn weniger kümmern. Deswegen erwuchs aus der nach und nach aufschwellenden ungeheuren Anzahl von verspäteten Prozessen dem Reiche kein Schaden. Gegen Leute, die Gewalt brauchten, war ja vorgesehn, und mit diesem konnte man fertig werden; die übrigen, die rechtlich um den Besitz stritten, sie lebten wie sie konnten..., das Reich ward nach und nach beruhigt.*[252]

Auch die hier untersuchten Mandatsprozesse zeigen, dass das Reichskammergericht in eiligen Fällen, wenn dem Kläger durch weiteres Zuwarten größerer Schaden drohte, sehr schnell ein gewünschtes Mandat erlassen konnte. Die negative Resonanz des Reichskammergerichts in der Forschung des 19. und 20. Jahrhunderts und die dadurch bedingte wissenschaftliche Vernachlässigung erscheinen insofern nur bedingt gerechtfertigt.

III. Die wichtigsten Rechtsmittel am Reichskammergericht

Im Nachfolgenden sollen zum besseren Verständnis der untersuchten Prozesse kurz die beiden wichtigsten Rechtsmittel dargestellt werden, mit denen sich die Kläger an das Reichskammergericht wenden konnten. Diese sind auch Gegenstand der nachfolgend untersuchten Prozesse. Als Rechtsmittel werden solche Verfahrenseinrichtungen bezeichnet, die der Richtigkeitsprüfung und rechtsgestaltenden Beseitigung nachteiliger Gerichtsentscheidungen dienen.[253] Als solche kamen zur Zeit des Heiligen Römischen Reichs Deutscher Nation vor allem die Appellation und der Mandatsprozess in Betracht. Vereinzelt wird die Wirksam-

251 Weitzel, Anwälte am Reichskammergericht, in: Battenberg/Ranieri, Geschichte der Zentraljustiz in Mitteleuropa, Festschrift für Bernhard Diestelkamp zum 65. Geburtstag, S. 253, 264.

252 Goethe, Dichtung und Wahrheit, 12. Buch, S. 530.

253 Weitzel, Rechtsmittel, in: HRG IV, Sp. 315.

keit des Reichskammergerichts gerade als letzte Appellationsinstanz besonders herausgestellt.[254]

1. Das Appellationsverfahren

Als erstes allgemeines Rechtsmittel kam unter Kaiser Augustus die Appellation auf.[255] Als Bestandteil des kanonischen und des weltlichen italienischen Prozesses verdrängte sie seit dem hohen Mittelalter allmählich in Deutschland das herkömmliche Urteilschelten.[256] Da die Appellation sowohl suspensive, als auch devolutive Wirkung besaß und daher die abermalige Verhandlung und Entscheidung eines Rechtsstreits durch den nächst höheren Richter ermöglichte, hatte sie auf die Rechtsentwicklung in Deutschland insofern großen Einfluss, als sie zur Schaffung von Gerichtsinstanzen führte, an deren Ende das Reichskammergericht stand.[257]

2. Der Mandatsprozess

Der Mandatsprozess hatte für die Kläger gegenüber dem gewöhnlichen langwierigen Appellationsverfahren den entscheidenden Vorteil, dass es sich bei ihm um einen summarischen Prozess handelte, bei dem eine Verfahrensbeschleunigung durch die Begrenzung von Vertagungsmöglichkeiten, Fristenverkürzung und eine Begrenzung des Prozessstoffes erreicht wurde.[258] Dem Kläger wurde vorläufiger Rechtsschutz dadurch gewährt, dass dem Beklagten durch einen strafbewehrten, mit einer Ladung verbundenen gerichtlichen Befehl (dem Mandat) ein bestimmtes Tun oder Unterlassen in Bezug auf den Konfliktgegenstand aufgegeben wurde.[259] Das Mandatsverfahren wurde daher häufig von den Klägern angestrengt. Aus den hier untersuchten Akten ergibt sich, dass die jeweiligen Kläger auch in Appellationsprozessen fast ausnahmslos vorab ein Mandat erstrebten, um sich

---

254 Lorenz, Das Reichskammergericht, in: Zeitschrift für Württembergische Landesgeschichte, S. 175, 188.

255 Bethmann-Hollweg, Der römische Civilprozess, S. 700; Weitzel, Rechtsmittel, in: HRG IV, Sp. 315-321.

256 Diestelkamp, Die Durchsetzung des Rechtsmittels der Appellation im weltlichen Prozessrecht Deutschlands, S. 5; Weitzel, Appellation, in: HRG I, 2. Lieferung, Sp. 268-271.

257 Weitzel, Appellation, in: HRG I, 2. Lieferung, Sp. 268-271.

258 Sedatis, Summarischer Prozeß, in: HRG IV, Sp. 79; Hinz, Der Mandatsprozeß, S. 7.

259 Hinz, Mandatsprozeß, in: HRG III, Sp. 232; Oestmann, Hexenprozesse am Reichskammergericht, S. 79.

den endgültig erstrebten Zustand möglichst schnell vorläufig zu sichern. Hält man sich die zum Teil sehr lange Verfahrensdauer in Appellationsprozessen vor Augen, so wird schnell erkennbar, welche Bedeutung dem Mandatsverfahren zukam. Hier hat das Reichskammergericht wohl seine größte Wirksamkeit entfaltet.

Die Reichskammergerichtsordnung unterschied zwischen zwei Formen der Mandate, dem bedingten Mandat (mandatum cum clausula justificatoria) und dem unbedingten Mandat (mandatum sine clausula):

„Nachdem auch in den keyserlichen rechten gar wol geordnet und versehen, dass in gerichtlichen sachen nicht an der execution und mandaten angefangen werden soll, setzen, ordnen und wöllen wir, dass an dem keyserlichen cammergericht die mandata und gebott nit anderst, dann mit einverleybung clausulae justificatoriae, dadurch den widertheyln, wider die solliche mandata außgehen, vorgesetzt wird, ursachen, warumb dieselben nit statthaben sollen, fürzubringen, und in sachen und zwischen partheien, an das cammergericht gehörig, erkendt werden sollen; es were dann, dass die sach und handlung, darüber die keyserliche mandata zu erkennen gebetten, an ir selbst von rechts oder gewonheyt wegen verbotten und, wo dieselbig begangen, auch on eyniche weiter erkantnuß für straffwürdig oder unrechtmessig zu halten, oder dass dadurch dem anruffenden theyl eyn sollich beschwerd aufgelegt und zugefügt würde, die nach begangner that nit widerzubringen, oder dass die sach wider den gemeynen nutz were oder keynen verzug leyden möchte, dann in sollichen und sonst andern fellen, in denen vermöge der recht a praecepto one vorgeende erkantnuß angefangen werden mag, sollen und mögen durch cammerrichter und beysitzer mandata one justificatori-clausel erkant und one eynich widerrede oder verhinderung volnzogen und darauf wider die, so solliche mandata ubertretten, auf die darin verleibte peenen, wie sich gebürt, procedirt und gehandelt werden.“[260]

Wie sich aus der Klausel ergibt, bestimmte die Unterscheidung der beiden Mandatsarten über das Ausmaß der Verteidigungsmöglichkeiten. So durfte der Adressat eines mandatum c.c. seinen Widerspruch auf alle rechtlichen Gegengründe stützen.[261] Anders verhielt es sich beim mandatum s.c. Hier durfte der Adressat nach dem Regensburger Reichsabschied von 1594 nur den Nachweis führen, dass die tatsächlichen Mandatsgrundlagen unrichtig waren, das Mandat somit erschlichen war.[262] Deshalb war der Erlass eines mandatum s.c. auch nur in den in der obigen Klausel angeführten vier Fällen zugelassen, und zwar 1. in Fällen, in denen die zu verbietende Handlung für strafwürdig und unrechtmäßig an-

---

260 RKGO von 1555, Teil 2, Art. XXIII, S. 1, abgedruckt bei Laufs, Die RKGO von 1555, S. 200 f.

261 Hinz, Mandatsprozeß, in: HRG III, Sp. 235.

262 Hinz, Mandatsprozeß, in: HRG III, Sp. 235; Oestmann, Hexenprozesse am Reichskammergericht, S. 74.

zusehen war, 2. dem Antragsteller irreparable Schäden drohten, 3. dem gemeinen Nutzen entgegen stand, oder schließlich 4. das beantragte Verhalten keinen Verzug gestattete.

Drang der Beklagte beim mandatum s.c. mit der Einrede, dass das Mandat erschlichen sei, nicht durch, und befolgte er das Mandat auch nicht, sollte er durch ein Paritionsurteil zur Befolgung der Anordnung angehalten werden. Bei weiterem Ungehorsam drohte die Verhängung einer im Mandat angeordneten Geldstrafe, der sog. Pön lötigen Goldes.[263] Das unbedingte Mandatsverfahren hatte zudem gegenüber der gewöhnlichen Appellation und dem bedingten Mandatsprozess für den Kläger den Vorteil, dass ein erstinstanzlicher Prozess vor den Austrägen nicht stattfand, sondern unmittelbar vor den Reichsgerichten geklagt werden konnte.[264]

Wie bereits erwähnt, sind zu den nachfolgend geschilderten Prozessen keine Endurteile und Relationen überliefert. Die in den hier untersuchten Prozessakten teilweise überlieferten reichskammergerichtlichen Mandate, die allesamt sine clausula ergingen, bilden daher für die Kölner Zunftprozesse die einzige Erkenntnisquelle über die Rechtsprechung des Reichskammergerichts. Dies ist jedoch, wie bereits erwähnt, für Reichskammergerichtsakten kein unüblicher Befund.

IV. Zur Anwaltschaft am Reichskammergericht

Die Reichskammergerichtsordnung von 1555, die im Wesentlichen bis zum Ende des Alten Reiches Bestand hatte, postulierte keinen Anwaltszwang, so dass es den Parteien prinzipiell unbenommen war, persönlich in den Audienzen zu erscheinen.[265] Der formalisierte Prozessbetrieb führte jedoch dazu, dass sich die Parteien durchweg professioneller Sachwalter bedienten. Einen „Anwaltszwang“ im engsten Wortsinn gab es am Reichskammergericht aber ohnehin nie, denn mit der Rezeption des römischen Rechts wurde auch die Unterscheidung der Sachwalter in Anwälte und Prokuratoren übernommen.[266] Nach der Rechtsregel „ad-

263 Oestmann, Rechtsprechung des Reichskammergerichts, S. 265, 269; ders. Hexenprozesse am Reichskammergericht, S. 74 f.

264 Rüfner, Verwaltungsrechtsschutz in Preußen von 1749 bis 1842, S. 25.

265 Vgl. dazu Sellert, Prozessgrundsätze und Stilus Curiae am Reichshofrat, S. 117; Weitzel, Anwälte am Reichskammergericht, in: Battenberg/Ranieri, Geschichte der Zentraljustiz in Mitteleuropa, Festschrift für Bernhard Diestelkamp zum 65. Geburtstag, S. 253, 261; Smend, Das Reichs-kammergericht, S. 343 f.

266 Sellert, Prokurator, in: HRG III, Sp. 2032.

vocatus non accusat"[267] trat der Advokat selbst nicht vor Gericht auf, sondern arbeitete die Schriftsätze aus und beriet die Mandanten. Vor Gericht, d.h. in den Audienzen trat allein der Prokurator auf und nahm alle prozessualen Handlungen vor. Insbesondere übergab er die vom Advokat ausgearbeiteten Schriftsätze, die er gegebenenfalls noch überarbeitete, dem Gericht.[268] Diese Aufteilung der Zuständigkeiten hatte den praktischen Vorteil, dass weder die einzelnen Parteien, noch ihre Anwälte persönlich den zum Teil sehr weiten Weg zum Reichskammergericht antreten mussten.[269] Ein weiterer hiermit zusammenhängender Vorteil war, dass sich die Parteien eines lokalen Anwalts bedienen konnten, der in der Regel mit dem lokalen Recht, insbesondere dem am Ort geltenden Gewohnheitsrecht gut vertraut war. Dies lässt sich beim Lesen der Schriftsätze klar erkennen. Der Prokurator am Sitz des Reichskammergerichts konnte demgegenüber am besten beurteilen, ob die anwaltliche Vorgehensweise vor allem in formaler Hinsicht erfolgversprechend war. Dazu stimmten sich Advokat und Prokurator regelmäßig ab.[270] Die Trennung hatte jedoch auch praktische Nachteile hinsichtlich des Verfahrensablaufes. So ist aus den Akten zu entnehmen, dass nicht selten die Prokuratoren selbst das ohnehin schon langwierige Verfahren durch wiederholte Bitten um Fristverlängerung verzögerten, da sie selbst noch auf den Erhalt der Schriftsätze warteten.

Die Prozessvollmacht wurde aufgrund der Trennung von Advokat und Prokurator lediglich den vor Gericht auftretenden Prokuratoren erteilt. Diese mussten im Gegensatz zu den Anwälten an sich keine Kenntnisse im materiellen Recht besitzen. Die Situation am Reichskammergericht war aber insofern eine besondere, als hier auch von den Prokuratoren ein abgeschlossenes Studium sowie der Doktor- oder Lizentiatgrad verlangt wurde.[271] Am Reichskammergericht ver-

---

267 Siehe dazu Liebs, Lateinische Rechtsregeln und Rechtssprichwörter, S. 30.

268 Die in den Akten enthaltenen Schriftsätze sind daher zumeist sowohl vom anfertigenden Anwalt, als auch vom Prokurator unterzeichnet. Der Name des Anwalts findet sich regelmäßig am linken Rand der letzten Seite des Schriftsatzes mit dem Zusatz *conc.* (concepit). Auf der rechten Seite befindet sich die Unterschrift des einreichenden Prokurators. Zu den hier aufgeführten Advokaten sind keine weiteren Nachweise greifbar. Ebenfalls unbekannt ist, wie sich die Zusammenarbeit der Advokaten und Prokuratoren darstellte, insbesondere, ob die Advokaten fertige Schriftsätze einreichten, oder lediglich Entwürfe, die anschließend noch von den Prokuratoren überarbeitet wurden, vgl. zu diesem Befund auch Baumann, Advokaten und Prokuratoren, S. 57.

269 Sellert, Prokurator, in: HRG III, Sp. 2032 f.

270 Lau, Der Rechtsanwalt und das juristische Argument, S. 75, 89.

271 Weitzel, Anwälte am Reichskammergericht, in: Battenberg/Ranieri, Geschichte der Zentraljustiz in Mitteleuropa, Festschrift für Bernhard Diestelkamp zum 65. Geburtstag, S. 257.

wischte auch als erstes die strenge Trennung von Advokat und Prokurator. So war es dem Prokurator bereits seit dem Reichsabschied von 1498 gestattet, in den von ihm vor Gericht vertretenen Sachen auch selbst die Schriftsätze anzufertigen.[272] In umgekehrter Richtung blieb die Trennung jedoch bestehen. Die prinzipielle Trennung der Sachwalterschaft wurde noch bis zu den Reichsjustizgesetzen 1877/79 beibehalten.[273] Für die in dieser Arbeit dargestellten Zunftprozesse aus der Wetzlarer Zeit des Reichskammergerichts (1693-1806) ist allerdings festzustellen, dass sämtliche vor Gericht auftretenden Prokuratoren auch als Advokaten aufgeschworen waren.[274]

272 Weitzel, Anwälte am Reichskammergericht, in: Battenberg/Ranieri, Geschichte der Zentraljustiz in Mitteleuropa, Festschrift für Bernhard Diestelkamp zum 65. Geburtstag, S. 256; Buchda/Cordes, Anwalt, in: HRG I, 2. Lieferung, Sp. 255 ff.

273 Siehe dazu auch Siegrist, Advokat, Bürger und Staat, Bd. 1 und 2.

274 Siehe dazu Klass, Standes- oder Leistungselite?, Biographien, S. 209 ff.

3. Teil: Ausgewählte Zunftprozesse aus der Reichsstadt Köln

In diesem 3. Teil der Arbeit sollen einzelne ausgesuchte Zunftprozesse, die am Reichskammergericht verhandelt wurden, ausführlich dargestellt werden. Aus dem gesamten Bestand der reichskammergerichtlichen Zunftprozesse Kölns werden diejenigen Prozesse ausgesucht, die besonders typische Probleme zum Gegenstand hatten sowie Erkenntnisse hinsichtlich der reichskammergerichtlichen Rechtsprechung offenbaren. In der Einleitung wurde bereits die Strukturierung der zu untersuchenden Prozesse in drei Kategorien erläutert. Als Differenzierungskriterium wurde in dieser Arbeit das der prozessbeteiligten Parteien ausgewählt. Dies erscheint bei Zunftprozessen insofern sinnvoll, als die Zünfte zu den hier dargestellten Personengruppen, wie etwa anderen Zünften, Zunftanwärtern, Zunftmitgliedern, Außenstehenden, etc., in ganz typischen Konfliktlagen standen.

Als erstes sollen die im Fokus der Arbeit stehenden Konkurrentenklagen untersucht werden.

I. Konkurrentenklagen zwischen verschiedenen Zünften

Bei den Streitigkeiten, die zwischen den einzelnen Kölner Zünften ausgetragen wurden, handelte es sich, wie schon angesprochen, fast ausnahmslos um Fälle, in denen die jeweils klagenden Zünfte Eingriffe in die von ihnen allein beanspruchten Arbeitsbereiche geltend machten. Drei dieser Fälle werden im Folgenden ausführlicher behandelt.

Die Auswahl der drei Prozessakten erfolgte zum einen aufgrund der Frage, aus welchen Prozessen sich Aussagen zu prozessrechtlichen Fragen gewinnen ließen. Hierbei war vor allem von Interesse, welche Bedeutung dem Kölner Appellationsprivileg von 1576 zukam, das ja Appellationen an das Reichskammergericht in Zunftsachen grundsätzlich untersagte. Hierzu bietet vor allem der dritte Prozess zahlreiche Erkenntnisse.

Ein weiteres Kriterium für die Auswahl der Prozessakten war die Frage, ob es sich um Prozesse mit bekanntem Ausgang handelte, bzw. ob reichskammergerichtliche Mandate vorliegen. Anhand dieser Mandate lassen sich zumindest teilweise Rückschlüsse auf die Rechtsauffassung des Reichskammergerichts gewinnen, denn auch in Mandatssachen nahm das Reichskammergericht eine summarische rechtliche Prüfung vor.

Im ersten hier geschilderten Fall ist zwar kein reichskammergerichtliches Mandat vorhanden, der Prozess wurde jedoch ausgewählt, um anhand des überlieferten erstinstanzlichen magistratischen Urteils einen Einblick in die Rechtsprechung des Kölner Magistrats zu geben. Bei den beiden übrigen Prozessen handelt es sich um solche mit bekanntem Ausgang.

Um die Argumentation der Beteiligten klar herauszuarbeiten, werden zunächst die wichtigsten Prozesse getrennt analysiert. In einer Zusammenführung ist es anschließend möglich, typische Konfliktlagen und rechtliche Argumentationen zu benennen. Zum erleichterten Einstieg in die ausgewählten Prozesse wird jeweils eine kurze Erläuterung zu den Branchen, in denen die Zünfte tätig waren, gegeben.

1. Der Streit um die Herstellung kupferner Ölgefäße

Als erstes soll ein Prozess zwischen den Kölner Kupferschlägern, die dem Schmiedeamt zugeordnet waren,[275] und dem Gürtelmacheramt untersucht werden.

a) Das Kölner metallverarbeitende Gewerbe

Das metallverarbeitende Gewerbe war ein bedeutender Gewerbezweig im reichsstädtischen Köln und nahm hinter dem Textilgewerbe den zweiten Platz ein.[276] In der hervortretenden Schmiedegaffel waren ganze 50 verschiedene metallverarbeitende Ämter organisiert.[277] Lürken unterscheidet in der Entwicklung der Schmiedegaffel zwei Phasen: eine Blütezeit, die bis in das 16. Jahrhundert hineinreichte und eine Phase des wirtschaftlichen Verfalls, die sich bis zur Auflösung der Kölner Zünfte Ende des 18. Jahrhunderts erstreckte.[278] Das metallverarbeitende Gewerbe teilte damit in seiner geschichtlichen Entwicklung das gleiche Schicksal wie alle handwerklichen Berufe Kölns. Zum großen Nachteil gereichte dem metallverarbeitenden Gewerbe im 18. Jahrhundert ein Umstand, der sich in der Blütezeit des Gewerbes noch als Vorteil erwiesen hatte: die hohe Abhängigkeit von der städtischen Handelspolitik. Profitierte das Metallgewerbe, das von außerstädtischen Rohstofflieferungen abhängig war, zuvor noch von der Stapelpflichtigkeit des Eisens, so erschwerte der im 18. Jahrhundert mit den Kürfürsten bestehende

275 Lürken, Das Schmiedegewerbe im reichsstädtischen Köln, S. 10.
276 Lürken, Das Schmiedegewerbe im reichsstädtischen Köln, S. 3.
277 Pohl, Wirtschaftsgeschichte Kölns im 18. und beginnenden 19. Jahrhundert, in: Kellenbenz, Zwei Jahrtausende Kölner Wirtschaft, Bd. 2, S. 21.
278 Lürken, Das Schmiedegewerbe im reichsstädtischen Köln, S. 43.

Handelskrieg die Absatz- und Produktionsmöglichkeiten des Metallgewerbes sehr.[279] In Folge dessen brachen in der Schmiedegaffel im 18. Jahrhundert auf allen Ebenen heftige Konflikte aus. So kam es im Rahmen der Arbeitsaufteilung nicht nur zu Konflikten mit anderen Zünften, sondern auch zwischen den einzelnen Gliedern der Schmiedegaffel und sogar innerhalb jener Glieder brachen Verteilungskämpfe aus. Auf besonderen Widerstand der Schmiedegaffel mussten natürlich auswärtige Handwerker treffen. So wurde von 1764-1771, also zeitgleich zu dem hier geschilderten Prozess, eine Klage der Kölner Glockengießer gegen den Kölner Rat und den berühmten auswärtigen Glockengießer Martin le Gros vor dem Reichskammergericht verhandelt.[280]

b) Einführung in den Prozess

Der Prozess aus dem Jahr 1771 zwischen der Schmiedezunft und der Gürtelmacherzunft weist insofern eine Besonderheit gegenüber allen anderen untersuchten Prozessen auf, als von einem echten Streit der Parteien vor dem Reichskammergericht gar nicht gesprochen werden kann. Dies liegt daran, dass die Beklagten, dies waren einmal der Gürtelmacher Alexius Rach, sowie als Intervenienten das Gürtelmacheramt selbst, nicht vor Gericht erschienen und keine Exzeptionsschrift einreichten.[281] Warum die Beklagten nicht in Wetzlar verhandelten, ist nicht ersichtlich. Der Prokurator der klagenden Kupferschläger, Dr. Johann Wilhelm Mainone,[282] wies dem Reichskammergericht jedenfalls die ordnungsgemäße Zustellung der reichskammergerichtlichen Ladung der Beklagten durch Übergabe eines „*schriftlichen reproductions recess*[es]" nach.[283] Dies ergibt sich auch daraus, dass das Reichskammergericht am 21. Juni 1771 auf Antrag von Dr. Mainone das Rufen gegenüber dem Beklagten, dem Gürtelmacher Rach, und dem

---

279 Lürken, Das Schmiedegewerbe im reichsstädtischen Köln, S. 30 ff.; Pohl, Wirtschaftsgeschichte Kölns im 18. und beginnenden 19. Jahrhundert, in: Kellenbenz, Zwei Jahrtausende Kölner Wirtschaft, Bd. 2, S. 21.

280 Pohl, Wirtschaftsgeschichte Kölns im 18. und beginnenden 19. Jahrhundert, in: Kellenbenz, Zwei Jahrtausende Kölner Wirtschaft, Bd. 2, S. 21 und 52; Lürken, Das Schmiedegewerbe im reichsstädtischen Köln, S. 69. Eine Reichskammergerichtsakte zu diesem Prozess ist nicht vorhanden. Ein Grund hierfür könnte gewesen sein, dass der Prozess nicht über das Extrajudizialverfahren hinaus kam, so dass keine Akte angelegt wurde.

281 Siehe dazu das Spezialprotokoll der Akte HAStK, RKG, C 126, fol. 1r.-2r.

282 Geboren 1739, Todesjahr unbekannt, aber bis 1806 in den Kameralkalendern nachgewiesen, zu seiner Person siehe Klass, Standes- oder Leistungselite?, S. 302 f.

283 Dies geht aus dem Spezialprotokoll der Akte HAStK, RKG, C 126, fol. 1r. hervor. Zum Begriff der Reproduktion siehe auch Laufs, Die RKGO von 1555, S. 313.

für diesen intervenierendem Gürtelmacheramt erkannte.[284] Der Begriff des Rufens war der prozessrechtliche Begriff der Reichskammergerichtsordnung für die formelle Feststellung des Nichterscheinens des Geladenen. Hierzu rief der Pedell die säumige Partei am Ende der Sitzung namentlich auf. Erschien die Partei auch innerhalb der nächsten drei Gerichtstage nicht, so konnte eine Verurteilung oder ein Freispruch von der Instanz erfolgen.[285] Da die Beklagten auch nach dieser Frist nicht in Wetzlar erschienen waren, erkannte das Reichskammergericht auf weiteren Antrag von Dr. Mainone die Litiskontestation. Die Litiskontestation war als zweiseitiger Akt notwendige Voraussetzung jedes streitigen Verfahrens.[286] Durch sie wurde der Rechtsstreit zwischen den streitenden Parteien formal begründet. Die Reichskammergerichtsordnung von 1555 fingierte mit der Erwiderung der Klage, der sog. Einlassung, die Litiskontestation.[287] Wichtig waren vor allem die prozessrechtlichen Folgen der Litiskontestation, die ähnlich der heutigen Rechtshängigkeit waren. In Hinblick auf die streitige Sache bestand nach dem Zeitpunkt der Litiskontestation eine Stillhalteverpflichtung.[288] Dies bedeutete für die hier zu untersuchenden Zunftprozesse, dass die beklagten Zünfte die weitere Ausübung der ihnen streitig gemachten Gewerbe für die Zeit des Prozesses zu unterlassen hatten. Im vorliegenden Fall hatten also der Gürtelmacher Rach und die übrigen Meister des Gürtelmacheramtes ab dem Zeitpunkt der Litiskontestation das weitere Fertigen von kupfernen Ölgefäßen zu unterlassen. Im Falle der Säumnis einer Partei, wie hier der Gürtelmacher, konnte die Litiskontestation auch einseitig durch den Kläger erfolgen.[289] Eine an sich erforderliche Einlassung des Beklagten war in diesem Fall nicht erforderlich. Dr. Mainones Antrag auf Erkennung der Litiskontestation war von daher verständlich. Das Reichskammergericht sprach die Beklagten zwar des Ungehorsams für schuldig,[290] eine konkrete Strafe wurde aber nicht verhängt. Der letztendliche Ausgang des Prozesses bleibt daher im Verborgenen.

Es liegt somit nur das Appellationslibell der Kupferschläger als prozessuale Handlung vor dem Reichskammergericht vor. Trotz des Fehlens einer Exzeptionsschrift ist die Auswertung des Appellationslibells vor allem auch aufgrund der

284 Vgl. Spezialprotokoll, HAStK, RKG, C 126, fol. 1r. u. 1v.; als Zwischenurteil auch im Urteilsbuch 81, fol. 150r., Bestand AR 1 III des Bundesarchivs Koblenz verzeichnet.

285 Zum Begriff des Rufens siehe Laufs, Die RKGO von 1555, S. 314.

286 Dick, Die Entwicklung des Kameralprozesses, S. 144.

287 Oestmann, Einlassung, in: HRG I, 6. Lieferung, Sp. 1300.

288 Dick, Die Entwicklung des Kameralprozesses, S. 145.

289 Dick, Die Entwicklung des Kameralprozesses, S. 187.

290 Siehe Spezialprotokoll, HAStK, RKG, C 126, fol. 2r.; ebenfalls überliefert als Zwischenurteil im Urteilsbuch 81, fol. 164v. u. 165r., Bestand AR 1 III des Bundesarchivs Koblenz.

darin enthaltenen Ausführungen zu prozessrechtlichen Fragestellungen von Interesse. Um einen genaueren Überblick über den Sachverhalt sowie eine ausgewogenere Darstellung des Prozesses vornehmen zu können, soll hier auch das vorinstanzliche Urteil des Kölner Magistrats vom 1. Juni 1770 mit seinen Entscheidungsgründen angeführt werden.[291] Dieses ist in der Reichskammergerichtsakte überliefert. Anhand des magistratischen Urteils wird zudem die Arbeitsweise des Kölner Rates in Rechtsangelegenheiten erkennbar.

Ausgangspunkt des Streits zwischen den Parteien war ein vermeintlich nichtiger Anlass. In der Sache beklagten sich die zum Amt der Schmiede zugehörigen Kupferschläger vor dem Reichskammergericht über das oben erwähnte magistratische Urteil, das den Gürtelmachern weiterhin *„das fertigen und Vergulden des Kupfernen Cabinets- und Kirchen-wercks*" gestattete.[292] Konkreter Vorwurf gegen den beklagten Gürtelmacher Rach war, dass dieser *„zweÿ Kupferne Kirchen-Ampelen in bestallung zu nehmen und fertig zu lieferen sich unterfangen hat.*"[293] Hierbei handelte es sich um kupferne Ölgefäße für sog. Ewiglichter.[294]

Tatsächlich dürfte die Streitigkeit aber von großer Bedeutung gewesen sein. Das Betätigungsfeld der Gürtler wandelte sich seit dem Jahr 1500 stark. Produzierten sie bis dahin vornehmlich Ledergürtel, gingen sie später zum Gießen von Messing über.[295] Es verwundert daher nicht, dass die Gürtler auf den Widerstand der Kupferschläger trafen.

c) Das Klagelibell der Kupferschläger

Die Kupferschläger eröffneten ihre Klageschrift mit Angriffen gegen Alexius Rach. In dessen Fertigung kupferner Ölgefäße sahen die Kupferschläger eine *„offenbahre Beeinträchtigung*"[296] ihrerseits, denn schließlich seien sie *„ab immemorabili tempore in ruhigem Besitz gewesen,*[297] *alleiniges Kupfernes Cabinets- und*

---

291 Dieses ist in der Akte HAStK, RKG, C 126 mit der Überschrift *„Relatio cum voto et Rationibus Decidendi*" überliefert. Da dieses Schriftstück in der Originalakte weder paginiert, noch mit einer Quadrangel versehen ist, werden im Folgenden bei Belegstellenangaben eigene Blattzahlen vergeben.

292 HAStK, RKG, C 126, *„Relatio cum voto et Rationibus Decidendi*", fol. 3v. (eigene Zählung).

293 HAStK, RKG, C 126, fol. 23v.

294 Kordes, Mitteilungen aus dem Stadtarchiv Köln, Bd. 2, S. 472.

295 Reininghaus, Gewerbe in der frühen Neuzeit, S. 34.

296 HAStK, RKG, C 126, fol. 23v.

297 Es handelte sich hier also um einen Besitzschutzprozess im Sinne der gemeinrechtlichen Besitzlehre.

Kirchen-werck zu fertigen, ohne daß ein anderer Zunftgenossener sich jemahlen erkühnet hat, den mindesten Eingriff in derleÿ Arbeit zu wagen... ."[298]

Hintergrund war, dass aus Sicht der klagenden Kupferschläger die Meisterzahl der Gürtelmacher in der Vergangenheit durch die Aufnahme neuer aus dem Reich zugereister Handwerker stetig gestiegen sei. Diese neu hinzugekommenen Handwerker hätten den Tätigkeitsbereich der Gürtelmacher stetig ausgeweitet, bis hin zur Fertigung kupferner Ölgefäße durch den beklagten Gürtelmacher Alexius Rach.

Aus dem Klagelibell ist zu entnehmen, dass sich die Kupferschläger berechtigt gesehen hatten, die vom Gürtelmacher Rach gefertigten Ölgefäße eigenmächtig zu pfänden.[299] Daraufhin hatte Rach mit Erfolg eine Klage vor dem Kölner Magistrat angestrengt. Die Kupferschläger beriefen sich nunmehr auf das in solchen Fällen häufig vorgebrachte Rechtsprinzip des Verbietungsrechts, des sog. „ius prohibendi".

aa) Behauptetes Verbietungsrecht der Kupferschläger

Einer Zunft sollte danach die Rechtsmacht zukommen, zunftfremden Personen die Ausübung solcher beruflicher Betätigung zu untersagen, die zum Schutzbereich des zünftigen Berufes gehörte.[300] Es handelte sich also um eine Art Unterlassungsanspruch. Aufgabe der klagenden Kupferschläger war nun, dieses Verbietungsrecht den Richtern am Reichskammergericht zu beweisen. Dies konnte etwa anhand von obrigkeitlichen Mandaten, Anwendungsfällen oder Präjudizien erfolgen.[301]

Die Kupferschläger argumentierten dahingehend, dass bereits das Urteil des Kölnischen Magistrats (*„sententia à qua"*) deutlich erkennen lasse, dass das Recht der Kupferschläger zur Ausübung oben genannter Arbeiten *„nicht zu bestreiten ist."*[302] Für die Kupferschläger folgte hieraus *„ohnhintertrieblich, daß pro hac parte ein Jus fundatum, et quidem privatorum prohibendi zugehet, alle andere, die nicht zu ihrem Collegio hingehörig, auszuschließen."*[303] Um seinen Ausführungen Nachdruck zu verleihen, verwies der Prokurator der Kupferschläger, Dr. Mainone, auf eine Belegstelle aus dem 23. Teil von Johann Ulrich Cra-

298 HAStK, RKG, C 126, fol. 22v.
299 HAStK, RKG, C 126, fol. 23v.
300 Oestmann, Zunftzwang und Handelsfreiheit im frühen 19. Jahrhundert, in: ZNR 26. Jahrgang 2004, S. 246, 252.
301 Oestmann, Zunftzwang und Handelsfreiheit im frühen 19. Jahrhundert, in: ZNR 26. Jahrgang 2004, S. 246, 252.
302 HAStK, RKG, C 126, fol. 24r.
303 HAStK, RKG, C 126, fol. 24r.

mers Wetzlarischen Nebenstunden.[304] Dr. Mainone sah sein behauptetes „ius prohibendi“ somit von der bisherigen reichskammergerichtlichen Rechtsprechung gedeckt.

In diesen Äußerungen des Schriftsatzverfassers klingt die damals verbreitete gemeinrechtliche „quasi-possessio“-Lehre an.[305] An späterer Stelle wurde Dr. Mainone zu diesem Punkt deutlicher. In der Erlaubnis der Gürtelmacher, kupferne Ölgefäße herzustellen, sah er eine *„Schmählerung und gäntzlichen Umbsturtz der diesseits so klar vorwaltenden Possession und rechts befugnis....“*[306] Der damalige Besitzbegriff beschränkte sich also nicht nur auf die tatsächliche Herrschaft über Sachen, sondern beinhaltete auch die Innehabung von Rechtstiteln.[307] Ein solcher Rechtstitel konnte eben auch in dem Besitz eines sog. „ius prohibendi“ bestehen.

Ganz im Einklang zur „quasi-possessio-Lehre“ standen auch die weiteren Ausführungen Dr. Mainones. Das von ihm behauptete Verbietungsrecht zugunsten der Kupferschläger gebe diesen nämlich nicht nur einen materiellen Unterlassungsanspruch gegenüber dem Gürtelmacheramt hinsichtlich der Fertigung von kupfernen Ölgefäßen. Aufgrund des angeblich bestehenden Verbietungsrechts zu Gunsten der Kupferschläger schloss Dr. Mainone, dass nun die Beweislast von den Kupferschlägern auf die Gürtelmacher übergegangen sei. So *„hätten Gegentheile standhaft erweisen müßen, daß sie quaestionirte Wercker vor Zeiten ebenfalls ausgearbeitet haben, oder wenigstens hierzu dahir berechtiget wären.“*[308]

Den Beweis dafür, dass die Gürtelmacher zu früherer Zeit bereits kupferne Ölgefäße hergestellt hätten, sei von ihnen allerdings nicht erbracht worden. Die Gürtelmacher hätten sogar ganz im Gegenteil eingestanden, in der Vergangenheit *„nur Schnallen, Gürtelen, und dahin einschlägiges gefertiget* [zu] *haben.“*[309]

---

304 Ob Dr. Mainone als Prokurator den von ihm eingereichten Schriftsatz auch selbst verfasst hatte, geht aus der Akte nicht hervor. Die damalige Prozesspraxis spricht eher dagegen. Zur besseren Veranschaulichung wird hier dennoch sein Name im Hinblick auf den Schriftsatz verwendet.

305 Siehe dazu Jacobi, Besitzschutz vor dem Reichskammergericht, S. 89 ff.; Coing, Europäisches Privatrecht, Bd. I: Älteres Gemeines Recht (1500 bis 1800), S. 343-346.

306 HAStK, RKG, C 126, fol. 26v.

307 Oestmann, Zunftzwang und Handelsfreiheit im frühen 19. Jahrhundert, in: ZNR 26. Jahrgang 2004, S. 246, 252.

308 HAStK, RKG, C 126, fol. 24r., 24v.

309 HAStK, RKG, C 126, fol. 24v., 25r.

bb) Keine Präjudizwirkung früherer Ratsurteile

Als nächstes setzte sich Dr. Mainone mit den von den Gürtelmachern im Vorprozess vorgetragenen Argumenten auseinander, nach welchen sich die Gürtelmacher zur Anfertigung kupferner Ölgefäße berechtigt sahen. Nach Dr. Mainones Vorbringen stützten die Gürtelmacher ihre Befugnis zur Anfertigung von kupfernen Ölgefäßen einerseits auf *„die im Reich übliche Rechten und Gebreüche"*, andererseits auf *„einen im Jahr 1763 den 5ten December zwischen Gegentheiligem und dahiesigem Goldschmiedamt in Rathsstatt verkündeten Ausspruch, crafft wessen denen Gürtelern in Kupfer und Messing zu gießen, auch Kirchen- und sonstige Arbeit zu fertigen erlaubet ist."*[310]

Diesen früheren Ausspruch des Kölner Rates zugunsten der Gürtelmacher im Streit mit dem Goldschmiedeamt, der nahezu denselben Streitgegenstand betraf, ließ Dr. Mainone jedoch nicht als Präjudiz im aktuellen Prozeß gelten.

Präjudizien waren vorhergehende Entscheidungen zu ähnlich gelagerten rechtlichen Problemen. Sie dienten in späteren Fällen häufig als Orientierung bei der Entscheidungsfindung, konnten aber auch Beweismittel für bestehende Gewohnheiten sein.[311] An dieser Stelle zeigt sich bereits, dass die Parteien Präjudizien eine große Bedeutung beimaßen. Auf diese Weise konnten nämlich Rechtstitel und Rechtsnormen durch lange Observanz oder „consuetudo" zu großer Bestandskraft erwachsen. Die einseitige hoheitliche Änderung einer Observanz oder eines „stilus curiae" war aus dieser Perspektive unzulässig. Scharf vom Präjudiz zu trennen war die sog. „res iudicata".[312] Unter einer „res iudicata" verstand die zeitgenössische Rechtslehre frühere Urteile zwischen den Prozessparteien über denselben Streitgegenstand.[313] Ähnlich wie im heutigen Verfahrensrecht die formelle Rechtskraft die Unanfechtbarkeit der ergangenen Entscheidung zur Folge hat, diente eine „res iudicata" dem Beklagten vor dem Reichskammergericht als Einwand gegen die Zulässigkeit einer Appellation.

In pathetischen Worten führte Dr. Mainone aus, dass derjenige, der *„diese vermeintliche Stütze* [gemeint ist der Ratsbeschluss vom 5. Dezember 1763] *nur von weitem betrachtet, ... deßen große baufälligkeit schon zur Gnüge ermessen* ... [könne]."[314] In materieller Hinsicht versuchte er, die rechtliche Relevanz des Kölner Ratsurteils zugunsten der Gürtelmacher für den aktuellen Prozess dadurch

310 HAStK, RKG, C 126, fol. 25r., 25v.

311 Oestmann, Rechtsvielfalt vor Gericht, S. 352; Becker, Präjudiz, in: HRG III, Sp. 1866 f.

312 Oestmann, Rechtsvielfalt vor Gericht, S. 352 f.

313 Oestmann, Rechtsvielfalt vor Gericht, S. 352. Siehe zum Begriff auch Benke/ Meissel, Juristenlatein, S. 310.

314 HAStK, RKG, C 126, fol. 25v.

zu negieren, dass er ähnlich der heutigen „subjektiven Rechtskraftwirkung" dem damaligen Urteil nur eine Bedeutung für die seinerzeitigen Streitgenossen beimaß. So dürfe dasjenige, *„was zwischen gegentheiligem und erwehntem goldschmied-amt ohne diesseitiges Verhör und erforderliche zuziehung einseitig abgehandelt worden* [sei], *keines weges präjudiciren.*"[315] Als Beweis für die Richtigkeit seiner Ausführungen führte Dr. Mainone einen römischen Rechtssatz aus dem Codex Iustinianus an: *„Res enim inter alios acta aliis non praejudicat.*[316] Eine ähnliche Rechtsregel ließ sich bereits aus den Digesten (48, 2, 7 § 2) ableiten: *„Res inter alios judicata, alii non prajudicat.*[317]

Erst jetzt deutete Dr. Mainone auf einen wichtigen rechtlichen Gesichtspunkt hin, nämlich die Frage, worauf sich das Verbietungsrecht der Kupferschläger stützte. Dieses ergab sich aus Sicht der Kupferschläger zum einen aus einer äußerst langen Übung und Gewohnheit hinsichtlich der ausgeübten Tätigkeit. Dies führe dann zu einem Gewohnheitsrecht. Als Bekräftigung führte Dr. Mainone eine Allegation aus Andreas Gaills[318] Observationen, I obs. 85 n. 7 an: *„Consuetudo enim et longissima observantia veritati aequiparatur.*"[319]

In der zeitgenössischen Rechtslehre wurde eine consuetudo als Rechtsquelle anerkannt.[320] Eine consuetudo konnte dabei auch durch einen von der Obrigkeit stillschweigend sanktionierten praktischen Gebrauch entstehen.[321] Eine solche Zustimmung wurde dann vermutet, wenn der Gebrauch „vernünftig" war, und sich über eine lange Zeit hin geäußert hatte. Eine solche gewohnheitsrechtliche Geltung war vor allem für nichtrömisch-rechtliche Normen von Bedeutung.[322] Die Einführung der consuetudo musste von dem sich auf sie Berufenden allerdings bewiesen werden. Beweisrechtliche Ausführungen zum Bestehen einer sol-

---

315 HAStK, RKG, C 126, fol. 26r.

316 HAStK, RKG, C 126, fol. 26r.
Übersetzung: *„Eine Sache, die zwischen den einen verhandelt wird, praejudiziert nicht andere Parteien.*"

317 Übersetzung: „Was zwischen zweien entschieden ist, betrifft keinen Dritten", zit. nach Liebs, Lateinische Rechtsregeln, S. 207. Siehe auch die Übersetzung bei Otto/Schilling/Sintenis, Das Corpus Juris Civilis, Bd. 4, S. 924: *„weil zwischen dritten Personen ergangene Entscheidungen keinen Andern vorgreifen.*"

318 1526-1587, zu seiner Person Karl von Kempis, Andreas Gaill (1526-1587). Zum Leben und Werk eines Juristen der frühen Neuzeit, Frankfurt am Main 1988.

319 HAStK, RKG, C 126, fol. 26v. Übersetzung: *„Übung und allerlängster Gebrauch erreichen nämlich Rechtsqualität.*"

320 Luig, Georg Adam Struve, in: HRG V, Sp. 52, 54.

321 Oestmann, Rechtsvielfalt vor Gericht, S. 526 und 531; ausführlich dazu auch Schröder, Zur Vorgeschichte der Volksgeistlehre, S. 36 ff.

322 Luig, Georg Adam Struve, in: HRG V, Sp. 52, 54.

chen consuetudo zugunsten der Kupferschläger trat Dr. Mainone im eingeführten Klagelibell jedoch nicht an.

Auf Gewohnheitsrecht allein wollte Dr. Mainone sich in diesem wichtigen Punkt jedoch nicht verlassen. Er verwies daher zum anderen noch auf eine geschriebene Rechtsnorm, nämlich den privilegierten Amtsbrief der Kupferschläger, der diesen im Jahr 1438 vom Kölner Rat erteilt worden war.[323] Dieser Amtsbrief sei „*auch de novo dahin vertragen, und bestättiget worden, daß alle Kupfergießere beÿ ersagtem Schmiedamt ihre gerechtigkeit werben, und daselbsten ihre Wercke auf die prob lieferen und verfertigen sollen....*"[324]

Dr. Mainone sprach also hier deutlich den aufgrund des obrigkeitlich verliehenen Amtsbriefes bestehenden Zunftzwang zugunsten der Kupferschläger an. Die Gürtelmacher hätten daher die „Gerechtigkeit" des Kupferschlägeramtes erhalten müssen, um die umstrittenen Tätigkeiten ausführen zu dürfen. Die den Gürtelmachern vom Kölner Rat erteilte Erlaubnis zur Fertigung kupferner Ölgefäße war aus diesem Grunde aus Sicht der Kupferschläger rechtswidrig.

cc) Appellationsbefugnis bei Beeinträchtigung von jura quaesita

Aus der behaupteten Verletzung der Amtsprivilegien der Kupferschläger durch den Kölner Rat zog Dr. Mainone wichtige prozessrechtliche Schlussfolgerungen für die Zulässigkeit der Klage und allegierte zur Bekräftigung ein weiteres Mal Cramers Nebenstunden, 7. Teil, III, § 8. Danach sei folgender „*Rechtsschluß*" zu ziehen: „*daß, wan ein Landesherr durch neue Verordnungen in policeÿ-Weesen, oder Abänderung der alten denen Juribus quaesitis deren Unterthanen, und ihren befugnüßen und Privilegiis einiges praejudiz zufüget, diese ohnstreitig das Recht haben, von dergleichen gravirlichen Rescriptis, Decretis, und Verordnungen an die höchste Reichsgerichte zu appelliren.*"[325]

Diese Ausführungen zeigen, dass der Schriftsatzverfasser, der in diesem Fall nicht namentlich im Klagelibell aufgeführt ist, detailliertes prozessrechtliches Wissen hatte und offenbar auch die Rechtsprechung des Reichskammergerichts in Polizeisachen kannte. Ändere der Landesherr wohlerworbene Rechte eigenmächtig ab und füge diesen ein nachteiliges Präjudiz zu, so könnten sich die dadurch Beschwerten im Wege der Appellation bzw. im Falle fehlender Anhörung mittels Extrajudizialappellation an das Reichskammergericht wenden.[326] Wie be-

323 HAStK, RKG, C 126, fol. 27v.; ein früherer Amtsbrief der Kupferschläger aus dem Jahr 1421 ist abgedruckt bei Loesch, Die Kölner Zunfturkunden bis zum Jahre 1500, Bd. 2, S. 119.

324 HAStK, RKG, C 126, fol. 27v., 28r.

325 HAStK, RKG, C 126, fol. 28v.

326 Vgl. dazu auch Seeger, Die Extrajudizialappellation, S. 204.

reits gesehen, reichte nach Cramers Ansicht schon die bloße Geltendmachung wohlerworbener Rechte aus. Gleiches folgerte der Schriftsatzverfasser dann auch für nachteilige Präjudizien des Kölner Rates als städtischer Obrigkeit.

Dr. Mainone führte noch ein weiteres Argument für die Zulässigkeit der Appellation an. So habe der Kölner Rat auch noch aus einem anderen Grunde „übel geurtheilt". Er habe nämlich den beklagten Gürtelmachern *„ein mehreres ultra petita partium zuerkennet.*"[327] So hätten sich die Gürtelmacher damals nur mit dem Gesuch an den Kölner Magistrat gewandt, *„Ampelen zu versilbern, und mit vergoldten zierathen zu versehen.*"[328] In diesem Falle wäre aber *„das dazu erforderliche Kupfer durch diesseitige meistern*[329] *behörend geschlagen, und preparirt*" worden. Der Kölner Rat habe den Gürtelmachern jedoch *„die ohnbeschränkte fertigung des Kupfernen Cabinets und Kirchen wercks ... zuerkennet.*"[330]

Der Kölner Rat habe die Kupferschläger also nicht nur in ihrem bis dahin ungestörten Besitzrecht hinsichtlich der Fertigung kupferner Ölgefäße beeinträchtigt, sondern die Gürtelmacher noch dazu über ihr eigenes Begehren hinaus begünstigt.

d) Das Urteil des Kölner Magistrats

Stein des Anstoßes war folgendes erstinstanzliche Urteil, das der Kölner Magistrat am 1. Juni 1770 erlassen hatte:

„In Special Commissionssachen Alexy Rach und Eines Gürteler-Amts Impetranten eins gegen Ein Kupferschläger Glied, opponenten anderen Glieds, auff Verlesung des Verfolgs, ist hiermitt der endliche spruch, daß gleich wie dem Kupferschläger Glied das fertigen und Vergulden des Kupfernern Cabinets- und Kirchen-wercks nicht zu bestreithen ist, also auch dem Gürtelmacheramt eins so wohl als das andere zuzusprechen seÿe, wie dan krafft dieses zu recht erkannt,

---

327 HAStK, RKG, C 126, fol. 29r. Der prozessrechtliche Grundsatz „ne eat judex ultra petita partium" (Der Richter soll nicht über die Anträge der Parteien hinausgehen) ist heute in §§ 308 I ZPO sowie 88 VwGO verankert. Er war bereits im Codex Justinianus enthalten. Siehe dazu Liebs, Lateinische Rechtsregeln und Rechtssprichwörter, S. 140 u. 215. Auch im gelehrten deutschen Zivilprozess des späten Mittelalters fand sich bereits dieser Grundsatz, siehe dazu Budischin, Der gelehrte Zivilprozess in der Praxis geistlicher Gerichte des 13. und 14. Jahrhunderts im deutschen Raum, S. 255 f. Ein Beispiel aus der Konsiliarpraxis findet sich auch bei Falk, Consilia, S. 109 ff.

328 HAStK, RKG, C 126, fol. 29r.

329 Gemeint sind die Meister des Kupferschlägeramtes.

330 HAStK, RKG, C 126, fol. 29r.

und zugesprochen, die Gerichts Kosten doch auß bewegenden ursachen vherglichen werden.“[331]

Das Urteil war also eindeutig zu Gunsten der Gürtelmacher ausgefallen. Die Gerichtskosten jedoch hatte der Magistrat abweichend der Sachentscheidung beiden Parteien auferlegt. Möglicherweise suchte er dadurch den Kupferschlägern die Gesichtswahrung zu ermöglichen, und deren Gemüter zu beruhigen. Die dem Urteilsspruch vorangestellte Begründung[332] vermittelt das Bild eines ausgewogenen Urteils. Es fällt sofort auf, dass sich der Magistrat hierbei professionellen juristischen Beistandes bedient hatte.

aa) Langanhaltender Gebrauch nicht hinreichend für ein jus quaesitum

Als erstes stellte der Magistrat als unstreitige Tatsache in seiner Entscheidungsbegründung fest, dass den Kupferschlägern die in Rede stehende Tätigkeit des Anfertigens von „*Kirchen-sachen*“ zukomme. Hieraus und aus der Tatsache, dass sich die Gürtelmacher bisher dieser Tätigkeit enthalten hatten, folgerte der Kölner Magistrat jedoch im Gegensatz zu den Kupferschlägern nicht, dass sich die neu aus dem Reich hinzugezogenen Gürtelmacher nunmehr der umstrittenen Arbeiten zu enthalten hätten. Vielmehr führte er aus: „*... da Kupferschläger nicht anweisen, daß jemahl denen Gürtelern verbotten worden seÿe, dergleichen arbeith zu fertigen, und diese dabeÿ acquiesciret haben, die Kupferschläger auch nicht anweise, daß Ihnen diese arbeith privative zukomme, so muß denen Gürteleren freÿstehen, die Ihnen beÿwohnende Kunst außüben zu mögen.*“[333]

Aus diesen Ausführungen lässt sich erkennen, dass der Kölner Magistrat im vorinstanzlichen Prozess die Beweisführung der Kupferschläger zum Bestehen eines Verbietungsrechts ihrerseits als unzureichend angesehen hatte. Die Kupferschläger hatten offenbar geglaubt, allein die obrigkeitliche Bestätigung, dass ihr Amt seit langer Zeit die Fertigung von Kirchenwerk inne gehabt habe, sei als Beweis für das Bestehen eines Verbietungsrechts zu ihren Gunsten ausreichend. Diese Sichtweise könnte insofern bestanden haben, als unter den Zünften die An-

---

331 HAStK, RKG, C 126, „*Relatio cum voto et Rationibus Decidendi*“, fol. 3v., 4r. (eigene Zählung).

332 § 60 des Jüngsten Reichsabschieds von 1654 sah vor, „*daß der judex a quo seine rationes decidendi mit und neben den actis prioribus, bey straff zweyer Marck löthiges Golds, zum Cammer-Gericht verpitschirt einschicke*“, abgedruckt bei Senckenberg, Neue und vollständigere Sammlung der Reichs-Abschiede, Band 3, S. 652.

333 HAStK, RKG, C 126, fol. 2r.

sicht verbreitet war, dass das Verbietungsrecht Teil des Zunftzwangs war.[334] Der formale Zunftzwang an sich war jedoch weit über Köln hinaus unstreitig.

Der Kölner Magistrat indes wich mit seinen obigen Ausführungen von der gemeinrechtlichen „quasi-possessio-Lehre“ und dem dazugehörigen Zunftzwang ab. Im Gegensatz zu dieser alt bekannten Rechtsanwendungsdoktrin ging der Kölner Rat davon aus, dass dasjenige Amt, das sich auf ein exklusives Recht berief, auch zu beweisen hatte, warum einem anderen Amt dieses Recht nicht ebenfalls freistehe. Konnte ein Amt nicht Präjudizien oder ausdrückliche Verbotsbestimmungen aus Amtsbriefen zu seinen Gunsten anführen, hatte es die Gewerbeausübung durch andere Ämter zu dulden.

Hier sind also erste Ansätze eines freiheitlicheren Denkens erkennbar. Von dem im 18. Jahrhundert aufkommenden Begriff der natürlichen Handelsfreiheit ist in diesem Urteil des Kölner Rates freilich nicht die Rede. Am weiteren Bestehen des formalen Zunftzwanges wurde in Köln bis zur Auflösung der Zünfte durch die französischen Besatzer nie gerüttelt. Zu dem rechtlichen Schluss, dass das Recht der Gewerbeausübung „Ausfluss der natürlichen Handelsfreiheit“ sei, wie ihn das Reichskammergericht um die Wende zum 19. Jahrhundert traf,[335] hätte sich der Kölner Magistrat sicher niemals hinreißen lassen. Dazu war der Einfluss der Zünfte in Köln viel zu groß. Das Urteil macht aber deutlich, dass der Kölner Rat zum Ausgang des 18. Jahrhunderts bemüht war, den protektionistischen Bestrebungen der Zünfte Einhalt zu gebieten und die Talente der nach Köln zugereisten Handwerker für die Stadt nutzbar zu machen. Dahinter stand wohl die Einsicht der Ratsherren, größtenteils Kaufleuten, dass eine Abschottung der Gewerbe für eine vom Handel lebende Stadt wie Köln nachteilig war.

bb) Präjudizielle Geltung früherer Ratsbeschlüsse

Der Kölner Magistrat führte zur Begründung seines Urteils noch zwei frühere Urteile an, deren präjudizielle Wirkung er ausdrücklich bejahte.

Zum einen orientierte sich der Rat bei seinem Rechtsspruch an einem früheren Urteil, das er einige Jahre zuvor, am 5. December 1763, in einem anderen rechtlichen Konflikt zwischen dem Gürtelmacheramt und dem Goldschmiedeamt gefällt hatte. So sei den Gürtelmachern damals *„erlaubet worden, in Kupffer und Messing zu gießen, auch Kirch- und sonstige arbeith zu verfertigen, forthselbige*

---

334 Für die Stadt Lübeck siehe Oestmann, Zunftzwang und Handelsfreiheit im frühen 19. Jahrhundert, in: ZNR 26. Jahrgang 2004, S. 246, 252.

335 Bundesarchiv AR 1-I/398, S. 56 nach Bl. 144, Bl. 750v., zit. nach Oestmann, Zunftzwang und Handelsfreiheit im frühen 19. Jahrhundert, in: ZNR 26. Jahrgang 2004, S. 246, 259.

zu vergolden und zu versilbern.“[336] Auf dieses Urteil des Kölner Rates war Dr. Mainone in seinem Appellationslibell vor dem Reichskammergericht eingegangen und hatte diesem jede präjudizielle Wirkung für den vorliegenden Rechtsstreit mit den Kupferschlägern abgesprochen.

Der Kölner Rat hingegen maß dem damaligen Urteil größte Bedeutung für den hiesigen Rechtsstreit zu. Der Rat zog sogar einen Rechtsschluss „a maiore ad minus“ dahingehend, dass wenn „*nun das gürteler-amt dieses gegen das goldtschmiedt-amt [deme Jedoch das übergölden eminenter zukommt] außerwonnen, so wird es demselben Noch Vielweniger gegen die Kesselschläger Verabsaget werden können.*“[337]

Die Äußerungen des Kölner Rates lassen allerdings nicht zweifelsfrei erkennen, wie dieser „Erst-Recht-Schluss“ zu verstehen war. So ging der Rat, wohl nicht zuletzt auch aufgrund ihres Namens davon aus, dass den Goldschmieden ein eminentes Recht an der Kunst des Vergoldens zustünde. Die Kupferschläger, an deren Namen man ja ebenfalls unschwer auf ihre Tätigkeit schließen konnte, wehrten sich ja gerade gegen die Fertigung kupferner, und nicht vergoldeter Gefäße. Die Interessenlage der Goldschmiede und der Kupferschläger waren aus Sicht des Rates also sehr wohl vergleichbar. Gleichwohl wird aus der Argumentation des Rates der aufgestellte Rechtsschluss insofern nicht deutlich, als der Rat nicht darlegte, warum den Gürtelmachern die im Streit stehende Tätigkeit gegenüber den Kupferschlägern im Vergleich zu den Goldschmieden noch „viel weniger“ versagt werden dürfte.

Vielleicht muss man sich bei dem Versuch, diesen Rechtsschluss zu verstehen, den großen Stellenwert und das hohe Ansehen, welches die Kölner Goldschmiede zu damaliger Zeit genossen, vergegenwärtigen.[338]

Zur weiteren Urteilbegründung verwies der Kölner Rat auf einen Ratsbeschluss aus dem Jahr 1661, der auf Grundlage des Amtsbriefes der Gürtelmacher deren Tätigkeitsfelder klar umrissen hatte. So hatte der Rat damals entschieden, dass es den Gürtelmachern „*freÿ stehen solle,... was sie an metallen, Kupffer, Messing und Zinn, auch ohne fewr* [Feuer] *Vergoldet- und Versilberten Beschlä-*

336 HAStK, RKG, C 126, „*Relatio cum voto et Rationibus Decidendi*“, fol. 2r. (eigene Zählung).
337 HAStK, RKG, C 126, „*Relatio cum voto et Rationibus Decidendi*“, fol. 2v. (eigene Zählung).
338 Die exponierte Stellung der Goldschmiede zeigt sich auch daran, dass sich in ihrem Amtsbrief vom 14. April 1397 ein ausdrücklicher Hinweis auf den Zunftzwang befindet, verbunden mit der Zusage des Kölner Rates, gegen Ungehorsame zu Gunsten der Goldschmiedezunft einzugreifen, siehe dazu Loesch, Die Kölner Zunfturkunden bis zum Jahre 1500, Bd. 1, S. 83.

gen selbsten binnen dieser Stadt machen, zu verkauffen."[339] Bei seinem damaligen Beschluss hatte sich der Kölner Rat nach eigenem Bekunden auf eine „*Relation dreÿer damals berühmtester Rechtsgelehrten Lemgosÿ, Cronenberg*[340] *und Wedigh...*"[341] gestützt.

e) Ergebnis

Der hier dargestellte Prozess ist trotz des Fehlens einer Exzeptionsschrift aus vielerlei Hinsicht von Interesse. Er gibt zunächst einen quellengestützten Beleg für den vielfach in der Literatur beklagten „Brotneid" der Zünfte zum Ausgang des 18. Jahrhunderts ab. Offensichtlich schreckte man auch bei vermeintlich kleinen Übertretungen der Arbeitsbereiche nicht vor einer Klage am höchsten Reichsgericht zurück. Der Gang nach Wetzlar sollte hier womöglich ein Exempel statuieren.

Die Prozess- und Argumentationsführung Dr. Mainones sowie des Schriftsatzverfassers[342] belegt ihre hohe Fachkompetenz. So zielte die Argumentation der Anwälte der Kupferschläger in einem ersten rechtlichen Schritt darauf ab, mit Hilfe der gemeinrechtlichen „quasi-possessio-Lehre" das ausschließliche Recht der Kupferschläger herzuleiten, die in Streit stehende Tätigkeit ausüben zu dürfen. Daraus ergab sich für die Kupferschläger gleichzeitig ein Verbietungsrecht gegenüber Zunftfremden. Bedeutend war aber vor allem, dass die Kupferschläger nunmehr die Gürtelmacher als verpflichtet ansahen, den Beweis dafür zu erbringen, dass sie ebenfalls seit unvordenklicher Zeit diese Tätigkeit ausgeübt hätten bzw. die Berechtigung dazu besäßen. Dazu war es für die Anwälte der Kupferschläger natürlich wichtig, der vom Kölner Rat herangezogenen Entscheidung aus dem Jahre 1763 jegliche präjudizielle Wirkung abzusprechen, um den Gürtelmachern eine Beweisführung unmöglich zu machen.

Schließlich lassen sich aus dem Prozess Erkenntnisse über die Rechtsprechung des Kölner Rates gewinnen. Der Kölner Rechtsspruch im Streit zwischen den Kupferschlägern und den Gürtelmachern vermittelt im Ganzen den Eindruck eines wohlabgewogenen Urteils. Die rechtliche Fundierung des Urteils lässt darauf schließen, dass es von Rechtskundigen, wahrscheinlich ausgebildeten Juristen, verfasst wurde. Hierfür spricht auch die aus dem Urteil hervorgehende pro-

---

339 HAStK, RKG, C 126, „*Relatio cum voto et Rationibus Decidendi*", fol. 2v. (eigene Zählung).

340 Zur Person Dr. Cronenberg, siehe Judendunck, Theatrum lanienae Coloniensis sive Blutige Schau Bühne, S. 15 u. 24.

341 HAStK, RKG, C 126, „*Relatio cum voto et Rationibus Decidendi*", fol. 2r. (eigene Zählung).

342 Dessen Identität lässt sich aus der Akte leider nicht entnehmen.

zess- wie materiellrechtliche Argumentation. Ausgebildete Juristen nahmen ab der zweiten Hälfte des 16. Jahrhunderts eine immer wichtigere Stellung in städtischen Führungspositionen ein. So waren Rechtslizentiaten und promovierte Juristen ab dieser Zeit nicht nur in höheren Verwaltungspositionen, sondern immer häufiger auch im Kölner Rat selbst vertreten, wo man sich ihres Sachverstandes bediente.[343] Der zunehmende juristische Einfluss auf den Kölner Rat wurde von der Bürgergemeinde als „korporativ nicht legitimiertes Expertenwissen" kritisch bewertet.[344] Das Urteil legt ebenfalls Zeugnis davon ab, dass der Kölner Rat zumindest im 18. Jahrhundert eine gewisse Routine im Umgang mit Zunftstreitigkeiten aufwies und sich hierbei aktenkundiges Wissen in Form früherer Rechtsgutachten und Urteile nutzbar machte.

Das verbreitet düster gemalte Bild, wonach „die Justiz in den vielfachen Gerichtshöfen sehr übel administriert"[345] worden sei, ja die Rechtsprechung gar zerrüttet gewesen sei[346], kann zumindest anhand dieses Urteils nicht bestätigt werden.

2. *Ein Jahrhundertkonflikt: Der Streit um das Recht des „Wollpflückens"*

Im Folgenden geraten zwei Streitigkeiten der textilverarbeitenden Zünfte in den Blick. Wie im zuvor geschilderten Fall geht es abermals um Kompetenzkonflikte zwischen zwei Zünften. Diesmal stritten sich die Kölner Textilzünfte um das Recht des Wollpflückens.

a) Das Kölner Textilgewerbe

Das Textilgewerbe hatte in Köln seit jeher eine lange Tradition und besaß zentrale Bedeutung für das Exportgewerbe der Stadt. Es hatte bereits im Spätmittelalter einen hohen Spezialisierungsgrad erreicht und fertigte qualitativ hochwertige Ware.[347] Das Wollenamt hatte seit früher Zeit eine herausgehobene Stellung inne und stellte im Spätmittelalter die Hauptzunft des Kölner Textilgewerbes dar; dies

---

343 Schwerhoff, Apud populum potestas? Ratsherrschaft und korporative Partizipation in Köln, S. 212.

344 Schwerhoff, Apud populum potestas? Ratsherrschaft und korporative Partizipation in Köln, S. 221.

345 Vgl. dazu den Ausspruch des kaiserlichen Gesandten Graf Franz-Georg Metternich-Winneburg, siehe Fn. 198.

346 Vgl. Brunn, Franzosen in Köln (1794-1814), S. 19, 27.

347 Irsigler, Kölner Wirtschaft im Spätmittelalter, in: Kellenbenz, Zwei Jahrtausende Kölner Wirtschaft, S. 250.

lässt sich auch daran erkennen, dass das Wollenamt nach der Bestimmung im Verbundbrief 4 Ratsherren in den Rat der Stadt wählen durfte.[348]

Von großer Bedeutung für Kölns Wirtschaft war zudem das Ledergewerbe, das über weit reichende Handelsbeziehungen verfügte.[349] Zum Ledergewerbe gehörte auch die Gerberei, die seit dem 12. Jahrhundert in Rot-, Weiß- und Sämischgerber aufgespalten war.[350]

Die Lohgerberei, auch Rotgerberei genannt, hatte in Köln die größte Bedeutung. Die Lohgerber gerbten vorwiegend Rinderhäute, aber auch Kalb-, Schaf-, Hirsch-, und Büffelfelle mittels Lohe, einem aus der Baumrinde von jungen Eichen, Tannen oder Fichten gewonnenen Gerbstoff.[351] Die Weißgerber dagegen gerbten mit Alaun vorwiegend Schaf-und Kalbfelle, nur selten dagegen Rinderhäute.[352] Die Weißgerber kamen zahlen- und bedeutungsmäßig nie an die Lohgerber, die im 16. Jahrhundert an die 60 Meister zählten,[353] heran. Relativ unbedeutend und zahlenmäßig sehr schwach waren die Sämischgerber, die mittels Fett kleinere Felle gerbten.[354]

Zwischen den verschiedenen Zweigen des Textilgewerbes gab es seit frühester Zeit ein enormes Konfliktpotential. Besonders anhaltend und heftig geführt wurden die Konflikte zwischen dem Lohgerberamt und den Lederzurichtern, auch Lederconraider genannt, sowie den Weißgerbern und den Lohgerbern, die sich jeweils über Jahrhunderte erstreckten.[355]

Einen schweren Stand hatten die Lederzurichter. Sie gerieten über die Frage, wem das Zubereiten des von den Lohgerbern hergestellten Leders gebührte, vor allem mit den Lohgerbern, aber auch mit den Schustern, Sattlern und Gürtlern in Konflikt.[356] Die Lohgerber sowie die übrigen lederverarbeitenden Gewerbe ver-

---

348 Verbundbrief, Zeilen 111-113, „*In dem yrsten so solen wir van deme wullenampte as Arsburg und Kriechmart mit den ampten schorre, wisgerre und tirteyer, zo uns verbonden, under uns vier erbere manne und burgere*“, zit. nach Huiskes, Kölns Verfassung für 400 Jahre: Der Verbundbrief vom 14. September 1396, in: Rosen/Deeters, Quellen zur Geschichte der Stadt Köln, S. 7.

349 Kellenbenz, Wirtschaftsgeschichte Kölns im 16. und beginnenden 17. Jahrhundert, in: ders., Zwei Jahrtausende Kölner Wirtschaft, Bd. 1, S. 359.

350 Pock, Die Kölner Gerberei bis zum Ende der reichsstädtischen Zeit, S. 46.

351 Pock, Die Kölner Gerberei bis zum Ende der reichsstädtischen Zeit, S. 8, 17.

352 Reininghaus, Gewerbe in der frühen Neuzeit, S. 34.

353 Kellenbenz, Wirtschaftgeschichte Kölns im 16. und beginnenden 17. Jahrhundert, in: ders., Zwei Jahrtausende Kölner Wirtschaft, Bd. 1, S. 359; Pock, Die Kölner Gerberei bis zum Ende der reichsstädtischen Zeit, S. 49.

354 Pock, Die Kölner Gerberei bis zum Ende der reichsstädtischen Zeit, S. 8.

355 Pock, Die Kölner Gerberei bis zum Ende der reichsstädtischen Zeit, S. 55; Kellenbenz, Wirtschaftsgeschichte Kölns im 16. und beginnenden 17. Jahrhundert, in: ders., Zwei Jahrtausende Kölner Wirtschaft, Bd. 1, S. 360.

356 Pock, Die Kölner Gerberei bis zum Ende der reichsstädtischen Zeit, S. 51.

traten die Ansicht, dass die Verarbeitung gegerbter Tierhäute eine sog. „gemeine Nahrung“ sei, was nichts anderes bedeutete als eine vom Zunftzwang befreite Tätigkeit, der jedermann zur Deckung des eigenen Lebensunterhaltes nachgehen durfte. Die Lohgerber sowie die anderen lederverarbeitenden Zünfte wehrten sich erfolgreich gegen die Bemühungen der Lederconraider, eine eigene Zunftordnung zur Sicherung ihres Arbeitsgebietes zu erlangen. Der Kölner Rat schloss sich der Argumentation der Lohgerber an und verweigerte im Jahre 1478 den Lederconraidern einen eigenen Amtsbrief mit dem Argument, ein solcher liefe dem Wohl der Allgemeinheit zuwider.[357] Hintergrund dieser Entscheidung war wohl, dass viele Einwohner Kölns selbst Leder zum eigenen Bedarf, wie etwa Kleidung, verarbeiteten. Zwar gelang es den Lederconraidern im Jahre 1500, doch noch einen Amtsbrief vom Rat zu erlangen, jedoch wurde dieser bereits 15 Jahre später vom Gremium der Vierundvierziger aufgehoben und vernichtet, mit dem Argument, dass das Lederzurichten „gemeine Nahrung“ sei. Zwar stellten die Lederconraider im Jahre 1516 eine eigene Satzung auf, das Zunftrecht erhielten sie aber erst im Jahre ihrer Vereinigung mit dem Lohgerberamt, 1775.[358] Diese Vereinigung stellte zugleich den Schlusspunkt des Jahrhunderte dauernden Streits zwischen den Lohgerbern und den Lederconraidern dar.

Anders als bei dem Konflikt zwischen den Lohgerbern und den Lederconraidern, bei dem der Streit letztlich die Existenzberechtigung der Lederconraider zum Gegenstand hatte, war der Konflikt zwischen den Weißgerbern und den Lohgerbern speziellerer Natur.[359] Er entzündete sich immer wieder an der Frage, wem das Recht des sog. Wollpflückens zustand.[360] Die Weißgerber ließen nicht davon ab, dieses Recht immer wieder für sich zu beanspruchen, und bedienten sich nicht immer nur zulässiger Mittel. Beim Wollpflücken ging es um die Frage, wem das Recht zustand, vor dem Gerbvorgang die Wolle von den Schaffellen zu entfernen und zu verwerten. Diese Vorarbeit des Gerbens wurde in der Praxis vorwiegend von den Weißgerbern ausgeübt, da sie nahezu alle in Köln zu Leder weiterverarbeiteten Schaffelle gerbten.[361] Die Weißgerber kauften in Köln alle Felle, deren Haare verwendet werden konnten, auf und pellten sie. Es war daher

---

357 Pock, Die Kölner Gerberei bis zum Ende der reichsstädtischen Zeit, S. 51.

358 Pock, Die Kölner Gerberei bis zum Ende der reichsstädtischen Zeit, S. 51.

359 Zu ähnlichen Konflikten zwischen Lohgerbern und Weißgerbern siehe Bücher/Schmidt, Frankfurter Amts- und Zunfturkunden bis zum Jahre 1612, S. 341.

360 Pock, Die Kölner Gerberei bis zum Ende der reichsstädtischen Zeit, S. 55; Loesch, Die Kölner Zunfturkunden bis zum Jahre 1500, Bd. 1, S. 119. In anderen Städten schienen die Lohgerber und Weißgerber sogar wegen der gelegentlichen Verarbeitung von Hundehäuten aneinander geraten zu sein, siehe dazu Zunfft, in: Zedler, Großes vollständiges Universal- Lexikon Aller Wissenschafften und Künste, Band 23, Sp. 54.

361 Pock, Die Kölner Gerberei bis zum Ende der reichsstädtischen Zeit, S. 32.

auch üblich, dass die Loh- und Sämischgerber die Schaffelle, die sie selbst benötigten, bereits enthaart von den Weißgerbern kauften. Diese Vorarbeit des Wollpflückens war auf Grund des Wertes der Wolle, die anschließend weiterverkauft wurde, so lukrativ, dass sich zahlreiche Meistersöhne entschlossen, sich ganz auf das Wollpflücken zu spezialisieren und auf die Meisterschaft zu verzichten.[362]

Es verwundert daher nicht, dass die Weißgerber versuchten, diesen Umstand der üblichen Praxis in ein ausschließliches Recht ihrerseits umzumünzen.[363]

b) Der vorangegangene Appellationsprozess

Die Vorgeschichte zum Prozess zwischen den Lohgerbern und den Weißgerbern vor dem Reichskammergericht, der 1645 begann und 1651 durch Urteil des Reichskammergerichts endete,[364] reicht zurück bis in die Mitte des 15. Jahrhunderts.

aa) Wollpflücken als gemeine Nahrung

Im ersten Amtsbrief der Weißgerber von 1469, in welchem den Weißgerbern ihre alten gewohnheitlichen Rechte bestätigt worden waren, war zu dem strittigen Punkt wörtlich niedergelegt, dass „*dat Vell off Wolpflücken ... eine gemeine nahrung sein und bliven* [solle].“[365] Dennoch sind Zunfturkunden erhalten, aus denen sich ergibt, dass in den Jahren 1496 und 1497 zahlreiche Gerber, zumeist Angehörige des Lohgerberamtes, nicht nur wegen des Weißgerbens von Schaffellen, sondern vor allem auch wegen des Wollpflückens vom Bürgermeistergericht zu Geldstrafen zwischen 10 und 20 Mark verurteilt worden waren.[366] In den dort aufgeführten Fällen hatten die verurteilten Lohgerber allerdings nicht eigene Felle gepellt, sondern Lohnarbeit verrichtet. Möglicherweise lag hierin der springende Punkt, obwohl diesbezüglich aus dem Amtsbrief der Weißgerber von 1469 nach dessen Wortlaut keinerlei Monopolrechte herzuleiten sind.

---

362 Pock, Die Kölner Gerberei bis zum Ende der reichsstädtischen Zeit, S. 32. So ist vom Handwerk der Weißgerber das Sprichwort überliefert: „Die stinkichte Häute, geben die beste Beute“, siehe Eisenhart, Deutsches Recht in Sprichwörtern, S. 37 f.

363 Zu den gewerblichen Kompetenzen der Gerber sind umfangreiche Aktenbestände in dem ergänzenden Zunftbestand 95, 309 und 323 vorhanden.

364 Ergibt sich aus dem Expeditum-Vermerk im Spezialprotokoll vom 28. Februar 1651, fol. 7r. Das Urteil ist nicht erhalten geblieben.

365 HAStK, RKG, C 108, fol. 8r.

366 Überliefert im ergänzenden Zunftbestand 95, 321, zit. nach Loesch, Die Kölner Zunfturkunden bis zum Jahre 1500, Bd. 2, S. 474, 475, 476.

Im Jahre 1514 erhielten die Weißgerber im Rahmen des Beschlusses des Kölner Rates sowie des Gremiums der Vierundvierziger vom 20. Mai 1514 einen neuen Amtsbrief, in welchem ihnen gestattet wurde, gegen diejenigen, die in ihr geschütztes Recht des Weißgerbens eingriffen, vorzugehen.[367] Dies schien den Weißgerbern auf Dauer allerdings nicht genug gewesen zu sein. Im Jahre 1624 wurde ihnen zur Last gelegt, ihre rechtliche Position im Vorgehen gegen solche Personen, die das Wollpflücken ausgeübt hätten, ohne Mitglied des Weißgerberamtes zu sein, durch Fälschung der entscheidenden Stelle über das Wollpflücken in ihrer Abschrift des Amtsbriefes verbessert zu haben. Dazu soll das Weißgerberamt das Wort „eine" durch „keine" ersetzt haben, was dazu geführt habe, dass nach ihrem Amtsbrief das Wollpflücken allein den Weißgerbern zustand, und eben „keine gemeine Nahrung sein und bleiben sollte." Das Weißgerberamt wurde vom Kölner Rat nach Aufdeckung dieser angeblichen Urkundenfälschung zu einer Strafe von 100 Gulden verurteilt.[368]

Im selben Jahr, möglicherweise als eine weitere Bestrafung gedacht, verfügte der Kölner Rat, dass das Lohgerberamt *„bei ihrer herbrachter Poßeßion des Plückens der Jenigen Schaf fellen, so von ihnen eingekaufft und in die lohe gelegtt werden, zu manuteniren und zu handthaben*" sein sollte.[369] Gegen diesen Beschluss setzten sich die Weißgerber noch im selben Jahr vor dem Reichskammergericht zur Wehr. Die appellierenden Weißgerber führten zur Stützung ihres Begehrens den besagten Amtsbrief aus dem Jahr 1514 an. Dieser sei ihnen *„mitt einhelligem Schluß des Rhats ertheilet under anderm außtrücklichem versehen, das keiner – er sei lohrer oder Jemandtt anders – einige fell, groiß oder klein weißmachen oder weiß bereitten*" dürfe.[370]

Gleichzeitig bezichtigten sie die Lohgerber selbst einer Urkundenfälschung. Diese hätten sich nämlich das Recht des Wollpflückens durch Vorlegen gefälschter Dokumente aus den Kölner Ratsakten des Jahres 1514 erschlichen. So hätten die Lohgerber *„auß einer Corrumpirter oder verfelschter abschrifft und copeien der … Registratur von ao. 1514 dorinnen die wortt pellen und plucken etc. beigepflickt.*"[371] Die Weißgerber sahen darin gar den Ursprung des „Hauptstreites"

---

367 Pock, Die Kölner Gerberei bis zum Ende der reichsstädtischen Zeit, S. 39.

368 Vgl. dazu die Supplik des Weißgerberamtes, HAStK, RKG, C 115, fol. 115v. Siehe auch HAStK, Akten der Kölner Zunftabteilung 33, zit. nach Pock, Die Kölner Gerberei bis zum Ende der reichsstädtischen Zeit, S. 39.

369 HAStK, RKG, C 115, fol. 115v.; C 108, fol. 47r. u. 47v. Vgl. auch Akten der Kölner Zunftabteilung, 309, S. 126 u. 323, zit. nach Pock, Die Kölner Gerberei bis zum Ende der reichsstädtischen Zeit, S. 39.

370 HAStK, RKG, C 115, fol. 108v.

371 HAStK, RKG, C 115, fol. 115v.

der beiden Ämter und machten die Lohgerber für die vom Rat verhängte Bestrafung der Weißgerber in Höhe von 100 Goldgulden verantwortlich.

Vergeblich hatten die Weißgerber im Vorprozess versucht, das Gericht davon zu überzeugen, dass ihnen die älteren Rechte am Wollpflücken zustünden. Dazu hatten sie auf die etymologische Bedeutung ihres seit alters her bestehenden Wohnplatzes hingewiesen, der den Namen „*Pellergraben*" trug, was nach Auffassung der Weißgerber einen deutlichen Hinweis auf die Ihnen seit geraumer Zeit angestammte Tätigkeit darstellte: „*Wahr Zum 31. das dahero auch der Weißgerber gemeiner wohnplatz den nahmen der Pellergraben von alters wehret.*"[372] Sie hatten zudem auf die unterschiedlichen Embleme des jeweiligen Zunftwappens beider Zünfte verwiesen, auf denen die Betätigungsfelder der Weißgerber und Lohgerber plastisch dargestellt waren. So würden „*die Weißgerber oder Peller in ihrem Schildt und Wappen ein Schaffbock mitt zweien Schaffmetzeren damitt die woll wirdt außbereitett, hingegen der die lohrer einen Geißbock mitt einem Stoßmesser, dahe die lohe mitt abgestoßen wirdt, führen und also iecliches Ampt nach art ihres handtwercks....*"[373] Dies hatten die Weißgerber schon damals als weiteren Beweis dafür angesehen, dass das Wollpflücken ein ihrem Amte zumindest gewohnheitsrechtlich allein zukommendes Privileg darstellte.

Die Lohgerber hingegen wiesen darauf hin, dass zu ihren Gunsten der Beschluss des Kölner Rates sowie der Vierundvierziger vom 22. Oktober 1513 noch immer gelte. Der Kölner Rat hatte damals aufgrund einer Beschwerde des Weißgerberamtes die beiden Amtsbriefe der Lohgerber und Weißgerber verlesen und prüfen lassen. Daraufhin hatte er beschlossen, die beiden Amtsbriefe unverändert bestehen zu lassen und nachfolgenden Ratsbeschluss verkündet:

„*Mit allen Räten, den Vierundvierzigern und den Geschickten aus allen Ämtern und Gaffeln: Als das Weißgerberamt sich über das Löheramt*[374] *beklagt und verlangt hatte, diesem das Fell- oder Wollpflücken zu verbieten, das allein Vorrecht des Weißgerberamtes sei, haben die Löher dagegen behauptet, das Fell- und Wollpflücken sei ein freies, keinem Amt unterworfenes Gewerbe (gemeyne narunge), das jedermann und sie ebenso wie die Weißgerber betreiben dürften. Darauf haben beide Ämter ihre Amtsbriefe vorgelegt und verlesen lassen und eine Entscheidung begehrt. Die Amtsbriefe sind von den Geschickten des Rates und auch von allen gemeinsam überprüft worden. Dem Amtsbrief des Weißgerberamtes entsprechend ist in Gegenwart beider Ämter auf dem Saal des Bürgerhauses durch den ältesten Bürgermeister erklärt worden, daß das Fell- und*

372 HAStK, RKG, C 115, fol. 112r.
373 HAStK C 115, fol. 112r.
374 Lohgerberamt.

Wollpflücken wie seit jeher ein freies Gewerbe bleiben soll, das nicht allein die Weißgerber oder Löher, sondern jedermann für sich selbst oder um Lohn betreiben darf. Alle Punkte der beiden Amtsbriefe sollen unverändert in Kraft bleiben und der Beschluß zum Gedächtnis in das Memorialbuch eingetragen werden."[375]

Der Beschluss gibt ein gutes Zeugnis über die Arbeitsweise des Kölner Rates ab. Die Einbindung des Rates der Vierundvierziger als Vertreter der Bürgergemeinde war geschickt, denn dies verlieh dem Beschluss eine größtmögliche Legitimität und gab dem Kölner Rat die Möglichkeit, Verantwortung auf die Gemeinde abzuwälzen. Der Rat erschien hier nicht mehr primär als Gerichtsgewalt ausübende Obrigkeit, sondern als Mediator konkurrierender Interessen. Die Eintragung des Beschlusses in das Memorialbuch ist Ausdruck der großen Bedeutung, die der Rat dem Beschluss für die Zukunft zumaß, denn in das Memorialbuch wurden regelmäßig nur sehr wichtige Entscheidungen eingetragen; ab dem Jahr 1513-1543 fast nur noch Zunftsachen.[376] Dem Beschluss konnte daher sicherlich präjudizielle Bedeutung beigemessen werden.

Das Fell- und Wollpflücken blieb somit ein freies Gewerbe, wie es sich bereits aus dem ersten Amtsbrief der Weißgerber von 1469 ergeben hatte. Die Bezugnahme auf diesen weit über 100 Jahre alten Ratsbeschluss ist insofern interessant, als sich die Lohgerber zunächst einmal ganz pragmatisch auch auf den frischen Beschluss des Kölner Rates von 1624, der ihnen das Wollpflücken bei selbstgekauften und lohgegerbten Fellen gestattete, hätten stützen können. Der Verweis auf den Beschluss des Kölner Rates aus dem Jahre 1513 war jedoch ein geschickter Schachzug der Lohgerber. Mit der Berufung auf diesen Beschluss sicherten sie ihre rechtliche Position auch für den Fall ab, dass das Reichskammergericht den Beschluss des Jahres 1624 kassieren sollte. Die Berufung auf einen über 100 Jahre alten Beschluss verlieh dem Recht der Lohgerber ein Höchstmaß an Legitimität. Die Lohgerber durchkreuzten damit zugleich den Versuch der Weißgerber, das Recht des Wollpflückens als ein aus langer Tradition und tatsächlicher Übung nur ihnen zukommendes Gewohnheitsrecht („*uhralte gerechtigkeit und wolherbrachte Poßeßion*")[377] herauszustellen.

Die im ersten Appellationsprozess vorgebrachten Einreden der Lohgerber beschränkten sich aber nicht nur darauf, die materielle Rechtsposition der Weißgerber zu entkräften.

In prozessrechtlicher Hinsicht waren die Einreden damals bereits darauf gerichtet gewesen, den ganzen Prozess für unzulässig zu erklären. Dazu hatten die

375 Beschluss des Kölner Rates vom 22. Oktober 1513 (sprachlich modernisiert), zitiert nach Huiskes, Beschlüsse des Rates der Stadt Köln, Bd. I, S. 902.

376 Huiskes, Beschlüsse des Rates der Stadt Köln, S. XXVII.

377 HAStK, RKG, C 115, fol. 109v.

Lohgerber das Appellationsprivileg des Kaisers Rudolf II. vom 29. Oktober 1576 für die Stadt Köln angeführt, nach welchem gegen einfache Entscheidungen des Magistrats oder seiner Kommissare in Streitigkeiten zwischen Zünften oder Zunftmeistern keine Rechtsmittel vor dem Reichskammergericht mehr eingelegt werden durften.[378] Weitere Ausführungen zur Anwendung des Privilegs machten sie jedoch nicht. Möglicherweise gingen die Lohgerber wie selbstverständlich von der Anwendbarkeit dieses Privilegs im damaligen Prozess aus.

bb) Reichskammergerichtliches Remissionsurteil

Noch kurz vor dem Ende des ersten Appellationsprozesses im Jahre 1642 hatte der Rat seinen Beschluss aus dem Jahre 1624 zugunsten der Lohgerber erneuert. Kurz danach verwies das Reichskammergericht mit Remissionsurteil vom 3. Februar 1643 die Klage des Weißgerberamtes kostenpflichtig zurück an den Kölner Rat, der nun erneut über den Streit zu befinden hatte. Der Tenor des reichskammergerichtlichen Urteils war dabei äußerst kurz:

„*In Angemaßter Appellationsachen Weißgerber Ambts in Collen, wider das Loher Ambt daselbsten, ist erkandt, das solche sach durch vorgenohmene Appellation, ahn diß Kaiserlich Cammergericht nicht erwachsen sondern an Richteren Voriger Instantien zu remittiren, und weÿßen seÿ als Wir sie auch hirmit remittiren, und weißen gedachte Appellanten in die gerichts Kosten, derent halben ahn diesem Kaÿserlichem Cammergericht aufgelauffen nach rechtlicher ermeßigung*[379] *zu entrichten, und zu bezahlen fellig ertheilend,...* ."[380]

Aus dem kurzen Urteilstenor lässt sich nicht schließen, weshalb die Zurückverweisung an den Kölner Rat stattfand, vor allem nicht, ob dies aufgrund des Appellationsprivilegs von 1576 erfolgte, oder nicht. Klar ist anhand des Tenors jedenfalls zu erkennen, dass das Reichskammergericht in diesem Prozess keine Sachentscheidung traf.

---

378 HAStK, RKG, C 115, Q 36; HAStK, Zunft Urk. 122. Nachdruck bei Eisenhardt, Die kaiserlichen privilegia de non appellando, S. 249-252.

379 Das Reichskammergericht erkannte zumeist nur einen geringen Teil der tatsächlich angefallenen Ausgaben an und legte als Berechnungsgrundlage die niedrigeren Gebührensätze der Taxordnungen zu Grunde. Insofern sprach das Gericht von „rechtlicher Ermäßigung", siehe dazu Smend, Reichskammergericht, S. 349; dazu auch Klass, Standes-oder Leistungselite?, S. 75.

380 HAStK, RKG, C 108, fol. 17r. Das Remissionsurteil ist auch in der Akte C 115, fol. 7r. überliefert.

cc) Weißgerber erhalten exklusives Recht zum Wollpflücken

Im Jahre 1644, also nur zwei Jahre, nachdem der Kölner Rat den Lohgerbern das Recht des Wollpflückens zugestanden hatte, fällte er in dieser Streitsache eine neue, der alten völlig entgegengesetzte Entscheidung. Dieses Mal verbot er den Lohgerbern das Wollpflücken.[381] Die Entscheidung ist insofern bemerkenswert, als sich der Rat jetzt vom Wortlaut des Amtsbriefes der Weißgerber entfernte, nach dem das Wollpflücken doch gerade eine „gemeine Nahrung sein und bleiben sollte". Diese Bestimmung war dem Rat gut zwanzig Jahre zuvor noch so wichtig gewesen, dass es das Weißgerberamt mit einer hohen Strafe wegen angeblicher Manipulation des Amtsbriefes belegte. Die Entscheidung stellte sich außerdem in Gegensatz zu dem oben abgedruckten, im Memorialbuch von 1513 eingetragenen Ratsentscheid. Die Weißgerber waren mit ihren erneuten Eingaben beim Kölner Rat also durchgedrungen.

c) Der nachfolgende Mandatsprozess

Mit dieser Wendung des Rates zugunsten der Weißgerber konnten sich die Lohgerber natürlich nicht abfinden. Sie riefen nun ihrerseits das Reichskammergericht an und strebten mit Hilfe eines unbedingten Kassationsmandats (mandatum executorialis cassatorii et inhibitorii sine clausula) die Aufhebung des neuen Kölner Ratsbeschlusses aus dem Jahre 1644 an. Dies gelang ihnen auch, denn das Reichskammergericht erließ das gewünschte Mandat.[382] Bei dem hier näher untersuchten Rechtsstreit handelte es sich also um einen Mandatsprozess, in dem die Weißgerber in dem von der Reichskammergerichtsordnung von 1555 prozessual eng begrenzten Rahmen[383] versuchten, die Aufhebung des erlassenen Mandates zu erreichen.

Wie bereits in Teil 2 der Arbeit erläutert, handelte es sich beim Mandatsverfahren um ein summarisches Verfahren, das dem Käger im Falle des Erlasses eines Mandates eine schnelle Rechtsschutzmöglichkeit gewährte.[384] Die Supplik der Lohgerber, mit der sie beim Reichskammergericht um den Erlass des Mandatum s.c. baten, ist nicht mehr in der Akte vorhanden. Daher kann man nicht zweifelsfrei feststellen, auf welche der vier Fallgruppen der Mandatsgründe sich die

381 Pock, Die Kölner Gerberei bis zum Ende der reichsstädtischen Zeit, S. 39.

382 Das Mandat selbst ist nicht erhalten geblieben. Im Spezialprotokoll, HAStK, RKG, C 108, fol. 2r. ist jedoch unter dem Datum des 12. März 1646 die kostenträchtige Bestätigung des ergangenen Reichskammergericht-Mandates enthalten, so dass ein Mandat s.c. zugunsten der Lohgerber vorausgegangen sein muss.

383 RKGO von 1555, Teil 2, Art. XXIII, S. 1, siehe Fn. 260.

384 Sedatis, Summarischer Prozeß, in: HRG IV, Sp. 79; Hinz, Der Mandatsprozeß, S. 7.

Lohgerber stützten. Aus der Exzeptionsschrift der Weißgerber sowie der Replik der Lohgerber lässt sich jedoch erkennen, dass die Lohgerber im Verhalten des Kölner Rates eine strafwürdige Rechtsverweigerung erblickten.[385]

aa) Die Argumentation der Weißgerber

Der erste in der Akte enthaltene Schriftsatz ist die vom Prokurator des Weißgerberamtes, des Licentiaten Johann Walraff,[386] eingebrachte Exzeptionschrift. Daher wird hier auch mit der Darstellung der Argumente der Beklagtenseite begonnen, um die Chronologie der Schriftsätze und die argumentatorische Bezugnahme zu berücksichtigen. Schon die Bezeichnung als „*exceptiones sub et obreptionis*“[387], also als Einreden der Erschleichung, ist bezeichnend für Mandatsprozesse, nimmt sie doch schon regelmäßig den ersten Teil des Vorbringens der Beklagten im Schriftsatz vorweg.

Der Prokurator Walraff begann denn auch mit schweren Anschuldigungen gegen die Lohgerber, die er als lügende Bittsteller, als „*mendax precator*“[388] bezeichnete. Diese hätten das Mandat s.c. nicht nur durch falsche Suggestion, sondern auch durch Unterschlagung von Informationen erlangt. Bei wahrheitsgemäßem Klägervorbringen wäre das Mandat niemals erlassen worden. Es sei daher wegen Erschleichung unwirksam.

Ziel der beklagten Weißgerber war es also, gleich zu Beginn des Prozesses die Aufrichtigkeit der Lohgerber und die Authentizität der von ihnen vorgebrachten Beweismittel zu erschüttern. Für die Weißgerber war dies die einzige Möglichkeit, noch im Mandatsprozess die Aufhebung des bereits erlassenen Mandates zu erreichen. Der Prokurator Walraff wies daher die Schuld der Weißgerber an dem gefälschten Amtsbrief zurück. Er verdächtigte vielmehr die Lohgerber, den Weißgerbern diesen gefälschten Amtsbrief untergeschoben, („*uffgetruckt*“)[389] zu haben, um diese in Verruf zu bringen.

---

385 HAStK, RKG, C 108, fol. 34r.

386 Zur Person Walraffs siehe Groh, Das Personal des Reichskammergerichts in Speyer, I. Teil, S. 189.

387 HAStK, RKG, C 108, fol. 26v.; siehe dazu § 77 des Reichsabschieds von 1594: „*Dann auch zum dritten, daß in Sachen Mandatorum sine Clausula kein Auszug, dann allein sub- & obreptionis, item, maleficii, banni, privationis, und dergleichen zuzulassen*“, in Dritter Theil der Reichs-Abschiede von dem Jahr 1552 bis 1654, S. 434.

388 HAStK, RKG, C 108, fol. 26r.

389 HAStK, RKG, C 108, fol. 28r.

(1) Prozessuale Fragestellungen

In prozessualer Hinsicht wandte sich der Prokurator der Weißgerber, Walraff, gegen die Zuständigkeit des Reichskammergerichts in diesem Konflikt.

(a) Keine Appellabilität possessorischer Entscheidungen

So sei das Reichskammergericht deswegen nicht zuständig, weil bisher noch kein appellables Verfahren durch den Kölner Rat vorliege. Wo aber nur ein possessorisches, vorläufiges Verfahren stattgefunden habe, müsse erst noch der Bürgermeister und der Rat der Stadt als zuständiger Richter petitorisch, also endgültig entscheiden.[390] Da sich die Lohgerber gegen den Kölner Ratsbeschluss vom 18. März 1644 zudem nicht sofort gewehrt hätten, reklamierte Walraff nunmehr ein „*ius irrevocabile*" zugunsten der Weißgerber.[391]

Diese Ausführungen zeigen, dass es sich hier um einen besitzschutzrechtlichen Mandatsprozess handelte. Sowohl in der Theorie wie auch in der Praxis war der Besitzschutzprozess in einen possessorischen und einen petitorischen Teil aufgegliedert. Im zeitlich vorgelagerten Possessorium wurde zunächst geklärt, wer im Sinne der gemeinrechtlichen Besitzdoktrin Besitzer war; im sich anschließenden Petitorium wurde dann ermittelt, wem das Recht zum Besitz zustand.[392] Beim possessorischen Prozess handelte es sich also um ein lediglich vorläufiges Verfahren, das dazu diente, eine schnelle Entscheidung über die streitbefangene Sache herbeizuführen, um gewaltsame Übergriffe zu vermeiden. In der Praxis wurde diese Trennung der beiden Verfahrensstadien aber häufig nicht eingehalten. Es galt der Satz: „Petitorium absorbet possessorium".[393] Mit der Entscheidung über das Petitorium wurde der possessorische Prozess überflüssig. Die Weißgerber vertraten also die Ansicht, der Kölner Rat habe bisher nur über den possessorischen Teil der Klage entschieden und müsse vor einer Anrufung des Reichskammergerichts erst noch über den petitorischen Teil entscheiden. Für die Weißgerber hätte dies natürlich einen erheblichen Zeitgewinn zur Folge gehabt, während dessen sie ungestört das Wollpflücken alleine hätten ausüben können.

390 HAStK, RKG, C 108, fol. 27v.
391 HAStK, RKG, C 108, fol. 30v.
392 Jacobi, Besitzschutz vor dem Reichskammergericht, S. 159.
393 Jacobi, Besitzschutz vor dem Reichskammergericht, S. 160.

(b) Appellationsprivileg von 1576

Auf das Appellationsprivileg von 1576 in Zunftsachen ging der Prokurator Walraff explizit nur kurz mit dem Hinweis ein, dass es unter Androhung von Strafe verboten sei, in Zunftstreitigkeiten gegen Entscheidungen des Kölner Rates vor dem Reichskammergericht zu appellieren. Dies ist insofern bemerkenswert, als Walraff ja selbst im vorherigen Berufungsverfahren, das 1643 vom Reichskammergericht zurückgewiesen worden war, das Weißgerberamt auf klägerischer Seite vertreten hatte. Damals hatten die Lohgerber die Zulässigkeit der Appellation wegen des Appellationsprivilegs von 1576 bestritten.

Indirekt sprach Walraff das Appellationsprivileg auch insofern an, als er vortrug, dass die Appellation der Lohgerber die „*friedliche policeÿ*"[394] in der Stadt Köln gefährde. Der Kölner Rat habe sich nämlich bei seinem jüngsten Ratsbeschluss, der ja zu Gunsten der Weißgerber ausgefallen war, um ein Höchstmaß an Objektivität bei der Entscheidungsfindung bemüht. Er habe daher durch Zuziehung von „*syndicis und anderen Rechtsgelehrten*"[395] hohe Sachkompetenz von außen eingeholt und daher bei seiner Entscheidung „*gutte wißentschaft*" gehabt. Außerdem habe der Rat zugunsten der Lohgerber einen Gegenbericht zugelassen, der den Rechtsgelehrten zugeleitet worden sei. Der Rat habe daher sehr sorgsam alle Umstände abgewogen und ein wohlüberlegtes Urteil gefällt. Walraff wies in diesem Zusammenhang auf die Befriedungsfunktion des Ratsspruchs hin. So habe der Kölner Rat nach über einhundert Jahren immerwährenden Streits und gefährlicher Unruhen in der Bürgerschaft zur Verhütung weiterer Eskalation und Wiederherstellung von Harmonie und Einigkeit diese Entscheidung sorgsam getroffen. Die Appellation der Lohgerber gefährde daher das friedliche Miteinander in der Stadt.

Dieses scheinbar unjuristische Argument sollte den Richtern des Reichskammergerichts unterschwellig die Gefahr vor Augen führen, die bei einer Aufrechterhaltung des erlassenen Mandates S.C. drohte. Schließlich konnte dem höchsten Gericht, dessen Gründungszweck ja gerade die Sicherung des Landfriedens gewesen war, der soziale Frieden in einer so bedeutenden Reichsstadt wie Köln nicht gleichgültig sein. Der Hinweis auf die Gefährdung der „friedlichen Policey" hatte darüber hinaus aber auch rechtliche Bedeutung, denn im Appellationsprivileg von 1576 für die Stadt Köln war die Appellation an das Reichskammergericht

---

394 HAStK, RKG, C 108, fol. 24r.

395 Gemeint ist also das städtische Syndikat als Rechtsabteilung, nicht etwa eine Aktenversendung von Seiten des Kölner Rates. Laut Wankell beschäftigte die Reichsstadt Köln im 18. Jahrhundert vier Syndici, die sich vor allem mit wirtschaftsrechtlichen Fragestellungen befassten, Wankell, Beiträge zur Wirtschaftsgeschichte der freien Reichsstadt Köln, S. 3.

u.a. mit dem ausdrücklichen Verweis untersagt, dass durch die Appellationseinlegung die *„zerruttung gueter Polliceÿ unter den Amptern und den angehorigen sonderbarn Personen, auch zu bösem Exempel anderer unfridtsamen gemuetter verursacht“* würde.[396] Nach Auffassung der Weißgerber waren daher also auch die Gründe, deretwegen das Appellationsprivileg vormals gewährt worden war, erfüllt.

Da sich die Prozessparteien jedoch zumeist nicht allein auf den Erfolg ihrer prozessualen Einwendungen verließen, trugen sie im Anschluss hilfsweise auch materiellrechtliche Aspekte vor.[397]

(2) Materiellrechtliches Vorbringen

Im Folgenden gingen die Weißgerber auf die materiellrechtlichen Gründe ein, die aus ihrer Sicht den Kölner Rat dazu bewogen hätten, das für sie günstige Urteil zu fällen. Im Kern stand auch hier die Frage, ob es sich beim Wollpflücken um eine gemeine Nahrung handelte, oder nicht.

(a) Wollpflücken als gemeine Nahrung

So hätten sich die Weißgerber am 9. Oktober 1643, also ein gutes halbes Jahr nach dem für sie erfolglosen Remissionsurteil des Reichskammergerichts vom 3. Februar 1643, mit einem erneuten Gegenbericht an den Kölner Rat gewandt und nochmals ihre zum Teil schon im vorherigen Appellationsprozess vorgebrachten Argumente wiederholt, dass das Wollpflücken untrennbar und ausschließlich mit ihrem Arbeitsbereich verbunden sei (*„die Gerechtigkeit des Wohllpellens und plückens der Schaffelle ihr eigen und proprium attributu“*).[398] Zur Verdeutlichung wiesen sie nicht nur wiederum auf den Namen ihres Wohnortes hin, sondern auch auf die etlichen tausend Pfund, die sie kontinuierlich an „Wollaccisen“[399] im Kaufhaus Gürzenich zahlten.[400] In der Vergangenheit seien zudem diejenigen Mitglieder der anderen lederverarbeitenden Gewerbe, die das Wollpflücken ausgeübt hätten, vom Kölner Rat bestraft worden. So habe das

396 Privilegium de non appellando vom 29. Oktober 1576, in: Eisenhardt, Die kaiserlichen privilegia de non appellando, S. 249 f.

397 Dies wird sich auch bei den späteren Fällen noch herausstellen. Siehe dazu auch Oestmann, Rückblick auf die Hanse, S. 545, 548.

398 HAStK, RKG, C 108, fol. 28v.

399 Bei der Akzise handelte es sich um eine Verbrauchssteuer, die auf zahlreiche Güter, auch des täglichen Bedarfs, erhoben wurde. Im Rahmen der staatlichen Finanzierung kam ihr große Bedeutung zu, siehe dazu Erler, Akzise, in: HRG I, Sp. 87 f.

400 Vgl. dieselbe Argumentation aus dem Vorprozess, HAStK, RKG, C 115, fol. 113r.

Wollpflücken, zu dessen Arbeitsbereich auch das Ausschaben und Trocknen der Schaffelle gehöre, schon aus Gründen des Allgemeinwohls („*propter bonum publicum*") keine „*gemeine durchgehende stattnahrung*" sein können, weil diese Arbeiten mit „*schwerer Luft und übels Geruch*" verbunden seien. Die Weißgerber wohnten deshalb auch alle an einem bestimmten Ort zusammen, denn der durch ihre Arbeit verursachte Gestank sei in anderen Wohngegenden der Nachbarschaft gegenüber nicht zumutbar.[401]

Mit diesem Hinweis versuchte der Schriftverfasser das nach dem Wortlaut des Amtsbriefes der Weißgerber auf der Hand liegende Gegenargument, beim Wollpflücken handele es sich um eine sog. „gemeine Nahrung", bereits im Keim zu ersticken.

(aa) Auslegung des eigenen Amtsbriefes

Erst fast zur Mitte seiner Exzeptionsschrift kam Walraff auf den für die Beurteilung des Rechtsstreites maßgeblichen Punkt zu sprechen, nämlich der besagten Bestimmung über das Wollpflücken im Amtsbrief der Weißgerber aus dem Jahre 1469. Genau dieser Amtsbrief stellte jedoch die Achillesferse aus Sicht der Weißgerber dar, sprach der Wortlaut doch eindeutig gegen die von ihnen eingeforderte Monopolstellung hinsichtlich des Wollpflückens. Zunächst einmal konzedierte Lic. Walraff, dass der Amtsbrief das Pellen und Wollpflücken als „gemeine Nahrung" bezeichnete. Daraus lasse sich jedoch nicht entnehmen, dass den Weißgerbern an dieser Tätigkeit kein exklusives Recht zustehe („*nit folget, das es kein Werck oder sonderbar Arbeit sein solle*"); schließlich sei dieser Amtsbrief ja gerade den Weißgerbern „*in specie ... gegeben und mitgetheilet worden.*"[402] Walraff begriff die erteilten Amtsbriefe also als Urkunden rein begünstigenden Inhaltes. Bemerkenswert und folgerichtig war in diesem Zusammenhang auch seine Interpretation des Begriffes „gemeine Nahrung". So wollte Walraff das Wort „gemeine" nicht etwa im Sinne einer „*quasi per Edictum publicum ... gemeine*[n] *Stattnahrung*" verstanden wissen. Vielmehr sei das Pellen und Wollpflücken nur „*unter den Freundt Brüdern und Amptsgenossen bemelten Weißgärber oder Peller Ampts gemein.*"[403] So seien auch insbesondere Mitglieder der übrigen lederherstellenden und lederverarbeitenden Gewerbe, wie etwa die „*Lohrer, Pelßer, Mutzenstreicher*, etc., trotz einmaligen Erlernens dieser Arbeit nicht zu ihrer Ausübung berechtigt.[404] Diese seien im Falle der Zuwiderhandlung in

401 HAStK, RKG, C 108, fol. 33r.-33v.
402 HAStK, RKG, C 108, fol. 29r.
403 HAStK, RKG, C 108, fol. 29r.
404 HAStK, RKG, C 108, fol. 29r.

der Vergangenheit auch *„nach Inhalt der registratur vom Jahr 1514 ihres Verwirkens halber ... bestraft worden.“*[405]

Ob die Lohgerber tatsächlich im Jahre 1514, also zeitlich fast unmittelbar nach dem grundlegenden Ratsentscheid aus dem Jahre 1513 wegen der Ausübung des Wollpflückens vom Rat bestraft worden waren, soll im Rahmen dieser Arbeit nicht überprüft werden. Es wird jedoch bereits anhand der gesicherten Rechtsprechung des Kölner Rates deutlich, dass dieser hinsichtlich der Frage des Wollpflückens äußerst wankelmütig gewesen war und häufig seine Rechtsprechung änderte.

Die Weißgerber zogen aus ihrer zuvor aufgestellten These, dass Amtsbriefe – in ihrer Eigenschaft als Privilegien – nur jeweils die Rechtskreise derjenigen Zünfte tangierten, denen sie auch erteilt worden seien, den Schluss, dass das Wort „gemeine Nahrung“ auch nur die Rechtsbeziehungen der einzelnen Zunftmitglieder einer ganz bestimmten Zunft untereinander betreffe. In diesem Falle waren das also nur die Meister der Weißgerber. Der Kölner Rat hatte, wie soeben gesehen, in seinem Beschluss aus dem Jahre 1513 den zu damaliger Zeit gängigen Begriff der „gemeynen narunge“ noch ganz anders im Sinne eines jedermann zukommenden Rechts aufgefasst. Was letztlich die ausschlaggebenden Gründe für den Sinneswandel des Kölner Rates waren, kann in dieser Arbeit nicht ermittelt werden.[406]

Der Schriftsatzverfasser der Weißgerber kombinierte im Rahmen seiner Auslegung des Begriffes „gemeine Nahrung“ zwei typische gemeinrechtliche Argumentationen.

Zum einen führte er zahlreiche für die Weißgerber günstige Präjudizien an. Präjudizien waren von hoher Bedeutung, da sie ein beliebtes Mittel waren, Rechtsansichten historisch zu fundieren.[407] Auch im weiteren Verlauf seiner Ausführungen verwies Walraff immer wieder auf präjudizielle Entscheidungen.

Zum anderen argumentierten die Weißgerber vor dem Hintergrund einer strikten Auslegung des Statutarrechts. Unter dem Begriff des Statutarrechts ist das auf Grundlage der Autonomie geschaffene Recht zu verstehen. Dazu gehörten insbesondere Satzungen privatrechtlicher oder öffentlichrechtlicher Verbände.[408] Nach der gemeinrechtlichen Statutenlehre beanspruchte dieses Recht Vorrang vor dem gemeinen Recht.[409] Die Auffassung der beklagten Weißgerber, die

---

405 HAStK, RKG, C 108, fol. 29r.

406 Auch die Arbeit von Änne Pock zur Kölner Gerberei teilt diesbezüglich nichts mit.

407 Oestmann, Rechtsvielfalt vor Gericht, S. 352; ders., Zunftzwang und Handelsfreiheit im frühen 19. Jahrhundert, in ZNR 26. Jahrgang 2004, S. 246 f.

408 Schulze, Statutarrecht, in: HRG IV, Sp. 1922 f.

409 Oestmann, Rechtsvielfalt vor Gericht, S. 8; Schulze, Statutarrecht, in: HRG IV, Sp. 1922 f.

in ihrem Amtsbrief enthaltene Aussage, beim Wollpflücken handele es sich um eine „gemeine Nahrung“, betreffe nur den Rechtskreis der eigenen Zunft, war aus dieser Sicht zunächst einmal keineswegs abwegig. Sie wäre sogar dann rechtlich stimmig gewesen, wenn es sich bei dem Amtsbrief von 1469 um einen Fall autonomer Gesetzgebung der Weißgerber gehandelt hätte. Solche sog. reinen Willküren als zunftrechtliche Rechtsnormen zeichneten sich bereits in ihrer äußeren sprachlichen Form dadurch aus, dass die Zunftgenossen in der ersten Person Plural angesprochen wurden. Dadurch kam deutlich zum Ausdruck, dass die vereinigten Handwerker sich selbst eigene Regeln gaben, nach denen sie ihr Handwerk ausüben wollten. Solche Willküren fielen jedoch fast ausnahmslos in die Anfangszeit der Zunftbildung.[410] Der zunehmende Ausbau obrigkeitlicher Herrschaft schränkte die rechtlichen Gestaltungsmöglichkeiten der Zünfte immer mehr ein.

Der Amtsbrief der Weißgerber aus dem Jahr 1469 begann somit folgerichtig mit den Worten: „*Wir burgermeister und Rait der Steide Cöelenn doiÿn kundt allen Leuthen...* .“[411] Durch diese Anfangszeilen war der rechtliche Charakter des Amtsbriefes als eine obrigkeitliche Ordnung bereits festgelegt, denn es war der Kölner Rat, der den Weißgerbern die Rechtssätze gab, nicht diese sich selbst. Zwar konnte die Initiative zur Rechtssetzung weiterhin von den Zünften ausgehen,[412] der Zunft stand jedoch keinerlei Rechtssetzungsmacht zu. Handelte es sich bei dem Amtsbrief der Weißgerber nach dessen Wortlaut bereits um eine Verlautbarung an die Öffentlichkeit, lag die Annahme nahe, dass der Begriff der „gemeinen Nahrung“ nicht lediglich den Rechtskreis der Weißgerber betraf.

Aber auch für den Fall, dass es sich bei dem Amtsbrief um einen Akt autonomer Gesetzgebung gehandelt hätte, musste die Auslegung der Weißgerber fremdartig erscheinen. So hätte Walraffs Auslegung die betreffende, mit dem Wort „doch“ eingeleitete Passage des Amtsbriefes der Weißgerber von 1469, die gerade eine einschränkende Klarstellung der Reichweite der den Weißgerbern zukommenden Privilegien darstellte, sinnlos erscheinen lassen. Dass den einzelnen Meistern der Weißgerberzunft jeweils das Recht des Pellens und Wollpflückens zustehen sollte, und zwischen diesen untereinander keine Exklusivrechte bestehen sollten, war schon aufgrund des Selbstverständnisses der Zünfte, möglichst gleiche Lebensverhältnisse ihrer Mitglieder anzustreben, an sich nicht zweifelhaft. Dazu hätte es wohl keiner Erwähnung im Amtsbrief der Weißgerber bedurft. Aus Sicht der Weißgerber war die Argumenatation anhand der Statuten-

410 Dieling, Zunftrecht, eine Rechtsquellenstudie mit besonderer Berücksichtigung des Schneiderhandwerks, S. 12.

411 HAStK, RKG, C 108, fol. 8r.

412 Dieling, Zunftrecht, eine Rechtsquellenstudie mit besonderer Berücksichtigung des Schneiderhandwerks, S. 23.

theorie dennoch ein geschickter Versuch, diesen heiklen Punkt in ihrem Amtsbrief zu umgehen. Auch dem Schriftsatzverfasser der Weißgerber dürfte bekannt gewesen sein, dass der Begriff der „gemeinen Nahrung“ nicht nur in Köln ein gängiger Begriff war,[413] der sich individueller Auslegung weitgehend entzogen haben dürfte.

(bb) Allgemeine Bedeutung des Begriffes „gemeine Nahrung“

Der damalige Begriff der „Nahrung“ ist nach heutigem Verständnis am ehesten als „Geschäftseinkommen“ zu charakterisieren.[414] Wurde eine Tätigkeit vom Kölner Rat also als „gemeine Nahrung“ bestimmt, bedeutete dies, dass jedermann diese Tätigkeit zum Lebenserwerb ausüben durfte. Nach der stadthistorischen Forschung des 19. Jahrhunderts spiegeln sich im Begriff der „Nahrung“ nicht nur wirtschaftliche Verhaltensweisen wieder, sondern auch ordnungspolitische Vorstellungen in vorindustriellen Gesellschaften.[415] So seien die städtischen Organe unter dem Gesichtspunkt des Gemeinwohls dazu verpflichtet gewesen, den Bürgern ihrer Stadt u.a. rechtlichen Schutz und eine ausreichende Möglichkeit zur Gewinnung ihres Lebensunterhaltes zu gewährleisten. Im Gegenzug übernahmen die Bürger militärische sowie administrative Verpflichtungen.[416] Wohl deswegen gab es in Köln vor allem im Nahrungsmittelwesen zum einen Ausnahmen vom Zunftzwang, zum anderen achtete der Kölner Rat mit seinen Preistaxen[417] für Lebensmittel darauf, dass das Preisniveau moderat blieb.[418] Dies war allerdings ein keineswegs leichtes Unterfangen des Rates, denn die Zünfte setzten sich gegen diese obrigkeitliche Preisgestaltung nicht selten heftig zu Wehr. Die Drohung mit einem Boykott war ein effektives Druckmittel, das die nahrungsproduzierenden Zünfte in ihren Händen wussten und auch einsetzten. Auf diese Weise war insbesondere die einflussreiche Kölner Bäckerzunft mehrfach mit ihren Versu-

---

413 Nahrung, in: Zedler, Großes vollständiges Universal- Lexikon Aller Wissenschaften und Künste, Band 23, Sp. 535.

414 Loesch, Die Kölner Zunfturkunden bis zum Jahre 1500, Bd. 1, S. 109.

415 Brandt, http://hsozkult.geschichte.hu-berlin.de/tagungsberichte/id=219.

416 Brandt, http://hsozkult.geschichte.hu-berlin.de/tagungsberichte/id=219.

417 Die Preistaxen legten nach der Lehre vom gerechten Preis das „ Justum pretium“ fest. Dessen Höhe orientierte sich am standesgemäßen Auskommen des Produzenten oder Händlers, der sog. „Nahrung“, siehe dazu Sombart, Der moderne Kapitalismus, zweiter Bd., erster Halbb., S. 40 f. u. 44.

418 Loesch, Die Kölner Zunfturkunden bis zum Jahre 1500, Bd. 1, S. 40. Auch in Ulm führte der städtische Rat eine strenge Kontrolle über das Nahrungsmittelgewerbe. So wurde z.B. das vorgeschriebene Gewicht der Brotlaibe von jeweils zwei Ratsherren drei Mal pro Woche öffentlich kontrolliert, siehe Naujoks, Obrigkeisgedanke, Zunftverfassung und Reformation, S. 16.

chen erfolgreich, höhere Brottaxen beim Rat durchzusetzen.[419] Der Rat versuchte in diesen Fällen mit der Genehmigung erhöhter Importe die Preise wieder auszutarieren.

In den Zusammenhang der Bedeutung des Begriffes der „gemeinen Nahrung" gehörte auch eine Kölner Ratsverordnung vom 29. Juni 1514. In dieser wies der Kölner Rat das Gesuch der Nagelschmiedezunft, den Krämern den Detailverkauf solcher Nagelsorten zu verbieten, die auch in Köln hergestellt würden, aufgrund der fehlenden Bestimmung im Amtsbrief der Nagelschmiede, sowie der entgegenstehenden tatsächlichen Übung ab. Der Nagelhandel vielmehr sollte für Krämer, Nagelschmiede und andere Bürger eine „gemeine Nahrung" bleiben.[420]

Sprach im Falle des Wollpflückens die tatsächliche Übung eher für ein exklusives Recht der Weißgerber, so änderte dies doch nichts an der Bestimmung des Pellens und Wollpflückens als „gemeine Nahrung". So führten die Weißgerber, wohl im Wissen darauf, dass ihre Interpretation des Begriffes der „gemeinen Nahrung" nicht sehr überzeugend war, auf das Recht des Kölner Rates hin, einmal erteilte Amtsbriefe im Laufe der Zeit zu ändern und den Umfang neu auszugestalten. Dieses Recht habe sich der Rat stets *„austrücklich vorbehalten."*[421] Auch dieses Argument der Weißgerber war ein weiterer Beleg für den obrigkeitlichen Charakter des Amtsbriefes der Weißgerber. Hätte es bei dem Amtsbrief nämlich um einen Fall autonomer Gesetzgebung gehandelt, so wäre ein jederzeitiger Änderungsvorbehalt des Rates kaum vorstellbar gewesen. Die Weißgerber lieferten also mehrere Argumentationsstränge, um auch für den Fall, dass das Reichskammergericht den Begriff der „gemeinen Nahrung" im Sinne einer freien Erwerbsmöglichkeit für Jedermann wertete, den Prozess noch gewinnen zu können.

(b) Einhaltung eines ehrenhaften Erwerbs

Zum Ende ihrer Einreden wechselten die Weißgerber die Ebene ihrer Argumentation, weg von einem rein sachlichen Vortrag, hin zu rechtsbezogenen Moral-

---

419 Giel, Politische Öffentlichkeit im spätmittelalterlich-frühneuzeitlichen Köln, S. 334, 364.

420 Loesch, Die Kölner Zunfturkunden bis zum Jahre 1500, Bd. 1, S. 124.

421 HAStK, RKG, C 108, fol. 33v. In der Tat wiesen zahlreiche Amtsbriefe einen ausdrücklichen Änderungsvorbehalt zugunsten des Kölner Rates auf. Diese stammten allerdings noch nahezu ausnahmslos aus der Zeit vor der Zunftrevolution des Jahres 1396. Nach der Zunftrevolution erhielten die meisten Zünfte neue Amtsbriefe, die solche Abänderungsklauseln nicht explizit enthielten. Siehe dazu als Beispeil etwa die beiden Amtsbriefe der Gürtelmacher aus den Jahren 1327 und 1397, abgedruckt bei Loesch, Die Kölner Zunfturkunden bis zum Jahre 1500, Bd. 1, S. 94 ff.

und Gerechtigkeitsvorstellungen. So sei der zu ihren Gunsten ergangene letzte Ratsbeschluss nicht nur formalrechtlich nicht zu beanstanden, sondern er entspreche auch dem gesellschaftlichen Gerechtigkeitsempfinden. Das Wollpflücken habe nämlich für die Lohgerber keine große wirtschaftliche Bedeutung, da die Nachfrage nach gelohten Schaffellen bei ihnen nicht hoch ins Gewicht falle. Die Lohgerber hätten durch das Gerben von Rind- und Ochsenfellen, das ihnen durch ihren Amtsbrief garantiert werde, ohnehin ausreichend Arbeit und ein gutes Auskommen. Den Weißgerbern nähmen die Lohgerber durch das Wollpflücken jedoch die Lebensgrundlage und trieben diese in den wirtschaftlichen Ruin, was auch der christlichen Nächstenliebe widerspreche („*... zur meisterlichem Verderb und Ruin der Meistern eines Weißgärber oder Peller Ambts gereichen, desto mehr unverantwortlich undt wieder die Christliche Liebe des nechsten, streben thutt, so dha lehret, quod alys plurimum obest, parum verò aut nihil mihi prodest id affectandum non esse, darumb billig ein jeder bei seinem proprio executio und handwerk zu lassen*“).[422]

Der Verweis auf die christliche Nächstenliebe schien wohl ein probates Argument bei Auseinandersetzungen zu sein, die sowohl moralische, als auch juristische Fragen berührten. Für die frühkapitalistische Epoche war es daher selbstverständlich, dass die am Wirtschaftsleben beteiligten Subjekte ihr Handeln streng an den Geboten von Religion und Sittlichkeit auszurichten hatten. Es bestand die Idee des „ehrenhaften Erwerbs“.[423] Noch im 18. Jahrhundert hieß es in der „Mayntzischen Policey Ordnung“, dass „*niemand sich in des andern Handel eindrängen oder seinen oder seinen eigenen so stark führen* [dürfe], *daß andere Bürger darüber zu Grunde gehen.*“[424] In einer Zeit, als man Recht und Moral noch nicht trennte, konnten Appelle an die christliche Nächstenliebe also auch rechtlich relevant sein.

Die Weißgerber beendeten ihre Einreden mit der Versicherung, nichts unternommen zu haben, was nicht mit den Reichsgesetzten oder der Rechtsprechung des Reichskammergerichts in Einklang stünde. Der Prokurator Walraff schloss mit der Bitte, das vom Reichskammergericht erkannte Kassationsmandat wieder aufzuheben.

---

422 HAStK, RKG, C 108, fol. 33 r.
Übersetzung: „*... so dha lehret, etwas, das anderen schweren Schaden zufügt, mir selbst aber wenig oder gar nichts nützt, sollte man nicht erstreben, darumb billig ein jeder bei seinem proprio executio und handwerks zu lassen.*“

423 Sombart, Der moderne Kapitalismus, zweiter Bd., erster Halbb., S. 36-40. Zum wichtigen Ehrbegriff, der mehr als nur ein bedeutendes „Verhaltensregulativ“ darstellte, siehe auch Fuchs, Um die Ehre, S. 18 ff.

424 Zitiert nach Sombart, Der moderne Kapitalismus, zweiter Bd., erster Halb., S. 47.

bb) Die Argumentation der Lohgerber

Für die Lohgerber trat der Prokurator Dr. Johann Ulrich Stieber[425] vor dem Reichskammergericht auf. Er erwiderte die vom Prokurator der Weißgerber, Walraff, eingebrachten Einreden in zwei Repliken.[426]

Den Einwand Walraffs, die Lohgerber hätten sich das vom Reichskammergericht erlassene Mandat erschlichen, wies Dr. Stieber naturgemäß zurück, und unterstellte bei den Weißgerbern reine Verunglimpfungsabsicht („*animus iniurandi*").[427] Er wies darauf hin, dass die Lohgerber nicht die Absicht hätten, sich um ihrer Privilegien willen mit der Obrigkeit zu streiten, sondern dieser weiterhin gebührlichen Respekt und Gehorsam erwiesen. Sodann strich er die Streitsüchtigkeit der Weißgerber heraus, die bis zu der für sie günstigen Ratsentscheidung kein einziges Ratsurteil akzeptiert hätten.

(1) Prozessuales Vorbringen

In prozessrechtlicher Hinsicht nahmen die Lohgerber zum Teil direkten Bezug auf die Einreden der Weißgerber, gaben aber auch weitergehende Erläuterungen zur Rechtmäßigkeit ihrer Anrufung des Reichskammergerichts.

(a) Appellabilität possessorischer Entscheidungen

Dem prozessualen Einwand der Weißgerber, dass aufgrund der Vorläufigkeit des bisherigen erstinstanzlichen Verfahrens vor dem Kölner Rat erst noch ein endgültiges Urteil abgewartet werden müsse, begegneten die Lohgerber mit dem Hinweis, dass der Richter des vorläufigen Verfahrens nicht notwendiger Weise mit dem Richter des endgültigen Verfahrens übereinstimmen müsse („*non semper Judex possessorii sit Judex petitory*").[428] Eine Anrufung des Reichskammergerichts sei insofern zulässig.

---

425 Zur Person Stiebers siehe Groh, Das Personal des Reichskammergerichts in Speyer, I. Teil, S. 184.

426 Die erste – in unartikulierter Form geschriebene – Replik reichte Dr. Stieber am 20. Juni 1645 beim Reichskammergericht ein; sie ist unter der Quadrangel 24 verzeichnet. Die zweite Schrift mit der Quadrangel 25 ging am 10. September 1645 beim Reichskammergericht ein. In dieser ging Dr. Stieber, den Grundsätzen des Kameralprozesses gemäß, artikuliert auf die Exzeptionsartikel der Weißgerber ein. Dabei wiederholten die Lohgerber zahlreiche Argumente aus ihrer ersten Replik. Die Argumente aus beiden Schriftsätzen werden in dieser Untersuchung zusammenhängend nach Argumenten dargestellt.

427 HAStK, RKG, C 108, fol. 47r.

428 HAStK, RKG, C 108, fol. 51r.

(b) Keine Einschlägigkeit des Appellationsprivilegs von 1576

Zu dem prozessualen Einwand der Weißgerber, dass die Anrufung des Reichskammergerichts auch aufgrund des Appellationsprivilegs von 1576 nicht statthaft sei, nahmen die Lohgerber in beiden Repliken Stellung. Die Rechtsansicht der Weißgerber wiesen die Lohgerber mit der Behauptung zurück, dass ihre Anrufung des Reichkammergerichts gar keine Appellation in rechtlicher Hinsicht darstelle.[429] Dazu trugen sie unterschiedliche Argumente vor.

(aa) Rechtsverweigerung durch den Kölner Rat

Die Nichteinschlägigkeit des Appellationsprivilegs begründeten die Lohgerber zum einen damit, dass der Kölner Rat dem vom Reichskammergericht im ersten Appellationsprozess ergangenen Remissionsurteil vom 3. Februar 1643 nicht Folge geleistet habe, sondern allein aufgrund der Beschwerde der Weißgerber aus polizeilichen Gründen und eigener Machtvollkommenheit heraus einen erneuten Beschluss zu Gunsten der Weißgerber gefällt habe. So habe der Rat denn auch die Revision der Lohgerber – damit war vermutlich eine Überprüfung ohne Devolutiveffekt beim Rat gemeint[430]– mit dem Hinweis verworfen, dass der Rat in dieser Sache *„nit ex rationibus iuris, sondern ex rationibus politicis et plenitudine potestatis verfahren“* habe.[431] Da die vorgetragenen Beschwerden der Weißgerber jedoch nichtig gewesen seien, teile der auf diesen Beschwerden beruhende Kölner Ratsbeschluss das gleiche rechtliche Schicksal.

Zur Bekräftigung ihrer Rechtsausführungen führten die Lohgerber einen Rechtsschluss „a maiore ad minus“ dahingehend an, dass in Fällen von Nichtigkeit sogar in Strafsachen eine Appellation gestattet sei.[432]

---

429 Streng genommen könnte man hier argumentieren, dass das vorliegende Verfahren in rechtlicher Hinsicht ja ohnehin keine Appellation darstellte, da es sich um einen Mandatsprozess handelte. Das Mandatsverfahren war jedoch lediglich ein Instrument des vorläufigen Rechtsschutzes, an das sich das Hauptsacheverfahren anschloss. Da sich die Lohgerber in diesem Streit gegen ein Urteil des Kölner Rates wehrten, hätte in der Hauptsache an sich das Rechtsmittel der Appellation vorgelegen.

430 Die Revision als Rechtsmittel des gemeinen Zivilprozesses, hatte Suspensiveffekt, nicht aber auch devolutiven Charakter. Die Verfahrensakte wurde zumeist an eine andere Juristenfakultät versandt, siehe dazu Oestmann, Germanisch-deutsche Rechtsaltertümer im Barockzeitalter, S. 43. Ob in diesem Fall eine Aktenversendung stattgefunden hatte, geht aus dem Schriftsatz nicht hervor.

431 HAStK, RKG, C 108, fol. 56r.

432 In Strafsachen war eine Appellation am Reichskammergericht nach § 95 des Augsburger Reichsabschieds von 1530 verboten. Als Ersatz hierfür sah die RKGO je-

Wäre die Angelegenheit nämlich ihrer Rechtsnatur gemäß, den Rechtsgelehrten und den Ratsdeputierten zur Einsicht vorgelegt worden, so wären die Weißgerber durch eine in der Sache entsprechende Entscheidung formal beschwert gewesen und hätten ein ordentliches Rechtsmittel einlegen können. Die Lohgerber seien im Rahmen der Ratsentscheidung jedoch nicht einmal gehört worden. Es habe daher kein faires Verfahren vorgelegen, in dem beide Seiten vor dem Rat ausreichend Gelegenheit zur Stellungnahme gehabt hätten. Zwar seien die von beiden Ämtern verfassten Schriftsätze von den dazu vom Kölner Rat beauftragten Juristen[433] ausgiebig ausgewertet worden. Auch hätten jene ein rechtliches Urteil ausgearbeitet. Dieses bereits im Rat verlesene Urteil sei jedoch ohne vorherige Anhörung der Lohgerber vom Rat aus überwiegend politischen Gründen verworfen worden. Der Rat habe also gerade nicht aus guter Kenntnis der Sachlage heraus entschieden. Er hätte sich zwar guten juristischen Beistandes bedienen können, dies habe er jedoch nicht getan. Die Lohgerber traten also ausdrücklich der Behauptung der Weißgerber entgegen, der Rat habe sich bei seinem Urteil „guter Wissenschaft" bedient.

Vielmehr artikulierten die Lohgerber den genau gegenteiligen Vorwurf, dass der Kölner Rat den Lohgerbern das Recht verweigert habe. Möglicherweise hatten die Lohgerber aus diesem Grund auch das zu ihren Gunsten ergangene Kassationsmandat s.c. erhalten. Das Mandat bezog der Prokurator der Lohgerber jedoch nicht in seine Argumentation ein. Die Gründe, die zu seinem Erlass geführt hatten, waren dem Reichskammergericht – und nur diesem – ja ohnehin bekannt. Glaubt man den Ausführungen der Lohgerber, so hat sich also der Rat bei Ablehnung der von den Lohgerbern eingelegten Revision auf die formale Rechtsposition zurückgezogen, dass in Polizeisachen keine Rechtsmittel statthaft seien und sich der Sache nach nicht mit dem Vorbringen der Lohgerber befasst. Wie zuvor im einleitenden Teil ausgeführt, bestand für die Kläger in solchen Fällen auch die Möglichkeit, mittels einer Extrajudizialappellation vor das Reichskammergericht zu ziehen. Ein Mandatsverfahren dürfte jedoch für die Kläger der rechtlich effektivere Weg gewesen sein.

Der Prokurator Dr. Stieber sprach nicht ausdrücklich von einer Verletzung wohlerworbener Rechte seiner Mandanten durch den Kölner Rat, meinte aber wohl das gleiche, wenn er von einer eigenen „Beschwer" der Lohgerber sprach. Aus Dr. Stiebers Sicht waren nähere Ausführungen zu dieser prozessualen Frage aber wohl auch deshalb nicht geboten, weil er ohnehin von der Nichtigkeit des

---

doch die principaliter zu erhebende Nichtigkeitsklage vor; siehe dazu RKGO 1555, Teil 2, Art. XXVIII, § 5, S. 1, abgedruckt bei Laufs, Die RKGO von 1555, S. 206 f.

433 Hiermit war vermutlich das Kölner Syndikat gemeint.

Ratsbeschlusses ausging. Ein solcher konnte nach gemeinrechtlicher Doktrin nämlich in keiner Hinsicht Rechtsfolgen auslösen.

In diesen Äußerungen spiegelt sich bereits das im 18. Jahrhundert virulent werdende Problem der Abgrenzung von Justiz- und Polizeisachen wieder. In tatsächlicher Hinsicht besteht in diesem Punkt keinerlei Unterschied zu den später auftretenden Konflikten. Zur Zeit dieses Prozesses, Mitte des 17. Jahrhunderts, hatte jedoch noch keine institutionelle Trennung von Justiz- und Verwaltungsaufgaben stattgefunden, so dass das Problem hier rechtlich in das althergebrachte Institut der Rechtsverweigerung eingekleidet wurde. Bei vorliegender Rechtsverweigerung durch die rechtsprechende Obrigkeit stand unzweifelhaft der Rechtsweg zu den Reichsgerichten offen.

(bb) Entgegenstehende res iudicata

Das Appellationsprivileg von 1576 war aus Sicht der Lohgerber zum anderen auch deswegen nicht einschlägig, weil der Kölner Rat durch sein letztes Urteil gegen ein früheres bereits in Rechtskraft erwachsenes Urteil, eine sog. res iudicata, verstoßen habe. Wörtlich führten die Lohgerber dazu aus:

„sind derhalben wir unumbgenglich zu hand habung wohlerbrachter ordnung und rechtens genotiget worden: uber oben erwähnten bescheidt revision zu Pitten, und wegen desen abschlagung superiorem pro Executione et manutentia rei iudicata an Zulangen; und haben Anw. Pral.[434] *sich hierin keiner appellation gebraucht,... .*“[435]

Wenn die Lohgerber hier von einer „res iudicata“ sprachen, zeigt das, dass sie die Frage des Wollpflückens bereits seit dem Jahr 1513 als durch den Rat rechtskräftig entschieden ansahen. Das Vorliegen einer „res iudicata“ hatte die rechtliche Folge, dass eine Abänderung des Urteils ausgeschlossen war. Dies konnte einerseits infoge des Ablaufs von Fristen, andererseits durch Erschöpfung des Rechtsweges der Fall sein.[436] Der letzte Entscheid des Kölner Rates, der den Weißgerbern nun doch das alleinige Recht zum Wollpflücken zugesprochen hatte, verstieß nach Auffassung der Anwälte der Lohgerber daher gegen die „wohlhergebrachte Ordnung“ und konnte folglich keine rechtliche Gültigkeit beanspruchen. Ein Urteil konnte nämlich aufgrund seines Inhalts ungültig sein, wenn es zu einem früheren rechtskräftigen Urteil in Widerspruch stand.[437] Bei Nichtigkeit eines Urteils war eine Appellation nach dem römisch-kanonischen Zivilprozeß

434 Abkürzungen für Anwalts Principalen.
435 HAStK, RKG, C 108, fol. 49r.
436 Bethmann-Hollweg, Der römische Civilprozeß, S. 701.
437 Bethmann-Hollweg, Der römische Civilprozeß, S. 723.

aber überflüssig, weil in solchen Fällen nur „der Schein eines Urteils“ vorlag.[438] Es galt der Rechtssatz: „Superflua est, quando ipso iure sententia nulla est.“ In solchen Fällen konnte ohne Wahl eines eigentümlichen Rechtsmittels die Ungültigkeit des Urteils unter Antretung des Beweises behauptet werden.[439] Das Lohgerberamt wollte nach eigenem Bekunden daher lediglich erreichen, dass die bereits zuvor vom Rat getroffene rechtskräftige Entscheidung in Kraft blieb.

(cc) Sozialer Friede durch Beibehaltung des status quo

Schließlich entgegneten die Lohgerber noch auf den Vorwurf der Weißgerber, sie gefährdeten mit ihrer Anrufung des Reichskammergerichts das friedliche Miteinander in der Stadt Köln, ein Verhalten, das durch die Gewährung des Appellationsprivilegs ja gerade verhindert werden sollte. Dabei pflichteten die Lohgerber der Aussage der Weißgerber, der soziale Friede in der Stadt lasse sich am besten dadurch erhalten, dass jedem Amt seine ihm angestammten Rechte belassen blieben, ausdrücklich bei. Dieses Argument könnten die Weißgerber allerdings nicht für sich ins Feld führen, da das Wollpflücken eben nicht zu ihrer Amtsgerechtigkeit gehöre, sondern „gemeine Nahrung“ sei. Vielmehr führe ein unberechtigtes Einfordern des Wollpflückens auf Seiten der Weißgerber gerade zu Zwietracht in der Stadt. Auch stimme es nicht, dass es in dieser Angelegenheit seit über einhundert Jahren Streit zwischen beiden Ämtern gebe. Die Lohgerber hätten hierzu jedenfalls keinerlei Anlass gegeben. Vielmehr habe der Kölner Rat bereits im Jahre 1513 unter Zugrundelegung des Amtsbriefes der Weißgerber ausdrücklich entschieden, dass das Wollpflücken eine „gemeine Nahrung“ bleiben solle; diese Entscheidung habe der Rat 1624 nochmals bestätigt. Die Weißgerber hätten sich mit diesen Urteilen jedoch nie zufrieden gegeben und wollten *„uralte Ambtsbrief, uralte registraturen erhaltene Urteilen...umbstoßen.“*[440] Sie selbst seien es also gerade, die Zwietracht unter der Bevölkerung sähten.

(2) Materielles Vorbringen

Im Rahmen der sachlichen Konfliktpunkte gingen die Lohgerber genau auf die vorherigen Einreden der Weißgerber, nach denen nur ihnen das Recht zum Wollpflücken zustehe, ein, und versuchten, diese Punkt für Punkt zu widerlegen.

So habe bereits im Jahr 1624 der Kölner Rat durch Urteil festgestellt, dass den Lohgerbern bei denjenigen Schaffellen, die sie selbst gerbten, auch das Recht

---

438 Bethmann-Hollweg, Der römische Civilprozeß, S. 720 f.

439 Bethmann-Hollweg, Der römische Civilprozeß, S. 723.

440 HAStK, RKG, C 108, fol. 55r.

des Wollpflückens zustehe. Dieses Urteil hätten die Weißgerber jedoch nicht akzeptiert, sondern beim Reichskammergericht appelliert. Auch nach dem Scheitern dieser Appellation und Zurückverweisung der Streitsache an den Kölner Rat hätten die Weißgerber nicht eingelenkt, obwohl sie doch selbst niemals bestritten hätten, dass ihr eigener Amtsbrief von 1469 das Wollpflücken ausdrücklich als „gemeine Nahrung" bezeichne.

(a) Auslegung des Amtsbriefes der Weißgerber

Im Folgenden setzten sich die Lohgerber mit der Rechtsansicht der Weißgerber auseinander, nach der das Wollpflücken nur innerhalb ihrer eigenen Zunft eine „gemeine Nahrung" sei. Eine solche Auslegung des Amtsbriefes widerspreche jedoch nicht nur dem „*buchstäblichen natürlichen Verstand*", sondern stehe auch im Widerspruch zu den Entscheidungen des Kölner Rates aus den Jahren 1513 und 1514.[441] Die Auslegung des Begriffes der „gemeinen Nahrung" durch die Weißgerber sei daher falsch. Vielmehr beziehe sich dieser Begriff auf alle Einwohner.

Der Einwand der Lohgerber, dass die von den Weißgerbern vorgebrachte Auslegung ihres Amtsbriefes gegen dessen buchstäblichen natürlichen Verstand verstoße, war nach der damaligen Rechtslehre ein Argument von bedeutendem Gewicht. In der mittelalterlichen und neuzeitlichen Literatur (13.- 18. Jahrhundert) bestand die „communis opinio", dass sich bei Klarheit des Wortlautes eines Gesetzes, Vertrages oder sonstigen verbindlichen Rechtstextes, jede weitere Auslegung des Textes verbiete, „interpretatio cessat in claris".[442] Die rechtliche Grundlage dieser Regel fand sich bereits an zahlreichen Stellen in den Digesten: „*Wenn in den Worten keine Zweideutigkeit liegt, so darf die Frage nach der Absicht nicht zugelassen werden.*"[443] Die „Interpretatio cessat in claris"-Regel fand auch Berücksichtigung in der reichskammergerichtlichen Rechtsprechung. Größte Bedeutung erlangte die Rechtsregel in der gerichtlichen Praxis im Rahmen der erbrechtlichen Testamentsauslegung.[444] So begründete das Reichskammergericht in einem erbrechtlichen Streitfall sein striktes Festhalten am Testamentswortlaut mit folgenden Worten: „*Signanter, quod verba tam testamenti, quam contractus, erant omnino clara & perspicua, adeoque nulla interpretatione indigentia. Ubi*

---

441 HAStK, RKG, C 108, fol. 47v.

442 Schott, „Interpretatio cessat in claris"- Auslegungsfähigkeit und Auslegungsbedürftigkeit in der juristischen Hermeneutik, S. 155 f.

443 Dig. 32, 1, 25, übersetzt bei Otto/Schilling/Sintenis, Das Corpus Juris Civilis, Bd. 3, S. 357.

444 Schott, „Interpretatio cessat in claris"- Auslegungsfähigkeit und Auslegungsbedürftigkeit in der juristischen Hermeneutik, S. 158.

enim verba sunt clara & perspicua, calumniosa est qualibet alia interpretatio."[445]

Das in diesem Rahmen vom Weißgerberamt vorgebrachte Argument, der Kölner Rat habe unter Zuziehung des Rates der Vierundvierziger das Recht, einmal erteilte Amtsbriefe zu ändern (sog. ius emendandi), konterten die Lohgerber geschickt mit dem Hinweis, dass dieser Punkt insofern offen bleiben könne, als sich die Lohgerber hiergegen gar nicht wehrten. Der Rat dürfe jedoch „*uralte Ambtsordnungen*", die seit etlichen Jahren verbreitet und durch rechtskräftiges Urteil („*rem iudicatam*") bestätigt worden seien, ohne ein förmliches Verfahren und unter Zurückstellung von eingebrachten rechtlichen Gesichtspunkten allein auf bloße Beschwerde einer Partei hin, nicht unvermittelt („*ex abrupto*") aufheben.[446] Dr. Stieber stellte also nicht generell die Rechtsetzungskompetenz des Kölner Rates in Frage, sondern verwies auf prozessrechtliche Mängel der Ratsentscheidung.

Auch in dieser Argumentation wird der hohe Stellenwert deutlich, den der Prokurator der Lohgerber dem Institut der eingetretenen Rechtskraft beimaß. Selbst das obrigkeitliche ius emendandi vermochte sich nach dieser Rechtsansicht nicht über die Rechtskraft früherer Urteile hinwegzusetzen.

(b) Praktische Untauglichkeit eines exklusiven Wollpflückrechtes

Neben rein rechtlichen Argumenten waren die Lohgerber auch bemüht, den Reichsrichtern die Untauglichkeit eines exklusiven Wollpflückrechts der Weißgerber für Praxis vor Augen zu führen.

So sei es praktisch nicht möglich, einen gerechten Preis zwischen den Lohgerbern und Weißgerbern für die Arbeit des Wollpflückens zu vereinbaren. Dies liege daran, dass die Wolle vor dem Pflücken nicht gewogen werden könne, um dessen Wert zu bestimmen. Nach dem Wollpflücken bestehe jedoch keine Kontrollmöglichkeit der Lohgerber mehr darüber, welches Gewicht die abgepflückte Wolle tatsächlich gehabt habe. Die Lohgerber könnten die Weißgerber bei ihrer Arbeit schließlich nicht permanent kontrollieren, indem sie daneben stünden. Diese Praxis führe daher zu nichts anderem als „*lauter confusion misstrauen und*

---

445 Cramer, Observationes Juris Universi III, Observatio DCCCCXXXIX, S. 445, 448. Übersetzung: „..., *daß die Worte sowohl eines Testaments, als auch eines Vertrages, vollständig klar und deutlich sind, so daß kein Bedürfnis nach einer Interpretation besteht. Wo nämlich die Worte klar und deutlich sind, ist jede andere Interpretation überall Rechtsverdrehung.*" Der Fall ist ausführlich vorgestellt bei Schott, „Interpretatio cessat in claris"- Auslegungsfähigkeit und Auslegungsbedürftigkeit in der juristischen Hermeneutik, S. 160 f.

446 HAStK, RKG, C 108, fol. 48r.

immer wehrender Streitigkeit."[447] Dieses Problem bestehe nur dann nicht, wenn die Weißgerber das alleinige Einkaufs- und Verkaufsrecht besäßen. Ein solches alleiniges Recht widerspreche jedoch den „*gemeinen rechten bürgerlichen privilegiis*" und sei durch die „*Spezialordnung...außtrücklich verbotten.*"[448]

Die Lohgerber betonten zudem, dass es sich beim Wollpflücken gar nicht um ein eigenständiges Amt oder ein eigenes Handwerk handele, das durch Privilegien rechtlich vor der Ausübung durch Dritte geschützt werden könne. Die Weißgerber könnten folglich über diese Tätigkeit keine Amtsgerechtigkeit besitzen.

In der Tat stellte das Wollpflücken lediglich eine Vorarbeit bei der Gerbung von Schafsfellen dar. So gesehen war es natürlich kein eigenständiges Handwerk. Hätte den Weißgerbern jedoch das alleinige Recht zur Verarbeitung von Schafsfellen zugestanden, dann wäre darunter sicherlich auch das Wollpflücken als ein wichtiger Arbeitsschritt im Verarbeitungsprozess einzubeziehen gewesen.

(c) Verteidigung eigener Rechte als legitimes Anliegen

Die von den Weißgerbern aufgestellte Behauptung, das Wollpflücken durch die Lohgerber führe erstere in den wirtschaftlichen Ruin, wies Dr. Stieber zurück. Hierfür sei die Menge der von den Lohgerbern verarbeiteten Schaffelle viel zu gering. Es sei den Lohgerbern zudem nicht zu verübeln, dass sie das ihnen seit langer Zeit zugesicherte Tätigkeitsfeld zu verteidigen suchten. Das Argument der Weißgerber, das Wollpflücken könne schon aufgrund der Geruchsbelästigungen, die diese Arbeit hervorrufe, keine „gemeine Nahrung" sein, ließ Dr. Stieber ebenfalls nicht gelten, da das Wollpflücken bereits seit über einhundert Jahren eine „gemeine Nahrung" sei. So sei dem Schriftsatzverfasser[449] selbst noch nie zu Ohren gekommen, dass das Wollpflücken in der Stadt zu üblen Gerüchen und einer Belästigung der Nachbarschaft geführt habe, was daran liege, dass die zum Wollpflücken zugehörigen Vorarbeiten auch zu den Tätigkeiten der Lohgerber bei ihrer sonstiger Arbeit gehöre. Im Übrigen übten die sonstigen Bürger der Stadt aufgrund der Komplexität dieser Arbeiten das Wollpflücken kaum aus, bzw. wenn sie dies einmal täten, dann an solchen Orten, an denen sie niemanden störten.

---

447 HAStK, RKG, C 108, fol. 49r.

448 HAStK, RKG, C 108, fol. 48v. Auf welche Spezialordnung die Weißgerber hier Bezug nahmen, kann nicht ermittelt werden und ist im Rahmen dieser Arbeit auch nicht von Interesse.

449 Der Schriftsatzverfasser war also wohl selbst Bürger Kölns oder zumindest mit den dortigen Verhältnissen gut vertraut.

Dr. Stieber warf den Weißgerbern im Zusammenhang mit derlei angeführten Argumenten dann auch vor, zur Erlangung des Ratsbeschlusses *„longe petita und schlechte rationes politices aus allen winkeln zusammenbracht"* zu haben.[450]

Die Lohgerber beantragen daher, das ihnen erteilte reichskammergerichtliche Mandat in Kraft zu lassen und die Weißgerber wegen dessen Nichtbefolgung (*„contumaciam non parentium"*)[451] zu bestrafen.

d) Die Entscheidung des Reichskammergerichts

Das Reichskammergericht bestätigte mit seinem Urteil vom 12. März 1646 das zuvor zugunsten der Lohgerber erlassene Kassationsmandat s.c. und gab den Weißgerbern unter Strafandrohung auf, innerhalb von drei Monaten dem Gericht anzuzeigen, dass sie das Mandat befolgt hätten.[452] Des Weiteren wurden die Weißgerber verurteilt, den Lohgerbern die Gerichtskosten zu bezahlen:

„In Sachen Amptsmeister und samptlicher Amptsgenossen der Lohrer zue Collen, Clegern contra Bürgermeister und Rhat der Statt Cöllen, So dan Ambtsmeister und Ambtsgenoßen der Weißgerber daselbst beclagte mdti. Extir. Cassatoriij et Inhibitorÿ S.C. Ist ... L. Walraffen Einwandes ungehindert glaubliche Anzeig zuthun, daß dem Außgangen Verkündt und reproducirte Kaiß. Mandat, alleß seines Inhalts gehorsamblich gelebt seÿe, Zeit dreÿen Monath pro termino et prorogatione von Ampts wegen angesetzt, mit dem Anhang wo sie solchem Also nit Nachkommen werden, daß gln. [gedachte] beclagte jezt alß dan, und dan alß ietzt in die Poen berürten Mandat einverleipt hiemit erklert fernere Proceß auch erkandt, daß Sie Ihrem gegentheil die Gerichts Kosten derentwegen uffgeloffen nach rechtlicher ermessgung zu entrichten und zuebezahlen schuldig sein sollen."[453]

Den Lohgerbern musste also das Recht des Wollpflückens zugestanden werden. Die Lohgerber hatten das Mandatsverfahren damit eindeutig zu ihren Gunsten entschieden.

Der Prozess war damit zwar noch nicht beendet, da es sich beim Mandatsverfahren ja lediglich um ein vorläufiges Verfahren handelte. So zog sich der anschließend geführte Citationsprozess noch weitere sechs Jahre hin. Aus dem Spezialprotokoll[454] ist jedoch zu ersehen, dass in dieser Zeit kaum noch prozessuale

---

450 HAStK, RKG, C 108, fol. 55v.
451 HAStK, RKG, C 108, fol. 57r.
452 HAStK, RKG, C 108, fol. 2r.
453 HAStK, RKG, C 108, fol. 4r.
454 HAStK, RKG, C 108, fol. 1r.-6r.

Handlungen vorgenommen wurden.[455] So verband das Weißgerberamt ihre eingebrachte Paritionsanzeige[456] mit einer Implorationsschrift, in der sie noch einmal einige ihrer Argumente wiederholte und das Gericht bat, das erlassene Mandat aufzuheben.[457] Dies geschah jedoch nicht. In den darauffolgenden Jahren stritten sich die Parteien vornehmlich nur noch um die Kosten des Verfahrens. Die Lohgerber beantragten, die angedrohte Strafe gegen die Weißgerber zu verhängen, da diese ihnen die Gerichtskosten bisher nicht ersetzt hätten. Der Prokurator der Weißgerber, Walraff, repetierte im Jahr 1650 noch zweimal die Paritionsanzeige und Imploration aus dem Jahr 1646. Im Jahre 1651 fällte das Reichskammergericht sein endgültiges Urteil, das jedoch nicht mehr erhalten geblieben ist.[458] Es ist jedoch ebenfalls zugunsten der Lohgerber ausgefallen, da diesen in der Folgezeit das Wollpflücken gestattet blieb.[459] 1678 flammte der Streit zwischen der Weißgerbern und den Sämischgerbern noch einmal auf, als erstere gepflückte Felle der Sämischgerber in deren Werkstätten gewaltsam beschlagnahmten. Der in dieser Frage offenbar wankelmütige Kölner Rat entschied im Jahre 1679 noch zu Gunsten der Sämischgerber, verbot allerdings bereits im nächsten Jahr allen Bürgern außer den Weiß- und Lohgerbern das Wollpflücken.[460] Die kleine Zunft der Sämischgerber besaß vermutlich viel zu wenig Einfluss beim Kölner Rat, um das Urteil des Reichskammergerichts, das ja unmittelbar nur den Anspruch der Lohgerber zum Wollpflücken feststellte, auch für sich zu reklamieren. Da die Sämischgerber im ersten Verfahren aber nicht als Intervenienten beteiligt waren, galt die Rechtskraft des Urteils (sog. „res iudicata") für sie ohnehin nicht. Erst 1778 wurde das Wollpflücken in Köln endgültig zu einer für jedermann ausübbaren „gemeinen Nahrung".[461]

---

455 In den Jahren 1647 und 1649 ruhte der Prozess ganz. Im Spezialprotokoll ist dies mit dem Vermerk „nihil" gekennzeichnet, vgl. HAStK, C 108, fol. 4v. u. 5v.

456 Mittels der Paritionsanzeige zeigte der Verurteilte dem Gericht an, sich an das erlassene Mandat oder Urteil halten zu wollen.

457 Diese *„underthenigste parition und Implorationsschrift"* ging am 27. August 1646 beim Reichskammergericht ein, vgl. HAStK, RKG, C 108, fol. 4r.

458 Vgl. dazu HAStK, Akten der Kölner Zunftabteilung 322 und 323, zit. nach Pock, Die Kölner Gerberei bis zum Ende der reichsstädtischen Zeit, S. 39. Auch aus dem Expeditumvermerk des Spezialprotokolls vom 28. Februar 1651 ist zu ersehen, dass das Reichskammergericht ein Urteil fällte, vgl. HAStK, RKG, C 108, fol. 4v.

459 Vgl. dazu HAStK, Akten der Kölner Zunftabteilung, 322 u. 323, zit. nach Pock, Die Kölner Gerberei bis zum Ende der reichsstädtischen Zeit, S. 39.

460 Vgl. dazu HAStK, Akten der Kölner Zunftabteilung, 322, 323 u. 324, zit. nach Pock, Die Kölner Gerberei bis zum Ende der reichsstädtischen Zeit, S. 39.

461 Pock, Die Kölner Gerberei bis zum Ende der reichsstädtischen Zeit, S. 39.

e) Ergebnis

Der Konflikt zwischen dem Weißgerber- und dem Lohgerberamt um das Recht des Wollpflückens stellt eine typische Konkurrentenklage unter den handwerklichen Zünften dar. Stets ging es um eine scharfe Abgrenzung ihrer Tätigkeitsbereiche. Wie im vorherigen Konflikt der Kupferschläger mit den Gürtelmachern erscheint der Konfliktgegenstand auf den ersten Blick recht unbedeutend zu sein; die Anrufung der höchsten Reichsgerichtsbarkeit mag daher zunächst erstaunen. Bei genauerer Betrachtung zeigt sich hingegen, dass zumindest für jeweils eine der beiden Konfliktparteien die in Streit stehende Tätigkeit von hohem Gewicht war. Hat man die Aufteilung der Kölner Gerberei in Loh-, Weiß- und Sämischgerber vor Augen, wird verständlich, warum die Weißgerber so vehement für ein exklusives Recht zum Wollpflücken kämpften. Da die Weißgerber ausschließlich Schaffelle gerbten, musste sich die Qualifizierung eines wichtigen Arbeitsschrittes ihres Handwerks als gemeine Nahrung für sie als eine echte Bedrohung ihrer Amtsgerechtigkeit erweisen. Eine Aufweichung ihrer Amtsgerechtigkeiten war für die Zünfte jedoch gleichbedeutend mit einer Erosion ihrer wirtschaftlichen Basis. Die rechtlich schlechte Position der Lederzurichter bis zu ihrer Vereinigung mit der Lohgerberzunft im Jahre 1775 dürften die Weißgerber deutlich vor Augen gehabt haben.

Vor diesem Hintergrund ist auch das drastische Vorgehen der Kupferschläger gegen den Gürtelmacher Alexius Rach im zuvor geschilderten Fall zu sehen, dessen vermeintliches Vergehen ja lediglich in der Herstellung zweier kupferner Ölgefäße lag. Für die Kupferschläger stand hierbei jedoch die Tatsache im Vordergrund, dass sich ein Gürtelmacher das erste Mal „erdreistet" hatte, das Metall Kupfer zu verarbeiten. Dies musste aus Sicht der Kupferschläger unbedingt verhindert werden, denn wäre die Verarbeitung von Kupfer durch die Gürtelmacher von ihnen widerspruchslos akzeptiert worden, hätte eine Ausweitung der Kupferverarbeitung durch die Gürtelmacher gedroht, die sogar zu gewohnheitsrechtlicher Geltung hätte erstarken können. Aus diesem Blickwinkel wird man die zum Teil harsche Kritik im Schrifttum an der Streitsüchtigkeit der Zünfte relativieren müssen.

Von besonderem Interesse ist in diesem Konflikt auch die Argumentation der Schriftsatzverfasser und Prokuratoren. Besonders die Ausführungen des Prokurators der Lohgerber lassen eine intensive rechtliche Auseinandersetzung mit den prozessrechtlichen Problemstellungen der Streitigkeit erkennen. Das Appellationsprivileg in Zunftsachen von 1576 zugunsten der Stadt Köln gewährte nach seiner Überzeugung der Kölner Obrigkeit keineswegs einen Freibrief zur Missachtung feststehender prozessrechtlicher Grundsätze wie die Gewährung rechtlichen Gehörs sowie die Beachtung rechtskräftiger Entscheidungen. Freilich hatten die Lohgerber im ersten Appellationsprozess, der mit einem Remissionsurteil des Reichskammergerichts vom 3. Februar 1643 beendet worden war, als Appellaten noch im Sinne einer Anwendbarkeit des Appellationsprivilegs argumentiert. Eine erfolgreiche Verteidigung erforderte also stets ein hohes Maß an prozesstaktischem Verhalten. Die in diesem Prozess aufgezeigten Argumentationsmuster werden auch in den folgenden Prozessen noch zu beobachten sein.

Der Konflikt gibt wie bereits der zuvor dargestellte auch ein Bild über die Rechtsprechung des Kölner Rates ab. Maßgebliche Bedeutung bei der Urteilsfindung hatten die Amtsbriefe der Zünfte. Ließen sich in den Amtsbriefen Aussagen zu den Streitgegenständen zu finden, machte der Kölner Rat diese zur Grundlage seiner Entscheidung, wie sich in diesem Prozess vor allem an der Entscheidung aus dem Jahr 1513 zeigte, die der Rat bis zu seinem plötzlichen Sinneswandel im Jahre 1644 stets bestätigt hatte.

Im Gegensatz zum vorherigen Prozess zeigt die Rechtsprechung des Kölner Rates hier allerdings kein klares Bild. Zum einen ist nicht ersichtlich, warum der Rat plötzlich im Jahr 1644 in Abkehr vom Wortlaut des Amtsbriefes der Weißgerber und aller seiner vorherigen Entscheidungen in dieser Angelegenheit den Lohgerbern das Wollpflücken verbot. Selbst nachdem die Lohgerber im Jahre 1651 auch im Hauptsacheverfahren am Reichskammergericht den Sieg davongetragen hatten, wurde das Wollpflücken keine gemeine Nahrung. Jedoch, und dies ist hervorzuheben, blieb seit diesem Zeitpunkt den Lohgerbern das Wollpflücken ausdrücklich gestattet. Das reichskammergerichtliche Urteil wurde vom Kölner Rat also letztlich doch akzeptiert.

3. Das Lohgerberamt pocht auf seine Zunftprivilegien

Das dritte und letzte Beispiel aus der Kategorie der Konkurrentenklagen zwischen verschiedenen Zünften bildet der Konflikt zwischen dem Lohgerberamt und dem Lederzurichter Jost Rath. Wie bereits in den Vorbemerkungen zum Kölner Textilhandwerk erwähnt, waren die Spannungen zwischen dem Lohgerberamt und den Lederconraidern bzw. Lederzurichtern seit jeher besonders groß.[462] Auch an diesem Konflikt zeigt sich, dass eine scharfe Einordnung der Zunftkonflikte in drei Kategorien, wie sie hier vorgenommen wird, nicht unproblematisch ist, da es sich bei den Lederzurichtern bis zum Jahre 1775, dem Jahr ihrer Vereinigung mit dem Lohgerberamt, nicht um eine eigentliche Zunft handelte. Ein dazu erforderlicher eigener Amtsbrief war ihnen vom Kölner Rat stets aufgrund des Protestes der übrigen lederverarbeitenden Gewerbe versagt worden. Dennoch

---

462 Vgl. dazu Fn. 355.

können die Lederzurichter nicht auf eine Stufe mit Unzünftigen, die ihr Gewerbe unter Verstoß gegen Zunftprivilegien ausübten, gestellt werden. Die Lederzurichter scheinen sich untereinander ähnlich einer Zunft organisiert zu haben – vgl. dazu die Satzungsaufstellung im Jahre 1516 –[463] und genossen bei ihrer Gewerbeausübung zumindest die Duldung des Kölner Rates. Die Lohgerber bezeichneten die Lederconraider in ihrem Klagelibell gar als eine Zunft („*Zunfften*"), die eine eigene „*Amtsgerechtigkeit*" besitze.[464] Die Einordnung dieses Prozesses unter die Rubrik der Konkurrentenklagen ist insofern gerechtfertigt.

a) Das Klagelibell des Lohgerberamtes

Der Prozess wies hinsichtlich seines Streitgegenstandes keine Besonderheiten auf. Das Klagelibell der Lohgerber wich jedoch von den übrigen hier untersuchten Prozessen insofern ab, als es kaum rechtliche Argumentation enthielt, sondern sich weitestgehend auf eine Schilderung des Sachverhaltes beschränkte. Zahlreiche polemische Anschuldigungen an die Seite des Appellaten Jost Rath fehlten natürlich nicht. Das Klagelibell verwies auf eine Fülle bereits ergangener Kommissions- und Ratsbeschlüsse, die das Verständnis des Sachverhaltes ohne genaues Studium der vorinstanzlichen Ratsakten und Ratsbeschlüsse erschweren. Auf ein Studium der vorinstanzlichen Akten soll im Rahmen dieser Arbeit dennoch verzichtet werden, da allein die Prozessführung am Reichskammergericht im Mittelpunkt der Untersuchung steht. Eine Auswertung auch der vorinstanzlichen Akten des Kölner Rates, die teilweise als acta priora in den Reichskammergerichtsakten enthalten sind, ist im Rahmen der Aufgabenstellung dieser Arbeit deswegen nicht möglich, aber auch nicht erforderlich. Die hier untersuchte Streitigkeit ist besonders deshalb von Interesse, da sie Ausführungen zum Appellationsprivileg der Stadt Köln in Zunftsachen aus dem Jahre 1576 enthält. Unter allen reichskammergerichtlichen Zunftakten aus dem Kölner Bestand ist dies die einzige Akte, aus der sich eine Aussage des Reichskammergerichts zu diesem Appellationsprivileg entnehmen lässt. Der Prozess zwischen dem Lohgerberamt und Jost Rath dauerte sechs Jahre und wurde zwischen 1650 und 1656 in Speyer[465] ausgetragen.[466] Am 20. März 1650 reichte der Prokurator des Kölner Loh-

463 Pock, Die Kölner Gerberei bis zum Ende der reichsstädtischen Zeit, S. 51.

464 HAStK, RKG, C 109, fol. 19r.

465 Speyer war von 1527 bis zur Zerstörung der Stadt im Jahre 1688/89 Sitz des Reichskammergerichts, siehe dazu Joecker, Reichsstädte als Sitz des Reichskammergerichts, http://www.zeitenblicke.de/2004/03/joecker/index.html#headline_4.

466 Siehe dazu die Eintragungen im Spezialprotokoll der Akte HAStK, RKG, C 109, fol. 1r.-4v.

gerberamtes, Dr. Conrad Blaufelder,[467] das artikulierte Klagelibell bei Gericht ein. Aus diesem Klagelibell sowie der vom Prokurator Lic. Bernhard Henning[468] eingereichten Exzeptionsschrift wird der dem Streit zugrunde liegende Sachverhalt ersichtlich.

aa) Erläuterung des Kölner Zunftzwangs

Dem Prozess lag ein typischer Sachverhalt zugrunde. Die Lohgerber warfen in ihrem Klagelibell dem Lederzurichter Jost Rath einen widerrechtlichen Eingriff in ihre Amtsgerechtigkeiten und damit eine Verletzung des Zunftzwangs vor.

Zur Stützung ihres Vorwurfs gegen Jost Rath erläuterte der Prokurator der Lohgerber, Dr. Blaufelder,[469] den Reichsrichtern den in der Reichsstadt Köln bestehenden Zunftzwang, der auf dem Prinzip der Arbeitsteilung in Form gesicherter Arbeitsgebiete der einzelnen Handwerke bestand. Die nachfolgenden Erläuterungen geben ein mustergültiges Beispiel rechtlicher Subsumtion im Rahmen eines frühneuzeitlichen Artikelprozesses ab[470] und erläutern anschaulich das System des Zunftzwangs.

So sei es wahr, dass „*in obbesagter Statt Collen, iede Ämbter und handtwercker ihre besondere gerechtigkeit haben daß keines dem anderen eingreiffen, noch des anderen Ambt oder handwerck gebrauchen magh: wie wahr zum 1.*

Undt alßo wie wahr zum 2. daß lohen der fell niemandem anders daßelbsten zustehet, alß den ienigen welche Eines Ersamen Lohe Ambts gerechtigkeit haben.

---

467 Zu seiner Person siehe Groh, Das Personal des Reichskammergerichts in Speyer, I. Teil, S. 108. Ab dem Jahr 1654 vertrat Dr. Ulrich Stieber das Lohgerberamt, da Dr. Blaufelder zwischenzeitlich verstorben war, siehe Eintrag im Spezialprotokoll HAStK, RKG, C 109, fol. 4r.

468 Zu seiner Person siehe Groh, Das Personal des Reichskammergerichts in Speyer, I. Teil, S. 161.

469 Ob Dr. Blaufelder tatsächlich auch der Schriftsatzverfasser war, ist dem Schriftsatz nicht zu entnehmen. Die damalige Prozesspraxis spricht eher dagegen. Zur besseren Anschaulichkeit wird im Rahmen des Schriftsatzes dennoch auf den Prokurator Dr. Blaufelder verwiesen.

470 Erstaunlich ist, dass noch im Jahre 1650, also nur 4 Jahre vor der endgültigen Abschaffung des Artikelprozesses, dieser so konsequent von Dr. Blaufelder angewandt wurde. Lic. Henning fasste seine Exzeptionschrift jedoch nicht in korrespondierenden positiones ab, sondern im summarischen Stil. Artikelprozess und summarische Libelle konnten im selben Verfahren also nebeneinander Anwendung finden. In seiner 1651 eingereichten Replik formulierte Dr. Blaufelder dann ebenfalls summarisch.

Wahr zum 3. daß ggll [gegentheils] *appellatus seines handtwercks kein löher, sondern lederreider undt also zur des loheambts gerechtigkeit nit qualificirt wie wahr zum 4.*

Wahr zum 5. daß besagte beide handtwercker daselbst verschieden, auch verschiedenen Zünfften undt Ambtsgerechtigkeit haben.

Dahero wahr zum 6. daß appellatus zugleich nit lederreider undt löher sein, nach solche beide Ämbter zugleich nit brauchen könne."[471]

Diese sprachlich abstrakt abgefassten, logisch aufeinander aufbauenden sechs positiones stellten bereits die inhaltliche Zusammenfassung des gesamten Klagelibells dar. Diese Darstellungsweise findet sich ebenfalls bei den zuvor geschilderten Prozessen. Im weiteren Verlauf erläuterte Dr. Blaufelder den konkreten Vorwurf des Lohgerberamtes gegen den Lederzurichter Jost Rath. Die Richter am Reichskammergericht wussten aufgrund der obigen schlagwortartigen positiones aber bereits an jeder Stelle des Klagelibells, worum es inhaltlich ging.

bb) Einforderung eines höheren Arbeitslohns

Der Vorwurf der Lohgerber bestand konkret darin, dass Jost Rath vor „*ungefehr 12 oder 13 Jahren in seiner eigner behaußungh auff der loher gassen ort* [einen] ... *lohehoff sambt lohe gezeugh budden undt stocklagen* [hat] *aufrichten laßen.*"[472] In diesem selbst errichteten Lohhof arbeitete laut Vorwurf des Lohgerberamtes zunächst der vom Lohgerberamt als Zunftbewerber abgewiesene Frantz Müller, der den Lohhof offenbar von Jost Rath gemietet hatte. Nachdem sich das Lohgerberamt beim städtischen Magistrat über den von Jost Rath eingerichteten Lohhof beschwert habe, habe der Magistrat mit Registratur vom 27. August 1636 Jost Rath „*aufferlegt, sein angeben, daß er ahn besagtem Frantz Müller zum lohen anvertrauter Fellen lohlohn, kein part oder interesse habe mittell eidts zu becrefftigen.*"[473] In Folge dieses Magistratsbeschlusses habe Franz Müller den Lohhof des Jost Rath verlassen. Jost Rath habe den Lohhof daher zeitweilig selbst zum Gerben von Fellen genutzt. Seit dem Jahr 1645 habe Jost Rath jedoch ohne Wissen des Lohgerberamts die beiden dem Lohgerberamt angehörigen Lohmeister Christian Maßbender und Johann Rütze ebenso für sich arbeiten lassen wie auch seine eigenen „*leddereidereß Jungen undt Knechten....*"[474]

471 HAStK, RKG, C 109, fol. 19r.
472 HAStK, RKG, C 109, fol. 19r.
473 HAStK, RKG, C 109, fol. 19v.
474 HAStK, RKG, C 109, fol. 20r.

Wie aus dem Klagelibell des Lohgerberamtes zu entnehmen ist, übernahmen die beiden Lohgerber aber wohl nur die schwereren Vorarbeiten im Rahmen der Gerbung für Jost Rath; die Endgerbung übernahm Rath selbst:

„Solcher gestalt wie wahr zum 18 daß sie beide Lohmeister iedes stück ochsen undt Kuhefell vor ein Kopfstück[475] *in ihren heußern, auß dem rauen arbeiten und nachgehendts ihm appellato solche fell auß der rauer arbeit in sein appellat budde und lohgezeugh, umb selbe völligh außzuarbeiten, liebern* [liefern] *sollten.*"[476]

Scheint diese präzise Tätigkeitsschilderung der beiden von Jost Rath beschäftigten Lohgerber auf den ersten Blick eher unwichtig zu sein, so lag hierin doch ein für das Lohgerberamt wesentlicher Aspekt. Letzteres wollte nämlich erreichen, dass Jost Rath die Gerbung in Gänze an das Lohgerberamt abtrat, natürlich gegen einen dementsprechend erhöhten Arbeitslohn.[477] Bei Ausübung dieser vom Kölner Rat untersagten Gerbungsarbeiten sei Jost Rath im Rahmen einer vom Gewaltrichter vorgenommenen Visitation entdeckt worden („*in selbst eigner loharbeit, sambt seinen eigenen lederreiders Jungen undt Knechten ertappet*").[478] Hierüber sei am 2. Juli 1646 ein notarielles Protokoll erstellt worden. Daraufhin habe der Kölner Rat nach vorheriger Klage des Lohgerberamtes am 4. Juli 1646 folgendes Endurteil gefällt:

„Wahr zum 23 daß auff beiderseiths bericht undt gegenbericht auff relation der damaliger Herrn Deputirter des Rhats cum consilio Dominorum Syndicorum ahm 4 Julÿ obgenannten 1646 Jahreß ein definitif urtheill ertheilt: Dabeÿ dem appellato eingebunden, entweder 20 Rthlr. zum straff wurcklich zuerlegen, oder aber die uber gutlich verwilligte noch ferner auß der loh Ambts Meister arbeit von appellato in seinem lohoff geholte 101 stuck rindtfell dem selbigem loh Meister zur volliger außarbeitungh wieder einzuliebern [einzuliefern]: *[...]*

Undt wie wahr zum 25 in allewegh inß künfftigh alles lohenß auff straff der confiscation des guts undt 50 goltgl. straff sich gentzlich enthalten solt."[479]

Dieses Urteil habe der Kölner Rat aufgrund eines Protests von Jost Rath noch einmal am 6. Juli 1646 bestätigt. In der Folgezeit habe Jost Rath diesem Urteil

---

475 Beim Kopfstück handelte es sich um Reichsgeld, das vermutlich im gesamten Gebiet des Heiligen Römischen Reichs deutscher Nation verbreitet war. Daneben gab es in den einzelnen Regionen des Reichs eine Fülle regionaler Währungssysteme mit vielen unterschiedlichen Währungseinheiten, die sich zudem im Laufe der Zeit änderten. Zwischen 1739 und 1806 entsprachen 4½ Kopfstücke dem Wert nach einem Reichstaler, siehe dazu Verdenhalven, Alte Meß- und Währungssysteme aus dem deutschen Sprachgebiet, S. 96 f.

476 HAStK, RKG, C 109, fol. 19v.

477 Sog. *liedtlohn,* vgl. dazu HAStK, RKG, C 109, fol. 20v.

478 HAStK, RKG, C 109, fol. 20r.

479 HAStK, RKG, C 109, fol. 20r.

jedoch zuwider gehandelt und weiterhin die Felle nicht vollständig von den Lohgerbern ausarbeiten lassen. Dies zog weitere Proteste des Lohgerberamts nach sich.

In Folge dessen habe das Syndikat im Auftrag des Kölner Rates entschieden, dass die Lohgerber die Höhe ihres zu fordernden Arbeitslohnes spezifizieren sollten. Jost Rath sei aufgegeben worden, diesen Arbeitslohn unter Androhung der Pfändung seiner Felle zu begleichen. („*Wahr zum 34, daß die Herren Syndici ex Commissione Magistratus ihme loh Meistern sein geforderten liedtlohn zu specificieren, undt dem appellato depositionem pignorum, gestalt selbige beÿ mangell der zahlungh zue distrahieren ahm 2 augusti 1647 bevolen.*")[480]

Der Streit kam jedoch auch in der Folgezeit nicht zur Ruhe, sondern beschäftigte weiterhin die Obrigkeit. So sei am 26. Februar ein erneuter bestätigender Beschluss ergangen, offensichtlich zugunsten des Lohgerberamtes.[481] Hierauf habe sich wiederum Jost Rath beschwert und am 22. Juni 1648 eine inhaltliche Einschränkung des Beschlusses vom 26. Februar 1648 zu Lasten der Lohgerber erreicht. Letztere akzeptierten diesen neuen obrigkeitlichen Beschluss jedoch nicht, da ihrer Meinung nach „*die verscheidene decreta acceptata appellationis et non revisionis sine ulla appellatione in rem iudicatam verlauffen*" [seien].[482] Damit meinte das Lohgerberamt vor allem „*das ahm 4 Julÿ 1646 gefelte Urtheill.*" Dieses habe „*finaliter decidirt, daß nemblich dem Jobst Rhatt deß lohn der fell nit zuestehe, und poenaliter verbotten*"sei. Diese „*decision* [habe] *das obsecutam paritionem iures rei iudicatae notorie erlangt.*"[483]

Schließlich sei am 26. März 1649 ein die vorherige Entscheidung vom 22. Juni 1648 bestätigender inhaesiver Beschluss des Kölner Rates ergangen, in dem eine weitere Appellation ausgeschlossen wurde, das Rechtsmittel der Revision auf Gefahr der unterlegenen Partei jedoch zugelassen worden sei:

„*Wahr zum 66. daß darauff endtlich ahm 26 Martÿ 1649 ein hochbeschwerlich inhaesivum erfolgt, mit der weiter beschwerlicher declaration, daß die appellation auß angeb. hocherheblich (aber in warheit unerfindtlichen) Ursachen nit, sondern die revisio nachmals iedoch periculo partis admittirt und zugelassen sein solt, expensis in finem litis reservatis.*"[484]

Diesen Ratsbeschluss nahm das Lohgerberamt zum Anlass, trotz des ausgesprochenen Verbotes eine Appellation beim Reichskammergericht einzulegen.

480 HAStK, RKG, C 109, fol. 20v.

481 „*Ahm 26. februarÿ 1648 abermahl decretum inhaesivum acceptata, et ad cognoscendum commissa appellationis ertheilt*", vgl. HAStK, RKG, C 109, fol. 21v.

482 HAStK, RKG, C 109, fol. 21v.

483 HAStK, RKG, C 109, fol. 22r.

484 HAStK, RKG, C 109, fol. 22v.

Hierzu sah sich das Lohgerberamt auch aufgrund der durch den Beschluss auferlegten Beschwer als berechtigt an:

„Wahr zum 67: daß Anw. praln.[485] *darab als mercklich beschwert ahm 24. Martÿ/3.aprilis*[486] *ahn dieß hochloblich keÿßerlich Cammergericht, alß Judicium immediate superius rechtmeßigh appellirt und provocirt haben.“*[487]

cc) Zusammenfassung

Die zahlreichen im Klagelibell der Lohgerber angeführten Ratsurteile, die mal zu ihren eigenen Gunsten, mal zu Gunsten des Appellaten Jost Rath ausgefallen waren, bestätigen zwei bereits im vorherigen Prozess gewonnene Erkenntnisse. Erstens wurden Zunftstreitigkeiten von beiden Seiten in der ersten Instanz vor dem Kölner Rat mit ganzer Leidenschaft geführt. Keine Seite war bereit, sich mit einer vom Rat gefällten Entscheidung zu ihren Lasten abzufinden. Zweitens, und dies mag eine Erklärung für den obigen Befund sein, scheint der Kölner Rat auch in dieser Streitigkeit keine klare rechtliche Linie verfolgt zu haben. Die ständig divergierenden Urteile belegen dies. Ein Erklärungsansatz hierfür könnte die Tatsache sein, dass sich Reichskammergerichtsprozesse häufig über einen Zeitraum von mehreren Jahren hinzogen; der hier untersuchte Prozess dauerte ebenfalls immerhin 6 Jahre. Da jedes Jahr Wahlen zum Kölner Rat stattfanden, konnten sich im Zeitraum eines Prozesses die Überzeugungen im Rat mehrmals ändern.

Das eigentliche Ziel der Lohgerber in diesem Konflikt lag klar auf der Hand. Im Kern ging es ihnen darum, den Betrieb eines eigenständigen Lohhofes durch den Lederzurichter Jost Rath zu verhindern. Unter Berufung auf ihre Zunftprivilegien forderten sie daher von Jost Rath, die vollständige Gerbung seiner Felle den Lohgerbern zu überlassen. Für Jost Rath wäre im Erfolgsfall der Lohgerber also kaum Geld mehr zu verdienen gewesen. Hier zeigt sich deutlich, wie sich das Fehlen einer eigenen Amtsgerechtigkeit der Lederzurichter in der Praxis auswirkte. Das rechtliche Mittel der Lohgerber, ihr Ziel zu erreichen, bestand konkret darin, vor dem Reichskammergericht ein Urteil zu erstreiten, das die Rechtskraft des zu ihren Gunsten ergangenen Ratsbeschlusses vom 4. Juli 1646 bestätigte und die Nichtigkeit der weiteren Entscheidungen des Kölner Rates in dieser streitigen Angelegenheit feststellte.

---

485 Abkürzung für Anwalts Principalen.

486 Der Schriftsatzverfasser gibt sowohl das Datum nach dem Julianischen Kalender (24. März) als auch das nach dem 1582 eingeführten gregorianischen Kalender (3. April) an. Der gregorianische Kalender wurde vor allem in den katholischen Territorien eingeführt. Die protestantischen Territorien blieben bei dem julianischen Kalender.

487 HAStK, RKG, C 109, fol. 22v.

Die Lohgerber betrachteten den Ratsbeschluss vom 4. Juli 1646 mangels eingelegter Rechtsmittel durch Jost Rath als eine in Rechtskraft erwachsene res iudicata, die auch durch den Kölner Rat nicht mehr hätte abgeändert werden dürfen. Der Ratsbeschluss vom 26. März 1649, den die Lohgerber für sich als „hochbeschwerlich" ansahen, war nach dieser Rechtsansicht nichtig und konnte folglich den Rechtsweg an das Reichskammergericht nicht verbieten. Auch dieser Prozess verdeutlicht den hohen Wert, den die Parteien dem Institut der Rechtskraft beimaßen.

b) Die Exzeptionsschrift des Lederzurichters Jost Rath

Der Schriftsatzverfasser von Jost Rath schilderte in seiner Exzeptionsschrift[488] zunächst ebenso wie die Klägerseite den Streitgegenstand, führte in einem anschließenden Teil aber rechtliche Ausführungen an, in denen er sich ganz darauf konzentrierte, die Unzulässigkeit der eingelegten Appellation herauszustreichen.

Zu Beginn seiner Exzeptionsschrift erwiderte er die appellantischen Ausführungen bezüglich des Kölner Zunftzwangs und drückte sein Unverständnis über den Vorwurf der Lohgerber aus, sein Mandant Jost Rath habe in die Amtsgerechtigkeit des Lohgerberamtes eingegriffen. Wie konnte dies sein, da Jost Rath doch bei dem Lohgerberamt eingeschworene Meister zur Gerbung seiner Felle beschäftigt habe? Es liege zudem ein bereits aus dem Jahr 1635 stammendes Urteil des Kölner Rates vor, das die Tätigkeit seines Mandanten ausdrücklich gestatte. Nicht Jost Rath habe daher gegen die Amtsgerechtigkeit der Lohgerber, sondern diese vielmehr gegen ihre eigene Amtsgerechtigkeit verstoßen:

„Es ist aber kundig, daß appellanten, wider bürgerliche freÿheit, dem appellato vor diesem, in seiner eigenen budde mit seiner lohe, durch einen geschwornen Lohermeisteren für einen bedingten Arbeits lohn, seine felle lohen zu laßen, gleich were solches ihrer Ambts gerechtigkeit zu wieder verbieten wollen; Aber daß Ein Ers. Hochw. Rhat der Stadt Colln schon Anno 1635 den 6 Junÿ solch Verbott abgeschaffet, und appellaten, auch alle bürger beÿ Ihrer freÿheit, durch endt Urteill und Recht gehandthabt haben: und von dero Zeit bißhero appellatus durch einen geschworenen Meister, für vereinigten lohn, mit seiner lohe, in sei-

488 Am Ende der Exzeptionsschrift ist zwar kein Name eines Schriftsatzverfassers verzeichnet. Dass der Prokurator Henning, der auch als Advokat aufgeschrieben war, den Schriftsatz dennoch nicht selbst verfasst hat, ist der im Spezialprotokoll der Akte enthaltenen Kostenentscheidung des Reichskammergerichts zu entnehmen. Das Gericht bezifferte die Kosten Jost Raths für seinen Advokaten mit 18 Gulden und 10 Kreuzern, vgl. HAStK, RKG, C 109, fol. 4v.

ner budden lohen zu laßen, den besitz seiner freÿheit ruhig hergebracht, auch budden und lagen in seinem hoff offentlich gehabt habe."[489]

Bezeichnend ist, dass sich das Recht von Jost Rath, mit einzelnen Meistern des Lohgerberamtes den Arbeitslohn frei auszuhandeln und diese in seiner eigenen Behausung für sich arbeiten zu lassen, für den Schriftsatzverfasser als Ausfluss „*bürgerlicher freyheit*" darstellte. Wie sich noch bei der Untersuchung weiterer Prozesse zeigen wird, wurde der aus dem Naturrecht herrührende Gedanke, dass jedem Menschen originäre Freiheitsrechte zukämen, vorwiegend von nicht zunftmäßig organisierten Handwerkern vorgetragen.[490] Die hier anklingende Vertragsfreiheit stellte dabei einen essentiellen Bestandteil der persönlichen Freiheitsrechte dar. Krämer oder Handwerker, die wie die Lederzurichter nicht den rechtlichen Status einer Zunft genossen, mussten ständig nach Arbeitsbereichen suchen, die noch nicht unter die vielfältigen Arbeitsbereiche der etablierten Zünfte fielen. Dabei blieb ihnen als rechtliche Grundlage zumeist nur der Verweis auf ureigene bürgerliche Freiheiten. Gerade diese Gruppe von Handwerkern und Gewerbetreibenden hat daher maßgeblich zum Aufbrechen zahlreicher Zunftprivilegien beigetragen.

aa) Der Streitgegenstand

Die Ausführungen der beiden gegnerischen Prokuratoren zum Streitgegenstand stimmten hinsichtlich der Urteilsangaben überein. Natürlich bewerteten die Parteien die ergangenen Urteile konträr. Dem Lohgerbermeister Maßbender war nach Ausführungen der Partei Jost Rath von seinem Amt so lange verboten worden, weiterhin für Jost Rath zu gerben, bis dieser seinen eigenen Lohhof abgerissen habe („*Malßbend*[491] *deß Wegen gestrafft, ihme dem appellato so lang derselbe die budden nicht abschaffe, ferner zu lohen Verbotten*").[492]

Der Prozess ist aus dieser Blickrichtung daher zugleich ein Beispiel für einen typischen zunftinternen Konflikt. Die Zünfte scheinen also zu internen Maßrege-

---

489 HAStK, RKG, C 109, fol. 25r. Auch hier wird der Besitzbegriff der gemeinrechtlichen Possessio-Lehre deutlich, der auch und gerade den Besitz an Rechten umfaßte, vgl. dazu Jacobi, Besitzschutz vor dem Reichskammergericht, S. 90.

490 Etwa von Krämern, siehe dazu Oestmann, Zunftzwang und Handelsfreiheit im frühen 19. Jahrhundert, S. 246-261. Der von ihm geschilderte Prozess trug sich allerdings ca. 150 Jahre nach dem hier geschilderten Prozess zu. Mitte des 17. Jahrhunderts war die hier vorgetragene Argumentation Jost Raths äußerst bemerkenswert. Eine ähnliche Argumentation findet sich auch im unten geschilderten Fall der Bäckerzunft gegen Bernhard Schnorrenberg aus dem späten 18. Jahrhundert, siehe HAStK, RKG, C 111.

491 Im Klagelibell wird als Name „Maßbender" genannt.

492 HAStK, RKG, C 109, fol. 25v.

lungen gegenüber angeschlossenen Meistern gegriffen zu haben, um nach außen hin geschlossen auftreten zu können.

Das vom Lohgerberamt ausgesprochene Verbot an ihre Mitglieder, für Jost Rath zu gerben, habe bei diesem dazu geführt, dass seine unbearbeiteten Felle angefangen hätten zu verderben („*seine ohnaußgearbeitet ligende und allbereitz schwartz zu werden anfangende fell...*").[493] Jost Rath sei es jedoch gelungen, vom Kölner Rat die Erlaubnis zu bekommen, „*die außgeworfene Fell wider in seine budde bringen, und zu Verhütung schadens und Verderbens, mit Lohe Versehen zu laßen.*"[494]

Auch solche scheinbar nicht erwähnenswerten Details haben eine nicht zu unterschätzende Aussagekraft. Erstens wird deutlich, wie verbissen die Auseinandersetzung zwischen den Parteien geführt wurde. Für Jost Rath stellten die den beiden Lohgerbern zur Bearbeitung überlassenen Felle – an anderer Stelle der Exzeptionsschrift ist von insgesamt 94 Fellen die Rede –[495] sicherlich einen enormen Vermögenswert dar. Ein Verlust dieser Felle wäre für Jost Rath wirtschaftlich wohl kaum verkraftbar gewesen. Des Weiteren zeigt sich, wie stark der Kölner Rat in die Konfliktlösung der Zünfte und Handwerker eingebunden war. Beide Parteien riefen in dieser Streitigkeit immer wieder den Rat zur Unterstützung an. Auch in diesem Fall gewinnt der Leser den Eindruck eines insgesamt um Unparteilichkeit und Abgewogenheit bemühten Kölner Rates, der jedoch ab und an von den zahlreichen Eingaben und Protesten der Parteien etwas überfordert schien. Die Wankelmütigkeit war wohl dem Bestreben geschuldet, keine Partei zu übervorteilen. Die Gefahr eines großen Vermögensverlustes bei Jost Rath wendete der Rat durch sein Handeln ab, ohne aber damit zugleich eine Vorentscheidung in der Hauptsache zu treffen. Der ohne den Schutz verbriefter Privilegien vermeintliche Außenseiter Jost Rath stand beim Kölner Rat also keineswegs auf verlorenem Posten.

Die Aufnahme der magistratischen Rechtsprechung durch die Advokaten und Prokuratoren schien vordergründig von diesem gezeichneten Bild abzuweichen. Bei ungünstigen Entscheidungen sparte die jeweils benachteiligte Partei nicht mit deftiger Kritik. Das Zustandekommen des zwischenzeitlichen Ratsurteils vom 4. und 6. Juli 1646, welches die Lohgerber durch Gang an das Reichskammergericht wieder zur Geltung bringen wollten, erklärten die Verteidiger von Jost Rath dem Reichskammergericht mit dem Hinweis, dass „*damahlen ... Nachbarn, und gute gonner* [der Lohgerber] *zu Rhat gesessen*" und die Lohgerber zudem einen

---

493 HAStK, RKG, C 109, fol. 25v.
494 HAStK, RKG, C 109, fol. 25v.
495 HAStK, RKG, C 109, fol. 26r.

„*unwahrhaften bericht*" vorgelegt hätten.[496] Der eigenen Partei günstige Entscheidungen wurden dagegen als unter Zuhilfenahme rechtlicher Fachkompetenz wohl abgewogene Urteile dargestellt, was an späteren Ausführungen der Parteien zu sehen sein wird. Die Behauptung der Lohgerber, dieser Ratsschluss sei inzwischen zu einer res iudicata erstarkt, wiesen die Verteidiger von Jost Rath zurück, denn dieser habe die Supplik der Lohgerber vom 2. Juli 1646 sowie die ergangene Relation des Kölner Rates erst etliche Monate später erhalten. Ein solch unerwartetes, „aus dem Stegreif" erlassenes Urteil habe jedoch „auf keine Weise die Kraft, in Rechtskraft zu erwachsen" („*eillfertige extemporanea Decreta, vires rei Judicata nullo modo habentia*").[497]

Am 20. Dezember 1647 war es Jost Rath auf seinen Protest hin jedoch gelungen, eine ihm günstige Ratsentscheidung zu erhalten, die das Urteil vom 6. Juli 1646 modifizierte. Neben der Rückerstattung seiner Felle „*sambt allen verursachten schaden und kosten*" habe der Kölner Rat dem Lohgerberamt aufgetragen, für „*jederman ohne underscheidt seine fell, durch vereÿdete Meister und Loher umb einen billigen preiß bequemlich zu lohen.*"[498] Dem Lohgerberamt waren damit also weitere Boykottaktionen gegenüber Jost Rath untersagt worden. Zudem mussten sie ihre Lohnforderungen auf einen angemessenen Preis senken. Dieses Urteil rief wiederum den Protest der Lohgerber hervor, die sich nochmals an den Kölner Rat wandten. Das zeitlich letzte Urteil in diesem zähen Konflikt fällte der Kölner Rat auch nach Aussage der Anwälte von Jost Rath am 26. März 1649. Gegen dieses Urteil hatte der Kölner Rat eine Appellation an das Reichskammergericht untersagt. Lediglich das Rechtmittel der Revision ließ der Kölner Rat nach insoweit einvernehmlicher Darstellung beider Parteien zu:

„*... und als endtlich Anno 1649 den 26. Martÿ ... Ein Ers: Hochw: Rhat, mit eingeholtem bedenken unpartheÿschen Rechtsgelehrten, ihrer 22. Junÿ Urtheill inhaerirt, und die appellation, aus hocherheblichen ursachen nicht, sondern die revision mehrmals, jedoch periculo partis,*[499] *zugelaßen... .*"[500]

496 HAStK, RKG, C 109, fol. 26r.
497 HAStK, RKG, C 109, fol. 26r.
498 HAStK, RKG, C 109, fol. 29v. und 30r. Ob diese Anordnungen tatsächlich in genau dieser Entscheidung getroffen wurden, kann nicht mit Sicherheit gesagt werden. Aus dem Kontext ergibt sich jedoch, dass sie im Jahr 1647 erfolgten.
499 Die Revision erfolgte also auf Gefahr der sie einlegenden Partei. Hierbei dürfte vor allem das Kostenrisiko gemeint gewesen sein.
500 HAStK, RKG, C 109, fol. 26v.

bb) Rechtliche Argumentation

In ihrer rechtlichen Argumentation konzentrierten sich die Verteidiger von Jost Rath darauf, die Unzulässigkeit der Appellation des Lohgerberamtes herauszustellen. Dies wurde bereits aus der Bezeichnung der Exzeptionsschrift als „*Exceptiones notoria non devolutionis et desertionis*“ deutlich.[501] Materiellrechtliche Fragestellungen zum Umfang bestehender Zunftprivilegien sowie zur diesbezüglichen obrigkeitlichen Ausgestaltungskompentenz spielten keine Rolle. Der Schriftsatzverfasser hob drei gewichtige Argumente gegen die Zuläsigkeit der Appellation hervor.

Er stellte zum einen auf das Endurteil des Kölner Rates vom 26. März 1649 ab, das eine Appellation verboten hatte. Als weiteres ging er ausdrücklich auf die zugunsten der Reichsstadt Köln bestehenden Privilegia de non appellando ein. Wie in nahezu allen der hier untersuchten Prozesse rügte schließlich auch Jost Rath das bisherige Fehlen einer Prozessvollmacht der beiden die Zunft der Lohgerber vertretenden Amtsmeister. Jost Rath beließ es allerdings nicht bei einer sonst üblichen kurzen Behauptung. Er stellte vielmehr ausführlich seine Rechtsansicht hinsichtlich der an eine ordnungsgemäße Vollmacht zu stellenden Anforderungen dar.

(1) Fehlende Klagebevollmächtigung der Lohgerber

Interessant sind die inhaltlichen Anforderungen, die der Schriftsatzverfasser an eine wirksame Vollmacht stellte. Seiner Meinung nach bedurften die beiden Amtsmeister der Lohgerberzunft, die die Zunft nach außen hin vertraten, einer ausdrücklichen schriftlichen Vollmacht jedes einzelnen angeschlossenen Zunftmeisters. Zur Stützung seiner Rechtsansicht zog Jost Raths Schriftsatzverfasser einen Rechtsschluss a maiore ad minus zwischen dem Amt des Bürgermeisters und dem eines Amtsmeisters:

„*... gleich Wie ein erkorner Und Veraÿdter sein lebtag bleibender Burgermeister, der gemeiner Statt sachen, ohne Vollmacht, gerichtlich nicht vertretten kann, also haben auch die jahrliche des Erbaren LoheAmbts Meister, ohne außdrückliche, mitt tauff und Zunahmen aller der Jenigen, so darzu bewilliget, formlich außgefertigte Volmacht ... wider sambtliche Meister und Schildtgenoßen Eines Erbarn Loheambts außgesprochenen definitiven, in nahmen des gantzen LoheAmpts und aller schildtgenoßen keineswegs appelliren konnen.*“[502]

---

501 HAStK, RKG, C 109, fol. 25r.
502 HAStK, RKG, C 109, fol. 30r., 30v.

Da also selbst ein Bürgermeister ohne gesonderte Vollmacht die Stadt nicht gerichtlich vertreten könne, dürften auch die beiden Amtsmeister einer Zunft nur mit einer Vollmacht aller angeschlossenen Handwerksmeister einen gerichtlichen Prozess im Namen der Zunft führen. Da dieses im hiesigen Fall jedoch nicht geschehen sei, sondern *nur „etliche Ihme* [gemeint ist Jost Rath] *mißgünstige Lohermeister, unter dem mißbrauchten nahmen der saemptlichen Meisteren und Schildtgenoßen*“[503] die Klage unterstützten, äußerten die Verteidiger von Jost Rath die Hoffnung, dass ihr Mandant von der gerichtlichen Vorladung nach Speyer unter Erstattung aller Kosten zu befreien sei.[504]

Die Ausführungen sind insofern interessant, als es sich hierbei um eine plakative quellengestützte Aussage über eine wichtige innerzünftige Verfassungsfrage handelte. Welche Befugnis die jährlich neu gewählten beiden Amtsmeister einer Zunft, vor allem im Außenverhältnis hatten, war umstritten.[505] Indem der Schriftsatzverfasser von Jost Rath die Vertretungsmacht der Amtsmeister auf ein Minimum reduzierte, äußerte er zu dieser Rechtsfrage sicherlich eine extreme Position. Die für die gerichtliche Prozessführung geforderte Einstimmigkeit aller angeschlossenen Zunftmeister wäre in der Praxis wohl nur in den seltensten Fällen zu erreichen gewesen und hätte die Handlungsfähigkeit einer Zunft nahezu lahm gelegt. Die Äußerungen sind daher wohl von einem prozesstaktischen Blickpunkt aus zu bewerten. Es galt, den Prozessgegner in jeder Hinsicht argumentativ in die Defensive zu bringen.

(2) Unzulässigkeit der Appellation bei sententiae definitivae

Als nächstes Argument gegen die Zulässigkeit der eingelegten Appellation des Lohgerberamtes behauptete der Schriftsatzverfasser Jost Raths die Inappellabilität magistratischer Endurteile, sog. sententiae definitivae und führte zur Stützung seiner Rechtsansicht eine Allegation von Andreas Gaill an:

„*Weil nun Ein Ers: Hochw: Rhat A°. 1648 den 22 Junÿ fol. 57 in hac praetensa appellatione, ab eodem ad eundem, imo ad minorem, sich in competentem gesprochen, und der appellationem ad revisionem restringiret, ist solches eine Sententia definitiva gewesen, Gail. lib. 1. obs. 130 n. 9.*“

Da des Weiteren „*Ein Ers: Hochw: Rhath den 26. Martÿ 1649 … ihrer vorigen 22 Junÿ definitiven, inhaeriret: kann a sententia hac confirmatoria definiti-*

503 HAStK, RKG, C 109, fol. 25r., 25v.

504 Vgl. HAStK, RKG, C 109, fol. 30v.: „*... also baldt a citatione cum expensis zu absolviren seÿe.*“

505 Es lassen sich daher keine Erkenntnisse über das vergangene Recht zur Befugnis der Amtsmeister gewinnen, sondern lediglich Erkenntnisse in Bezug auf die Diskussion über das Recht.

va, adeoque ipsa re iam dudum iudicata, nicht appellirt werden."[506] Aus den Ausführungen wird deutlich, dass die Verteidiger von Jost Rath den Ratsentscheid vom 22. Juni 1648 als eine sententia definitiva, also als Endurteil ansahen. Die Entscheidung vom 26. März 1649 habe dieses Endurteil nochmals bestätigt und sei deswegen erst recht nicht mehr angreifbar. Die genaue rechtliche Bedeutung des Begriffes „sententia definitiva" wird aus dem Schriftsatz nicht deutlich. Eine sententia definitiva sollte jedoch nicht mit einer nicht mehr veränderbaren „res iudicata" verwechselt werden, denn sententiae definitivae konnten in ein und demselben Prozess offenbar mehrmals ergehen. So bezeichnete der Schriftsatzverfasser von Jost Rath bereits das Urteil vom 20. Dezember 1647 als eine Definitivsentenz.[507] Die Äußerungen des Schriftsatzverfassers können aber auch dahingehend verstanden werden, dass ein nochmals durch Urteil bestätigtes Endurteil durch diese Bestätigung zu einer „res iudicata" wurde. Der Rat hatte sein vorheriges Urteil vom 22. Juni 1648 also offenbar vollumfänglich überprüft und im Rahmen eines Urteils bestätigt. Vor diesem Hintergrund ist es nahe liegend, dass zwar eine erneute Ratsentscheidung in dieser Angelegenheit unsinnig gewesen wäre, nicht jedoch eine Appellation an das Reichskammergericht.

Appellationen an die höchsten Reichsgerichte waren jedoch, wie bereits gesehen, sowohl bei Landesfürsten, als auch bei städtischen Magistraten höchst unwillkommen, da sie allein schon aufgrund ihrer Dauer Zwietracht in die Bürgerschaft trugen. Günstiger dürfte es dem Kölner Rat da wohl erschienen sein, eine Appellation an die Reichsgerichte zu verbieten, eine rechtliche Überprüfung des Urteils aber durch die Zulassung einer Revision zu ermöglichen. Mit einer Revision war hier also eine rechtliche Nachprüfung ohne Devolutiveffekt gemeint.[508] Üblich war im Rahmen einer partikularrechtlichen Revision die Aktenversendung an eine juristische Fakultät einer Universität.[509] Die Fakultät unterbreitete dann

506 HAStK, RKG, C 109, fol. 27r.
Übersetzung : „*Weil ein ersamer, hochweiser Rat am 26. März 1649 sein vorheriges Endurteil vom 22 Juni 1648 nochmals bestätigt hat, kann aus einem solchen bestätigten Endurteil, durch das die Sache längst entschieden ist, nicht appellirt werden.*"

507 HAStK, RKG, fol. 27v., 28r.; vgl. Text bei Fn. 511.

508 Die Revision an die Reichsgerichte besaß dagegen Devolutiveffekt. In den einzelnen Territorien gab es jedoch abweichende prozessrechtliche Regelungen, auch wenn sich im Laufe der Zeit eine Angleichung vollzog, vgl. dazu Sellert, Revision, Supplikatin, in: HRG IV, Sp. 958, 960.

509 Siehe dazu auch weiter unten die Untersuchung zu den Akten Vallen, HAStK, RKG, V 2 und V3.

einen Urteilsvorschlag, der vom anfragenden Gericht als eigene Entscheidung verkündet wurde.[510]

Ein in diesem Kontext vom Schriftsatzverfasser geäußertes Argument war das der entgegenstehenden Rechtskraft. Weil sich die Lohgerber gegen das Ratsurteil in der Zeit vom 20. Dezember 1647 bis zum 13. August 1649 nicht an das Reichskammergericht gewandt hätten, sei das Haupturteil – womit der Schriftsatzverfasser also offenbar die Ratsentscheidung vom 20. Dezember 1647 meinte – in Rechtskraft erwachsen:

„.. *ist dagegen zu wißen, im fall das, Wie nicht solches wahr, und noch A.°1647 den 20 decemb. vocatis vocandis, ab ipso amplissimo Senatu Coloniensi, in pleno consilio außgesprochener definitiven, also baldt an Ihr Kaÿl. Maÿl: appellirt werden können, daß, weill solches nicht geschehen, und von Anno 1647 den 20. decemb. biß 1649 den 13 Aug. an Ihr Kaÿl: Maÿl: Cammergericht niemahlen keine processus appellationum ausgezogen worden, nunmehr solche haubturtheill, so viell die Kaÿl: appellations Prozeß anlanget, in rem iudicatam ergangen, und weiteres keine processus außgebracht werden können.*“[511]

Welches Ereignis sich unter dem Datum des 13. Augusts 1649 verbarg, wird aus dem Zusammenhang des Schriftsatzes nicht deutlich. Auch diese Argumentation zeigt jedoch, dass die Unabänderlichkeit bereits ergangener Urteile stets unter Berufung auf zwischenzeitlich eingetretene Rechtskraft erfolgte.

(3) Unzulässigkeit der Appellation aufgrund des Privilegium de non appellando vom 29. Oktober 1576

Nach dem Appellationsprivileg von 1576 sollte bekanntlich eine Appellation in Zunftsachen gegen Entscheidungen des Kölner Rates oder der Gaffelkommission ausgeschlossen sein. Die Verteidiger von Jost Rath stellten zunächst klar, dass die hier streitige Sache eine Zunftangelegenheit im Sinne des Appellationsprivilegs darstelle:

„*es ist auch diese, eine Ambts oder Gaffelsache Wie solches auß obiger geschicht erzehlung zu sehen, auch ... Appellanten selbst haben solche Jeder Zeit darfür angeben, und dem appellato zu schaden gebraucht...* .“[512]

Aus den Schilderungen wird zugleich deutlich, dass die Lohgerber sich in der ersten Instanz vor dem Kölner Rat offenbar selbst auf die Inappellabilität von Zunftstreitigkeiten berufen hatten, um dem damaligen Appellanten Jost Rath die

510 Oestmann, Aktenversendung, in: HRG I, 2. Lieferung, Sp. 128, 130; vgl. dazu auch das bei Oestmann dargestellte Beispiel aus der Stadt Lübeck, in Oestmann, Rechtsvielfalt vor Gericht, S. 432 f.

511 HAStK, RKG, C 109, fol. 28r.

512 HAStK, RKG, C 109, fol. 27v.

Einlegung von Rechtsmitteln abzuschneiden.[513] Das Appellationsprivileg wurde also, wenig überraschend, von den Parteien je nach eigener Stellung als Appellaten, bzw. Appellanten, für einschlägig oder nicht einschlägig befunden. Bemerkenswert ist, dass der Schriftsatzverfasser in keiner seiner Ausführungen das Appellationsprivileg vom 29. Oktober 1576 mit Datumsangabe genau benannte. Dennoch ergibt sich auch aus dem Kontext seiner nachfolgenden Ausführungen, dass er gerade dieses unter den zahlreichen der Stadt Köln im Laufe der Zeit gewährten Privilegien[514] im Auge hatte, wenn er schrieb:

„*Und ist der Statt Colln privilegium kundtlich, das in Ambts und deren gerechtigkeit betreffenden sachen, an Ihr Kaÿl. Maÿ. nicht appellirt werden konne noch solle.*“[515]

Handelte es sich bei dem Appellationsprivileg von 1576 dem Charakter nach um ein qualitatives Privileg, das allein auf den Streitgegenstand der magistratischen Entscheidung abstellte, so waren die übrigen gewährten Privilegien zumeist an einer ganz bestimmten Appellationssumme festgemacht wie etwa das Appellationsprivileg vom 3. April 1623, das Ferdinand II. der Stadt Köln gewährt hatte.[516] Auf dieses Privileg gingen die Anwälte von Jost Rath anschließend näher ein.

(4) Unzulässigkeit der Appellation aufgrund des Privilegium de non appellando vom 3. April 1623

Das Appellationsprivileg vom 3. April 1623 erweiterte das Privileg Kaiser Karls V. vom 5. Februar 1551, das eine Appellationssumme von 300 Goldgulden rheinischer Währung für Appellationen an die Reichsgerichte festgesetzt hatte, auf die enorme Summe von 700 Goldgulden. Gleichzeitig bestätigte es das Privileg vom 29. Oktober 1576.[517]

Die Anwälte Jost Raths führten im Folgenden aus, dass der Streitwert des Haupturteils vom 20. Dezember 1647 die Appellationssumme von 700 Goldgulden nicht übersteige. Das Gegenteil habe die insoweit beweispflichtige Lohgerberzunft zumindest nicht bewiesen:

„*Es ist auch die haubt Urtheill in quantitate nicht appellabel, weill sie 700 goldgl. haubtguts nicht ubertrifft, und appellatus wie bißhero nicht geschehen, die ihme zugefuegte schaden und kosten, zu Vorderst bestendig erweisen, und*

---

513 Gemeint sind hier Rechtsmittel ohne Devolutiveffekt.

514 Eine Übersicht dazu findet sich bei Eisenhardt, Die kaiserlichen privilegia de non appellando, S. 95 f.

515 HAStK, RKG, C 109, fol. 27v.

516 Eisenhardt, Die kaiserlichen privilegia de non appellando, S. 96.

517 Eisenhardt, Die kaiserlichen privilegia de non appellando, S. 95 f.

daruber Urtheill erwarten soll: Daß also quantitate certa hac tenus non petita, et ante sententiam in causa liquidationis post factas probationes olim ferendam,[518] *daß deren quantitas das Privilegium ubertreffe, mit Warheit, nicht gesagt werden kan.*"[519]

Zwar habe der Appellat Jost Rath im Jahre 1647 den Wert seiner Felle selbst mit 1200 Reichstalern[520] angegeben, aber nunmehr sei der Streitwert deutlich geringer anzusetzten, da Jost Rath in der Zwischenzeit den größten Teil seiner Felle mit Hilfe eines magistratischen Urteils zurückerhalten habe und die Lohgerber den bei Jost Rath eingetretenen Loheschaden ersetzt hätten („*... da die auff 1200 Rthlr angeschlagene felle, außerhalb Vierzehen oechßen: und zweÿ Rinderfell dem appellato alle erstattet; da die appellanten, die ihrem eigenen A.° 1646 den 11 Junÿ bekennen nach, appellato im Schiff ahn der Rheingaßen... eigenthumblich zustendige siebentzig Malder Loheschaden und gestoßen lohe, bezahlet; und ohnmuglich, das die schaden und kosten über die 700 goldgl. angeschlagen und erwiesen werden konnen...*").[521]

Bemerkenswert ist, dass der Advokat von Jost Rath bei seinen Ausführungen zur Appellationssumme nur auf die Schadenspositionen seines Mandanten einging und darlegte, dass sich dessen Schaden auf weniger als 700 Goldgulden beliefe, nicht jedoch auch die Schadenspositionen des Lohgerberamtes erwähnte. Für die Berechnung der Appellationssumme war nämlich nach einem gemeinen Bescheid des Reichskammergerichts aus dem Jahre 1603 sowie der allgemeinen Meinung der zeitgenössischen Literatur[522] allein die Beschwer des Appellanten maßgeblich:

„*In causa appellationum in camera recipiendis cum de summa appellabili quaeritur, gravaminis duntaxat summam, id est eam, in qua appellans, sive actor sive reus fuerit, per sententiam a qua laesus et gravatus est, spectandam et attendendam esse, per majora in pleno Senatu conclusum est.*"[523]

---

518 Übersetzung: „*Daß also diese feststehende Summe nicht eingeklagt ist, und bevor nicht ein Urteil entsprechend den vorgebrachten Beweismitteln gefällt worden ist, ...*"

519 HAStK, RKG, C 109, fol. 28v.

520 Der Reichstaler wurde 1566 vom Deutschen Reich als Leitwährung angenommen. Mit zunehmender Zeit erlitt er einen erheblichen Wertverfall, so dass er bereits um 1700 kaum mehr im Verkehr war. Er diente nur noch als Rechnungseinheit, siehe dazu Verdenhalven, Alte Meß- und Währungssysteme aus dem deutschen Sprachgebiet, S. 93 und 115.

521 HAStK, RKG, C 109, fol. 29r.

522 Überblick bei Pfeiffer, Practische Ausführungen aus allen Theilen der Rechtswissenschaft, Bd. 6, S. 266.

523 Zit. nach Pfeiffer, Practische Ausführungen aus allen Theilen der Rechtswissenschaft, Bd. 6, S. 266.

Hinsichtlich des nach der reichskammergerichtlichen Rechtsprechung allein maßgeblichen Schadens der klagenden Lohgerber behauptete der Advokat von Jost Rath lediglich, es sei *„handtgreiflich nicht wahr, das Appellanten in Sententia à qua uber 700. goldtgl. beschweret, ...* [seien].“[524] Der Advokat von Jost Rath gab sich so sehr von der unzureichenden Beschwer der Lohgerber überzeugt, dass er nähere Ausführungen für unangebracht hielt. Vielleicht schien er diese sicherlich nicht sehr einfach zu beantwortende Frage aber auch auf diese Weise umschiffen zu wollen. Als Schaden wäre zunächst einmal an den entgangenen Arbeitslohn der beiden Lohgerber, vor allem den des Lohgerbermeisters Maßbender zu denken. Hier hätte der Schaden also ähnlich der heute gebräuchlichen Differenzmethode in der Differenz zwischen dem von der Lohgerberzunft geforderten, und dem von Jost Rath tatsächlich gezahlten Arbeitslohn berechnet werden können. Doch wie hätten zukünftige Arbeitslohnforderungen im Rahmen der Appellationssummenberechnung berücksichtigt werden können? Von beiden Parteien unerwähnt blieb ebenfalls die Frage, ob die Lohgerberzunft befugt war, den eventuell bei den angeschlossenen Meistern eingetretenen Schaden in Form von entgangenem Arbeitslohn quasi als Prozessstandschafter im eigenen Namen vor dem Reichskammergericht einzuklagen. Da das Lohgerberamt zudem auf eine Verletzung seiner Zunftprivilegien abstellte, wäre auch hier die Frage interessant, ob eine solche Verletzung von Privilegien überhaupt im Rahmen der Appellationssummenberechnung bezifferbar war oder nicht. Diese Fragen müssen im Rahmen dieser Arbeit jedoch unbeantwortet bleiben. Bezogen auf diesen Prozess glitte die Suche nach Antworten auf diese Fragen in reine Spekulation ab, denn Aussagen hierzu enthalten die Schriftsätze nicht.

cc) Zusammenfassung

Die Exzeptionsschrift des Appellaten Jost Rath weist im Vergleich zu den bisherigen in dieser Arbeit untersuchten anwaltlichen Schriftsätzen eine andere Schwerpunktsetzung auf. Der Advokat von Jost Rath vertraute offenbar ganz darauf, dass seine Zulässigkeitseinreden vor Gericht fruchteten. Er unterließ daher die in sonstigen Zunftprozessen zu findenden Ausführungen über Art und Umfang der appellantischen Amtsprivilegien sowie über das obrigkeitliche ius

---

Übersetzung: *„Wenn im Fall von Appellationen, die vom Reichskammergericht angenommen werden, gefragt wird, was die Appellationssumme sei, so ist im vollen Senat mit Mehrheit beschlossen worden, daß dies die Summe der Beschwer ist, also der Betrag, mit dem der Appelant, ob er nun Kläger oder Beklagter ist, durch ein Urteil, durch das er geschädigt und belastet wird, rechnen und den er erwarten kann.“*

524 HAStK, RKG, C 109, fol. 29r., 29v.

politiae. Im Rahmen seiner Ausführungen zur Klagezulässigkeit thematisierte der Schriftsatzverfasser besonders die Inappellabilität magistratischer Endurteile, sog. sententiae definitivae, unter dem Gesichtpunkt eingetretener Rechtskraft.

Besonderes Augenmerk verdient die Art und Weise, wie der Schriftsatzverfasser die Kölner Appelationsprivilegien auf diesen Konflikt anwendete. Nur sehr kurz erwähnte er das qualitative Appellationsprivileg vom 29. Oktober 1576, um die Unzulässigkeit der Appellation herauszustellen. Möglicherweise ging er wie selbstverständlich von dessen Einschlägigkeit aus, so dass ihm nähere Ausführungen überflüssig erschienen. Aufwendig begründete der Advokat dagegen die Unzulässigkeit der Appellation mit Hilfe des quantitativen Appellationsprivilegs vom 4. April 1623. Die dort festgesetzte Appellationssumme von 700 Goldgulden liege deutlich oberhalb des Streitwertes. Die Argumentation erstaunt insofern, als das qualitative Appellationsprivileg aus dem Jahre 1576 in Zunftangelegenheiten im Vergleich zum quantitativen Privileg von 1623 lex specialis war. Ein Mindeststreitwert von 700 Goldgulden war beim qualitativen Appellationsprivileg nämlich nicht erforderlich. Es musste sich lediglich um eine Zunft- oder Gaffelangelegenheit handeln. Die Ausführungen des Advokaten deuten aber darauf hin, dass die beiden Appellationsprivilegien in der Praxis nebeneinander angewendet wurden, so dass bei Nichteinschlägigkeit des qualifizierten Privilegs die Unzulässigkeit auch auf die Unterschreitung der Mindestappellationssumme des quantitativen Privilegs gestützt werden konnte.

Verwunderlich bleibt dennoch, dass der Schriftsatzverfasser im Rahmen der Berechnung der Appellationssumme vorwiegend auf die Beschwer von Jost Rath abstellte und die Begründung dafür antrat, dass dessen Schaden sich auf weniger als 700 Goldgulden belief und damit unterhalb der im Appellationsprivileg festgelegten Mindestsumme liege. Am Reichskammergericht war im Rahmen der Appellationssummenberechnung jedoch allein die beim Appellanten eingetretene Beschwer maßgeblich.[525]

c) Die Replik des Lohgerberamtes

In der Replik hatte das Lohgerberamt die Möglichkeit, auf die appellatischen Einwände zu erwidern und insbesondere die Zulässigkeitseinreden zu entkräften. Den ersten Teil ihrer Replik nutzten die Lohgerber dazu, den Streitgegenstand ihrer Klage zu präzisieren.

525 Pfeiffer, Practische Ausführungen aus allen Theilen der Rechtswissenschaft, Bd. 6, S. 266, mit weiteren Nachweisen.

aa) Materiellrechtliche Ausführungen

Hatte es in der Supplik des Lohgerberamtes noch so geklungen, als klagte die Zunft in eigenem Interesse und Namen darauf, dass Jost Rath seinen selbst eingerichteten Lohhof wieder schließe, so gab sie ihrer Replik einen altruistischen Anstrich. An die Stelle der Verteidigung ihrer Amtsprivilegien setzten die Lohgerber nun die Einforderung eines gerechten Arbeitslohns für ihren eingeschworenen Meister Maßbender.

In ihrer Replik betonten sie, dass der beklagte Lederzurichter Jost Rath sich auf Kosten des Lohgerberamtes und insbesondere des Lohgerbermeisters Maßbender bereichere. Mit letzterem hatte Jost Rath einen Vertrag lediglich über die schwere „raue Arbeit" – damit war wohl eine sehr arbeitsintensive Vorarbeit des Gerbens gemeint – geschlossen. Die – nach Darstellung der Lohgerber – lukrativere Arbeit des Lohens habe Jost Rath jedoch selbst verrichtet und sich den daraus erzielten Gewinn zu Unrecht angeeignet:

„*Warauß dan offenbahrlich wahr, daß dieser accordt allein zu dem endt beschehen damit ggll., wan die fell auß der rawer arbeit kommen, Er*[526] *selbe alßdan in seiner behaußungh allein außlohen undt also daß loheambt in habender Ambtsgerechtigkeit turbiren undt beschedigen möge.*"[527]

Der zwischen Jost Rath und dem Lohgerber Maßbender geschlossene Vertrag, nach dem Maßbender für seine Arbeit ein Kopfstück pro Fell erhalten sollte, sei jedoch nichtig, denn der Kölner Magistrat habe in seiner am 4. Juli 1646 getroffenen, und am 6. Juli 1646 bestätigten Entscheidung Jost Rath aufgegeben, sich der weiteren Ausarbeitung seiner Felle zu enthalten und für den Fall der Zuwiderhandlung eine Geldstrafe von 50 Goldgulden angeordnet. Bei diesem Urteil habe es sich um ein Endurteil gehandelt, welches entgegen der appellatischen Behauptungen auch ordnungsgemäß zustandegekommen sei. Den Einwand Jost Raths, die damaligen Urteiler seien befangen gewesen, wies der Prokurator der Lohgerber, Dr. Blaufelder, zurück:

„*Diese Urtheill ist definitiv, worauff diese gantze sach beruhet, undt nit durch nachbahr undt gutte guiner, sondern nach eingenohmenen schrifft undt unendtlichen bericht rechtlich ertheilt undt ... ahm 6. Julÿ confirmirt....*"[528]

Maßbender habe diesem Urteil Folge geleistet und anschließend alle Felle von Jost Rath in die Lohe gelegt, um sie vollständig auszugerben. Für diese geleistete Arbeit habe er dann, dem Ratsurteil gemäß, den vollen Arbeitslohn von

526 Gemeint ist Jost Rath.
527 HAStK, RKG, C 109, fol. 36r.
528 HAStK, RKG, C 109, fol. 36v.

3½ Kopfstück pro Fell verlangt, welchen Jost Rath ihm allerdings verweigert habe. Dies sei der Anlass für die Klage der Lohgerber gewesen:

„Weill nun dieser Maßbender ein unvermögener handtwercks man, so seines liedlohns schwerlich endtbehren kann So hatt ein Ehrbares loheAmbt vor Ihn alß Ihren mitbruder beÿ wollgemeltem Rahtt supplicando intercedirt damit Er seine belohnungh seiner auß befelgh der Obrigkeit mit gglls. bewilligung gethaner arbeit bekommen mögtt. ggll. aber sucht diesen armen schämelen mitburgeren wegen seines sauer verdienten liedtlohns in gerichtlichen kostbahrlichen process zu stürtzen, … .“[529]

Diese Ausführungen zeigen deutlich, dass das Lohgerberamt mit seiner Replik bemüht war, ihrer Klage ein anderes Gepräge zu geben. Dem Gericht sollte nicht das Bild eines umfassenden zünftlerischen Kontrollapparates geboten werden, der die Arbeitsweise seiner angeschlossenen Meister kontrolliere, sondern vielmehr das einer Zunft, die sich hinter ihre Mitglieder stellte und deren legitime Interessen durchzusetzen suchte.[530] Die Anführung von Billigkeitsargumenten, wie die Einforderung gerechten Verhaltens sowie der materiellen Bedürftigkeit, konnte bereits in den vorherigen Prozessen beobachtet werden. Nach Aussage der Lohgerber habe Maßbender sogar zahlreiche Felle des Jost Rath *„auß tringender nohtt wegen mangell underhaldts verkaufft..., undt ist solches ahm ordentlichen gericht zwischen Ihnen beiden*[531] *außgeführt.*“[532]

Das Vorbringen lässt sich in tatsächlicher Hinsicht nicht überprüfen. Die Äußerungen der Zunft lassen allerdings den Schluss zu, dass zur Mitte des 17. Jahrhunderts der Aspekt der Solidargemeinschaft bei den Zünften im Schwinden begriffen war. Materielle Hilfe von Seiten der Zunft war dem Zunftmeister Maßbender also offenbar nicht gewährt worden. Anders als die Lohgerberzunft schien der Kölner Rat jedoch nicht von einer Nichtigkeit des zwischen Maßbender und Jost Rath geschlossenen Vertrages ausgegangen zu sein, denn schließlich war Jost Rath für die ihm verloren gegangenen Felle Schadensersatz zugesprochen worden. Maßbenders eigenmächtigen Verkauf von Jost Raths Fellen hatte der Kölner Rat also nicht genehmigt.

---

529 HAStK, RKG, C 109, fol. 36v.

530 Die Organisation der Zunft hatte maßgeblich zum Ziel, dem einzelnen angeschlossenen Meister Schutz durch die Gemeinschaft zu geben, siehe dazu und zu den weiteren sozialen Aufgaben der Zunft Wissel, Des alten Handwerks Recht und Gewohnheit, S. 45 ff.

531 Gemeint sind Jost Rath und der Lohgerber Maßbender.

532 HAStK, RKG, C 109, fol. 37r.

bb) Prozessuales Vorbringen

Die umfangreichen Zulässigkeitseinreden des Appellaten Jost Rath zwangen die Lohgerber dazu, die Zulässigkeit ihrer Klage zu begründen. Dabei hatten sie sich auch mit den gegnerischen Argumenten hinsichtlich der Privilegia de non appellando auseinanderzusetzten. Deren Einschlägigkeit wurde natürlich verneint.

(1) Entgegenstehende Rechtskraft

Bereits Jost Raths Verteidiger hatten in ihrer Exzeptionsschrift argumentiert, die eingetretene Rechtskraft des magistratischen Urteils vom 20. Dezember 1647 stehe einer Klage des Lohgerberamtes entgegen. Die Lohgerber wandten dagegen ein, dass bereits das inhaesive Magistratsurteil vom 6. Juli 1646 zur res iudicata erstarkt sei, weil sich Jost Rath bis zum 15. Februar des darauf folgenden Jahres[533] nicht gegen dieses Urteil gewandt habe. Die von appellatischer Seite vorgebrachten Behauptungen zur irregulären Entstehung dieses Urteils träfen nicht zu; andernfalls hätte der Appellat Jost Rath das Urteil auch nicht durch unterlassene Rechtsmitteleinlegung in Bestandskraft erwachsen lassen:

„*Undt da deme so wehre, wie ggll mit Unwarheit vorgibt wurde Er* [Jost Rath] *vom 6. Julÿ 1646 biß den 15. februarÿ des folgenden 1647 Jahres nit geschweigen, undt diese inhaesiv urtheilen sine ulla appellatione in rem iudicatam nit haben verlauffen laßen.*“[534] *Jost Rath habe sogar im Gegenteil* „*In maßen ... dieser decisiff urtheill parirt, undt die in seine budden gethane fell wiederumb auß seinem hauß in des lohemeisters behaußung umb außzulohen bracht.*“[535]

Wie schon zuvor in seinem Klagelibell betonte der Prokurator der Lohgerber, Dr. Blaufelder, nochmals, dass der Kommissionsbeschluss des Kölner Rates vom 20. Dezember 1647 zum einen aufgrund der entgegenstehenden Rechtskraft der Entscheidung vom 6. Juli 1646 und überdies auch wegen Erschleichung („*per sub: et obreptionem also außgewurckt*“) durch den Appellaten Jost Rath nichtig sei.[536]

533 Woraus sich dieses Datum ergab, erläuterten die Lohgerber nicht.
534 HAStK, RKG, C 109, fol. 37r.
535 HAStK, RKG, C 109, fol. 36v.
536 HAStK, RKG, C 109, fol. 37r.

(2) Privilegium de non appellando von 1576

Das Appellationsprivileg in Zunftsachen von 1576 erwies sich für die Lohgerber als heikler Punkt, den es geschickt zu umschiffen galt. Im Vergleich zu den sonstigen hier untersuchten Prozessen brachten die Lohgerber die bestehende Unsicherheit in der Anwendung des Appellationsprivilegs klar zum Ausdruck. Den Ausführungen der Lohgerber ist zu entnehmen, dass sie sich in der erstinstanzlichen Auseinandersetzung aufgrund des Einwands von Jost Rath, dass einer Appellation an das Reichskammergericht obiges Privileg entgegenstehe, bereits rechtssuchend mit der Frage an den Kölner Rat gewandt hatten, in welchen Fällen das Appellationsprivileg von 1576 überhaupt anwendbar sei und folglich anstatt einer Appellation nur die Revision als Rechtsmittel eingelegt werden könne.

„*Seint dabeneben auch nit zu verdenken gewesen daß Sie [die] ambtsmeister /: weill die herren Referenten auff ein ahngemast privilegium so in ambt sachen die revision undt nit die appellation ad Cameram Imperialem gestatten will vermeintlich gezielet:/ in omnem eventum, et cum solemnissima protestatione, quatenus hac causa ullo modo et in ullo puncto revisibilis die Jura revisionis deponirt undt von herren Richteren declaration in welchen puncten diese sach dem privilegio in ambts streitigkeiten zwischen den Ambteren revisionabilis sein soll, eventualiter gebetten undt sich in solchem fall sich zu leistung schuldige gebühr erbotten, ggll aber hatt ... Coram praetensis Revisoribus neben ahnw: prallen* [Anwalts Principalen] *sustinirt, daß kein punct vorhanden so revisionabel, undt daher weil die hhln Commissary auch keinen* [Punkt] *specificiren kondten, so zwischen ambteren streitigh beider seits die sach ad hanc Cameram Imperialem zuerweisen gepetten.*“[537]

Die zuständige Kommission des Kölner Rates habe also ebenso wie der Appellat Jost Rath keinen einzigen Grund benennen können, warum im vorliegenden Fall nur eine Revision ohne Devolutiveffekt und nicht auch eine Appellation eingelegt werden dürfe. Die Lohgerber folgerten aus dem Fehlen eines Revisionsgrundes, dass dann jedenfalls eine Appellation an das Reichskammergericht möglich sein müsse. Auch beim Kölner Rat bestand demnach eine rechtliche Unsicherheit hinsichtlich der Frage, in welchen Fällen das Rechtsmittel der Revision bzw. das der Appellation zu gewähren war. Dies erscheint insofern erstaunlich, als man von dem durch rechtskundige Syndici unterstützten Kölner Rat bezüglich eines der Stadt Köln erteilten kaiserlichen Privilegium de non appellando von einer sicheren, zumindest nach außen hin als solcher kommunizierten Rechtsanwendung, hätte ausgehen dürfen.

537 HAStK, RKG, C 109, fol. 37v.

(a) Beiderseitig geplante Appellationseinlegung

Wegen der Unsicherheit über den Anwendungsbereich des Privilegs erschien es den Lohgerbern daher sinnvoll, die Einlegung der Appellation als von beiden Streitparteien beabsichtigt darzustellen. Wer die Appellation dann letztlich als erster einlegte und damit den Status als Appellant, bzw. Appellat erhielt, wäre aus dieser Sicht nur eine Frage des „wann“, nicht des „ob“ der Klageeinlegung gewesen („*...ggll* [gegentheils] *aber den punctum devolutionis zu verfolgen, mit dem vorgeben er wollte selbst anhero uff Speir lauffen, Er kondte mit einem augh lachen, undt mit Dem anderen zugleich weinen undt durch sein lamentiren leichtsam remissionem causa erhalten...*“).[538]

Die Lohgerber unterstellten Jost Rath also, er sei ebenfalls zu einer Appellation an das Reichskammergericht bereit gewesen, da er ebenso wie die Lohgerber das endgültige Urteil des Kölner Rates als für sich beschwerlich ansah. Die Lohgerberzunft hätte das Reichskammergericht insofern quasi mit Billigung von Jost Rath angerufen. Dies nahm die Lohgerberzunft zum Anlass, Jost Rath als einen streitsuchenden, von einem „*Wahn*“ besessenen Menschen darzustellen, der sich ungerecht verhalte, was nach zeitgenössischer Rechtslehre gleichbedeutend mit einem Verstoß gegen die Rechtsordnung war. Vom Reichskammergericht erwarteten die Lohgeber daher eine Zurechtweisung Jost Raths und die Wiederherstellung von Gerechtigkeit („*Der Justitz undt dieses hochloblichen ansehentlichen Cammergerichts hochvernünftiger iudicatur diese Ihre höchste befugniß underthänigst heimgestelt in hoffnung dieser importune streitlustende undt process liebende Mensch werde in seinem irrigen wahn sich betrogen finden, undt die liebe gerechtigkeit obsiegen*“).[539]

Die Lohgerber zielten mit ihren Angriffen auf die Weigerung Jost Raths ab, dem Lohgerbermeister Maßbender den eingeforderten Arbeitslohn von 3½ Kopfstücken für jedes ausgearbeitete Kuh- bzw. Ochsenfell zu zahlen. Wie bereits in vorherigen Prozessen gesehen, waren derartig scharfe persönliche Angriffe in anwaltlichen Schriftsätzen nichts Ungewöhnliches. Dem Gegner wurde stets attestiert, unmoralisch zu handeln und sich damit auch zugleich gegen die rechtliche Ordnung zu stellen.

Das Verhalten des Appellaten Jost Rath erscheint nach diesen Ausführungen der Lohgerber höchst widersprüchlich. Warum sollte er in seiner Exzeptionsschrift zum einen ausdrücklich auf die Unzulässigkeit der Appellation an das Reichskammergericht verwiesen haben, zum anderen jedoch gleichzeitig das Ziel verfolgt haben, selbst das Reichskammergericht anzurufen? Es ist wohl eher da-

538 HAStK, RKG, C 109, fol. 37v.
539 HAStK, RKG, C 109, fol. 37v.

von auszugehen, dass Jost Rath mit dem endgültigen Urteil des Kölner Rates recht gut leben konnte, hatte das Urteil ihm doch Schadensersatz für seine von Maßbender eingenmächtig verkauften Felle zugesprochen, sowie die Lohnforderungen des Lohgerberamtes auf ein angemessenes Maß reduziert. Der Kölner Rat hatte außerdem noch die Boykottierung Jost Raths durch die Lohgerber als Mittel zur Durchsetzung höherer Löhne verboten.

Eines lassen die Behauptungen der Lohgerber zumindest deutlich erkennen. Sie waren sich des Risikos der Einlegung einer unzulässigen Appellation bewusst. Für den Fall eines Verstoßes gegen das Appellationsprivileg von 1576 war nämlich eine hohe Strafe von „*vierzig marck löttigs goldts*" ausgesetzt.[540] Daher erklärt sich auch das Bestreben der Lohgerber, die Einlegung der Appellation für den Fall ihrer Unzulässigkeit nicht als eine bewusste Missachtung des Appellationsprivilegs von 1576 erscheinen zu lassen, sondern Jost Rath als die eigentliche streitsüchtige Partei darzustellen.

(b) Fehlende Einschlägigkeit des Appellationsprivilegs

Mit den konkreten Voraussetzungen des Appellationsprivilegs von 1576 beschäftigten sich die Anwälte der Lohgerber nur kurz. Hierzu stellten sie die Rechtsansicht auf, dass das Appellationsprivileg in diesem Prozess gar nicht einschlägig sei. Das Appellationsprivileg beziehe sich nämlich nur auf Streitigkeiten, die zwischen Ämtern untereinander ausgetragen würden, nicht jedoch auch auf Streitigkeiten zwischen einem Amt und einem Privatmann, wie dies hier der Fall sei:

> „*In maßen auch daß privilegium alß dan statt findet wan zwischen den Ambteren nit aber mit einem privato wegen der ambtsgerechtigkeit gestritten wirdt.*[541]

Diese Rechtsansicht ließ sich bei wortgetreuer Anwendung des Appellationsprivilegs von 1576 gut vertreten, denn das Privileg sprach lediglich von „*Irrthumben, so zwischen den Gaffelen und Ämptern in der Stat Cöln, yeder Ampts gerechtigkeit belangendt, oder auch bemelten Gaffelen und derselben Gaffelmaistern, gegen ainen oder mehr Personen derselbigen Gaffelen, auff den Gaffelheusern irrig einfallen.*"[542] In diesem Zusammenhang ist die rechtlich ungünstige Situation der Lederzurichter in Erinnerung zu rufen, die zwar zunftähnlich organisiert waren, jedoch bis zu ihrer Vereinigung mit dem Lohgerberamt im Jahre 1775 keinen eigenen Amtsbrief besaßen. Jost Rath war aus dieser Sicht also kein Zunftangehöriger, sondern Privatmann. Bei Anwendung der für Statuten

540 Zitiert nach Eisenhardt, Die kaiserlichen privilegia de non appellando, S. 249, 251.
541 HAStK, RKG, C 109, fol. 38r.
542 Zitiert nach Eisenhardt, Die kaiserlichen privilegia de non appellando, S. 249, 251.

geltenden strikten Interpretation auch auf reichsrechtliche Privilegien wäre eine Ausdehnung über den Wortlaut hinaus tatsächlich unzulässig gewesen. Ein derart eingeschränkter Anwendungsbereich des Privilegs dürfte jedoch mit der ursprünglichen Intention der kaiserlichen Appellationsgewährung sicherlich nicht in Einklang gestanden haben. Dies hätte bedeutet, dass bei Streitigkeiten zwischen Zünften untereinander der Rechtsweg zu den Reichsgerichten versperrt gewesen wäre, Konflikte zwischen Zünften und Unzünftigen wie etwa Krämervereinigungen jedoch reichsgerichtlich hätten überprüft werden können. Ziel des Privilegs war es aber gerade, die Herrschaft der territorialen Obrigkeiten durch Schaffung eines weitgehend autonomen Gerichtswesens zu stärken, um die *„Burgerschafft und Gemainden in fridlichem Wesen und gueter Ordnung zuhalten*“, wie es in der Privilegiumserteilung von 1576 geheißen hatte.[543] Die Lohgerber setzten sich mit diesem Argument zudem in Widerspruch zu ihrem eigenen Klagelibell, in dem sie die Lederzurichter noch selbst als eine Zunft mit eigener Amtsgerechtigkeit bezeichnet hatten.[544]

(c) Rückzug auf angebliche appellantische Beweisführungslast

Als weiteres Argument gegen die Einschlägigkeit des Appellationsprivilegs von 1576 zogen sich die Lohgerber in diesem Punkt auf die zivilprozessuale Beweisführungslast zurück, die beim Appellaten Jost Rath liege. Dieser habe bisher nicht dargelegt, inwiefern die Inhibitionsschrift der Lohgerber gegen Festlegungen des am 20. Dezember 1647 erlassenen, für die Lohgerber als nichtig angesehenen Urteils, verstoße und damit zugleich auch das Privilegium de non appellando missachte:

„...bleiben die angezogene narrata inhibitionis so langh wahr biß ggll erweise ob und waß in der ahm 20 xbris 1647 ertheilter nichtiger Urtheill begriffen so der Statt Collen privilegio de non appellando zuwieder, auch sint die ordentliche appellations Commissarÿ nit Judices minores, sonderen ist diß hochloblich Kaÿserl. Cammergericht dero Judex immediate superior.

Undt hatt Ahnw: prallen [Anwalts Principalen] *keine fatale a die dicta sententia 20 xbris 1647 lata lauffen konnen, weil darab intra decendium ad quemvis superiorem Competentem appellirt selbe auch per diversa decreta acceptirt, undt committirt, undt sich Judices Competens erklert.*“[545]

Die Ausführungen der Lohgerber zu diesen prozessual interessanten Fragen sind nicht leicht verständlich und erscheinen zudem teilweise widersprüchlich.

543 Zitiert nach Eisenhardt, Die kaiserlichen privilegia de non appellando, S. 249.
544 Vgl. dazu Fn. 471.
545 HAStK, RKG, C 109, fol. 38r.

Welchen rechtlichen Sinn sollte es haben, den Prozessgegner Jost Rath beweisen zu lassen, inwiefern die Inhibitionsschrift der Lohgerber gegen Appellationsbestimmungen des eigenen Ausführungen nach nichtigen Urteils der Kölner Ratskommission verstoße? Ein nichtiges Urteil entfaltete nämlich keinerlei Rechtswirkungen. Möglicherweise zielten die im rechtlich vagen Bereich bleibenden Behauptungen der Lohgerber zur Beweispflichtigkeit Jost Raths auch auf das Appellationsprivileg von 1623 ab, das neben der gesonderten Bestätigung des Appellationsprivilegs von 1576 noch eine Mindestappellationssumme von 700 Goldgulden festgesetzt hatte. Nach allgemeinen prozessrechtlichen Grundsätzen konnte der Appellat zwar in jeder Phase des Prozesses die Einrede des Mangels der Appellationssumme vorbringen, welche der obere Richter auch von Amts wegen zu berücksichtigen hatte.[546] Die diesbezüglichen Ausführungen in der Exzeptionsschrift von Jost Rath waren jedoch ziemlich ungenau und daher nach Ansicht der Lohgerber nicht substantiiert genug, wie Ausführungen zur Appellationssumme weiter unten zeigen werden.

Auffallend in prozessrechtlicher Hinsicht ist auch die Behauptung der Lohgerberzunft, das Reichskammergericht entscheide in dieser Streitigkeit nicht in seiner Funktion als eine der Kölner Ratskommission rechtlich übergeordneten Instanz, sondern als ein „unmittelbarer Richter". Dies wäre noch insofern verständlich, als der Prokurator Dr. Blaufelder das Urteil der Kölner Ratskommission vom 20. Dezember 1647 ja als nichtig und damit gleichsam als rechtlich inexistent betrachtete. So gesehen würde sich das Urteil des Reichskammergerichts als unmittelbar und letztinstanzlich darstellen. Gleichwohl bezeichneten die Lohgerber ihr vor dem Reichskammergericht eingelegtes Rechtsmittel ausdrücklich als Appellation.[547] Eine Appellation setzte im Gegensatz zu einer Nichtigkeitsklage jedoch stets ein existierendes erstinstanzliches Urteil voraus. Die Lohgerber widersprachen zudem dem Einwand von Jost Rath, sie hätten die Rechtsmitteleinlegungsfrist verstreichen lassen, mit dem Hinweis, das Reichskammergericht habe die Appellation der Lohgerber akzeptiert und sich selbst zum zuständigen Richter erklärt. Möglicherweise spielte der Prokurator der Lohgerber, Dr. Blaufelder, hier auf die Zustellung der appellantischen Inhibitionsschrift an den Appellaten Jost Rath durch das Reichskammergericht an. Hierbei ist jedoch zu bedenken, dass aus einer solchen Klagezustellung weder hinsichtlich der Zulässigkeit, noch der Begründetheit der Klage, irgendeine Schlussfolgerung auf die Haltung des Gerichts gezogen werden konnte, da das Gericht in solchen Fällen

546 Dazu ausführlich Pfeiffer, Praktische Ausführungen aus allen Theilen der Rechtswissenschaft, Bd. 6, S. 222.

547 HAStK, RKG, C 109, fol. 38v.

nicht seine eigene Rechtsauffassung bekannt gab, sondern lediglich durch einen Boten die Klageschrift dem Beklagten übermittelte.

(3) Privilegium de non appellando von 1623

Ebenso wie die Aussagen des Appellaten Jost Rath gehen auch die Ausführungen der Lohgerber hinsichtlich der in der Appellationssumme des Privilegs von 1623 festgelegten Beschwer nicht konform mit der zeitgenössischen Rechtslehre. Wie bereits zuvor erörtert, gab die im Privileg festgesetzte Appellationssumme stets die für eine Appellation vorausgesetzte Mindestbeschwer des Appellanten, nicht des Appellaten an. Anknüpfend an die Argumentation des Appellaten Jost Rath legten die Lohgerber dar, dass Jost Rath den bei ihm eingetretenen Schaden nicht genau genug beziffert habe, so daß im Zweifelsfall die Appellationssumme unbeachtet bleiben müsse:

„*Undt ob woll ggll vorgeben er hette etliche fell widderbekommen so bleibt noch wahr daß Er neben den 1600 Rthlr noch verscheidene posten, neben der schmagh, schaden, undt mißcredit nit specificirt, undt also ob incertitudinem keiner sicherer quantitet underworffen, dahero in dubio, privilegium taxe kein statt findet.*“[548]

Sicher sei jedoch, dass sich die Streitsumme zumindest deutlich über der im Appellationsprivileg festgelegten Summe von 700 Goldgulden bewege („*wan die bekendtlich wider empfangene fell, von den einmahl taxirten 1600. Rhlr schon deducirt werden solten, dannoch weit uber 700 goldtgln uberschießen*“).[549]

Es erscheint im Rahmen einer gerichtlichen Auseinandersetzung in der Tat befremdlich, dass die klagenden Lohgerber den Beklagten Jost Rath auf die fehlende Geltendmachung weiterer Schadensposten aufmerksam machten, um das Erreichen der Appellationssumme glaubhaft zu machen. Eine Interpretation dahingehend, dass die Lohgerber hier möglicherweise ihre eigene Beschwer zu beziffern suchten, ist jedoch unter juristischem Blickwinkel noch unwahrscheinlicher, denn ein Vorwurf dahingehend, Jost Rath habe immaterielle Schäden der Lohgerber nicht spezifiziert, erscheint wohl abwegig.

(4) Formelle Ordnungsgemäßheit der Klageeinreichung

Am Ende ihrer Replik erwiderten die Lohgerber die Einwände Jost Raths hinsichtlich der Notwendigkeit einer gesonderten Vollmacht jedes einzelnen einge-

548 HAStK, RKG, C 109, fol. 38v.
549 HAStK, RKG, C 109, fol. 38v.

schworenen Lohgerbermeisters zur Klageerhebung: „*Der 12. punct*[550] *streitet gegen die gemeine rechten, undt dieses hochloblichen Cammergerichts stilum dabeÿ iederzeit in dieser undt verscheidenen ambts sachen, die ambtsmeistere pro legitimis administratoribus undt vertrettere der ambter erkandt, undt die procuratores iederzeit uti administratores constituirt.*“[551]

Auch wenn die Aussage nicht auf ihre Wahrheit hin überprüft werden kann, so schien die Ansicht der Lohgerber, die Amtsmeister einer Zunft gegenüber Dritten als legitime Vertreter der Zunft anzusehen, der Praxis am Reichskammergericht eher entsprochen zu haben, als das von appellatischer Seite kaum praktikable Erfordernis der Einstimmigkeit aller Meister. Dies hätte in der Praxis zu einer Handlungs-und Prozessunfähigkeit der Zünfte geführt, denn Einstimmigkeitsvoten dürften aufgrund der inhomogenen Mitgliederstruktur und des großen Konfliktpotentials zwischen verdienten und unverdienten Meistern wohl die Ausnahme gewesen sein.

d) Klageabweisung durch das Reichskammergericht

Der hier geschilderte Prozess ist ein guter Beleg dafür, dass sich längst nicht alle vor dem Reichskammergericht ausgetragenen Prozesse zeitlich endlos hinzogen. Weniger als ein Jahr seit Prozessbeginn und gerade einmal vier Tage nach Einreichung der appellantischen Replik durch den Prokuartor Dr. Blaufelder erging am 7. Februar 1651 das erste Urteil des Reichskammergerichts. Es wies die Klage der Lohgerber kostenpflichtig zurück. Der Urteilstenor ist im Spezialprotokoll der Prozessakte überliefert:

„*In Ahngemaßter aplon sachen ambtsmeisters des löher ambts in Cölln aplant wied Jost Rathen aplat ist erkendt das solche sach durch fürgenohmene appellation an dis Kaÿl. Cammergericht nit erwachsen, sondern an richtern voriger instantz zu remittirn unnd weisen seie, als wir dieselbe hiemit remittiren und weisen ermelte aplant in die gerichts Cösten an diesem Kaÿl. Cammergericht derentwegen uff geloffen ihme dem aplat nach rechtlicher ermeßigung zu entrichten und zu bezahlen vollig ertheilend.*“[552]

Das Urteil entsprach in seiner Rechtsfolge dem Kölner Appellationsprivileg in Zunftsachen aus dem Jahre 1576. Dieses hatte vorgesehen, dass Appellationen, die gegen dieses Privileg verstießen, als „*frivol und fridlicher Pollicey widerwertig, nit zugelassen, sonder refutirt werden*“ sollten.[553] Ob das Reichskammerge-

550 In der Exzeptionsschrift des Prokurators Henning waren die diesbezüglichen Einwände als 12. Punkt aufgeführt.
551 HAStK, RKG, C 109, fol. 38v.
552 HAStK, RKG, C 109, fol. 3r.
553 Zitiert nach Eisenhardt, Die kaiserlichen privilegia de non appellando, S. 249, 251.

richt auch tatsächlich in Anwendung dieses Privilegs urteilte, ist dem Urteilstenor nicht zu entnehmen. Für klageabweisende Urteile aufgrund eines Appellationsprivilegs soll dies jedoch ein üblicher Befund sein. Nach Pfeiffer war es nämlich ein fester ungeschriebener Grundsatz, daß *„im Falle der Nicht-Erwachsenheit einer Appellation an die höhere Instanz der Oberrichter sein Erkenntniß lediglich auf den Ausspruch hierüber zu beschränken habe, indem einer jeden weitergehenden Entscheidung der Mangel seiner Competenz entgegenstehen würde."*[554]

Die nachfolgende Eintragung im Spezialprotokoll der Reichskammergerichtsakte spricht allerdings dafür, dass das Reichskammergericht sein Remissionsurteil auf Grundlage des Appellationsprivilegs von 1576 traf.

e) Beantragung der Strafsumme durch den Reichsfiskal

Am 5. März 1651, knapp einen Monat nach Zurückweisung der Appellation, beantragte der Fiskal am Reichskammergericht, das Lohgerberamt wegen Verstoßes gegen das Appellationsprivileg in Zunftsachen in die dort festgesetzte Strafsumme von 40 Mark löthigen Goldes zu verurteilen. Beim Fiskalat handelte es sich um eine behördenähnliche Einrichtung, die von Amts wegen die Interessen des Kaisers und des Reiches vertrat.[555] Hierzu gehörte vor allem die gerichtliche Verfolgung aller Verstöße gegen Reichsrecht. In Art. XX, Teil II der Reichskammergerichtsordnung von 1555 waren einige der vom Reichsfiskal zu verfolgenden Verstöße ausdrücklich aufgeführt, darunter ein Verstoß gegen die Goldene Bulle, den kaiserlichen Landfrieden oder die Reichspolizeiordnung von 1548.[556] Der Kaiser hatte bei Verstößen gegen die von ihm erteilten Privilegien, neben den Privilegierten selbst, auch insofern ein Interesse an einer Strafverfolgung, als solche Verstöße immer auch als Angriffe gegen den Kaiser als Erteiler der Privilegien angesehen wurden.[557] Seit dem 15. Jahrhundert etablierte sich das Fiskalat

554 Pfeiffer, Praktische Ausführungen aus allen Theilen der Rechtswissenschaft, Bd. 6, S. 441.

555 Knolle, Fiskalat, in: HRG I, Sp. 1134 f. Die Darstellung beschränkt sich hier auf die Reichsebene. Auch zahlreiche territoriale Gerichtsordnungen sahen Fiskalate vor. Auf territorialer Ebene verfolgten freie Anwälte im landesherrlichen Auftrage fiskalische Sachen. Der Fiskal am Reichskammergericht hatte dagegen insofern eine Sonderstellung, als die RKGO in Teil 2, Art. XLV eine feste Besoldung vorsah. Dafür war dem Reichsfiskal jegliche private Tätigkeit verboten, siehe dazu Smend, Das Reichskammergericht, S. 359-363.

556 Vgl. dazu RKGO von 1555, Teil 2, Art. XX, abgedruckt bei Laufs, Die RKGO von 1555, S. 195-198.

557 Eisenhardt, Die kaiserlichen privilegia de non appellando, S. 18.

als dauerhafte Einrichtung.[558] Das Spezialprotokoll enthält hierzu unter dem Datum des 5. März 1651 folgenden Eintrag über die Anklage des Reichsfiskals:

„*Adv. Fisci.* [Advocatus Fisci] *demnach Ambtsmeister deß Loheambts in Collen wider daß im Jahr 1576. ertheilte kaiß: privilegium in sachen solcheß Ambts Gerechtigkeit betreffent, ahn diß kaiß: Cammergericht Anmaßlich und freventlich appellirt, wie ahm 7. februarÿ jüngst eröfnete Sententia non devolutionis darthut, und offentlich alß res judicata bestettiget, und dan damit die gedachtem kaiß: privilegio ein verleibte Pön von 40. marcks lötiges golts*[559] *thätlich verwürcket, alß ubergibt zuforderst copiam vidimatam sothanen privilegÿ repetirt dasselbe, wie auch berührte Urtheil loco libelli animo litem affirmatine contestandi, und in vim probationis, bitt dießer frevelmütiger per sententiam convincirte contra ventiones Caes: Privilegÿ, alß vigore eiusdem erklerte Zerstöhrer guter Policeÿ und Anreÿtzer zur Unruhe, widerwertigkeit undt weiterung,*[560] *in Angeregte Pön der 40. marcks lottigs golts zu verdammen, und zu condemnieren, auch redietatem Caes: Fisco zu adiudiciren cum Expensis.*“[561]

Der Reichsfiskal am Reichskammergericht beantragte also in mündlichem Vortrag die Verurteilung der Lohgerber in die im Appellationsprivileg festgesetzte Summe von 40 Goldmark[562] unter Bezugnahme auf das am 7. Februar ergangene Remissionsurteil des Reichskammergerichts. Möglicherweise kannte der Reichsfiskal die Urteilsgründe des Gerichts und erhob daraufhin seine Anklage. Es ist aber auch denkbar, dass das Beruhen des reichskammergerichtlichen Urteils auf dem Appellationsprivileg von 1576 für den Reichsfiskal so selbstverständlich war, dass er keine weiteren Worte dazu verlor. Es ist daher sehr wahrscheinlich, dass die Klageabweisung tatsächlich aufgrund des Appellationsprivi-

558 Smend, Das Reichskammergericht, S. 359.

559 Lot bezeichnete ein Gewichtsmaß, das den absoluten Gewichtsanteil an Edelmetall bei einer Münze angibt. Ein Lot entsprach 14,6131 Gramm. Bei 40 Goldmark ergibt sich also ein Gewicht von ca. 585 Gramm, vgl. dazu Verdenhalven, Alte Meß- und Währungssysteme aus dem deutschen Sprachgebiet, S. 92.

560 Vgl. hierzu die ähnliche Diktion des Appellationsprivilegs: „*So were doch menigclich khundtbar, weßmassen in grossen Communen zu Zeitten leuth erfunden, so dem lieben friden nicht allerdings genaigt, welche dann andere mehr zu Widerwertigkaiten und unruhe anreizten, daher weitterung und rechtlicher Stritt sowol zu irem selbst als auch anderer schaden und verderbung irer narung verursachet wurde*“, zitiert nach Eisenhardt, Die kaiserlichen privilegia de non appellando, S. 249f.

561 HAStK, RKG, C 109, fol. 3r. und 3v.

562 Hier ist mit Mark die Währungseinheit gemeint. Der Begriff Mark bezeichnete zugleich ein Gewichtsmaß und entsprach 16 Lot. Dieser Unterschied wird häufig missachtet, siehe dazu Verdenhalven, Alte Meß- und Währungssysteme aus dem deutschen Sprachgebiet, S. 91 f.

legs von 1576 erfolgte. Der Protokolleintrag ist ein Beweis dafür, dass sich der Reichsfiskal in seiner Klageschrift strikt an den Wortlaut des Privilegs anlehnte.

Eine Entscheidung des Reichskammergerichts über die Klage des Fiskals ist nicht überliefert. Im Spezialprotokoll der Akte findet sich der Hinweis, dass *„auf diß mündtlich Libelliren nichts verhandelt oder noch zur Zeit gebetten werden will."*[563] Der Prokurator der Lohgerber, Dr. Blaufelder, hatte sich also offensichtlich Bedenkzeit ausbedungen, um auf die Anklage zu reagieren. Aber auch für die weiteren fünf Jahre bis zum Ende der Protokollaufzeichnungen findet sich in der Akte kein Eintrag, der in Bezug zur Anklage des Reichsfiskals steht. Es ist daher zum einen denkbar, dass das Reichskammergericht davor zurückschreckte, das Lohgerberamt mit der hohen Strafsumme von 40 Mark lötigen Goldes aus dem Appellationsprivileg zu belasten. Schließlich hatten die Lohgerber sich nach eigenem Bekunden auskunftsersuchend an den Kölner Rat gewandt, in welchen Fällen das Appellationsprivileg von 1576 einschlägig sei. Eine Auskunft hatten sie ihren Angaben zufolge allerdings nicht erhalten, so dass die Reichsrichter auf Grund dessen hier möglicherweise keinen schweren Verstoß vorliegen sahen. Denkbar ist allerdings auch, dass das Reichskammergericht eine endgültige Verurteilung in die Strafsumme und deren Exekution dem Kölner Magistrat als Stadtobrigkeit überließ. Eine greifbare Aussage des Reichskammergerichts zur Anwendung des Kölner Appellationsprivilegs von 1576 ist daher nicht vorhanden. Für die Zeit des Alten Reiches sind jedoch auch Fälle überliefert, in denen verbotene Appellationen an die Reichsgerichte nicht nur mit Geld- sondern sogar mit Haftstrafen geahndet wurden.[564]

f) Strafbewehrtes Reichskammergerichtsmandat

Während der hier geschilderte Appellationsprozess vor dem Reichskammergericht andauerte, es stand noch die weiter unten geschilderte Kostenentscheidung aus, erließ das Reichskammergericht am 2. August 1652[565] ein an die Reichsstadt Köln gerichtetes strafbewehrtes „*Mandatum de exequendo cassando et non turbando contra rem iudicatam sine clausula*".[566] Aus diesem Mandat lassen sich nicht nur nähere Erkenntnisse über die rechtliche Bedeutung des Remissionsurteils vom 7. Februar 1651 gewinnen, sondern auch über das weitere Handeln des

---

563 HAStK, RKG, C 109, fol. 3r. und 3v.

564 Eisenhardt, Die kaiserlichen privilegia de non appellando, S. 17.

565 „*Den zweÿdten tag Monats Augusti Nach Christi unseres lieben Herrn Geburtt in Sechszehenhunderet und zweÿ undt funfftzigsten*", vgl. HAStK, RKG, R 15, fol. 11r.

566 HAStK, RKG, R 15, fol. 12r. (eigene Zählung); das Mandat befindet sich in einer vom Hauptprozess getrennten Akte, die im HAStK unter RKG, R 15 verzeichnet ist. Das nur teilweise paginierte Schriftstück hat die Quadrangelnummer 5.

Kölner Rates in dieser Streitsache seit seinem letzten Urteil vom 26. März 1649. Im Folgenden soll daher ein längerer Auszug aus diesem Mandat wiedergegeben werden. Nach der üblichen Respektsbekundung an die Kölner Obrigkeit erläuterten die Reichsrichter zunächst den Tatbestand, um anschließend einen deutlichen strafbewehrten Befehl an den Kölner Rat zu richten:

„*Unßerm Kaÿßerlichen Cammergericht hat unser und des Reichs auch lieber getreuer Jost Rath Euer Mittbürger in unterthänigkeitt supplicirendt vor- und anbracht, welcher gestalt in der gegen Ihnen durch Ambts Meistern deß Lohe Ambts in Cöllen Angemaster Appellation Sachen an besagtem unserm Kaÿßerlichen Cammergerichtt den 7. tn Februarÿ Anno: 1651. Euer Urthel Crafft deren berührte Sach an Euch bürgermeister und Rhatt, als voriger Instantz Richter eröffnet und auß gesprochen worden. Und ob Er nun wohl Documentum solcher Urthell under unserm Kaÿßerlichen Insiegell Euch dem Rhatt baldt hernacher vorgezeigt, und zum Instendigsten umb deren Execution angesucht und gebetten, so hette dannoch dieses der ursachen halber Nichts verfangen wollen, weillen das Loheambt angeregte Remissorial urthel dahin außgedeutet, alß wann die Sach an Eurere hiebevor darzu verordnete Commissarios daselbst ulterius zu verfahren verwiesen, und in Sententia à quà 1649. den 26. tn Martÿ vorbehaltenes Recht benommen wehre, dahe dannoch dessen unerachtet Ihro des Rhatts Citatis Citandis 1651 den 21. Julÿ. Eurer in Anno 1647. den 20. Xbris ertheilt, und in rem Judicatam ergangene Urtheill bestettigt, und Confirmirt, gegen welche Confirmatoriam daß Lohe Ambt opinioni sue inhaerendo den 28. tn besagten Monats Julÿ von euch ganz wiederrechtlich Commissionem erhalten, wodurch Ihme den 19 tn februarÿ ad producendum Acta Terminus angesetzet, und die ahm 3. Junÿ alles Iungst hin von Euch dem Rhatt eröffnet, und vorbracht urthell veranlasset worden, Alles ganz hoch beschwerlich dahin angesehen und gemeinet, damit unsere Kaÿserliche Remissori urthell vernichtiget, die heÿlsambe Executio verschoben, und Implorant alß Contra rem Judicatam turbirt werden möchte.*

Wann aber in unserer Kaÿßerlichen Cammergerichts Ordtnung part. 3.ª tit. 48. in princ.[567] *wohl versehen, daß an dem selben in dergleichen fällen Man-*

---

567 Teil 3, Art. 48, § 1 der Reichskammergerichtsordnung von 1555 regelte die Vollziehung kammergerichtlicher Urteile:
„*Dieweil eyn yede urtheyl, so der nit gebürlich volnstreckung geschicht, wenig frucht bringt; damit dann an der execution außgesprochner urtheyl keyn mangel erscheine und hinfürther meniglich seins erlangten rechtens an dem keyserlichen cammergericht dester fürderlicher volnziehung und execution bekommen mög: So haben wir mit rath und bewilligung der stendt geordent und gesetzt, ordnen und setzen hiemit, daß eynem jeden auf sein anruffen, der urtheyl und recht doselbst erlangt und erhalten,an die parthei, so der urtheyl verlüstigt ist worden, ein gebots-*

nigliche, zu vollziehung seines erlangten Rechtens ein Executorial poenal Mandat gegen Richtern voriger Instantz, der erlangten urtheill fürderlichst folg zue thun, bitten und erhalten könne;

Solchem Nach umb dieß unßer Kaÿßerlich Mandat und ladung an, und wieder Euch zuertheilen, unterthänigst Anruffendt erlangt, daß solche process heut dato nach folgender gestalt erkant worden seindt.

Hierumb So gebiethen wir Euch mehrbesagten Bürgermeister undt Rhatt der Stadt Cöllen sambt und sonders von Römischer Kaÿserlichen Macht, undt beÿ Pöen zehen Marck Löttigs Goldts halb in unßer Kaÿßerliche Cammer und zum andern halben theill obberührten Imploranten unnachläßig zubezahlen, hiemit ernstlich und wollen,

daß Ihr alß baldt und ohne Einredt und Verzug Eurere im Jahr 1647. den 20. tn Decembris eröffnete, in Ihrer Crafft ergangene und 1651. den 21. tn Julÿ bestettigte Endt urtheill alles ihres Inhalts vollkommentlich Exequiret, waß dargegen vermaintlich erkandt, wieder cassirt, und uffhebet auch klägern biß dahin Ihr jetzt gedachte rei Iudicata ein volliges genügen gewißet von weiterer Klag, und turbirung Contra rem Iudicatam vom Gericht ab- undt zu ruhe weißet; deme also gehorsamblich Nach kommet, Alß lieb Euch sein mag, obangetrohete Pöen zu vermeiden. Darahn geschieht unser ernstliche Meinung; … ."[568]

Lässt man den bisherigen Prozessverlauf vor dem Reichskammergericht Revue passieren, erscheint dieses strafbewehrte höchstrichterliche Mandat an die Reichsstadt Köln zunächst nicht leicht verständlich. Es ist daher wichtig, den im Mandat vorangestellten Tatbestand genau zu beachten, denn hier gaben die Reichsrichter den Grund seines Erlasses an. Wir erinnern uns, dass der Kölner Rat am 26. März 1649 letztmalig ein Urteil erlassen hatte, das eine weitere Appellation an das Reichskammergericht in dem Konflikt der Lohgerber mit Jost Rath ausgeschlossen und als Rechtsmittel nur noch eine Revision ohne Devolutiveffekt gegen dieses Urteil zugelassen hatte. Die Lohgerber hatten dieses Urteil jedoch weder in sachlicher Hinsicht, noch in seiner rechtswegbegrenzenden Form akzeptiert und daher trotz des ausgesprochenen Verbotes an das Reichskammergericht appelliert.[569] Diese Klage der Lohgerber war, wie oben gesehen, vom Reichskammergericht mit Urteil vom 7. Februar 1651 abgewiesen worden. Der oben aus dem Spezialprotokoll der Akte zitierte Urteilstenor wies jedoch keiner-

---

brief und executorial bei einer nemlichen peen nach gestalt der sachen durch unser cammerrichter und beisitzer erkendt werden soll, halb dem fisco und halb dem gewinnenden theyl zu bezalen, nach uberantwortung dises gebottsbrieff in n. zeit solchem erlangten urtheyl zum fürderlichsten volg zu thun.", zitiert nach Laufs, Die RKGO von 1555, S. 264 f.

568 HAStK, RKG, R 15, fol. 9r.-10v. (teilweise unpaginiert).

569 HAStK, RKG, C 109, fol. 22v.

lei inhaltliche Aussagen zu den bisher ergangenen Urteilen des Kölner Rates auf. Das obige Mandat s.c. gab diesbezüglich nun näheren Aufschluss. Die Reichsrichter führten in dem Pönalmandat nämlich aus, dass sie die Kölner Ratsentscheidung vom 20. Dezember 1647 als eine in Rechtskraft erwachsene res iudicata betrachteten, die nicht mehr hätte verändert werden dürfen.

Die Lohgerber hatten das reichskammergerichtliche Remissionsurteil vom 7. Februar 1651 offenbar dahingehend interpretiert, dass der Kölner Rat selbst letztinstanzlich diesen Konflikt entscheiden dürfe und dabei nicht an seine bisherigen Urteile gebunden sei. Sie drangen daher auf ein erneutes Ratsurteil zu ihren eigenen Gunsten. Dennoch hatte, dem reichskammergerichtlichen Mandat s.c. nach zu urteilen, der Kölner Rat am 21. Juli 1651 zunächst sein zugunsten von Jost Rath am 20. Dezember 1647 gefälltes Urteil nochmals bestätigt. Der Konflikt war damit allerdings immer noch nicht erledigt, denn der Kölner Rat hatte den Lohgerbern im Februar 1652 die erneute Möglichkeit eingeräumt, in diesem Konflikt vorzutragen. Aufgrund der gemachten Eingaben der Lohgerber hatte der insoweit wankelmütige Rat sein Urteil vom 21. Juli 1651 in der Folgezeit wiederum abgeändert, diesmal zugunsten der Lohgerber. Die Reichsrichter sahen in dieser erneuten Entscheidung des Kölner Rates einen Verstoß gegen die Rechtskraft seines eigenen Urteils vom 20. Dezember 1647. Das Reichskammergericht forderte den Kölner Rat daher auf, das Urteil vom 20. Dezember 1647 vollumfänglich wiederherzustellen und auszuführen. Es setzte dem Kölner Rat eine Frist von 30 Tagen, um dem Gericht die Befolgung des erlassenen Mandats anzuzeigen. Für den Fall des Unterlassens setzte das Gericht eine Strafe von 10 Mark lötigen Goldes gegen die Reichsstadt Köln fest.

Das Pönalmandat des Reichskammergerichts beinhaltete also vor allem eine Konkretisierung des Remissionsurteils vom 7. Februar 1651, indem es diesem Urteil insofern faktisch einen abschließenden Charakter beimaß, als es dem Kölner Rat nicht gestattet war, weitere Urteile zu Ungunsten von Jost Rath zu treffen. Die Reichsrichter stellten klar, dass der Kölner Rat an sein in Rechtskraft erwachsenes Urteil vom 20. Dezember 1647 gebunden war. Der Kölner Rat besaß also trotz des ihm als Obrigkeit zukommenden Appellationsprivilegs von 1576 keinen unbeschränkten Handlungsspielraum in Zunftsachen. Einschlägige Appellationsprivilegien entbanden die Obrigkeit somit nicht von der Befolgung allgemeiner Rechtsgrundsätze. Es ist daher auch möglich, dass die eingetretene Rechtskraft des magistratischen Urteils vom 20. Dezember 1647 den ausschlaggebenden Grund für das Remissionsurteil vom 7. Februar 1651 darstellte. Dies schließt eine zusätzliche Anwendung des Appellationsprivilegs jedoch keineswegs aus, denn dieses knüpfte an andere Voraussetzungen an und bot durch seine Strafklausel eine zusätzliche Sanktionsmöglichkeit für widerrechtlich eingelegte

Appellationen. Für den Reichsfiskal stand die Einschlägigkeit des Appellationsprivilegs von 1576 denn auch außer Zweifel.

g) Weiterer Verlauf des Mandatsprozesses

Das obige vom Reichskammergericht erlassene Pönalmandat gegen die Stadt Köln hatte zur Folge, dass die streitenden Parteien zeitgleich zum laufenden Appellationsprozess noch einen Mandatsprozess führten. Die Lohgerber reichten, auch in diesem Mandatsprozess durch ihren Prokurator Dr. Blaufelder vertreten, beim Reichskammergericht eine Exzeptionsschrift[570] ein. Da gegen ein Mandat s.c. nur der Einwand zulässig war, dass dieses aufgrund falschen Vorbringens erteilt worden sei,[571] führten die Lohgerber in ihrer Exzeptionsschrift aus, Jost Rath habe das Reichskammergericht durch unwahre Sachverhaltsdarstellung hintergangen. („*Auch wahr ... daß der angemaste impetrant Ein hochlöbl. Cammergericht gantz unverantwortlicher weiß mit unwahrheit behelliget undt hindergangen.*")[572] Bemerkenswert war, dass Lic. Henning, Jost Raths Prokurator im noch laufenden Appellationsprozess, in diesem Mandatsprozess als Prozessvertreter der Stadt Köln auftrat[573] und damit letztlich zugunsten der Gegenpartei Jost Raths,[574] denn dieser hatte das Pönalmandat gegen die Stadt Köln beim Reichskammergericht ja gerade mit dem Hinweis erwirkt, dass der Kölner Rat das Reichskammergerichtsurteil vom 7. Februar 1651 nicht zu Jost Raths Gunsten umgesetzt habe. Der Auftritt des Prokurators Henning beschränkte sich in diesem Mandatsprozess allerdings auf eine Paritionsanzeige hinsichtlich des gerichtlichen Pönalmandats, so dass die Interessenskonflikte zu seinem Mandanten Jost Rath wohl gering gewesen sein dürften. Dr. Mockel wies als Prokurator von Jost Rath darauf hin, dass den Lohgerbern jegliche Einreden gegen das reichskammergerichtliche Pönalmandat schon deswegen nicht zustünden, da sie nicht Adressaten des Mandats seien:

„*... weilen daß mandatum contra Judicem und nicht contra partem, exequendum außgangen wisse D. Blaufelder, alß tertium in Separto puncto nit zu admittiren, sondern möge daß Loher Ambt aploe pronunciata defecta der Execution*

570 „*Articuli Exceptionales sub: et obreptionis*", vgl. HAStK, RKG, R 15, fol. 19v.

571 Vgl. dazu Fn. 260.

572 HAStK, RKG, R 15, fol. 18v.

573 Vgl. dazu den Eintrag unter dem Datum des 15. Oktobers 1652 im Spezialprotokoll, HAStK, RKG, R 15, fol. 2r.

574 Jost Rath wurde in diesem Mandatsprozess vom Prokurator Dr. Adam Mockel vertreten, siehe dazu den Eintrag im Spezialprotokoll, HAStK, RKG, R 15, fol. 2r. Zur Person Mockels, siehe Groh, Das Personal des Reichskammergerichts in Speyer, I. Teil, S. 169.

erwarten."[575] Das Mandat richtete sich formal in der Tat nur an die Stadt Köln. Der Mandatsprozess endete bereits nach einem knappen Monat.[576] Die Einreden der Lohgerber fruchteten nicht. Das Pönalmandat blieb in Kraft.

h) Entscheidung über die Gerichtskosten

Gut vier Jahre nach dem ersten Remissionsurteil des Reichskammergerichts, das das Lohgerberamt als Appellanten dem Grunde nach zur Zahlung der Gerichts- und Anwaltskosten verurteilt hatte, erging am 7. Juni 1655 die endgültige Kostenentscheidung des Gerichts:

„In Entschiedener Sachen, Ambtsmeister deß Lohe Ambts in Cöllen Appellanten, wider Jost Rathen Appellaten in puncto Expensarum, seindt die in der designation ahm 28. Junÿ 1652. eingkommene specificirte gerichts Kosten gemässiget, taxirt und erkendt, schwehre gedachter Appellat selbst, oder durch seinen darzu gevollmachtigeten Anwaldt, Einen Eidt zu Gott und auff das heÿl. Evangelium, daß Er dießer Sachen halber 29. f.[577] *30 xr*[578] *Rheinisch, darab und nit darunder gerichtskosten, außgeben und erlitten habe, daß alßdan ihme ermelte Applanten solche summam, darzu, waß er ferner vor Urtheil und andere Nothwendige brieff, in der kaiß: Cammergerichts Canzleÿ Außgegeben, oder noch außzugeben schuldig, in Zeit 6. wochen und 3. tagen, den negsten nach ersuchen, an berührtem kaiß: Cammergericht endtrichten und bezahlen solle, und seindt von angeregter Summa dem Advocaten 18. f. 10.xr. lt. Henning aber alß Procuratori 5. f. 20. xr. doch ihme davon abzuziehen, waß sie zuvoren davon empfangen hiemit taxirt.*"[579]

Da aufgrund der beiden reichskammergerichtlichen Urteile, dem Remissionsurteil vom 7. Februar 1651 sowie diesem nachfolgenden Kostenurteil der Rechtsstreit der Parteien vor diesem Gericht beendet war, handelte es sich bei diesen im Spezialprotokoll der Reichskammergerichtsakte aufgeführten Urteilen ausnahmsweise um Endurteile. Bemerkenswert ist, dass zwischen den beiden Urteilen mehr als vier Jahre vergingen. Die Ermittlung der Kosten war offenbar

---

575 Vgl. Eintrag im Spezialprotokoll, HAStK, RKG, R 15, fol. 2r.

576 Der letzte Eintrag im Spezialprotokoll datiert vom 8. November 1652, vgl. HAStK, RKG, R 15, fol. 3r.

577 Abkürzung für Floren, bzw. Gulden. Zwischen 1739 und 1806 entsprach 1 Florin, bzw. Gulden 60 Kreuzer, vgl. Verdenhalven, Alte Meß- und Währungssysteme aus dem deutschen Sprachgebiet, S. 97.

578 Es handelt sich um rheinische Kreuzer. Der Kreuzer war im gesamten Reich verbreitet, vornehmlich jedoch im Süden Deutschlands. Zwischen 1739 und 1806 entsprachen 90 Kreuzer einem Reichstaler, vgl. dazu Verdenhalven, Alte Meß-und Währungssystemeaus dem deutschen Sprachgebiet, S. 97, 109.

579 HAStK, RKG, C 109, fol. 4v.

schwieriger, als die rechtliche Ermittlung der Unzulässigkeit der Klage, denn das Remissionsurteil war bereits nach weniger als einem Jahr seit Prozesseröffnung ergangen.

Der Leser erhält hier einen Eindruck der tatsächlichen Kosten eines Reichskammergerichtsprozesses. Das Lohgerberamt hatte Jost Raths Gerichtskosten in Höhe von 29 Gulden und 30 Kreuzern, sowie dessen nicht näher bezifferten Ausgaben in der Reichskammergerichtskanzlei zu erstatten. Unter die Gerichtskosten fiel auch das von Jost Rath an seinen Advokaten und gleichzeitigen Prokurator Lic. Henning zu leistende Honorar. Eine Vorstellung vom realen Wert dieser Summe mag man erhalten, wenn man sie zu dem vom Lohgerberamt geforderten Arbeitslohn („*liedlohn*") setzt. Das Lohgerberamt hatte von Jost Rath die Bezahlung von 3½ Kopfstücken für die vollständige Gerbung eines Ochsen- oder Rinderfells verlangt, was sicherlich auskömmlich bemessen gewesen sein düfte. Demnach entsprachen die Gerichtskosten knapp dem 90-fachen dieses geforderten Arbeitslohns.[580] Die Höhe der Prozesskosten dürfte hier absolut gesehen noch recht moderat gewesen sein, für einen gewöhnlichen Handwerker, wie es Jost Rath sicherlich war, dürfte es sich jedoch um eine große Summe gehandelt haben, die er – wie hier deutlich wird – über einen langen Zeitraum vorzustrecken hatte. Die Kostenentscheidung des Gerichts ist auch insofern bemerkenswert, als es sämtliche Kosten alleine dem Lohgerberamt aufbürdete. Die im heutigen Prozessrecht wie selbstverständlich erscheinende „Akzessorietät von Kostentragung und Prozesserfolg", dass also die unterlegene Partei stets auch die Kosten des Verfahrens zu tragen habe, war im Alten Reich keineswegs selbstverständlich.[581] Häufig wurden in Reichskammergerichtsprozessen die Kosten von Kläger und Beklagtem gegeneinander aufgehoben, sog. compensatio expensarum.[582] Dies galt vor allem dann, wenn das gerichtliche Urteil auf der Anwendung eines unklaren Gesetzes beruhte.[583] Dies wäre ein Erklärungsansatz für den Hinweis der Lohgerber an das Gericht, dass sie sich wegen der Auslegung des Appellationsprivilegs von 1576 vor der Appellationseinlegung an den Kölner Rat gewandt hätten. Die unzweifelhaft volle Kostentragungspflicht sollte nämlich lediglich der

---

580 Berechnung anhand des bei Verdenhalven dargestellten Wertevergleichs, Verdenhalven, Alte Meß- und Währungssysteme aus dem deutschen Sprachgebiet, S. 97.

581 Siehe dazu den ausführlichen Aufsatz von Sellert, Die Akzessorietät von Kostentragung und Prozesserfolg, S. 509-537.

582 Siehe dazu Sellert, Die Akzessorietät von Kostentragung und Prozesserfolg, S. 522 und 528.

583 Sellert, Die Akzessorietät von Kostentragung und Prozesserfolg, S. 526.

böswillig, säumig oder verzögerlich Prozessierende tragen.[584] Das Reichskammergericht hatte die Klage der Lohgerber offensichtlich trotz der Eingaben der Lohgerber als schuldhaft im obigen Sinne gewertet. Der Lederzurichter Jost Rath hatte diesen Rechtsstreit vor dem Reichskammergericht also eindeutig gewonnen.

i) Ergebnis

Die Auswertung des Prozesses ist für zahlreiche der in dieser Arbeit untersuchten Aspekte besonders lohnend. Der erste handgreifliche Vorteil ist der bekannte Ausgang des Prozesses. Aus den in der Akte überlieferten reichskammergerichtlichen Urteilen, der erhobenen Anklage gegen die Lohgerberzunft durch den Reichsfiskal und der gerichtlichen Ausführungen im strafbewehrten reichskammergerichtlichen Mandat lassen sich wichtige Entscheidungsgrundlagen des Gerichts ersehen.

In dem am 2. August 1652 erlassenen strafbewehrten Reichskammergerichtsmandat verwies das Gericht ausdrücklich auf die eingetretene Rechtskraft des Kölner Ratsurteils vom 20. Dezember 1647 und rügte mit deutlichen Worten, dass der Kölner Rat diese durch den Erlass inhaltlich abweichender späterer Urteile nicht respektiert habe.

Die Anklageerhebung durch den Reichsfiskal ist ein Beleg dafür, dass die kaiserlichen Privilegien am Reichskammergericht angewandt wurden und deutet darauf hin, dass auch das Reichskammergericht von der Unzulässigkeit der eingelegten Klage aufgrund der Anwendbarkeit des Appellationsprivilegs von 1576 ausging.

Bemerkenswert ist auch die Kostenentscheidung des Reichskammergerichts, die in Abweichung der sonst gegenseitigen Kostenaufhebung zwischen Kläger und Beklagtem sämtliche Prozesskosten dem Lohgerberamt auferlegte. Hierin kann ebenfalls eine Sanktion der Lohgerberzunft gesehen werden, denn die heute übliche Korrelation von Prozesserfolg und Prozesskosten bestand nach der Reichskammergerichtsordnung von 1555 nicht. Eine Niederlage vor Gericht zog also nicht notwendig auch die volle Kostentragungspflicht nach sich.

Die Rechtsprechung des Kölner Rates bietet wiederum kein klares Bild. Er schien nicht die Kraft oder den Willen aufgebracht zu haben, einmal gefällte Urteile auch für die Zukunft aufrecht zu erhalten und seine Rechtsprechung kalkulierbar zu machen. Dies dürfte die Konfliktparteien immer wieder ermuntert haben, sich erneut supplizierend an den Kölner Rat zu wenden. Auf der anderen

---

584 Gaill, Practicarum observationum, obs. 151, S. 263, 265. Auch die Einholung von Gutachten konnte danach das Kostenrisiko reduzieren, siehe dazu Falk, Consilia, S. 106 ff.

Seite wird deutlich, dass der Kölner Rat stets um einen gerechten Interessenausgleich der Konfliktparteien bemüht war und jeder Partei einen Arbeitsbereich zugestehen wollte, der eine auskömmliche „Nahrung“ sicherte. Für den Lederzurichter Jost Rath, der außerhalb eines durch Amtsprivileg geschützten Arbeitsbereiches arbeiten musste, war dieses Bestreben des Kölner Rates von existenzieller Bedeutung.

II. Zunftinterne Konkurrenzausschaltung

Die zweite Kategorie der reichskammergerichtlichen Zunftprozesse betrifft Klagen gegen zunftinterne Konkurrenzausschaltung. Im Gegensatz zu den zuvor geschilderten Auseinandersetzungen zwischen zwei Zünften handelt es sich hierbei um Konflikte, die innerhalb ein und derselben Zunft entbrannten, bzw. an der nur eine Zunft beteiligt war. Aus Köln sind hierzu fünf Fälle überliefert.[585] Zwei von ihnen sollen hier ausführlich behandelt werden. Auf die übigen soll im Folgenden nur kurz eingegangen werden.

Aufgrund der gewählten Bezeichnung würde man an sich vermuten, dass hier primär rechtliche Streitigkeiten zwischen einzelnen Zunftmitgliedern und der Zunft als Gemeinschaft aller Meister behandelt werden. Hier wären vor allem Streitigkeiten über die von der Zunft aufgestellten Zunftordnungen zu nennen, die den einzelnen Meister einer Zunft zum Teil erheblich in seiner Berufsausübung reglementieren und hemmen konnten. Der Blick auf andere Städte zeigt, dass derartige Prozesse immer wieder vor das Reichskammergericht gelangten.[586] Für die Reichsstadt Köln liegen hierzu erstaunlicherweise nur zwei Prozessakten des Reichskammergerichts aus dem späten 17. Jahrhundert sowie der ersten Hälfte des 18. Jahrhunderts vor. Im ersten Fall setzten sich mehrere Meister des Schneideramts gegen die Reglementierung der Gesellenzahl durch eine neu erlassene Schneideramtsordnung zur Wehr.[587] Rechtsstreitigkeiten wegen der Beschränkung der Gesellenzahl eines Amtsmeisters sind auch aus anderen Städten zahl-

---

585 Als solche Akten wurden ermittelt: HAStK, RKG, C 110; C 111; C 130; M 95; T 13.

586 Cramer, WN 7, V, S. 112 f.; Diestelkamp, Zunftprozesse des 18. Jahrhunderts aus der Reichsstadt Wetzlar vor dem Reichskammergericht, in: ders., Recht und Gericht im Heiligen Römischen Reich, 349-373.

587 Einen kurzen Überblick über die dazugehörige Akte HAStK, RKG, T 13 gibt die Neuverzeichnung der Kölner Reichskammergerichtsprozesse, siehe Kordes, Mitteilungen aus dem Stadtarchiv von Köln, Bd. 4, Teil 1, S. 49 f.

reich am Reichskammergericht überliefert.[588] Die Beschränkung der Lehrlings- und Gesellenzahl war also ein beliebtes Instrument der Zünfte, bestehende Einkommensunterschiede der angeschlossenen Meister zu nivellieren. Auf Reichsebene wurden derartige Beschränkungen strikt abgelehnt.[589] Die Reichsstadt Köln erwies sich bei der Umsetzung von Reformen auf dem Gebiet des Zunftrechts wegen des starken Einflusses der Zünfte jedoch als besonders renitent; die vom Reich angeordnete Aufhebung der Beschränkungen von Lehrlings- und Gesellenzahlen im Jahre 1772 verpuffte in Köln ebenso wie ein gegenüber der Stadt Köln erlassener Reichshofratsbeschluss aus dem Jahre 1785 mit dem Inhalt, den freien Handel und das Fabrikwesen zu fördern.[590]

Der zweite zunftinterne Konflikt, der sich innerhalb der Meisterschaft einer Zunft zutrug, stammte aus der ersten Hälfte des 18. Jahrhunderts und betraf das Nadelmacheramt. Im Folgenden sollen der Streitgegenstand und die Haltung des Kölner Rats kurz geschildert werden.

1. Das Importverbot auswärtiger Nähnadeln

Die Lektüre einer Prozessakte verdeutlicht schnell, dass von einer Zunft als einem homogenen Gebilde nicht gesprochen werden kann. Der in diesem Prozess vor dem Reichskammergericht klagende Meister Jacob Müller stellte in der Nadelmacherzunft einen echten Außenseiter dar, dem das Leben von den Mitmeistern offenbahr sehr schwer gemacht wurde. Da das Nadelmacheramt Jacob Müller nach seiner Lehrzeit nicht als Meister hatte aufnehmen wollen, („*wo auff gesinnen und gebührendes ersuchen beÿm ambt zur meisterschafft derselb nicht hat angenommen werden wollen*")[591] war Jacob Müller zwischenzeitlich gezwungen gewesen, zum Unterhalt seiner Ehefrau und seines Kindes als Knecht zu arbeiten. Grund hierfür mag gewesen sein, dass Jacob Müller noch bevor er die Meisterschaft erworben hatte, „*zur Ehe geschritten ware.*"[592] Dies mag bei dem Nadelmacheramt verboten gewesen sein.[593] In der Praxis heirateten die Gesellen erst

588 Siehe dazu die zahlreichen Nachweise bei Sailer, Untertanenprozesse vor dem Reichskammergericht, S. 449 ff.

589 Dieser Missstand wurde daher auch ausdrücklich im Reichsgutachten von 1731 erwähnt, vgl. dazu den Auszug aus dem Reichsgutachten unter Fn. 747.

590 Pohl, Wirtschaftsgeschichte Kölns im 18. und beginnenden 19. Jahrhundert, in: Kellenbenz, Zwei Jahrtausende Kölner Wirtschaft, Bd. 2, S. 36.

591 HAStK, RKG, M 95, fol. 28v.

592 HAStK, RKG, M 95, fol. 28r.

593 Auch das Reichsgutachten von 1731, Beylage sub signo, nahm Bezug auf den Missstand, dass an zahlreichen Orten verheiratete Gesellen nicht zur Meisterschaft angenommen wurden: „*Man etlicher Orten keinen zur Meisterschafft kommen lassen*

nach Erwerb der Meisterschaft, obwohl es auch in Köln Beispiele dafür gab, dass verheiratete Gesellen außerhalb des Hauses ihres Meisters wohnten.[594]

Jacob Müller hatte es nach seiner Eheschließung gleichwohl sehr schwer, eine Beschäftigung zu finden. Er war daher gezwungen, für einen Naturallohn als Knecht bei anderen Meistern des Nadelmacheramtes zu arbeiten („*an statt des Lohns, brod, Kaß, und butter, mithin andere Eswaaren anzunehmen*").[595] Nach einer kurzen Zeit, die er für Geldlohn hatte arbeiten dürfen, bot man ihm wiederum nur Essenswaren an. Jacob Müller war damit jedoch nicht in der Lage, seine Familie zu unterhalten. Jacob Müllers Versuche, „*für sich selbst zu arbeiten*", um eigenständig Geld zu verdienen, wurden vom damaligen Amtsmeister des Nadelmacheramtes jedoch „*weder in ein- weder in anderem gestattet.*"[596]

Schließlich gab der Kölner Magistrat dem Nadelmacheramt auf, Jacob Müller in die Zunft aufzunehmen. Jacob Müller schien es dennoch schwer gefallen zu sein, genügend Aufträge zu bekommen. Als er im Auftrag des aus dem benachbarten kurkölnischen Deutz wohnhaften Juden Wolff Wallach begann, verrostete Nähnadeln wieder instand zu setzten, witterte das Nadelmacheramt in diesem Import auswärtiger Nadeln einen Verstoß gegen seine Zunftordnung und nahm das Verhalten Jacob Müllers offenbar zum Anlass, brutal gegen ihn und seine Familie vorzugehen. So seien abgeordnete Zunftmeister des Nadelmacheramtes in die Wohnung von Jacob Müller eingefallen und hättten „*einige 1000 Nadelen*" mitgenommen, „*wodurch des Principalens Ehefrau* [also Jacob Müller Ehefrau] *sich dermassen entsetzet, daß auff die heutige stund ein lahmes bein darab habe.*"[597]

Bereits dieser kurze Auszug aus dem Klagelibell von Jacob Müller mag genügen, um zu verdeutlichen, dass selbst der rechtliche Status eines Zunftmeisters keine Sicherheit vor Drangsalierungen der eigenen Zunft bot. Auch der Kölner Rat gewährte Jacob Müller in dessen verzweifelter Lage kaum Unterstützung, da der Rat nicht an einer Einfuhr auswärtiger Waren nach Köln interessiert war. Vielmehr habe dieser sogar eine Strafe von „*zehn goldt-gulden ... oder aber des Thurm-gangs gleichs einem dieben und Schelmen*" gegenüber Jacob Müller angeordnet.[598]

---

will, wann er sich allbereits in verheyratheten Stande befindet, ...", abgedruckt bei Senckenberg, Neue und vollständigere Sammlung der Reichs-Abschiede, Bd. 3, S. 376, 384.

594 Siehe die Nachweise bei Loesch, Die Kölner Zunfturkunden bis zum Jahre 1500, Bd. 1, S. 77.

595 HAStK, RKG, M 95, fol. 29r.

596 HAStK, RKG, M 95, fol. 28v.

597 HAStK, RKG; M 95, fol. 34v.

598 HAStK, RKG; M 95, fol. 35v.

Diese vom Anwalt Jacob Müllers mitfühlend geschriebenen Sachverhaltsschilderungen zeigen, dass der Anwalt sehr bemüht war, sich in die Lebensverhältnisse seines Mandanten hineinzuversetzen und sich vor Gericht als Verfechter einer höchst gerechten Sache zu präsentieren. Derartig emotionsgeladene Schriftsätze stärkten zudem die Autorität des Anwalts sowie dessen Vertrauensverhältnis zu seinem Mandanten.[599] Der Advokat war also „das Bindeglied zwischen sozialen und juristischen Ordnungsrahmen, zwischen prozessualen und sozialen Konfliktlösungsstrategien."[600]

Der Prozess und insbesondere die Haltung des Kölner Rates erstaunen vor dem Hintergrund, dass der Kölner Rat bereits im Jahre 1514 auf Veranlassung eines Protestes des Nagelschmiedeamtes mangels schriftlich fixierter Privilegien der Nagelschmiede ausdrücklich festgestellt hatte, dass der Nagelhandel für alle Bürger der Stadt Köln eine „gemeine Nahrung" bleiben sollte.[601] Der vor dem Reichskammergericht ausgetragene Prozess war insofern auch das Resultat einer stellenweise rückwärtsgewandten Wirtschaftspolitik des Kölner Rats, der im 18. Jahrhundert unter enormem Druck der Zünfte stand.

Ein Mandat des Reichskammergerichts zu diesem Prozess ist nicht überliefert. Das Spezialprotokoll der Akte deutet jedoch darauf hin, dass das Gericht dem Appellanten mit einem Mandat zur Hilfe gekommen ist.[602] Näheres ist jedoch nicht bekannt. Warum von diesen zunftinternen Konflikten im engeren Sinne nicht weitere Prozesse an das Reichskammergericht gelangten, kann im Rahmen dieser Arbeit nicht untersucht werden. Möglicherweise war im konservativen Köln der Zusammenhalt der Zünfte nach außen so groß, dass solche Streitigkeiten seltener als anderswo waren. Vielleicht wurden solche Konflikte aber auch größtenteils durch die zunfteigene Gerichtsbarkeit sowie durch den Kölner Rat als Appellationsinstanz bewältigt. Hiervon ist wohl am ehesten auszugehen.

Die übrigen drei Prozesse aus dem Bereich zunftinterner Konflikte betreffen Fälle, in denen sich Zünfte gegen die Aufnahme neuer Mitglieder wehrten. Hier liegen insofern zunftinterne Prozesse im weiteren Sinne vor, als eine Abgrenzung zu solchen Prozessen vorzunehmen ist, die die Kölner Ämter zur Ausschaltung unzünftiger Gewerbeausübung führten. Die hier unter die Rubrik der zunftinternen Prozesse im weiteren Sinne eingeordneten Prozesse Kölns betrafen allesamt Fälle, in denen die prozessbeteiligten Zünfte sich gegen die Aufnahme neuer Mitglieder sträubten. Als Mittel zu dieser in der Literatur als „Abschließung"[603]

---

599 Siehe dazu auch Lau, Der Rechtsanwalt und das juristische Argument, S. 75, 86.

600 Lau, Der Rechtsanwalt und das juristische Argument, S. 75, 95 f.

601 Lürken, Das Schmiedegewerbe im reichsstädtischen Köln, S. 77; Loesch, Die Kölner Zunfturkunden bis zum Jahre 1500, Bd. 1, S. 123.

602 HAStK, RKG, M 95, fol. 2r.

603 Sombart, Der moderne Kapitalismus, zweiter Bd., zweiter Halbb., S. 691.

bezeichneten Aufnahmeverweigerung der Zünfte fungierte mit zunehmender Zeit der formale Zunftzwang. Hierunter war die Verpflichtung zum Beitritt einer Zunft bei Ausübung eines handwerklichen Gewerbes zu verstehen. Da die Zünfte die Aufnahmebedingungen für Meisterschaftsanwärter weitestgehend nach eigenem Ermessen festlegen konnten, bot sich hier für jene die Möglichkeit, missliebige Konkurrenz zu unterbinden. Sombart sieht in dieser, von ihm als „Entartung" bezeichneten Entwicklung des Zunftsystems, sogar einen programmatischen Wandel des Zunftsystems, weg vom Nahrungsideal, hin zum Erwerbsprinzip.[604] Gerade für das 18. Jahrhundert, in dem es den Reichsstädten im Allgemeinen, Köln im Besonderen, wirtschaftlich sehr schlecht ging, sind diese Prozesse überliefert. Die beiden hier untersuchten Prozesse trugen sich denn auch in den 90'er Jahren des 18. Jahrhunderts, also den letzten Jahren des Kölner Zunftwesens, zu.

Gleich der erste Fall ist zugleich ein Beleg dafür, dass die Zünfte komplexe Gebilde waren, die ihrem Selbstverständnis nach nicht lediglich handwerkliche Zusammenschlüsse sein wollten, sondern auch „eine auf der Idee von Zucht und Ehre ausgebaute und durch Sitte und Brauch geformte umfassende Lebensgemeinschaft" bildeten.[605] So sollten Ämter und Zünfte „so rein seyn, als wenn sie von den Tauben gelesen" worden wären.[606] Die Zünfte achteten deshalb bei ihren Geschäftspartnern, vor allem aber auch bei der Aufnahme neuer Mitglieder, peinlich genau darauf, dass diese einen „ehrlichen" Lebenswandel pflegten, wobei auch die Herkunft eine ganz wesentliche Rolle spielte, denn wer unehelich geboren war, galt zugleich auch als unehrlich.[607] Dies wird im ersten Prozess deutlich.[608]

Der zweite hier dargestellte Prozess ist insofern von besonderem Interesse, als die zünftige Handwerksausübung des Bäckerberufes vom Anwärter aufgrund eines radizierten Realrechts,[609] bzw. Realgewerberechts eingefordert wurde. Dies waren solche Rechte, bei denen ein Recht derart mit einer unbeweglichen Sache verbunden war, dass dem jeweiligen Eigentümer der Sache auch das damit ver-

---

604 Sombart, Der moderne Kapitalismus, zweiter Bd., zweiter Halbb., S. 691.

605 Kramer, Handwerk, Handwerksgesellen (volkskundlich), in: HRG I, Sp. 1984; vgl. dazu auch Münch, Lebensformen in der frühen Neuzeit, S. 282.

606 Eisenhart, Deutsches Recht in Sprichwörtern: S. 35f.; Brand, Zunft, Zunftwesen, in: HRG V, Sp. 1792, 1795.

607 Wissel, Des alten Handwerks Recht und Gewohnheit, S. 240.

608 Auch in anderen Städten wurden rechtliche Konflikte in Bezug auf die Aufnahme Illegitimer in Zünfte geführt. Siehe dazu Falk, Consilia, S. 300, 315, 341-343.

609 „Verwurzelte" Gewerbe (von radix = Wurzel), siehe Benke/Meissel, Juristenlatein, S. 299.

bundene Recht zukam.[610] Entsprechend unterschied man zu damaliger Zeit auch zwischen Real- und Personalgewerben. Realgewerbe waren solche, die aufgrund des Eigentums, oder des tatsächlichen Besitzes eines mit einem besonderen Recht ausgestatteten Hauses ausgeübt wurden. Diese Realgewerbe, bzw. Realrechte hatten einen Marktwert und waren veräußerbar.[611] Sie entstanden als erstes bei solchen Gewerben, deren Betriebe besondere Einrichtungen oder Gegebenheiten erforderten, wie z.B. Mühlen oder Brauereien[612], aber auch Bäckereien.[613] Realgewerberechte konnten zum einen von den Landesherren verliehen werden, aber auch durch unvordenkliche Verjährung erworben werden. Häufig war mit der Begründung des Realgewerberechts auch ein Verbietungsrecht gegen die Gewerbeausübung von Besitzern nicht privilegierter Grundstücke verbunden.[614] Das Realgewerbe erlosch auch bei Nichtgebrauch nur, wenn dies ausdrücklich durch Gesetz bestimmt wurde.[615] In Konfliktfällen, in denen solche Realrechte angeführt wurden, stand also, anders als in den meisten sonstigen Fällen, nicht die persönliche Fähigkeit des Meisteranwärters im Vordergrund, sondern es kollidierten behauptete Zunftgerechtsame mit individuellen Eigentümerrechten. Zudem waren in solchen Fällen auch die Rollen im Prozess umgekehrt, denn nun waren es die Zünfte, die sich als Kläger gegen die Ausübung der jeweiligen Realrechte zur Wehr setzten.

---

610 Ogris, Realrecht, in: HRG IV, Sp. 210 f.; Loening, Realgewerberechte, in: Handwörterbuch der Staatswissenschaften, Sechster Band, S. 314.

611 Mittermaier, Grundsätze des gemeinen deutschen Privatrechts, S. 711 f.; Loening, Realgewerberechte, in: Handwörterbuch der Staatswissenschaften, Sechster Band, S. 314.

612 So hing z.B. in Lübeck die Braugerechtigkeit am Haus, d.h. der Beruf des Brauers musste nicht handwerksmäßig erlernt werden, vgl. Asch, Rat und Bürgerschaft in Lübeck, S. 25.

613 Mittermaier, Grundsätze des gemeinen deutschen Privatrechts, S. 712; von Cramer spricht in Bezug auf Backgerechtigkeiten von jura realia, siehe dazu Observationum juris universi ex praxi recentiori supremorum Imperii Tribunalium haustae, obs. DCCCCIII, S. 475 f.

614 Loening, Realgewerberechte, in: Handwörterbuch der Staatswissenschaften, Sechster Band, S. 314.

615 Mittermaier, Grundsätze des gemeinen deutschen Privatrechts, S. 712.

2. *Caspar Schneider begehrt Aufnahme in die Malerzunft*

a) Der Sachverhalt

Der Sachverhalt ist schnell erzählt. Der aus einfachen Verhältnissen stammende, nach damaliger Auffassung mit dem Makel der unehelichen Geburt[616] belastete Maler Caspar Schneider wandte sich am 1. Juli 1791 mit einer Supplik an den Kölner Rat, in der er um die Aufnahme in die Malerzunft bat.[617] Die Malerzunft hatte wohl zuvor seine Bewerbung zurückgewiesen. Zur Behebung seines Geburtsmakels („*Auslöschung dieses Fleckens*") hatte er auf sein Ersuchen von dem Memorialmeister[618] von Gall die „*Legitimationem à comite Palatino caesarea*" erhalten, eine Art fürstlichen Gnadenakt.[619] Aus verschiedenen Zunftakten ergibt sich, dass der Ratsherr von Gall Ende des 18. Jahrhunderts in seiner Eigenschaft als kaiserlicher Hof- und Pfalzgraf befugt gewesen war, durch eine solche besondere Legitimation, den Makel der unehelichen Geburt zu beheben.[620] Am 15. Juli 1791 ordnete der Kölner Rat nach Anhörung Caspar Schneiders sowie der Amtsmeister des Maleramtes an, Caspar Schneider gegen Entrichtung der üblichen Aufnahmegebühr in die Malerzunft als Meister aufzunehmen.[621] Bei einer Versammlung der Malermeister am 21. Juli 1791 wurde über den Ratsschluss vom 15. Juli beraten und abgestimmt. Dabei sprach sich eine Mehrheit für die Aufnahme des Caspar Schneider in die Malerzunft aus. Daraufhin entrichtete Schneider die Aufnahmegebühr von 40 Reichstalern sowie die sonstigen bei der Aufnahme zu leistenden Präsente. Das von Schneider zum Nachweis seiner fachlichen Qualifikation angefertigte Meisterstück wurde auf das Zunfthaus gebracht.

---

616 Vgl. dazu die Ausführungen von Modestinus Pistoris: „*Nun ist es nicht ohn/das unehelich geborn/bey ehrlichen leuten etwas schimpflich/und fast vor anrüchtige leute gehalten* ... [werden].", Pistoris, Consilia, S. 503, Ziff. 4.

617 Der Sachverhalt ergibt sich aus den unstreitigen Tatsachenvorträgen der Prokuratoren, sowie aus den sonstigen in der Akte befindlichen Beweismitteln, insbesondere den ergangenen Ratsbeschlüssen.

618 Bei den Memorialmeistern handelte es sich um Bedienstete der Verwaltung, die die Termine des Rates auf eine Memorialtafel schrieben, und u.a. auch das ordnungsgemäße Abstimmen des Rates überwachten, siehe dazu Nicolini, Die politische Führungsschicht in der Stadt Köln gegen Ende der reichsstädtischen Zeit, S. 283.

619 HAStK, RKG, C 130, fol. 65v. Ein Beispiel für ein derartiges Legitimationsschreiben ist abgedruckt bei Wissel, Des alten Handwerks Recht und Gewohnheit, S. 316. Zum Begriff der Legitimatio siehe auch Benke/Meissel, Juristenlatein, S. 207 f.

620 Siehe dazu HAStK, Zunftakten 106, 156, 1790, zit. nach Nicolini, Die politische Führungsschicht in der Stadt Köln gegen Ende der reichsstädtischen Zeit, S. 118.

621 Der Ratsbeschluss vom 15. Juli 1791 ist in der Prozessakte enthalten, siehe HAStK, RKG, C 130, fol. 31r.

Nunmehr hatte es sich die Zunft jedoch anders überlegt und verweigerte Schneider trotz der bereits geleisteten Gebühr die Aufnahme in ihre Zunft. Der Kölner Rat erließ daraufhin am 8. August 1791 einen zweiten sowie am 26. September 1791 einen dritten und letzten Beschluss, in denen er der Zunft aufgab, Caspar Schneider als Meister aufzunehmen.[622] Der dritte Ratsbeschluss setzte der Zunft hierzu eine Frist von drei Tagen und sah im Falle der Nichtbefolgung eine Strafe von jeweils 10 Goldgulden für den Bannerherrn, sowie die beiden Amtsmeister vor:

„Nebst Verwerfung der unter dem Nahmen einer E:[623] *Mahler Zunft wider dem in betref des Casp: Schneider am 8ten Augusti laufenden jahrs eröfneten Rathsschluß anmaßlich eingelegter Abberufung wie auch ohnbegründeter Ausführung vom 19ten selbigen Monats, zumalen wo eine blose Polizeisache gemäß den höchsten Reichsschlüßen von obrigkeits wegen entschieden ist, wird obigem Ratsschluße und jenem vom 15ten julii a:c:*[624] *hiemit inhaerirt, so fort dem Bannierherrn und Amts Meistern besagter Zunft gemeltem Caspar Schneider inner Dreien Tägen zur Zunft und Meisterschaft anzunehmen und daß solches geschehen zu erweisen, jedem unter zehn gglen.*[625] *Strafe anbefohlen.*“[626]

In rechtlicher Hinsicht ist vor allem von Interesse, dass der Kölner Rat den Streit um die Aufnahme Caspar Schneiders in die Malerzunft als eine Polizeisache betrachtete, so dass nach seiner Ansicht folgerichtig ein Rechtsmittel gegen seine Anordnung ausschied. Hierauf nahmen die Parteien in ihren Schriftsätzen vor dem Reichskammergericht später noch Bezug.

Die Malerzunft wollte sich mit diesem Ratsbeschluss nicht abfinden und rief daher trotz magistratischer Deklarierung als Polizeisache das Reichskammergericht in dem Bemühen an, ein Pönalmandat gegen den Kölner Rat zu erhalten. Nachdem das Reichskammergericht diese Bitte jedoch abgeschlagen hatte,[627] beantragte der von der Malerzunft als Prozessvertreter eingesetzte Prokurator Dr. Heinrich Jacob Gombel[628] in seiner Supplik, das Reichskammergericht möge in der Hauptsache feststellen, *„daß durch das Decretum vom 26. Sept. l. J.* [1791]

622 HAStK, RKG, C 130, fol. 48r.
623 Ehrsamen.
624 Anni currentis.
625 Goldgulden.
626 HAStK, RKG, C 130, fol. 48r.
627 HAStK, RKG, C 130, fol. 50r.
628 1756-1819, zu seiner Person Klass, Standes- oder Leistungselite?, S. 264f.; siehe auch die zahlreichen Nachweise bei Baumann, Advokaten und Prokuratoren, S. 226 (Index der Personennamen).

übel gesprochen, [und] *wohl darum adpellirt*" worden sei,[629] also den Ratsbeschluss vom 26. September aufzuheben.

Der Kölner Rat hatte sich also erstinstanzlich eindeutig auf die Seite des mittellosen Caspar Schneider gestellt. Auch in den beiden übrigen aus Köln überlieferten Prozessen dieser Gattung hatte sich der Rat gegen die Abschließungspraxis der Zünfte gestellt. Vor dem Hintergrund der bereits geschilderten schlechten wirtschaftlichen Lage Kölns und der diesbezüglichen Auseinandersetzungen zwischen Obrigkeit und Zünften ist dieser Befund nicht weiter verwunderlich. Das Kölner Maleramt pochte jedoch auf sein Recht, über die persönliche und handwerkliche Qualifikation von Bewerbern autonom entscheiden zu können. Es wählte daher den Gang nach Wetzlar an das Reichskammergericht, um Hilfe gegen den Kölner Rat zu erhalten. Wie bereits oben gesagt, ließ sich das Maleramt durch den Prokurator Dr. Gombel vertreten. Verfasser der von Dr. Gombel eingereichten Schriftsätze war der Anwalt Dr. Solshorm.[630]

Der in Wetzlar verklagte Maler Caspar Schneider ließ sich vor Gericht vom Prokurator Dr. Caspar Tilman Tils[631] vertreten. Schriftsatzverfasser war hier Dr. von Hamm.[632]

b) Die Argumentationsmuster der Parteien

aa) Prozessrechtliche Streitfragen

Die Anwälte Caspar Schneiders wandten sich zunächst energisch gegen die Zulässigkeit der Klage. Der Schriftsatzverfasser Dr. von Hamm führte vor allem zwei Einreden gegen die Zulässigkeit der Klage vor. Die erste war grundsätzlicher Natur und betraf die vom Kölner Rat vorgenommene rechtliche Bewertung der Streitigkeit als eine Polizeisache.

---

629 HAStK, RKG, C 130, fol. 50v. Dies war bei Appellationen der gängige Urteilstenor im Falle der Abweisung. War die Appellation begründet, so lautete der Tenor: „Schlecht geurteilt – wohl appelliert". Das Instanzurteil wurde in diesem Falle aufgehoben. Siehe dazu Diestelkamp, Von der Arbeit des Reichskammergerichts, in: Diestelkamp/Scheurmann, Das Reichskammergericht in der deutschen Geschichte, S. 283, 305.

630 Vgl. dazu die letzte Seite der appellantischen Supplik, HAStK, RKG, C 130, fol. 23v.: „*Hl. Dr. Solshorm conc.* (concepit)."

631 1756-1821, zu seiner Person siehe Klass, Standes- oder Leistungselite, S. 264 f.; Baumann, Advokaten und Prokuratoren, S. 230 (Index der Personennamen).

632 Siehe hierzu die letzte Seite der Exzeptionsschrift, HAStK, RKG, C 130, fol. 73r.: „*Hl. Dr. von Hamm conc.*"

(1) Vorliegen einer Polizeisache

So machte auch Dr. von Hamm geltend, *„daß hier eine causa politica obwalte, in welcher keine Berufung statt hat.“*[633] Er schloss sich insoweit der rechtlichen Bewertung durch den Kölner Rat an und berief sich zusätzlich auf David Mevius. *„Es sei nämlich gewiss, dass eine Polizeisache jedenfalls eine solche ist, die zum Interesse und Nutzen des Volkes beiträgt, oder mit Macht aus gewährten Satzungen zu Beseitigendes nun berücksichtige.“*[634] Weitere Ausführungen hierzu traf Dr. von Hamm allerdings nicht, so dass denn auch der Prokurator des Maleramtes, Dr. Gombel, diese Behauptung lediglich kurz als vollkommen falsch zurückwies. Nach Ansicht des Maleramtesbetraf der Streitgegenstand hier *„ein concordat- und gesetzmäßiges Recht der Zunft welches deroselben unterm Vorwand einer causae politiae nicht geschmälert, noch weniger aber benommen werden mag.“*[635]

Weitere Ausführungen zu diesem Problem machten beide Parteien nicht. Anhand der sehr allgemein gehaltenen Behauptung der Anwälte Caspar Schneiders, bei diesem Fall handele es sich „gewiss“ um eine Polizeisache, sowie der kurzen Deklarierung dieses Zulässigkeitseinwands durch Dr. Gombel als lediglichen „Vorwand“, um die Rechte der Malerzunft zu schmälern, wird bereits die offenbare Schwierigkeit der Anwälte, die Abgrenzung von Polizeisachen und Justizsachen in der konkreten Fallanwendung zu bewerkstelligen, deutlich. Dennoch wurde von Beklagtenseite in zahlreichen Prozessen offenbar stereotyp der Zulässigkeitseinwand vorgetragen, es liege eine Polizeisache vor. Die Praxis scheint diesem Abgrenzungsproblem daher wohl nicht die gleiche Bedeutung beigemessen zu haben wie die gelehrte Literatur.[636]

(2) Inhaesiver Beschluss

Als weiteres Argument gegen die Zulässigkeit der Appellation führten die Anwälte Caspar Schneiders ein dem Institut der Rechtskraft ähnliches Zulässigkeitshindernis an, nämlich das des inhaesiven Beschlusses. Dr. Tils führte weiterhin

633 HAStK, RKG, C 130, fol. 71r.
634 HAStK, RKG, C 130, fol. 71r.
Übersetzung von: „*Causa enim politica certè est illa, quae commodum et utilitatem publicam respicit, aut potestatem ab articulis tribuum hic et nunc eximendi.*“
635 HAStK, RKG, C 130, fol. 88r.
636 Trotzdem kamen zum Ende des 18. Jahrhunderts zahlreiche Prozesse vor das Reichskammergericht, in denen sich Untertanen gegen die in diesen Zusammenhang einzuordnenden Kabinettsbefehle zur Wehr setzen, vgl. dazu Weitzel, Der Kampf um die Appellation ans Reichskammergericht, S. 312-316.

aus, die Appellanten hätten ihre Berufung gegen den ersten Ratsbeschluss vom 15. Juli 1791 richten müssen. Die Appellanten hätten sich gegen diesen ersten Beschluss jedoch nicht gewehrt, sondern erst am 19. August gegen den Ratsbeschluss vom 8. August Berufung eingelegt. Dies sei jedoch zu spät gewesen, denn der Beschluss vom 8. August 1791 sei *„nur ein inhaesiver*[637] *bescheid des Rathschlusses vom 15.ten Julies*" gewesen.[638] Zur Verdeutlichung verglich Dr. Tils die Wortlaute der drei ergangenen Ratsbeschlüsse, und stellte fest, dass diese nahezu identisch waren. Von solchen Beschlüssen sei jedoch bekannt, *„quod à decreto inhaesivo, non detur appellatio*"[639], und führte als Belegstelle hierfür § 1100 aus Johann Ulrich Cramers „Systema processus imperii" an.[640]

Dr. Gombel entgegnete hierzu in seiner Replik, dass das Reichskammergericht bereits durch *„die rechtliche Erkennung der Citation und Compulsorialien*" die Beachtung der Förmlichkeiten der eingelegten Berufung zu erkennen gegeben habe, da *„das höchste Richteramt auf die Richtigkeit der behöriger Feierlichkeiten von selbst Rücksicht nehmen muß...* ." Ein Infragestellen der Beachtung der Förmlichkeiten sei daher ein *„strafbarer Frevel wider das höchstrichterliche Ansehen.*"[641]

Die prozessualen Streitpunkte des Falles spielten in diesem Prozess jedoch für die Anwälte eine untergeordnete Rolle. Große Mühe verwendeten die Kontrahenten dagegen auf die materiellrechtlichen Streitfragen.

bb) Materielle Streitfragen

Die Malerzunft machte sofort deutlich, dass sie diesen Konflikt nicht primär als einen gewerblichen Rechtsstreit, sondern vielmehr als einen innerstädtischen Verfassungskonflikt betrachtete. Daher fokussierte sich die Malerzunft in ihrer

---

637 „Inhaesiv" – festhaltend, bestätigend.

638 HAStK, RKG, C 130, fol. 67v.

639 HAStK, RKG, C 130, fol. 67v; Übersetzung: *„daß gegen ein inhaesives Dekret keine Appellation statthaft ist.*"

640 Cramer, Systema processus imperii, Sectio III, Titulus 1, § 1100, S. 311. Die genaue Textstelle lautet:
„Quemadmodum itaque nulla â re judicatâ est Appellatio (§. 1089); ita nec â Sententiâ inhaesiva appellare licet, quatenus nempe inhaesiva est, quatenus inhaesiva non est, h.e. plus continet quàm prior."
Übersetzung: *„Genauso wie nämlich keine Appellation gegen ein rechtskräftiges Urteil stattfindet, ist es auch unmöglich, gegen einen inhaesiven Beschluss zu appellieren, solange er offensichtlich inhaesiv ist. Anders, wenn er nicht nur inhaesiv ist, sondern mehr beinhaltet, als der vorherige Beschluss.*"

641 HAStK, RKG, C 130, fol. 84v.

Argumentation auch stark auf die Kölner „Grundgesetze“, allen voran den Verbundbrief von 1396.

Das Maleramt erhob im Kern den Vorwurf, der Rat habe durch seinen an die Zunft adressierten Beschluss, Caspar Schneider die Aufnahme zu gewähren, *„konkordatenwidrige Eingriffe in die bürgerlichen Grundgesetze“*[642], die von „ganz unschätzbarem“ Wert seien, vorgenommen. Außerdem liege ein Verstoß gegen die vom Magistrat bestätigten Zunftartikel vor.

Diese *„hauptgesetzliche Verfassung der Reichsstadt Köln beruht* [beruhe] *jedoch auf Statuten und Concordaten, so zwischen dem Magis-trat und denen Zünften...abgeschlossen, und auf ewig festgesetzt worden sind.“* Dieser vertragliche Charakter der Konkordate *„bringe es nun mit sich, daß ein Theil einseitig, ohne des anderen Miteinwilligung, davon im mindesten, nicht abgehen und also auch der Magistrat nichts verfügen könne, was diesen Verträgen entgegen läuft.“*[643]

Dies war ein wichtiges Argument der Klägerseite, berief sich der Prokurator Dr. Gombel doch hier auf den fundamentalen Rechtssatz „pacta sunt servanda“. Zugleich belegt der Quellenauszug das bereits in der Einleitung der Untersuchung angesprochene Problem des Kölner Rates. Sein hohes Maß an politischer Legitimation basierte gerade auf dem mit der Bürgergemeinde geschlossenen Vertrag. Das bedeutete aber zugleich, dass sich die dem Rat übertragene Herrschaftsmacht nach Auffassung der Gemeinde innerhalb der vertraglichen Grenzen bewegen musste. Über die Frage, ob, und wenn ja, wie der Verbundbrief dabei in Anwendung auf den Einzelfall auszulegen war, bestanden natürlich nicht selten große Meinungsverschiedenheiten zwischen Rat und Bürgerschaft, sowie der Bürgerschaft untereinander.

Inwiefern sollte also die Aufnahme Caspar Schneiders in die Malerzunft gegen den Verbundbrief verstoßen, wie es von der Malerzunft so vehement behauptet wurde?

Der Prokurator der Malerzunft, Dr. Gombel, führte hierzu einen Auszug aus dem Verbundbrief an, wonach *„kein bastert*[644] *... zu Rath gekieset werden“* solle.[645] Der Verbundbrief enthielt in der von Dr. Gombel angeführten Stelle eine ausführliche Regelung über die persönlichen Anforderungen, die an Ratsherren gestellt wurden:

---

642 HAStK, RKG, C 130, fol. 50v.

643 HAStK, RKG, C 130, fol. 17v.

644 Als „Bastarde“ wurden früher unehelich geborene Kinder bezeichnet, häufig eines hoch gestellten Vaters und einer Mutter niederen Standes. Der Begriff leitet sich von „Böß“ und „Art“ ab, weil der Vater gewissermaßen unbekannt ist, siehe Zedler, Großes Universal-Lexicon, Band 3, B-Bi, S. 645.

645 HAStK, RKG, C 130, fol. 17v.

„Vort hain wir eyndrechtlichen overdragen, dat geyn man van unss vurschreven ampten, gaffelen und gemeynden in Coelne, die also, as vurschreven steit, zo rade gekoiren worden is, he sy, wie he sy, zo rade sitzen ensall in geyne wijse, die eyn bastert of yemans eygen off in dem banne sij, off ouch, die eyngerleye argeliste off behendicheide darumb van syme ampte off synre gaffelen of van emanne anders, of ouch umb yemans wort off beste ynme rade zo doin of zo sprechen neymen of untfangen sall, anders dan eme in raintzstat na gewoyden und herkomen der stede geboeren mach.“[646]

Die Regelung verdeutlicht, dass höchste Anforderungen an die Integrität der Ratsherren gestellt wurden. Bastarde waren nach dem Verbundbrief also nicht ratsfähig. Vor allem die elaborierten Ausführungen über verbotene Vergünstigungen zeigen, dass die Kölner Bürgerschaft schon im Mittelalter bestens mit dem Thema Korruption vertraut war. Diesbezügliche Vorwürfe gegen die Obrigkeit führten, wie oben schon gesehen, immer wieder zu zum Teil heftigen Unruhen in der Bürgerschaft.

Für Dr. Gombel folgte aus dieser Regelung des Verbundbriefes, dass Caspar Schneider auch der Zutritt zur Meisterschaft versagt werden müsse. Doch wie ließ sich die Frage der Aufnahme Caspar Schneiders in die Malerzunft unter die obige Vorschrift des Verbundbriefes subsumieren? Hierbei tauchten zwei zentrale Rechtsfragen auf. So war erstens zweifelhaft, ob Caspar Schneider, der ja im Besitz des vom Memorialmeister von Gall ausgestellten hofpfalzgräflichen Reskripts war, überhaupt noch als „Bastard“, also als ein unehelich Geborener angesehen werden konnte. Für den Fall, dass diese Frage nach dem Verbundbrief zu bejahen war, schloss sich die weitere Frage an, ob das Verbot, einen „Bastard“ in den Rat der Stadt zu wählen, auch auf dessen Aufnahme in eine Zunft rechtlich übertragbar war.

---

646 Verbundbrief, Zeilen 210-214, zit. nach Huiskes, Kölns Verfassung für 400 Jahre: Der Verbundbrief vom 14. September 1396, in: Rosen/Deeters, Quellen zur Geschichte der Stadt Köln, Bd. 1, S. 10.
Übersetzung ebd. S. 21: *„Weiter haben wir einträchtig beschlossen, dass kein Mann aus uns vorgenannten Ämtern, Gaffeln und der Gemeinde in Köln, der so, wie es oben beschrieben steht, in den Rat gewählt worden ist, wer er auch sei, in irgendeiner Weise im Rat sitzen soll, der ein unehelich Geborener oder jemandes Eigenmann ist oder sich im Kirchenbann befindet; und auch niemand, der irgendeine Gabe, Geld, ein Schmuckstück, Lohn, Liebesgabe oder Geschenk mit irgendwelcher Arglist oder Hintergedanken dabei von seinem Amt oder seiner Gaffel oder von jemand anderem über das hinaus, was ihm nach Gewohnheit und Herkommen der Stadt für die Ratssitzung zustehen darf, annimmt oder empfängt, um im Rat jemandes Wort zu führen oder Vorteil zu betreiben.“*

(1) Legitimatus oder Bastard

In sachlicher Hinsicht entscheidend war also die Frage, ob Caspar Schneider nach den damalig vorherrschenden gesellschaftlichen und rechtlichen Konventionen als Bastard anzusehen war. In diesem Zusammenhang stellte sich die Frage nach der rechtlichen Wirkung des hofpfalzgräflichen Reskripts, das Schneider zum Zwecke der Behebung seines Geburtsmakels vom Memorialmeister von Gall erhalten hatte. Es verwundert nicht, dass die beiden streitenden Parteien in der Beurteilung des Reskripts unterschiedlicher Meinung waren.

(a) Keine Legitimation durch ein hofpfalzgräflichen Reskript

Dr. Gombel führte für die Malerzunft in seiner Supplik aus, dass die eheliche Geburt für die Aufnahme in eine Kölner Zunft ein so gewichtiges Kriterium sei, dass auch eine durch Reskript erteilte Legitimation diesem Makel nicht abhelfen könne, denn andernfalls würden „*der Kölnischen Reichsstadt bewehrte Grundgesetzte bei Seite gesetzt, und einseitig umgestoßen.*“[647]

In vielen anderen Fällen erachtete Dr. Gombel eine derartige Legitimation zwar für ausreichend, jedoch sei dies im vorliegenden Fall aufgrund der ausdrücklichen Bestimmung im Verbundbrief nicht möglich. Dr. Gombel machte hier also mit drastischer Wortwahl erstmals deutlich, dass es sich bei diesem Konflikt in erster Linie um einen Verfassungsstreit handelte.[648] Auch kaiserliche Polizeigesetze stünden zu dieser Bestimmung des Verbundbriefes nicht im Widerspruch, denn jedem Reichsstand verbleibe nach der „*kaiserliche*[n] *Gesinnung*“ weiterhin in Bezug auf die eigenen Polizei- und Grundgesetze die volle Freiheit. Eine Änderung dieser Grundgesetze sei zwar im Einvernehmen zwischen dem Magistrat und sämtlichen Zünften denkbar. Die Malerzunft sehe in dem einseitigen Handeln des Magistrats jedoch einen Eingriff in die reichsstädtischen Grundgesetze, zu dem sie aufgrund der von ihnen geleisteten bürgerlichen Eide und ihrer bürgerlichen Verpflichtungen keinen „*blinden Gehorsam*“ leisten könne, da dieses die „*furchtbarsten Folgen nach sich ziehen würde.*“[649]

Die Auffassung der vertraglichen Eingebundenheit des Kölner Rates und seiner daraus resultierenden Machtbeschränkung kommen in diesen Äußerungen nochmals überdeutlich zum Ausdruck.

---

647 HAStK, RKG, C 130, fol. 18r.

648 Ähnliche Argumentationsmuster lassen sich bei gewerblichen Konflikten auch für andere Städte feststellen, vgl. dazu Oestmann, Rückblick auf die Hanse, S. 545, 550.

649 HAStK, RKG, C 130, fol. 19r.

(b) Hofpfalzgräfliches Reskript hat volle Legitimationswirkung

Auf die soeben dargestellte Auslegung des Verbundbriefes sowie die Rechtsansicht zur Wirkung eines hofpfalzgräflichen Reskripts durch die Malerzunft ging Dr. von Hamm, der Schriftsatzverfasser Caspar Schneiders, in seiner Exzeptionsschrift ausführlich ein. Die Einreden Dr. von Hamms beruhten auf drei Argumentationssträngen, die im Folgenden dargestellt werden sollen.

(aa) Strenge Auslegung von Statutarrecht

Die Rechtsansicht der Malerzunft, Caspar Schneider könne aufgrund seiner unehelichen Geburt nicht die Mitgliedschaft in einer Zunft erwerben, versuchte Dr. von Hamm anhand einer wortgenauen Auslegung des Verbundbriefes zu widerlegen, sprach dieser doch allein davon, dass „*kein bastard allein!*" in den Kölner Rat gewählt werden dürfe. Die von ihm aufgeworfene rhetorische Frage, ob denn „*ein Legitmatus ein bastard?*" sei, beantwortete Dr. von Hamm sogleich selbst:

„*Unser*[e] *Rechte bestimmen gerade das Gegentheil, omni maculà penitus direptà et quasi suis natalibus hujusmodi mulieribus redditis, neque vocabulum inhonestum eis inhaerere volumus:- heißt es in L. 23. §. 1. Cod. De nuptiis;….*"[650]

Dr. von Hamm hielt sich also zunächst einmal penibel an den Wortlaut des Verbundbriefes, denn die Worte der Statuten waren für ihn wortgetreu zu akzeptieren. Danach sei Caspar Schneider als „Legitimatus" aber gerade kein Bastard: „*verba statuti proprie sunt accipienda, i.e.* [id est], *in praesenti casu de bastardo, non legitimato.*"[651] Somit schlage die „*Vorschrift des gedachten Verbundbriefs … dergestalt in gegenwärtigen Fall gar nicht ein.*"[652]

Zur Bekräftigung seiner rechtlichen Argumentation allegierte der Schriftsatzverfasser Caspar Schneiders eine zu dem rechtlichen Problem der unehelichen Geburt einschlägige Entscheidung[653] aus den Decisiones von David Mevius, die

650 HAStK, RKG, C 130, fol. 68r.
Übersetzung der lateinischen Ausführungen aus dem Codex de nuptiis bei Otto/Schilling/Sintenis, Bd. 5, C 5,4,23,1: „*Unser*[e] *Rechte bestimmen gerade das Gegenteil, denn da auf diese Weise jeder Makel gänzlich getilgt ist und diese Frauen in den natürlichen Rechtszustand wieder eingesetzt sind, so soll ihnen nach unserem Willen weiter keine unehrbare Benennung ankleben.*"

651 HAStK, RKG, C 130, fol. 68v.
Übersetzung: „*… die Worte der Statuten müssen ausdrücklich übernommen werden, das heißt im vorliegenden Fall ist ein Bastard, kein Legitimatus gemeint.*"

652 HAStK, RKG, C 130, fol. 68v.

653 Aus dem der Einzelfallentscheidung abstrahierten Rechtssatz ist zu erkennen, dass Mevius seine Ausführungen zur Wirkung eines Palatinats auf eine erbrechtliche

sich mit der rechtlichen Wirkung eines Palatinats auseinandersetzte. Die Decisiones gaben in chronologischer Reihenfolge die Entscheidungen des Wismarer Tribunals[654] aus den Jahren 1653 bis 1670 wieder. Sie waren insofern von besonderem Interesse, als das Wismarer Tribunal nach dem westfälischen Friedensvertrag für die ihm unterstellten Gebiete den Rang eines höchsten Reichsgerichtes innehatte.[655]

„Licet Statutum, vel lex Provinciae mentionem faciat liberorum legitimè seu ex matrimonio natorum, die ehelich und ehrlich gebohren, tamen comprehendit non eo minus, rescripto Principis, aut à Comite Palatino legitimatos, generatim enim afferimus serimus, legitimatos, legitimis per omnia aequari, nec diversa de his admitti, nisi aut lex discernat, aut ratio diversitatis.“[656]

Die Ausführungen des Schriftsatzverfassers belegen seine taktisch geschickte Argumenation. Im Hinblick auf den Kölner Verbundbrief waren seine rechtlichen Ausführungen noch ganz der gemeinrechtlichen Statutenlehre verhaftet. Statutarrecht war danach eng auszulegen. Gleichzeitig klang auch hier die „interpretatio cessat in claris“- Lehre an. Da im Verbundbrief eben ausdrücklich nur vom Ausschluss eines „Bastards“, nicht aber eines „Legitimatus“ die Rede sei, verbiete sich per se eine Einbeziehung Legitimierter in den Anwendungsbreich der statutarischen Vorschrift. Die Anwälte Caspar Schneiders folgerten daraus, dass mangels Einschlägigkeit des partikularen Rechts in diesem Fall auf die gemeinen Rechte, also Reichsrecht zurückgegriffen werden müsse.

Streitigkeit bezieht: *„Legitimati per rescriptum Principis aut Comitem Palatinum autoritate Caesarea in bonis parentum jura successionis ante agnatos adipiscuntur,*“ aus Mevii Decisiones super causis praecipuis ad summum tribunal regium Vismariense delatis, Dec. CXXV, Parte IX, S. 474.
Übersetzung: *„Die Legitimierten empfangen durch fürstliches oder pfalzgräfliches Reskript mit kaiserlicher Verbürgung das Recht der Nachfolge in die Güter ihrer Eltern vor den Nachgeborenen.*“

654 Das königlich schwedische Obertribunal in Wismar war als Folge des 30-jährigen Krieges als Obergericht für die dem Königreich Schweden als Reichslehen übertragenen deutschen Gebiete eingerichtet worden. Mevius übernahm im Jahre 1653 das Amt des Vizepräsidenten, siehe dazu Wiese, Leibeigene Bauern und Römisches Recht im 17. Jahrhundert, S. 24.

655 Wiese, Leibeigene Bauern und Römisches Recht im 17. Jahrhundert, S. 25.

656 HAStK, RKG, C 130, fol. 68v.
Übersetzung: *„Auch wenn ein Statut oder das Gesetz einer Provinz nur legitime Kinder oder in einer Ehe geborene Kinder nennt, die also ehelich und ehrlich geboren sind, umfasst es nicht weniger diejenigen, die durch ein Reskript des Fürsten oder des Pfalzgrafen legitimiert sind, denn generell sind wir bestrebt, die Legitimierten den Legitimen gleich zu stellen und keine unterschiedliche Behandlung zuzulassen, es sei denn, ein Gesetz unterscheidet sie, oder der Grund ihrer Verschiedenheit.*“

Folgerichtig allegierte der Schriftsatzverfasser eine von David Mevius publizierte Entscheidung des Wismarer Tribunals zur Wirkung einer pfalzgräflichen Legitimation. Der bei Mevius geschilderte Fall betraf jedoch nicht unmittelbar die Thematik des hiesigen Falles. Mevius Aussagen bezogen sich, wie aus der Überschrift zu Decision 125 bereits zu erkennen, auf die Wirkung einer pfalzgräflichen Legitimation hinsichtlich der rechtlichen Gleichstellung unehelich Geborener in der Erbfolge. Im Gegensatz zur strikten Auslegung des Statutarrechts ging der Schriftsatzverfasser Caspar Schneiders hier offenbar mit Selbstverständlichkeit davon aus, dass die Unterschiedlichkeit der beiden Sachverhalte in Bezug auf die rechtliche Wirkung der Legitimation irrelevant sei.

(bb) Entgegenstehendes Reichsrecht

In diesem Kontext stellten sich zwei eng miteinander verbundene Fragen, die Dr. Tils allerdings nicht ausdrücklich aufwarf. Die eine betraf das Rangverhältnis von Partikularrecht zum gemeinen Recht. Die andere Frage war, welche dieser beiden Rechtsquellen das Gericht im konkreten Fall zu Grunde zu legen hatte. Gerade in der frühen Neuzeit stellte dieser Dualismus von Partikularrecht und gemeinem Recht die Gerichte häufig vor Rechtsanwendungsprobleme.[657] Die Auseinandersetzungen der Parteien vor Gericht waren daher nicht selten Kämpfe um das anwendbare Recht.[658] Die Anwälte Caspar Schneiders wendeten ohne nähere Erläuterung das gemeine Recht zur Auslegung des Kölner Verbundbriefes insoweit an, als dass jemand, der nach Reichsrecht als Legitimatus anzusehen sei, nicht Bastard im Sinne des Partikularrechts sein könne.

Im Folgenden führten die Anwälte Caspar Schneiders reichsrechtliche Regelungen hinsichtlich der Heilung einer unehelichen Geburt an. Zunächst verwiesen sie auf Passagen aus der Reichspolizeiordnung von 1548. Bei den Polizeiordnungen handelte es sich um Gesetze, die in den Territorien und im Reich vorwiegend im 16. bis 18. Jahrhundert erlassen wurden und eine Vielzahl von Regelungen zur Ordnung des Gemeinwesens aufstellten.[659] Die Polizeiordnungen entstanden aus der Erkenntnis des Bestehens von Missständen in der Rechtsgemeinschaft, die man durch ein auf das Wohl des Gemeinwesens, der „guten Policey", fokussiertes Lenkungsrecht zu beheben suchte. Die auf dem Augsburger Reichstag von 1548 erlassene Polizeiordnung gehörte hierbei zu den bedeutendsten.[660] Das Bestreben der Polizeiordnung bestand zum einen darin, die Gesellenverbände,

657 Zum Forschungsstand, siehe Oestmann, Rechtsvielfalt vor Gericht, S. 5 f.
658 Oestmann, Rechtsvielfalt vor Gericht, S. 4 f.
659 Schmelzeisen, Polizeiordnungen, in: HRG III, Sp. 1803 f.
660 Schmelzeisen, Polizeiordnungen, in: HRG III, Sp. 1803 f.

die in der Vergangenheit durch Boykottaktionen ein gemeindeutsches Gesellenrecht durchgesetzt hatten, zu entmachten.[661], So legte die Reichspoliceyordnung von 1548 nach Auffassung von Dr. Tils unter dem Titel „*von Handwerks Söhnen*" fest, dass „*die unehelich gebohrenen, wenn sie die Legitimation erhalten, von der Meisterschaft eines Handwerks nicht auszuschließen*" seien.[662] Dazu zitierte Dr. Tils allerdings nicht die einschlägige Originalstelle des Reichsabschieds, sondern allegierte einen Auszug aus der Dissertation De legitima parentum pactis dotalibus exclusa von Georg Heinrich Ayrer[663]: „*Quae ad liberos redundant ex legitimatione haec sunt; primum ingenuitatem adipiscuntur ac intuitu maculae nativitatis, quasi statim, ut nati sunt, legitimi habentur; fluit inde, quod iisdem honores nulli regulariter possint denegari; item quod ad opificia debeant admitti; magis eadem confirmantur per Recessus Imperii de anno 1548. Tit. von Handwerks Söhnen, quo ejusdem generis personis, quas vulgus alias levis nota maculae adspergebat, succurritur.*[664]

Aus heutiger Sicht müsste man die Ausführungen Ayrers wohl als Gesetzesanalogie bewerten, denn der Wortlaut des einschlägigen Titels 37, § 1 der Reichspolizeiordnung von 1548 bezog sich ausdrücklich nur auf die darin enumerativ aufgezählten Gewerbe, deren Ausübung zu damaliger Zeit als verächtlich und somit unehrlich angesehen wurden. Die Polizeiordnung unternahm den Versuch, diese sozialen Randgruppen wieder in die Gesellschaft zu integrieren, um den Kindern solcher Handwerker auch den Zugang zu anderen Handwerkszünften zu eröffnen.[665] Hinsichtlich der rechtlichen Stellung unehelich Geborener sagte die Vorschrift unmittelbar nichts:

„*Als auch an etlichen Orten der Gebrauch ist, daß die Leinweber, Barbierer, Müller, und dergleichen Handwercker in den Zünfften zu andern, dann ihrer Eltern Handwerckern, nicht aufgenommen, noch gezogen werden, und aber je un-*

---

661 Lentze, Handwerk (rechtlich), in: HRG I, Sp. 1976, 1978.

662 HAStK, RKG, C 130, fol. 69v.

663 1702-1774, zu seiner Person siehe Stintzing/Landsberg, Geschichte der deutschen Rechtswissenschaft, Abt. 3, Halbb. 1, S. 150 (Noten).

664 HAStK, RKG, C 130, fol. 69v.
Übersetzung: „*Die Auswirkungen der Legitimation auf die Kinder sind die folgenden: zunächst erlangen sie den Status, frei geboren zu sein und werden mit Rücksicht auf den Makel ihrer Geburt quasi ab dem Moment ihrer Geburt als legitim angesehen. Aus der Legitimation folgt weiter, daß ihnen die Ehrenstellungen regelmäßig nicht verweigert werden können, und daß sie daher auch zum Handwerk zugelassen werden müssen. Dies wird insbesondere bestätigt durch den Reichsabschied aus dem Jahr 1548 in dem Tit. von Handwerks Söhnen, in dem diesen Menschen geholfen wird, die das Volk wegen der Schmach ihres Makels beschimpft.*"

665 Brand, Zunft, Zunftwesen, in: HRG V, Sp. 1792, 1795.

billig, daß die jenige, so eines ehrlichen Herkommens,[666] *Handels und Wesens, ausgeschlossen werden solten; so wollen Wir solche beschwerliche Gebräuch oder Gewohnheiten hiermit auffgehebt und vernichtet haben: Setzen, ordnen und wollen demnach, daß die Leinweber, Barbierer, Schäfer, Müller, Zöllner, Pfeiffer, Trummeter, Bader, und die, deren Eltern, davon sie gebohren sind, und ihre Kinder, so sich ehrlich und wol gehalten haben, hinführo in ihren Zünfften, Gaffeln, Amten, und Gilden keines wegs ausgeschlossen, sondern wie andere redliche Handwercker auffgenommen, und darzu gezogen werden sollen, was aber ausserhalb der jetzt gemelten andere gemeine Handwercker belangt, in denen wollen wir den Obrigkeiten Ordnung und Satzung, nach eines jedes Lands Gelegenheit, zu machen, hiermit befohlen und auferleget haben.*"[667]

Die Vorschrift der Reichspolizeiordnung wollte also die Kinder der in der Vorschrift aufgeführten, von der Gesellschaft verachteten Handwerker denen anderer Handwerker gleichstellen, wenn diese ein ehrliches Herkommen hatten. Dazu gehörte aber vor allem eine eheliche Geburt,[668] wobei es im Falle Caspar Schneiders gerade mangelte. Die Vorschrift hätte sich insofern im Sinne eines Gegenschlusses auch für das Maleramt in Feld führen lassen

Die rechtliche Gleichstellung unehelich Geborener wurde allerdings später im Reichsschluss von 1731 ausdrücklich geregelt. So hieß es in der „Beylage sub Signo zu dem Reichs-Gutachten vom 22. Junii 1731. wegen der Handwercker Missbräuche gehörig" unter Titel 11:

„*Demnach auch öffters vorkommen, daß bey denen Handwerckern, insonderheit denen so genannten geschenckten, zwischen denen unehelich erzeugten, und vor oder nach der Priesterlichen Copulation gebohrnen Kindern ein Unterschied gemacht werden wolle, wie auch so von Kayserl. Majest. oder sonst aus Kayserlicher Macht legitimiret worden, also, daß Theils Handwercker auch diejenige, welche auf solche Weiß legitimirte, oder auch von einem andern noch im ledigen Stand geschwächte Weibs-Personen heyrathen, oder mit denen, mit welchen sie sich verunkeuschet, zur Straffe copulirt worden, nicht paßiren wollen, so solle erst-gemeldter Unterschied aufgehoben seyn, und die auf jetzt-besagteinen oder andern Weg legitimirte Manns- oder Weibs-Personen wegen Zulassung zu denen Handwercken einander gleich geachtet, und denenselben nichts mehr in den Weg gelegt werden.*"[669]

---

666 Mit der „ehrlichen Geburt" war die freie Abstammung gemeint, siehe Wissel, Des alten Handwerks Recht und Gewohnheit, S. 146 ff.

667 Schönwetter (Verlag), Aller des heiligen Römischen Reichs gehaltene Reichtäge, S. 513 f.

668 Wissel, Des alten Handwerks Recht und Gewohnheit, S. 240.

669 Senckenberg, Neue und vollständigere Sammlung der Reichs-Abschiede, Band 3, S. 382.

Der Reichsabschied von 1731 war der umfassendste Versuch auf Reichsebene, die immer offenbarer gewordenen Missstände im zünftigen Handwerk zu beseitigen. Der Reichsabschied schuf eine Reichszunftordnung, mit der die Autonomie der Zünfte vor allem durch das Verbot der zunftinternen Gerichtsbarkeit sowie der Erleichterung des Erwerbs der Meisterschaft gebrochen werden sollte.[670] So führte Dr. von Hamm dann auch aus, dass der Reichsabschied von 1548 durch den „*Reichsschluß von 1731. Art. 4 ... in der Polizeiordnung ausdrücklich bestätiget*" worden sei.[671] Zur Substantiierung seines Vortrages zitierte er die Rechtsfolge des oben im vollen Wortlaut abgedruckten Titels 11 des Reichsgutachtens von 1731:[672]

„*... so sollen erstgemelter Unterschied aufgehoben seÿn, und die auf jetzt besagt einen oder anderen Weg legitimirten Manns- oder Weib Personen wegen Zulassung zu den Handwerken einander gleich geachtet, und denselben nichts mehr in den Weg gelegt werden.*"[673]

Die angeführten Wortlautzitate geben auch heute noch Einblicke in die Arbeitsweise dieses Anwalts. Die übereinstimmenden Wortlaute zeigen, dass die Textausgabe von Schmauß[674] dem Schriftsatzverfasser Dr. von Hamm tatsächlich vorgelegen hat und nicht lediglich „blind" zitiert wurde. Am vorliegenden Schriftsatz lässt sich also darlegen, dass Anwälte im 18. Jahrhundert durchaus intensive Rechtsquellenstudien betrieben. Die verbreitet geäußerte Kritik, Anwälte im 18. Jahrhundert hätten bei Erstellung ihrer Schriftsätze lediglich den „kleinen Struv"[675] zu Rate gezogen, trifft zumindest für Kameralanwälte also nicht zu.[676] Zu bedenken ist in diesem Kontext jedoch, dass sich die deutsche Rechtsanwaltschaft auf hunderte Staaten und Gerichtsherrschaften erstreckte und bildungsmäßig sehr inhomogen war.[677] An den obersten Reichsgerichten dominierte die juristische Elite, die ein juristisches Studium absolviert hatte.[678]

---

670 Lentze, Handwerk (rechtlich), in HRG I, Sp. 1976, 1981.

671 HAStK, RKG, C 130, fol. 69v.

672 Dr. von Hamm benutzte dabei die Textausgabe des Corpus Iuris von Johann Jacob Schmauß („*beÿ Schmaus in corpore juris publice pag. 1371*"), vgl. HAStK, RKG, C 130, fol. 70r.

673 HAStK, RKG, C 130, fol. 70r.

674 Gemeint ist das Kompendium Corpus juris publici S.R.J. aus dem Jahr 1746 von Johann Jacob Schmauß. Zu seiner Person siehe Stintzing/Landsberg, Geschichte der deutschen Rechtswissenschaft, Abt. 3, Halbb. 1, S. 125-128 u. Noten, S. 74-76.

675 Gemeint ist das Lehrbuch „Jurisprudentia romano-germanica forenis" von Georg Adam Struve (1619-1692), das im 17. und 18. Jahrhundert fester Bestandteil von Lehre und Praxis war. Siehe dazu Luig, Georg Adam Struve, in HRG V, Sp. 52, 54.

676 Kleinheyer, Deutsche und Europäische Juristen aus neun Jahrhunderten, S. 513-514.

677 Siegrist, Advokat, Bürger und Staat, Bd. 1, Erster Halbb., S. 37.

Das Reichsrecht sprach hier wohl eindeutig zugunsten von Caspar Schneider, weshalb dessen Verteidiger es auch umfassend zur Begründung ihrer Rechtsansicht heranzogen. Sie konnten zudem sicher sein, dass die Richter am Reichskammergericht Reichsrecht genau kannten und aufgrund ihrer Vereidigung auf das gemeine Recht[679] dieses grundsätzlich auch anwendeten, wenn nicht beim Reichskammergericht insinuiertes Partikularrecht ausdrücklich Abweichendes bestimmte.[680] Es bestand insofern nach der in der zeitgenössischen Wissenschaft weitgehend befürworteten Statutentheorie eine prozessuale „fundata intentio", also eine Vermutung zugunsten der Anwendbarkeit des gemeinen römischen Rechts.[681] Die Statutentheorie stellte zwar den Vorrang von Partikularrecht gegenüber dem gemeinen Recht nicht in Abrede. Für die Geltung des Partikularrechts musste aber im Gegensatz zum gemeinen Recht stets der Beweis angetreten werden.[682] Die Parteivertreter waren daher bestrebt, nach Möglichkeit ihre rechtlichen Ausführungen anhand römischer und kanonischer Quellen zu untermauern.[683] Dies förderte in der Praxis die Rezeption des römischen Rechts.

In Zunft- und Handwerkssachen bestand jedoch insofern eine Besonderheit, als § 106 des Jüngsten Reichsabschieds die höchsten Reichsgerichte verpflichtete, Partikularrecht angemessen zu berücksichtigen.[684] Die Frage jedoch, ob sich einzelne Bürger auf die Reichspolizeiordnungen stützen konnten, hing zunächst einmal von der Bindungswirkung der Reichsgesetze für die Reichsstände ab.[685] Hierüber bestanden in der zeitgenössischen Wissenschaft unterschiedliche Auf-

---

678 Siegrist, Advokat, Bürger und Staat, Bd. 1, Erster Halbb., S. 37.

679 RKGO 1555, Teil 2, LVII, abgedruckt bei Laufs, Die RKGO von 1555, S. 151.

680 Die Rechtsformel „jura novit curia" galt nur für das gemeine Recht, also vor allem Reichsrecht. Partikularrecht musste die sich hierauf berufende Partei dem Reichskammergericht „insinuieren", d.h. offiziell zur Kenntnis bringen, vgl. dazu Diestelkamp, Von der Arbeit des Reichskammergerichts, in: Diestelkamp/Scheurmann, Das Reichskammergericht in der deutschen Geschichte, S. 282, 296; Schulze, Statutarrecht, HRG IV, Sp. 1922, 1924.

681 Oestmann, Rechtsvielfalt vor Gericht, S. 9; Ranieri, Rezeption und Prozessrecht, S. 170, 172. Dazu auch Wiegand, Zur Herkunft und Ausbreitung der Formel „habere fundatam intentionem", S. 126-170.

682 Schulze, Statutarrecht, HRG IV, Sp. 1922, 1925. Für das 18. Jahrhundert muss diese Aussage jedoch insoweit relativiert werden, als es am Reichskammergericht bereits die Pflicht zur ex-officio Anwendung jeder Rechtsnorm gab, wenn dem Gericht die einschlägigen Partikularrechtsquellen bekannt waren, siehe dazu Oestmann, Rechtsvielfalt vor Gericht, S. 452 ff.

683 Ranieri, Rezeption und Prozessrecht, S. 170, 172.

684 § 106 JRA ist abgedruckt bei Senckenberg, Neue und vollständigere Sammlung der Reichs-Abschiede, Bd. 3, S. 660.

685 Link, Das Gesetz im späten Naturrecht, in: Behrends/Link (Hg.), Zum römischen und neuzeitlichen Gesetzesbegriff, S. 165ff.

fassungen. Nach dem Jüngsten Reichsabschied von 1654, der den bestehenden Streit durch ein föderales Zusammenwirken von Reich und Ständen zu lösen suchte, wurden Reichsgesetze als Verträge zwischen Reich und Ständen interpretiert.[686] Als Folge davon hat wohl auch das Reichskammergericht dazu tendiert, die Geltung von Reichsabschieden in den Landesterritorien davon abhängig zu machen, ob diese von den Landesherren zur Observanz gebracht worden waren, oder nicht.[687] In Köln war die Reichshandwerksordnung von 1731 wie in fast allen Reichsstädten zwar nie veröffentlicht worden.[688] Das bedeutete jedoch nicht, dass der Kölner Rat die Regelungen der Reichshandwerksordnung von 1731 nicht zur Geltung bringen wollte. Vielmehr war er im 18. Jahrhundert zunehmend bestrebt, die Macht der Zünfte zu begrenzen, und der Wirtschaft gegen den erbitterten Widerstand der Zünfte freieren Lauf zu lassen. Hierbei dürfte die Reichshandwerksordnung ein willkommenes Mittel gewesen sein. Allerdings waren vor allem die Reichsstädte zur Rücksichtnahme auf die Zünfte und Gesellenverbände gezwungen, da diese noch immer eine starke Position innehatten. Die Zünfte wollten verständlicherweise die Regelungen der Reichshandwerksordnung von 1731 nicht akzeptieren. So wurde in der Reichsstadt Bremen das Reichsgutachten zwar am 28. September 1732 publiziert, allerdings hatte dies nicht auch dessen Durchsetzung zur Folge, da sich auch die Bremer Zünfte vehement widersetzten.[689] Die Frage des Vorrangverhältnisses zwischen Reichsrecht und Landesrecht blieb daher bis zum Ende des Alten Reiches umstritten.[690]

Neben der Auswertung reichsrechtlicher Vorschriften zur Stützung seiner Rechtsausführungen hinsichtlich der Wirkung einer pfalzgräflichen Legitimation verwies der Schriftsatzverfasser Caspar Schneiders auch auf namhafte Juristen, vor allem natürlich auf solche, die von einem Vorrang des Reichsrechts gegenüber Landesrechten ausgingen. Hierzu gehörte vor allem Johann Stephan Püt-

---

686 Link, Das Gesetz im späten Naturrecht, in: Behrends/Link (Hg.), Zum römischen und neuzeitlichen Gesetzesbegriff, S. 165f.; Sailer, Untertanenprozesse vor dem Reichskammergericht, S. 447.

687 Sailer, Untertanenprozesse vor dem Reichskammergericht, S. 450.

688 Reininghaus, Zünfte und Zunftpolitik in Westfalen und im Rheinland am Ende des Alten Reiches, in: Haupt, Das Ende der Zünfte, S. 71, 73. Carl, Die Aachener Mäkelei 1786-1792. Konfliktregulierungsmechanismen im alten Reich, in: Zeitschrift des Aachener Geschichtsvereins, S. 103, 182. Böhmert spricht in diesem Zusammenhang von der „grössten Lauheit in der Durchführung des Reichsgutachtens von Seiten der einzelnen Landesherren und Städte“, vgl. Böhmert, Beiträge zur Geschichte des Zunftwesens, S. 45.

689 Böhmert, Beiträge zur Geschichte des Zunftwesens, S. 45 und 122.

690 Link, Das Gesetz im späten Naturrecht, S. 166; vgl. dazu auch Wiegand, Die privatrechtlichen Rechtsquellen des Usus modernus, S. 237, 245.

ter,[691] der in der zweiten Hälfte des 18. Jahrhunderts als berühmtester Vertreter des Reichsstaatsrechts den Begriff des modernen Bundesstaates entwickelte und dabei von einem Vorrang des Reichsrechts vor den Landesrechten ausging. Des Weiteren verwies Dr. von Hamm auf Standardwerke Caspar Zieglers,[692] Justus Henning Böhmers,[693] des namhaften Pandektisten und Schülers Samuel Stryks, sowie Benedikt Carpzovs. Unter diesen Juristen sei *„die Wirkung einer* solche[n] *Legitimation ... wenigstens in so weit unbestritten, ut macula nativitate contracta abstergatur, et idoneus fiat legitimatus ad honores et collegia opificum, et jus civitatis impetrandum.“*[694] Das Zitat entstammte dem fünfbändigen Hauptwerk Böhmers, dem „Jus ecclesiasticum Protestantium usum modernum jur. can. Juxta seriem decretalium ostendens et ipsis rerum argumentis illustrans“ dessen erster Band im Jahre 1714 erschienen war und das als Gesamtwerk erst nach 23 Jahren von Böhmer fertiggestellt wurde.[695] Es zeigt sich also auch hier die sorgfältige Arbeit und umfassende Literaturauswertung des Schriftsatzverfassers.

Hatten sich Caspar Schneiders Anwälte bei der Bezugnahme auf reichsrechtliche Quellen noch einer sehr weitgehenden Auslegung bzw. nach heutiger Methodenlehre schon einer Analogie bedient, verfochten sie hinsichtlich des Kölner Verbundbriefes durchgehend eine wortgetreue Anwendung. So begegneten sie dem Einwand der Malerzunft, dass die Entscheidung des Kölner Rates auch gegen ihre bestätigten Zunftartikel verstoße mit dem Hinweis, dass der Malerzunft nicht das Recht zustünde, die Zunftartikel dahingehend *„zu erweitern,...daß ein legitimatus à comite Palatino et ex potestate summa caesarea durch dieselbe von der Meisterschaft eines Handwerks auszuschließen seÿ.“*[696]

Dieses behauptete Erweiterungsverbot lag also ganz auf der Linie einer strikten Interpretation des Statutarrechts im Sinne der Statutentheorie. Es galt der

---

691 1725-1807, zu seiner Person siehe Stintzing/Landsberg, Geschichte der deutschen Rechtswissenschaft, Abt. 3, Halbb. 1, S. 331-353; Stolleis, Juristen, S. 504 f.

692 1621- 1690, zu seiner Person siehe Stintzing/Landsberg, Geschichte der deutschen Rechtswissenschaft, Abt. 3, Halbb. 1, S. 48-51 sowie Noten S. 28f. Dr. Tils zitierte einen Auszug aus Zieglers Tractat de juribus majestatis aus dem Jahr 1681.

693 1674-1749, zu seiner Person siehe Stintzing/Landsberg, Geschichte der deutschen Rechtswissenschaft, Abt. 3, Halbb. 1, S. 145-150 u. Noten S. 89f.; Kleinheyer/Schröder, S. 74-77.

694 HAStK, RKG, C 130, fol. 69r.
Übersetzung: Das hofpfalzgräfliche Reskript habe also zumindest insoweit Wirkung, *„als dass der einschränkende Makel der Geburt beseitigt wird und den Legitimatus geeignet mache, um Ansehen und die Mitgliedschaft der Handwerker sowie das Bürgerrecht zu erlangen.“* Als Textstelle gab Dr. von Hamm *„Just. Henning Böhmer in jure Eccles. Protest. Lib. 4. Tit. 17. § 32“* an.

695 Stintzing/Landsberg, Geschichte der deutschen Rechtswissenschaft, Abt. 3, Halbb. 1, S. 145 f.

696 HAStK, RKG, C 130, fol. 70v.

Grundsatz „*statuta stricte sunt interpretanda.*"[697] Anhand der nachfolgenden Argumentation wird allerdings deutlich, dass der Schriftsatzverfasser Dr. von Hamm im Jahr 1792 nicht mehr der strikten Interpretation des Statutarrechts verhaftet war, sondern lediglich taktisch geschickt die Argumentationsmuster hinsichtlich der Anwendung von Reichsrecht und Partikularrecht wechselte.

(cc) Ius emendandi des Kölner Rates

Dem Kölner Rat billigte der Schriftsatzverfasser Caspar Schneiders nämlich ausdrücklich das ius emendandi zu, also die Befugnis, auch bei Anwendung von Statutarrecht, wie den Zunftordnungen, Ausnahmen von diesen zu treffen:

„*Es ist auch, wie beÿ allen und jeden Zunft Ordnungen, eben so beÿ der befragten, der gegenseitigen Zunft verliehenen Ordnung, ausdrücklich versehen: daß der Rath sich vorbehalte, dieselbe zu mehren, zu minderen, zu besseren, und zu ändern.*"[698]

Zur Bekräftigung seiner Behauptung führte Dr. von Hamm die dritte Ausführung aus der 55. Decision von David Mevius' gleichlautendem Werk im Wortlaut an. Die zitierte Passage bezieht sich zwar auf das ius emendandi, ist jedoch ohne den dazugehörigen Sachzusammenhang, so, wie sie von Dr. von Hamm zitiert wurde, nicht verständlich:

„*Ex reservatione in his rotulis usitata, de iis augendis, minuendis, declarandis, emendandis, consequens est arbitrium quoddam circa ea, quae ad opificia pertinent.*"[699]

Mevius war der erste Rechtsgelehrte gewesen, der bereits in seinem Kommentar zum lübischen Recht aus dem Jahre 1642 aus den Fesseln der Statutentheorie ausbrach und eine freiere Interpretation von Partikularrecht befürwortete.[700]

Inhaltlich ergab sich das ius emendandi der Obrigkeit auch aus § 106 JRA, sowie aus § 1 der Beilage sub signo zum Reichsgutachten von 1731:

„*Wie dann jedem Reichs-Stand ohnedem nach Gelegenheit der Zeit, der Läufte und Umstände Krafft besitzender Regalien, alle Landes-Herrliche Ge-*

---

697 Oestmann, Rechtsvielfalt vor Gericht, S. 7 und 145; Schulze, Statutarrecht, in: HRG IV, Sp. 1922, 1924.

698 HAStK, RKG, C 130, fol. 70v.

699 HAStK, RKG, C 130, fol. 70v.
Übersetzung: „*Unter Berücksichtigung des üblichen Vorbehalts in diesen Schreiben über das zu Vermehrende, zu Vermindernde, zu Erklärende und zu Verbessernde hat das Urteil gewissermaßen ungefähr das erfaßt, was sich auf die Anfertigungen bezieht.*"

700 Oestmann, Rechtsvielfalt vor Gericht, S. 8.

walt, und in Ansehung derselben die Aenderung und Verbesserung der Innungs-Briefe in ihrem Gebiet allwege vorbehalten bleibet."[701]

Nach Ansicht der Anwälte Caspar Schnieders hatte sich der Kölner Rat dieses „jus emendandi" auch ausdrücklich bei allen Zunftordnungen vorbehalten. Im Sinne eines Rechtsschlusses a maiore ad minus folgerte Dr. von Hamm nunmehr, dass, wenn der Kölner Rat sogar die Rechtsmacht besitze, ganze Zunftordnungen abzuändern, er in jedem Falle auch berechtigt sei, dem Appellaten die Meisterschaft zu schenken oder ihn zur Freimeisterschaft zuzulassen:

„*Es konnte also der Rath dieser Zunftartikulen ungeachtet, dem Appellaten die Meisterschaft schenken, ihn zu einen Freimeister annehmen, wie vielmehr verordnen, ihm die Meisterschaft auf der Zunft zu ertheilen;...* ."[702]

Auch diese Behauptung stützte er anhand eines weiteren Zitats aus der einschlägigen Decision von David Mevius:

„*nisi magistratibus relicta illa potestate, multum peribit ex officio et providentia circa ea, quae opificii et commodi publici sunt, dum fraenum et modus coercendi opifices, consistit in concessione ejus exemtionis.*"[703]

Vergleicht man auch hier die vom Schriftsatzverfasser angeführten Allegationen mit dem Originaltext von David Mevius, so fällt die wortgetreue Abschrift der wesentlichen Passagen auf. Es zeigt daher erneut, dass die Anwälte intensives Quellenstudium bei Ausarbeitung ihrer Schriftsätze betrieben. Möglicherweise lag auch hierin ein Grund für die zum Teil sehr langen Ausarbeitungszeiten, die vielfach ihren Teil zur Langwierigkeit der Prozesse beitrugen.

Der Streit um das hier angesprochene „jus emendandi" war ein typischer Streitpunkt in Zunftkonflikten, denn derjenige, der das Recht hatte, Zunftordnungen nach eigenen Vorstellungen zu „verbessern" besaß einen wichtigen Steuerungshebel im Handwerksrecht. Es verwundert daher nicht, dass auch in anderen Reichsstädten sowohl die Bürgergemeinde, als auch die Obrigkeit das „jus emen-

---

701 Senckenberg, Neue und vollständigere Sammlung der Reichs-Abschiede, Bd. 3, S. 376 ff.

702 HAStK, RKG, C 130, fol. 70v.

703 HAStK, RKG, C 130, fol. 70v., 71r.
Übersetzung: „*Wenn man dem Magistrat diese Macht nicht belässt, geht vieles von dem verloren, was zu seinen öffentlichen Pflichten gehört, solange nämlich Zügel und Mittel, die Handwerker zu kontrollieren, darin bestehen, ihnen diese Ausnahme zu bewilligen.*"
Bereits aus dem der Decision vorangestellten Rechtssatz [von Dr. von Hamm nicht zitiert] konnte man die Rechtsauffassung David Mevius zur Befugnis des Magistrats, die Freimeisterschaft zu vergeben, ersehen: „*Libertatem exercendi opificium, die Freymeisterschafft magistratus civitatis inferioris concedere potest*", siehe dazu Mevius, Decisiones super causis praecipuis ad summum tribunal regium Vismariense delatis, S. 28.

dandi" für sich reklamierten. So forderte die Bürgergemeinde der Stadt Lübeck im Jahr 1661 das „jus emendandi" für sich selbst gegenüber dem dieses Recht ausübenden Lübecker Rat ein.[704] Zur Begründung verwies sie, letztlich ohne Erfolg, auf ein im Jahr 1188 der Bürgergemeinde von Friedrich I. erteiltes Privileg, in dem es hieß: „*Hiis omnibus dilectis burgensibus ... concedimus ut quicquid infra civitatem sui juris in posterum emendare valuerint ... emendare non obmittant.*"[705]

Von Seiten der Obrigkeit konnte zur Begründung eines jus emendandi wohl vor allem das jedem herrschaftlichen Handeln übergeordnete Ziel des „gemeinen Nutzens" angeführt werden.[706] Auf diesen berief sich auch der Bremer Rat in einer erstatteten Relation im Jahre 1642 ausdrücklich, als er einen Handwerker zur Freimeisterschaft zuließ: „*Nam privilegium, qualecunque fuerit, quod incipit laedere, praesertim rem publicam, cessat ipso jure...* ."

„*Nam jure naturae aequum est, neminem cum Reip. Detrimento debere fieri locupletiorem.*"[707]

Pochte der Schriftsatzverfasser zuvor bei der Interpretation des Verbundbriefes noch auf eine strikte Befolgung des Wortlautes, so nahm er in Bezug auf die zitierte Stelle bei David Mevius eine erheblich weitere, obrigkeitsfreundliche Auslegung vor. Aus den Begriffen „mehren", „mindern" und „ändern" leitete der Schriftsatzverfasser also eine umfassende Gesetzgebungsbefugnis des Rates ab. Eine derart weite Auslegung war mit der strengen Statutentheorie nicht in Einklang zu bringen. Das Reichsrecht hingegen, das seit jeher den Einfluss der Zünfte auf politischer, wie auch auf wirtschaftlicher Ebene zu begrenzen versuchte,

---

704 Asch, Rat und Bürgerschaft in Lübeck, S. 42.

705 Zitiert nach Asch, Rat und Bürgerschaft in Lübeck, S. 41.
Übersetzung: „*Diesen allen hochgeschätzten Bürgern gestehen wir zu, daß, was auch immer sie in Zukunft innerhalb der Bürgerschaft aus eigenem Recht verbessern wollen, sie hierbei nicht behindert werden sollen.*"

706 Vgl. dazu auch Lau, Der Rechtsanwalt und das juristische Argument, S. 75, 83.

707 Bremer Stadtarchiv, Extract de restrictione privilegiorum Vol. 1 Marpurg. Consil 5 n. 27. usque. N. 50, zitiert nach Böhmer, Beiträge zur Geschichte des Zunftwesens, S. 99.
Vgl. Übersetzung a.a.O, S. 34: „*Ein Privileg, welcherlei Art es auch sei, müsse von Rechts wegen aufhören zu existieren, sobald es anfange, dem öffentlichen Wohle zu schaden.*"
„*Denn schon das natürliche Recht lehre, dass der öffentliche Nutzen dem Privatvortheile vorzuziehen sei.*" (Dieser Satz ist von Böhmer sehr frei übersetzt. Wörtlich muss es heißen: „*Denn das natürliche Recht verbietet es, daß sich jemand zum Schaden des Gemeinwesens bereichert.*" Der Wortlaut dieser allgemeinen Klausel des Bereicherungsrechts aus D 50,17,206 lautet: „*Iure naturae aequum est, neminem cum alterius detrimento et iniuria fieri locuplentiorem.*"

sah im Reichsgutachten von 1731 das Recht der Obrigkeit, die Meisterschaft auch ohne Billigung der Zünfte zu vergeben, ausdrücklich vor:

„...*damit die gute Künstler und Handwercker, wie auch die jüngere Meister insgemein nicht dergestalten, wie an vielen Orten im Gebrauch ist, mit denen Zunfft- oder Aufnahms-Kosten, Innungs-Geldern und dergleichen übernommen, sogleich an ihrer Wohlfahrt und guten Vorhaben sich ein- und andern Orts niederzulassen, auch dadurch die Orte selbsten mit kunstreichen und geschickten Leuten sich zu versehen, denen Commercien zum mercklichen Schaden und Abgang gehindert werden, immassen einem jeden Stand ohne das unbenommen bleibet, mit ein und anderm guten Arbeiter und Künstler nach Gelegenheit der Sache zu dispensiren, und denselben, auch wider der Zunfft Willen, noch vielmehr aber an denen Orten, wo so viel Meister, die eine Zunfft machen könnten, nicht wären anzunehmen, und zur Meisterschafft kommen zu lassen.*"[708]

In ihrer Replik hatten die Anwälte der Malerzunft noch einmal die Möglichkeit, auf die appellatischen Einreden einzugehen. So könne im vorliegenden Fall die Legitimation, die Caspar Schneider erhalten habe, ausnahmsweise keine Wirkung entfalten, da sie gegen „ordentlich bestelltes Recht" der Zunft verstoße.[709] „*Diese Rechte gelten noch in ganz Teutschland, und alle anderen Polizei- und Reichs Satzungen können dagegen nicht in Betracht kommen, denn ein jeder Reichsstand hat immer seine besondere und eigene Grund-Verfaßungen, denen durch generale Rechtssatzungen bekanntlich nie derogirt wird...* ."[710]

Die Malerzunft sprach hier deutlich das bestehende Konkurrenzproblem zwischen Reichsrecht und Partikularrecht im Alten Reich an. Nach ihrer Auffassung konnte also partikular gesetztes „ius speciale" niemals durch „ius generale" des Reichs verdrängt werden. Die Malerzunft bewegte sich damit ganz im Einklang mit dem seit dem Mittelalter ausgebildeten Rechtsgrundsatz, dass das Recht des kleineren Rechtskreises das des größeren Rechtskreises verdränge.[711] Das römische Recht galt also nur subsidiär und konnte durch Partikularrecht derogiert werden.[712] Wie oben bereits erwähnt, erfuhr dieser Grundsatz durch die Statutentheorie eine Einschränkung. Ab dem 17. Jahrhundert wurde die Statutentheorie jedoch zunehmend in Frage gestellt, was dem Partikularrecht wiederum zu größerer Bedeutung verhalf.[713]

---

708 Reichsgutachten von 1731, abgedruckt bei Senckenberg, Neue und vollständigere Sammlung der Reichs-Abschiede, Bd. 3, S. 376, 384.
709 HAStK, RKG, C 130, fol. 85v.
710 HAStK, RKG, C 130, fol. 86r.
711 Oestmann, Rechtsvielfalt vor Gericht, S. 6.
712 Coing, Europäisches Privatrecht I, S. 39, 40, 87, 106.
713 Vgl. dazu Oestmann, Rechtsvielfalt vor Gericht, S. 10 f.

So betrachteten die Anwälte der Malerzunft den Versuch Caspar Schneiders, zur Stärkung der eigenen rechtlichen Ausführungen die Ansichten zahlreicher berühmter Rechtsgelehrter vorzubringen, nach deren Auffassung ein *„legitimatus fast durchgehends einem ehelich gebohrenen Kind gleich geachtet werden müsse,“* insofern als *„vergeblich,“* als dieses gar nicht bestritten werde. Hiervon seien jedoch nach *„der Lehre ... des Menochio“*[714], der auch David Mevius beipflichte, *„diejenige[n] Gegenstände aus*[genommen], *so in besonderen Statuten und Concordaten ihre eigene Bestimmung haben.“*[715]

Die Malerzunft beanspruchte also für den Verbundbrief sowie die eigenen Zunftartikel vorrangige Geltung vor den Reichsgesetzen. Mit ihrer Argumentation lag sie im Gegensatz zu Caspar Schneiders Anwälten noch ganz auf der Linie des Statutarrechts. Hierbei berief sie sich auf den berühmten Rechtsgelehrten Giacomo Menochio. Den Verweis der Anwälte Caspar Schneiders auf David Mevius konterte die Malerzunft damit, dass auch Mevius für Rechtsprobleme der vorliegenden Art von dem Rechtsgrundsatz ausgehe, dass das Statutarrecht in seinem Anwendungsbereich Reichsrecht verdränge.

Für die Malerzunft hatte also der Geburtsmakel Caspar Schneiders trotz seiner erhaltenen hofpfalzgräflichen Legitimation weiterhin Bestand. Nach den Buchstaben des Verbundbriefes wäre er nach dieser Auffassung zunächst einmal lediglich unfähig gewesen, das Amt eines Kölner Ratsherrn zu bekleiden. Die Malerzunft hatte also noch die rechtliche Überleitung zu der Frage zu bewerkstelligen, in wie weit die Ratsunfähigkeit Caspar Schneiders auch dessen Zunftmitgliedschaft ausschloss.

(2) Verhältnis von Meisterschaft zur Ratsmitgliedschaft

Die Supplik der Malerzunft ließ den rechtlichen Brückenschlag zwischen Ratsmitgliedschaft und Mitgliedschaft in einer Zunft gänzlich vermissen. Geradezu apodiktisch klang die Behauptung der Malerzunft, es sei *„eine nötige, und von selbst sprechende Folge, daß er* [gemeint war Caspar Schneider] *auch zur Meisterschaft einer Zunft nicht zugelaßen werden möge, noch dörfe.“*[716]

Vor dem Hintergrund der von der Malerzunft angewandten Statutenlehre war dies durchaus erstaunlich und nicht frei von Widersprüchen. Einerseits pochte die Malerzunft schulmäßig auf den Anwendungsvorrang des Statutarrechts, andererseits warf sie den damit verbundenen Grundsatz „statuta stricte sunt interpretan-

714 Giacomo Menocchio, 1532-1607, gehörte zu den bedeutendsten italienischen Zivilrechts-Traktatisten, siehe dazu Stolleis, Juristen, S. 423f.; Wiese, Leibeigene Bauern und Römisches Recht im 17. Jahrhundert, S. 118 f.

715 HAStK, RKG, C 130, fol. 86v.

716 HAStK, RKG, C 130, fol. 17v.

da“ über Bord. Für die Malerzunft war die Konsequenz der Meisterschaftsunfähigkeit Caspar Schneiders offenbar selbstverständlich. Es bedurfte daher nicht vieler Worte der Begründung. Erst aufgrund der vehementen Einreden Caspar Schneiders nahmen die Anwälte der Malerzunft in ihrer späteren Replik hierzu ausführlicher Stellung. Zuvor hatte jedoch Caspar Schneiders Schriftsatzverfasser Dr. von Hamm im Rahmen der Exzeptionsschrift die Möglichkeit, sich zu diesem wichtigen Aspekt zu äußern.

Er wies eventuelle Befürchtungen der Malerzunft, Caspar Schneider könne später einmal Ambitionen auf eine Mitgliedschaft im Rat haben, als völlig abwegig zurück. So ginge es diesem nicht um eine eventuelle Ratsmitgliedschaft, sondern einzig darum, *„für sich, Frau und Kinder einen erlaubten Nahrungszweig zu haben.“* Die Frage aber, *„ob er in den Rath anzunehmen seÿ* ... [sei] *etwas ganz anderes.“*[717]

Interessant sind in diesem Zusammenhang die Ausführungen des Rechtsgelehrten Modestinus Pistoris aus dem Jahre 1596, der sich in einem Gutachten auch mit der Frage beschäftigte, ob Illegitime Ehrenämter bekleiden dürften. Auf Pistoris nahm Dr. von Hamm in seinem Schriftsatz allerdings nicht Bezug.

„Nun finde ich im Rechten nirgendt nicht/ das unehelich geborene leute solche Empter nicht können haben/ sondern vielmehr das widerspiel: Denn wir haben einen klaren text in l. Spurij, in princ. De decur. Der da sagt/ das man uneheliche leute auch wol möge zu Rahtsherren machen/ und das einem Raht kein nachteil noch auffrück daher möge enstehen... .“[718] Pistoris setzt sich ausführlich und kritisch mit Bartolus de Saxoferrato auseinander, dem er vorwarf, seine rechtlichen Ausführungen basierten nicht auf einer gesetzlichen Grundlage, was im Falle solcher persönlicher Einschnitte aber nötig sei: „... *so ist doch darauff wenig zu geben/ nicht allein darumb/ das er keinen legem allegirt/ welches doch billich sein solt... .“*[719]

Die von der Malerzunft heraufbeschworene Gefahr, Caspar Schneider könnte nach Aufnahme in ihre Zunft die eigene Wahl zum Ratsherren anstreben, schien in der Tat sehr weit hergeholt. Wie bereits erwähnt, hatten einfache Handwerker auch in den Handwerkerzünften de facto keinerlei Chancen, ein Mandat für den Rat zu erhalten. Dies wurde zumeist auch gar nicht erstrebt, da sich die meisten Handwerker die größtenteils unentgeltliche und zeitaufwendige Tätigkeit im Rat schlichtweg nicht leisten konnten. Die Erklärung des Schriftsatzverfassers, Caspar Schneider gehe es allein um die Sicherung des familiären Unterhalts, er-

---

717 HAStK, RKG, C 130, fol. 68r.

718 Pistoris, Consilia, S. 507, Ziff. 18.

719 Pistoris, Consilia, S. 507, Ziff. 18. Weitere Nachweise und Anmerkungen zum Gutachten von Pistoris finden sich bei Falk, Consilia, S. 315- 327. Die Prozessparteien führten Pistoris allerdings nicht an.

scheint daher glaubwürdig. Auch die Malerzunft dürfte mit den realen Machtverhältnissen im Kölner Rat vertraut gewesen sein und wird eine Ratsmitgliedschaft Caspar Schneiders wohl kaum für wahrscheinlich gehalten haben. Sie nutzte die Regelung des Verbundbriefes jedoch, um sich auf eine – vermeintlich zu ihren Gunsten bestehende – formaljuristische Position zurückzuziehen und sich zum Wahrer der städtischen Verfassung aufzuschwingen.

So entgegneten die Anwälte der Malerzunft auf die Einwände Caspar Schneiders folgerichtig, dass zwischen der Annahme zur Meisterschaft und dem im Verbundbrief aufgestellten Verbot der Wahl eines Bastards insofern *„nicht der mindeste Unterschied* [bestehe], *als der Aufgenommene in dem nämlichen Augenblick auch ratsfähig erklärt ist.*“[720]

Auch dieses Argument der Malerzunft konnte vor dem Hintergrund der Statutenlehre kaum verfangen, denn der Verbundbrief regelte lediglich den Verteilungsschlüssel der 36 Ratsherrenstellen auf die einzelnen Gaffeln. Damit war jedoch noch nicht gesagt, dass jedes Zunftmitglied auch automatisch das passive Wahlrecht besaß. Auch hier beließ es die Malerzunft bei einer apodiktischen Behauptung.

An dieser Stelle wird gleichwohl die verfassungsrechtliche Dimension des Prozesses besonders deutlich. Dem ersten Anschein nach rein gewerbliche Konflikte konnten aufgrund der gesamtgesellschaftlichen Einbettung der Zünfte zahlreiche verfassungsrechtliche Fragen beinhalten und sich als Verfassungskonflikte entpuppen.[721] Einschränkend sei jedoch gesagt, dass die Anwälte – wie hier zu beobachten ist – jede Gelegenheit nutzten, um für die eigene Rechtsansicht Rechtsquellen von Verfassungsrang nutzbar zu machen. Nicht selten dürfte vorwiegend Prozesstaktik der Anwälte hierbei im Vordergrund gestanden haben. Hierdurch konnte die eigene rechtliche Argumentation untermauert werden und dem rechtlichen Begehren ein legitimer Anstrich gegeben werden. Diesen Eindruck gewinnt man beim Studieren der Schriftsätze. So könnte die Malerzunft mit der Berufung auf die Vorschriften des Verbundbriefes vor allem bezweckt haben, den Eindruck zu vermeiden, dass ihr vorrangiges Motiv der sprichwörtliche „Brotneid“ war.

(3) Voraussetzungen für die Wirksamkeit eines Zunftbeschlusses

Ein weiterer wesentlicher Punkt der rechtlichen Auseinandersetzung drehte sich um die Frage, ob der am 21. Juli 1791 auf dem Zunfthaus der Malerzunft gefasste

---

720 HAStK, RKG, C 130, fol. 85r.

721 Ein gutes Beispiel für diesen Befund auch bei Oestmann, Rückblick auf die Hanse, S. 545, 549 f.

Beschluss über die Aufnahme Caspar Schneiders wirksam war oder nicht. Die damals anwesenden Mitglieder hatten mit 15 zu 6 Stimmen, bei 5 Enthaltungen, für die Aufnahme Schneiders gestimmt.[722] Ob, und wenn ja, welche rechtlichen Folgen dieser Beschluss entfaltete, war zwischen den Parteien streitig.

Der Prokurator der Malerzunft, Dr. Gombel, erwähnte in seiner Supplik diesen Punkt nur ganz am Rande. So habe einer der beiden Amtsmeister Caspar Schneider ohne „*Bewirkung eines ordentlichen Zunfts-Gebots*", das „*nicht anders, als vom zeitlichen Bannierherrn gestattet werden* [könne]", zur „*Fertigung eines Meisterstücks*" zugelassen.[723] In seiner späteren Replik erwiderte er jedoch ausführlich auf die hierzu von Caspar Schneiders Anwälten gemachten Einreden. Diese griffen die eingelegte Appellation der Malerzunft als widersprüchlich an. So ergebe sich aus dem gefassten Beschluss der Zunft, dass anfangs die Mehrzahl der Zunftmitglieder mit dem Beschluss des Kölner Rates einverstanden gewesen sei. Nunmehr zeigten sich jedoch lediglich der Bannerherr und die Amtsmeister der Malerzunft widerspenstig, weshalb auch der Ratsschluss vom 26. September 1791 nur an diese gerichtet gewesen sei. Die Appellanten handelten daher nicht in Vertretung der gesamten Zunft, sondern gerierten sich unbefugter Maßen „*als Vertheidiger eingebildeter Zunftgerechtsame.*"[724] So hätten die damaligen Amtsmeister Seifried und Dohm die im Ratsbeschluss zugunsten der Malerzunft vorbehaltene Aufnahmegebühr von 40 Reichstalern von Caspar Schneider erhalten. Dieser habe zudem jedem Meister der Zunft jeweils einen halben Reichstaler für Präsente gezahlt. Auch das von ihm angefertigte Meisterstück sei ohne die geringste Einwendung entgegengenommen und auf das Zunfthaus gestellt worden, so dass die Zunft „*folglich ipso facto gedachten Ratschluß in so weit befolget* [habe]."[725] Deswegen könne die Malerzunft nachher gemäß der Rechtsregel: „*Cum, si sententiae aequiescam, et ei paream, non datur contra eam appellatio, imo appellationi interpositae est renuntiatum*"[726] nicht mehr dagegen zu Felde ziehen. Modern gesagt trugen die Anwälte Caspar Schneiders also ein „venire contra factum proprium" der Malerzunft vor. Über das Verhalten der Appellanten

---

722 Vgl. Bericht über die Abstimmung auf dem Zunfthaus, HAStK, RKG, C 130, fol. 78r.

723 HAStK, RKG, C 130, fol. 19r.

724 HAStK, RKG, C 130, fol. 66r., 66v., 67r.

725 HAStK, RKG, C 130, fol. 66v.

726 HAStK, RKG, C 130, fol. 67v.
Übersetzung: „ *Wenn ich mit einem Urteil einverstanden bin und diesem gehorche, kann ich gegen es nicht appellieren, weil ich auf die Möglichkeit, Appellation einzulegen, verzichtet habe.*"
Die Rechtsregel nach C. 7, 52, 5 lautet wörtlich: „*Denn die Auctorität rechtskräftig entschiedener Sache gestattet nicht, das Beendigte wieder aufzufrischen.*", siehe Otto/Schilling/Sintenis, Bd. 6, S. 106.

spottend, fügte Dr. von Hamm an, dass Caspar Schneider, der Verhaltensweise der Malerzunft zum Trotz, wohl nicht damit rechnen durfte, *„als Meister auf der Zunft gewöhnlichermaßen vorgestellt und aufgenommen* [zu werden].“[727]

Die Malerzunft trug dagegen vor, ihr Beschluss, Caspar Schneider in die Zunft aufzunehmen, sei *„wirklos“* gewesen, da die Mitglieder lediglich auf Veranlassung des Amtsmeisters Carl Seifried, der aus Mitleid mit Caspar Schneider gehandelt habe, einberufen worden seien. Es habe sich daher nicht um eine wirksame, sondern gar *„tumultartige Zusammenkunft“* gehandelt.[728] Die Anwälte der Zunft äußerten sich jedoch nicht über die Voraussetzungen einer ordnungsgemäßen Zunfteinberufung. Vielleicht setzten sie diesbezügliche Kenntnisse bei den Reichsrichtern als selbstverständlich voraus. Die Einberufung der Zunftmitglieder oblag bei allen Zünften allein dem jeweiligen Bannerherrn, der in den Versammlungen auch den Vorsitz führte.[729] Alle nicht genehmigten Versammlungen, sog. „Vergaderungen“, waren aus Angst vor Aufruhren gegen den Magistrat sogar streng verboten.[730]

Diese Gelegenheit nutzte die Malerzunft zu allgemeinen Rechtsausführungen zur Befugnis von Amtsmeistern. So dürften diese nur die laufenden, gewöhnlichen Geschäfte abwickeln. *„In Hauptgegenständen gleichwohl, worauf das Nachtheil der gantzen Zunft haftet, sind sie zum Nachtheil derselben ohne eine anderweite besondere Vollmacht etwas abzuschließen, oder zu verhandlen nicht befugt.“*[731] In dem Verhalten der Zunft liege somit keine Anerkennung des Ratsbeschlusses vom 15. Juli 1791. Lange Ausführungen über die Befugnisse der Amtsmeister seien jedoch deswegen nicht lohnend, weil *„einer Zunft immer die Wohltaten eines minderjährigen zu statten kämen“* und die Zunft von nachteiligem Verhalten *„ihrer Vorgesetzten brevi manu in integrum würde restituirt werden“* müsse.[732] So habe es folglich den Amtsmeistern nicht zugestanden, das von Schneider gefertigte Meisterstück sowie die Gebühr nebst Präsenten anzunehmen. Diese Handlungen dürften der Zunft daher nicht zum Nachteil gereichen. Der Rechtssatz „quod, si sententiae aequiescam aut ei paream, contra eam non

---

727 HAStK, RKG, C 130, fol. 66v.

728 HAStK, RKG, C 130, fol. 80v und 81v.

729 Nicolini, Die politische Führungsschicht in der Stadt Köln gegen Ende der reichsstädtischen Zeit, S. 115; zur Stellung des Bannerherren siehe auch Mick, Köln im Mittelalter, S. 190; Lürken, Das Schmiedegewerbe im reichsstädtischen Köln, S. 19.

730 Siehe dazu HAStK, RKG, Zunfturkunden 11, 17, 1710; Z 102, 45, 1729 zit. nach Nicolini, Die politische Führungsschicht in der Stadt Köln gegen Ende der reichsstädtischen Zeit, S. 115.

731 HAStK, RKG, C 130, fol. 81v.

732 HAStK, RKG, C 130, fol. 89r.
Übersetzung der lateinischen Ausführungen: *„kurzerhand unversehrt in den vorigen Stand wiedereingesetzt....“*

detur appellatio" sei daher von dem Appellaten „*zum unfeilen Markt gebracht*" worden.[733]

Leider fügte die Malerzunft für ihre Rechtsansichten über die Befugnisse der Zunftorgane keinerlei Belege aus Rechtsprechung oder Literatur an. Vielleicht war es gerade das Ziel der Malerzunft, durch diese apodiktisch vorgetragenen Ausführungen beim Reichskammergericht die Vorstellung einer unbestrittenen allgemeinen Rechtsauffassung zu suggerieren. Tatsächlich handelte es sich bei dem Meisteramt, zumindest in Köln, der Hauptsache nach lediglich um ein Ehrenamt, das nur aus wichtigen Gründen abgelehnt werden durfte.[734] Jedes Jahr wurden jeweils zwei Amtsmeister gewählt, die die Zunft führten. Nach Loesch bestand die Aufgabe der Amtsmeister darin, gegen Übertretungen der Zunftordnung einzuschreiten, Versammlungen zu leiten, die Zunftkasse zu verwalten, aber eben auch neue Mitglieder und Lehrlinge aufzunehmen.[735] Es ist aber dennoch nicht auszuschließen, dass die Amtsmeister lediglich den rechtlichen Akt der Aufnahme ausführten, hierzu jedoch einen wirksamen Beschluss der gesamten Zunft benötigten. Neben den Amtsmeistern war nämlich die Versammlung aller Zunftgenossen für die Fassung verbindlicher Beschlüsse verantwortlich.[736] Es ist insofern möglich, dass die Befugnisse der Amtsmeister in der Tat auf gewöhnliche Geschäfte der Zunft beschränkt waren, wie diese behauptete. Aus dem Amtsbrief der Kölner Malerzunft lässt sich hierzu nichts entnehmen, da dieser nur eine Regelung hinsichtlich der Amtsmeisterwahl traf, jedoch nichts über deren Kompetenzen ausführte.[737] Bei der Suche in der Sekundärliteratur fällt zudem auf, dass Forschungsbeiträge zu den internen Zunftverfassungen bisher nicht zu verzeichnen sind. Für die Malerzunft schien es indes selbstverstädlich zu sein, dass derartige Befugnisüberschreitungen im Innenverhältnis der Zunft, anders als bei heutigen Personengesellschaften etwa, auch auf das Außenverhältnis mit Dritten durchschlugen. Rechtsgeschäfte, die unter Verletzung interner Befugnisse zustande kämen, seien daher unwirksam. Leider ist eine Stellungnahme von Caspar Schneiders Anwälten zu diesem Problemkreis im Rahmen ihrer beabsichtigten Duplik[738] nicht mehr ergangen. Ihrer Fertigstellung kam der Einmarsch französischer Truppen in die Reichsstadt Köln, am 6. Oktober 1794[739] zuvor, in deren

733 HAStK, RKG, C 130, fol. 84r.
734 Loesch, Die Kölner Zunfturkunden bis zum Jahre 1500, Bd. 1, S. 79.
735 Loesch, Die Kölner Zunfturkunden bis zum Jahre 1500, Bd. 1, S. 78.
736 Loesch, Die Kölner Zunfturkunden bis zum Jahre 1500, Bd. 1, S. 78.
737 Loesch, Die Kölner Zunfturkunden bis zum Jahre 1500, Bd. 2, S. 137, 139.
738 Die vorhergehende Replik der Gegenseite war vom Prokurator des Maleramtes, Dr. Gombel, am 12. Mai 1794 beim Reichskammergericht eingereicht worden.
739 Siehe dazu Pohl, Wirtschaftsgeschichte Kölns im 18. und beginnenden 19. Jahrhundert, in: Kellenbenz, Zwei Jahrtausende Kölner Wirtschaft, Bd. 2, S. 21.

Folge der Prozess auf die Bitte von Caspar Schneiders Prokurator Dr. Tils am 5. November 1794 unterbrochen, und danach auch nicht wieder aufgenommen wurde.[740]

(4) Streit um das angefertigte Meisterstück

Ein weiterer Streitpunkt des Prozesses bestand in der Frage, ob Caspar Schneider die für eine Aufnahme in die Malerzunft nötige fachliche Qualifikation besaß oder nicht. Im Rahmen dieser Frage war die Beurteilung des von Caspar Schneider angefertigten Meisterstücks von entscheidender Bedeutung.

Die angeblich mangelnde Qualifikation Schneiders wurde von der Zunft als ein wesentlicher Grund für dessen Ablehnung angeführt, so dass sie in ihrer Supplik auf diesen Aspekt ausführlich einging. Das von Caspar Schneider angefertigte Meisterstück, das im Vergolden eines Malerrahmens bestanden hatte, sei demnach von der gesamten Zunft für „*so schlecht gelungen*“ befunden worden, dass auch Caspar Schneider selbst dies hätte erkennen müssen.[741] Die Zunft habe sich diesbezüglich bereit erklärt, das von Caspar Schneider angefertigte Meisterstück durch auswärtige unparteiische Kunstsachverständige auf Kosten des Unrecht habenden Teils untersuchen zu lassen; dennoch habe der Rat unter dem Datum des 26. Septembers unter Androhung von 10 Goldgulden Strafe erneut befohlen, Schneider innerhalb von 3 Tagen in die Zunft aufzunehmen. Eine Aufnahme des unfähigen Schneiders liefe jedoch insofern „*aller gesunder Polizei zuwider*“, als ein jeder, der die Arbeit der Zunft in Anspruch nehme, von der Fachkompetenz der einzelnen Meister ausgehen dürfe. Durch schlechte Arbeit aber entstünde dem Aufraggeber ein reeller Schaden. Daher müsse in dem Maße, wie „*ein geschickter Mann von der Obrigkeit Unterstützung und Vergünstigung verdien*[e], *weil er dem publicum...besonders nützlich*“ sei, einem Ungeschickten diese Hilfe verwehrt werden, „*weil er dem publicum zum Last und Schaden*“ falle.[742]

Wie bereits aus den vorherigen Prozessen gesehen, war die Bezugnahme auf das Allgemeinwohl ein rechtlich relevanter Belang, so daß jede Partei nach Gründen suchte, um dieses für die eigene Position reklamieren zu können. Große rechtliche Bedeutung kam der Sorge um das Allgemeinwohl im Rahmen der Legitimation herrschaftlicher Machtausübung zu. Das Allgemeinwohl konnte aber auch umgekehrt als Legitimationsschranke herrschaftlicher Machtausübung fun-

740 Spezialprotokoll, HAStK, RKG, C 130, fol. 7r. Weitere Prozesshandlungen folgten nach der Unterbrechung nicht mehr.
741 HAStK, RKG, C 130, fol. 19r., 19v.
742 HAStK, RKG, C 130, fol. 21r., 21v.

gieren, wenn es nachweislich verletzt wurde. Insbesondere das Reichskammergericht prüfte wohl immer, welche Auswirkungen eine einschlägige gesetzliche Regelung oder das untergerichtliche Urteil im konkreten Fall auf das Gemeinwohl hatte.[743] Dabei unterstellte das Reichskammergericht, der klassischen Theorie folgend,[744] dass die Landesobrigkeit im Einzelfall am besten wisse, was dem Gemeinwohl am zuträglichsten sei. Der Obrigkeit billigte das Gericht daher einen breiten Ermessenspielraum bei den zu treffenden Maßnahmen zu.[745] Die Bezugnahme auf den „Gemeinen Nutzen" war also ein geeignetes Instrument zur Verteidigung obrigkeitlicher Machtausübung.[746] Ein gesetzlicher Anknüpfungspunkt an das Allgemeinwohl fand sich zudem in den einschlägigen Reichsgesetzen zum Handwerksrecht, wie z.B. in Art. 13, 7 des Reichsgutachtes von 1731. Dort wurde als Missstand beklagt, dass aufgrund zahlreicher Vergünstigungen für bestimmte Meisterbewerber zum Teil ungeeignete Handwerker Eingang in die Zünfte fänden und so dem „gemeinen Wesen" Schaden zufügten:

„An manchen Orten der Missbrauch ist, daß kein junger Meister, ob er schon auf seinen Handwerck viele Jahr gewandert, gleichwohl das Handwerck nicht treiben darf, bis er gewisse Jahre an dem Ort gewohnet, und die so genannte Brüderschafft etliche Jahre besuchet, oder sich durch ein gewisses Stück Geld in diese Zunfft eingekaufft, da entgegen denen Meister-Söhnen des Orts, wie auch denen Jungen, so Meisters-Wittiben oder Töchter heyrathen, verschiedenes zum Vortheil in Verkürzung der Wander-Jahre, dann auch bey dem MeisterStück, zu nicht geringen Schaden des hierdurch mit schlechten Handwercks-Leuten beladenen gemeinen Wesens, zugestanden und nachgesehen werden will; ferner an diesen und jenen Orten nicht mehr, dann die einmahl eingeführte und recipirte Zahl derer Meister geduldet, oder keinen, obwohl vorzüglich fleißigen und geschickten, auch darum gar billig häuffigere Arbeit bekommenden Meister, mehrere Gesellen, denn seine Mit-Meister, zu halten gestattet werden will."[747]

Die Norm spricht zudem deutlich das Problem der Zunftabschließung an, dass also die Zünfte versuchten, die Zahl der an einem Ort ansässigen Meister konstant zu halten und ein Anwachsen zu verhindern. Auch der nachfolgende in die-

---

743 Vgl. dazu Sailer, Untertanenprozesse vor dem Reichskammergericht, S. 448.

744 So wurde ursprünglich im römischen Recht zwischen dem Herrscherwohl und dem öffentlichen Wohl gar nicht differenziert; das öffentliche Wohl wurde „von oben her gedacht, interpretiert und repräsentiert", siehe Eberhard, Der Legitimationsbegriff des „Gemeinen Nutzens" im Streit zwischen Herrschaft und Genossenschaft im Spätmittelalter, S. 244.

745 Vgl. dazu Sailer, Untertanenprozesse vor dem Reichskammergericht, S. 449.

746 Eberhard, Der Legitimationsbegriff des „Gemeinen Nutzens" im Streit zwischen Herrschaft und Genossenschaft im Spätmittelalter, S. 246.

747 Senckenberg, Neue und vollständigere Sammlung der Reichs-Abschiede, Bd. 3, S. 384.

ser Arbeit untersuchte Prozess wird ein weiteres Beispiel dieses Bemühens der Zünfte aufzeigen.

Für die Aufnahme Caspar Schneiders in die Zunft konnte unter Zugrundelegung des vom Reichskammergericht weit ausgelegten Allgemeinwohlbegriffs die Tatsache gesprochen haben, dass er durch seine handwerkliche Arbeit für sich und seine Familie den Lebensunterhalt sichern konnte, wie es Caspar Schneiders Anwälte vortrugen. Der Allgemeinwohlbegriff ließ sich daher gut mit der vom Kölner Rat verfolgten Politik, jedem Handwerker eine Nahrungsmöglichkeit zu eröffnen, in Einklang bringen. Die Herstellung, bzw. das Streben nach dem „Gemeinen Besten" stellte für den Rat zudem nicht lediglich eine politische, sondern zugleich auch eine rechtliche Verpflichtung dar. So forderte bereits der Verbundbrief die gesamte Gemeinde auf, *„eyn gemeyne beste in allen sachen vortzokeren und truwelichen zo besorgen."*[748] Für Schwerhoff stellte der „gemeine Nutzen" daher die „Essenz stadtbürgerlicher Wertvorstellungen" dar und wurde als oberste Handlungsmaxime angesehen, auch wenn die Vorstellungen darüber, was Inhalt des „gemeinen Nutzens" sei, auseinandergehen konnten.[749]

Vor diesem Hintergrund ist daher das vehemente Bemühen der Malerzunft zu verstehen, die Reichsrichter von der mangelnden fachlichen Qualifikation Schneiders zu überzeugen. Die Zulassung fachlich unqualifizierter Bewerber zum zünftigen Handwerk hätte wohl auch nicht mit Verweis auf die Sicherung der Nahrung überspielt werden können.

Auch das „Nahrungsargument", dass Caspar Schneider also durch eine Aufnahme in die Zunft in die Lage versetzt würde, für sich und seine Familie den Lebensunterhalt zu verdienen, versuchte das Maleramt zu dadurch zu entkräften, dass es die von Schneider angestrebte Arbeit des Anstreichens als handwerklich einfache Tätigkeit einstufte, die auch von jedem *„gemeinesten Gesellen"* ausgeübt werden könne. Eine Aufnahme als Meister in die *„ohne das so zahlreiche und in ihrer Zahl wie das wohl sehr gewöhnlich ist, übersetzter Zunft"*[750] sei daher nicht von Nöten.

Die Argumentation der Malerzunft offenbart eine gewisse Widersprüchlichkeit. Auf der einen Seite bemühte sich die Zunft, die Ungeeignetheit Caspar Schneiders als Meister mit dessen mangelnder fachlicher Qualifikation zu begründen. Auf der anderen Seite versuchte sie, dem Eindruck, eine Aufnahme Caspar Schneiders stehe auch im Einklang mit dem Allgemeinwohl mit dem Verweis entgegenzuwirken, dass die von Caspar Schneider angestrebte Tätigkeit

748 Zeile 64 des Verbundbriefes, abgedruckt bei Huiskes, Kölns Verfassung für 400 Jahre: Der Verbundbrief vom 14. September 1396, in: Rosen/Deeters, Quellen zur Geschichte der Stadt Köln, Bd. 1, S. 6.

749 Schwerhoff, Köln im Kreuzverhör, S. 230.

750 HAStK, RKG, C 130, fol. 88r.

des Anstreichens auch von jedem „gemeinesten Gesellen“ ausgeübt werden könne und gerade keine Meisterqualifikation erfordere.

Der letztgenannte Punkt, das „Nahrungsargument“, dürfte wohl das wichtigste Motiv der Malerzunft für den Gang vor das Reichskammergericht gewesen sein. Die ständige Sorge um die eigene Nahrung veranlasste die Zünfte zur verstärkten Abschließung nach außen. Das Klagen, die eigene Zunft sei „übersetzt“, war auch von anderen Zünften zu vernehmen. So forderten auch die Perückenmacher im Jahre 1786 eine Beschränkung der Meisterzahl mit eben diesem Hinweis.[751] Auffallend ist, dass die Anwälte dieses sicherlich zentrale Motiv der Malerzunft nur sehr behutsam anführten. So versuchten sie, das Interesse der Zunft an hinreichender Arbeitsauslastung auch als solches der Allgemeinheit in Form des Erhalts einer qualifizierten Handwerkerschaft darzustellen. Den Eindruck, rein egoistische Ziele der Zunft zu verfolgen, mussten sie tunlichst vermeiden.

Der behaupteten mangelnden Qualifikation Caspar Schneiders trat sein Schriftsatzverfasser, Dr. von Hamm, natürlich vehement entgegen. Zunächst einmal sei das dem Bewerber Schneider abgeforderte Meisterstück, das in dem Vergolden eines Malerrahmens bestanden habe, nicht gerechtfertigt gewesen. So bestehe die Malerzunft nicht nur aus Kunstmalern, „*welche die Dinge durch Farben sichtbarlich und künstlich vorzustellen, und abzubilden wissen, sondern auch aus sogenannten Anstreichern, welche Thüren, Fenstern rahmen, ...und in Farbe setzten...* .“[752] Die Anstreicher würden sich auch durch anders gestaltete Zunftschilder von den Kunstmalern unterscheiden. Die Zugehörigkeit zur ersten Gruppe, die Caspar Schneider begehre, erfordere jedoch überhaupt kein Meisterstück. Dennoch habe Schneider das von ihm geforderte Meisterstück gut ausgeführt. Die von den Appellanten vorgeschlagene erneute Überprüfung des von Caspar Schneider angefertigten Meisterstücks habe nur zum Ziel, dem Appellaten Schneider weitere Kosten zu verursachen.[753]

c) Prozessverlauf

Eine Sachentscheidung des Reichskammergerichts zu diesem Fall liegt nicht vor, da der Prozess im Zuge des Einmarsches französischer Truppen in die Reichsstadt Köln unterbrochen und nicht wieder aufgenommen wurde. Legt man die

751 HAStK, Ratsprotokoll 233, zit. nach Wankell, Beiträge zur Wirtschaftsgeschichte der freien Reichsstadt Köln, S. 15.

752 HAStK, RKG, C 130, fol. 72r.

753 Gemäß § 12 des Reichsgutachtens von 1731 (siehe dazu Rn. 541) war es den Zünften sogar untersagt, den Meisterschaftskandidaten kostbare und unnütze Meisterstücke aufzuerlegen. Vgl. dazu auch Eisenhart, Deutsches Recht in Sprichwörtern, S. 39.

Rechtsprechung des Reichskammergerichts in vergleichbaren Fällen zugrunde, so spricht wohl einiges dafür, dass sich das Reichskammergericht im vorliegenden Rechtsstreit auf die Seite Caspar Schneiders gestellt hätte, da der Kölner Ratsbeschluss, Schneider in die Zunft aufzunehmen, sich im Einklang mit den Vorschriften der Reichshandwerksordnung befand. Zumindest im Rahmen von Extrajudizialverfahren nahm das Reichskammergericht bei einem Handeln der Obrigkeit auf der Grundlage reichsgerichtlicher Vorschriften an, dass die Obrigkeit innerhalb ihrer Befugnisse gehandelt habe.[754]

Weshalb letztlich von Seiten des Appellaten Caspar Schneiders eine Unterbrechung des Prozesses begehrt wurde, kann nicht mit Sicherheit beantwortet werden, insbesondere nicht, ob die durch den französischen Einmarsch wechselnden Machtverhältnisse in Köln hierfür allein ausschlaggebend gewesen waren. Dies wäre allerdings durchaus plausibel gewesen, denn Köln war faktisch vom Reich abgeschnitten und die zunftablehnende Haltung der Franzosen dürfte in Köln nicht unbekannt geblieben sein.[755] Schenkt man in diesem Punkt den Ausführungen der Malerzunft Glauben, so steckte ein anderes Kalkül dahinter. So warfen deren Anwälte dem Appellaten Caspar Schneider vor, an einer schnellen Prozessführung gar kein Interesse gehabt zu haben, da er ungeachtet der vom Reichskammergericht ergangenen „*Ladung und Compulsorialien,*“[756] die mit Unterstützung des Rates „*widerrechtlich angemaßte Meisterschaft...so ungescheut zu betreiben weiß.*“[757] Daher hätten sowohl Caspar Schneider, als auch die ihm „*beigestandenen Richter*“ – gemeint war der Kölner Rat – die durch die vom Appellaten begangenen „*Attentaten*“[758] der Malerzunft entstandenen Schäden und Kosten, zu ersetzen. Diesbezüglich stützte sich die Malerzunft auf die Observationensammlung von Andreas Gaill, („*Gaill . obs. : 146 per totum*“), einem weite-

754 Sailer, Untertanenprozesse vor dem Reichskammergericht, S. 449.

755 In Frankreich wurden die Zünfte 1776 aufgehoben. Im Königlichen Edikt des selben Jahres waren nur noch die Innungen der Goldschmiede, Apotheker, Buchführer und Buchdrucker zugelassen, vgl. dazu Böhmert, Beiträge zur Geschichte des Zunftwesens, S. 30. In Bremen war für die Dauer der französischen Herrschaft das gesamte Zunftsystem in den Jahren 1810-1814 abgeschafft und die Gewerbefreiheit eingeführt worden.

756 Der Compulsorialbrief stellte den Befehl an den säumigen Unterrichter dar, die Edition der Akten für das Appellationsverfahren zu beschleunigen. Die Appellation besaß als Rechtmittel gegen das untergerichtliche Urteil Suspensiv- und Devolutiveffekt, vgl. dazu Laufs, Die RKGO von 1555, S. 292, 296.

757 HAStK, RKG, C 130, fol. 91v., 92r.

758 Dies war der Fachbegriff der Kameralliteratur zur Kennzeichnung eines Verstoßes gegen die Stillhalteverpflichtung in bezug auf die streitbefangene Sache, die aus dem Suspensiveffekt der Appellation resultiert. Siehe dazu Laufs, Die RKGO von 1555, S. 293.

ren bedeutenden Werk der sog. Entscheidungsliteratur.[759] Offensichtlich hatte der Kölner Rat also trotz des anhängigen Verfahrens beim Reichskammergericht und der damit verbundenen Stillhaltepflicht Caspar Schneider gestattet, das Handwerk außerhalb der Zunft auszuüben, möglicherweise als Freimeister.

Für eine von Caspar Schneider beabsichtigte Prozessverschleppung sprach nach Auffassung der Malerzunft auch, dass Schneider die Frage seiner unehelichen Geburt im Prozess vorab gesondert („*praejudicialiter*") klären lassen wollte, da er diesen Grund als entscheidend für seine Ablehnung betrachtete.[760] In der Tat hatten die Anwälte Schneiders in ihrer Exzeptionsschrift erklärt, dass das Maleramt, indem es Caspar Schneider wegen seiner unehelichen Geburt als für die Meisterschaft unfähig erachtete, Schneider eine „quaestio status"[761] auferlegt habe. Diese Behauptung sei „*von der Art, daß selbige vor allem entschieden werden muß, ehe von den weitern Erfodernissen der Meisterschaft die Rede seÿn kann.*"[762] Zur Bekräftigung verwiesen die Anwälte Schneiders auf einschlägige Literatur von Johann Nicolaus Hertius[763] sowie Johann Brunnemann[764]:

„*Quaestio enim status est praejudicialis et principalis, de qua prius cognoscendum et judicandum.*"[765]

Der Prokurator des Maleramtes, Dr. Gombel, führte hierzu aus, dass eine solche Prozessführung dem Appellaten Schneider, der doch angeblich eine schnelle Aufnahme anstrebe, gerade zum Nachteil gereichen würde, da nach einer etwaigen Vorabklärung dieser Frage noch sein schlecht angefertigtes Meisterstück Gegenstand des Prozesses sei, und dies nur zu einem längerem Prozess für Caspar Schneider führen würde. Eine Entgegnung des Appellaten zu diesem Punkt liegt aufgrund der nicht mehr eingereichten Duplik, nicht vor. Die diesbezüglichen Anschuldigungen der Malerzunft seien daher dahingestellt. Möglicherweise war es aber tatsächlich so, dass Caspar Schneider mit Protektion des Kölner Rates, wie von der Malerzunft angeprangert, dem Malerhandwerk außerhalb der Zunft

759 HAStK, RKG, C 130, fol. 92r.

760 HAStK, RKG, C 130, fol. 90v.

761 Im römischen Recht bezeichnete die „status questio" einen Freiheitsprozess, in dem darüber entschieden wurde, ob ein Mensch ein Freier oder ein Skalve war, seihe dazu Benke/Meissel, Juristenlatein, S. 331.

762 HAStK, RKG, C 130, fol. 72v.

763 1652-1710, zu seiner Person siehe Stintzing/Landsberg, Geschichte der deutschen Rechtswissenschaft, Abt. 3, Halbb. 1, S. 62-64, und Noten S. 38 f.

764 Zahlreiche Nachweise zu seiner Person bei Stintzing/Landsberg, Geschichte der deutschen Rechtswissenschaft, Abt. 3, Halbb. 1, Noten, S. 531.

765 Das angeführte Zitat stammte aus Hertius Dissertation „Dissertatio de fide diplomatum Germaniae Imperatorum et Regum, 1699, § 4.
Übersetzung: „*Die Frage des Standes ist vorentscheidend und von besonderer Wichtigkeit, weshalb über sie vorab befunden und entschieden werden muß.*"

nachging und sich daher mit dem seinerzeitigen status quo gut arrangieren konnte. Wie bereits in einem der vorherigen Fälle gesehen, hielt sich der Magistrat zur Verleihung einer Freimeisterschaft jederzeit für berechtigt. Die Abschließungstendenzen der Zünfte waren zum Ende des 18. Jahrhunderts nämlich keineswegs mehr im Sinne des Magistrats, so dass es gut vorstellbar ist, dass er auf diese Weise Caspar Schneider zur Hilfe gekommen war. Auch aus anderen Reichsstädten sind Fälle überliefert, in denen der städtische Rat Meisteranwärtern die Freimeisterschaft gewährte. So entschied der Bremer Rat am 27. November 1685 in einem Rechtsstreit des Schusteramtes gegen den französischen Freimeister Lorentz, *„dass falls das Amt den Fanzosen nicht admittiren wolle in ihr Amt, er solle Freimeister verbleiben.“*[766] Für diesen Fall hätte der Antrag Schneiders, den Prozess aufzuspalten, einen prozesstaktisch äußerst geschickten Schachzug seiner Anwälte bedeutet.

d) Ergebnis

Dieser Fall aus der Endphase des Zunftwesens gibt ein gutes Beispiel dafür, wie die Zünfte ihr Recht des Zunftzwangs dazu einsetzten, missliebige Konkurrenz von Meisterschaftsanwärtern zu verhindern. Normierte der Zunftzwang für sich genommen zunächst einmal nur die gesetzliche Verpflichtung für Handwerker zum Eintritt in eine Zunft,[767] so erlangte der Zunftzwang erst durch das Aufstellen diverser Zutrittsbedingungen die Bedeutung einer echten Marktschranke, denn ein lediglich rein formaler Zunftzwang hätte keine konkurrenzhemmende Wirkung bewirkt.[768] Das vom Meisteranwärter aus Gründen der Überprüfung seiner Qualifikation anzufertigende Meisterstück bot in diesem Rahmen ein willkommenes Instrument zur Zunftabschließung, denn häufig forderte man vom Anwärter eine schwere Probe, um anschließend zahlreiche Mängel rügen zu können. So konnte die Anfertigung eines Meisterstücks über ein Jahr dauern.[769] Dieser Missbrauch im Rahmen des Zunftzwangs war offenbar weit verbreitet, denn das Reich sah sich im Jahre 1731 dazu veranlasst, eine umfangreiche Regelung

---

766 Böhmert, Beiträge zur Geschichte des Zunftwesens, S. 32 und 108.

767 Das Wort „Zunftzwang“ sollte also nur für den Beitrittszwang selbst verwendet werden, und nicht als Oberbegriff für andere Ziele der Zünfte überfrachtet werden, wie etwa die Sicherung des Arbeits- und Absatzgebietes gegen auswärtige Fachgenossen, da das entscheidende Motiv für die Einführung des Zunftzwanges die Wirkung auf die ortsansässigen Handwerker war. Vgl. dazu Loesch, Die Kölner Zunfturkunden bis zum Jahre 1500, Bd. 1, S. 65.

768 Ennen, Zünfte und Wettbewerb, S. 109.

769 Für die Kölner Schmiedegaffel schreibt Lürken diesbezüglich, dass „Egoismus und Brotneid wahre Orgien“ feierten, siehe dazu Lürken, Das Schmiedegewerbe im reichsstädtischen Köln, S. 52 f.

hinsichtlich der Anfertigung von Meisterstücken in das Reichsgutachten aufzunehmen, die geradezu beispielhaft zur Thematik dieses Falles passt:

„Gleichwie auch mit mancher Handwercks-Gesellen verspürten grossen Schaden und Ruin genugsam bekannt ist, daß dieselbe zum Theil sowol wegen Macht und Verfertigung unterschiedlicher ganz ungebräuchlich- kostbarer und unnützlicher Meister-Stücke, als dabey excedirender unnöthiger Unkosten in Zehrung u. Mahlzeiten, so bey Verfertigung und Vorzeigung der Stücken die Meister, Führer und Theils Obrigkeiten selbsten machen und verursachen, in mehr Wege beschweret werden; Als solle eines jeden Orts Obrigkeit die Disposition überlassen werden, nach Dero Gutbefinden selbige abzuschaffen, und ins künfftige vor dergleichen unnützliche Meister-Stücke, wo sich selbige befinden, andere mehr nützliche zu verordnen, auch auf solche, und nicht denen Handwerckern selbst beliebige und gewisse Stücke die Meisterschafft zu ertheilen: Sodann ingleichen von besagten Obrigkeiten vorberührte unnöthige Unkosten und Excesse, durch schleunige und heilsame Pönal-Verordnungen moderiret, verändert, und nach Billigkeit eingerichtet, auch dafern das Handwerck solch gemachtes neues Meister-Stück um deßwillen, daß es denen vor diesem üblich gewest- wiewohl unnützbaren Meister-Stücken nicht gleich ist, verwerffen wolte, alsdann von Amts wegen vorgegriffen, und derjenige so es gefertiget, nichts desto weniger zu der Meisterschafft, wann er in andere Wege darzu tüchtig erfunden worden, gelassen werden; Da aber auch sonsten zwischen denen Meistern und denenjenigen, welche ein Meister-Stück verfertiget, Streit und Irrung vorfiele, ob solches recht und gut gemacht seye, stehet zu der Obrigkeit Willkühr, dasselbe nach Gelegenheit der Sachen eines andern Orts ohnintereßirter Handwercks-Censur, jedoch mit möglichster Einschränkung daher sonst zu besorgender Kosten und Weitläuftigkeiten, zu untergeben, oder in andere kürzere und bequemere Wege, mit Zuziehung dieser Handwercks-Arbeit, wovon die Frage, sattsam verständiger Personen zu entscheiden.

Ubrigens solle derjenige, welcher an einem Ort das Meister-Stück schon gemacht, und Meister worden, auch dißfalls glaubwürdig aufzulegen hat, wann er sich an einem andern Ort setzen will, daselbst ohne Machung eines neuen Meisterstücks, (es wäre dann, daß des Orts Obrigkeit aus erheblichen Ursachen ein anderes nothwendig befinde) gleichfalls paßiret werden.“[770]

Bei dieser Vorschrift handelte es sich also um eine sehr weitgehende Ermächtigungsgrundlage für Eingriffe der lokalen Obrigkeiten in einen Kernbereich der Zunftautonomie, der Eignungsprüfung der Bewerber. So kam der Obrigkeit für den Fall, dass dem Bewerber ein zu schweres und kostspieliges Meisterstück ab-

770 Senckenberg, Neue und vollständigere Sammlung der Reichs-Abschiede, Band 3, S. 382 f.

verlangt wurde, nunmehr selbst das Recht zu, ein geeignetes Meisterstück zu bestimmen. Außerdem sollte der Obrigkeit das letztendliche Beurteilungsrecht hinsichtlich der Geeignetheit des Meisterstücks im Streitfall zustehen. Mit der Möglichkeit, eine Pönalverordnung erlassen zu können, sollte die Obrigkeit auch präventiv auf die Abverlangung sachgerechter Meisterstücke hinwirken können. Die reichsrechtliche Vorschrift zeigt also deutlich das Bemühen des Reiches, die als gefährlich angesehene Machtfülle der Zünfte stark zu beschneiden. Die Zünfte konnten sich mit einer so weitgehenden Fremdbestimmung natürlich nicht arrangieren. In einer Stadt wie Köln, die zumindest formal gesehen auf dem Prinzip der Zunftherrschaft fußte, dürften derartige Maßnahmen nur schwer durchzusetzen gewesen sein.

Dieser Fall scheint dann auch als Beleg dafür dienen zu können, dass sich die Zünfte noch zum Ausklang des 18. Jahrhunderts ihrer alten Praktiken bedienten und sich Eingriffen der Obrigkeit mit allen rechtlichen Mitteln widersetzten. So spricht auch im Fall Caspar Schneider einiges dafür, dass diesem mittellosen Handwerker ein besonders kostspieliges und schweres Meisterstück aufgegeben wurde, um ihm einen Eintritt in die Malerzunft verwehren zu können.

Mathias Wankell nach zu urteilen, war den Zünften im Rahmen der Begründung von Zulassungsverweigerungen „jeder Grund recht".[771] Für die Zünfte war die Zutrittsverweigerung über das Instrument der Meisterstückanfertigung offenbar recht bequem, bot sich doch hier die Gelegenheit, unter Vorschiebung bestehender fachlicher Unzulänglichkeiten des Bewerbers das übergeordnete Ziel, die Zahl der Zunftmitglieder gering zu halten, scheinbar zu legitimieren. Um diesen Missbrauch besser einzudämmen, schrieben zahlreiche Gesetze zu Beginn des 19. Jahrhunderts sogar die Anfertigung von Meisterstücken unter obrigkeitlicher Kontrolle vor.[772] Meistersöhne hingegen genossen Vorrechte und waren nicht selten von der Anfertigung solcher Meisterstücke befreit. Es galt insofern der Satz: „Meisters Sohn bringet das Recht mit sich".[773]

Der weitere bedeutende Problemkreis dieses Falles, die uneheliche Geburt, bietet Gelegenheit zu einer überregionalen Betrachtung. Sucht man nach vergleichbaren Fällen, in denen Meisterschaftsanwärter von den Zünften aufgrund ihres Geburtsmakels abgelehnt wurden, wird man vielfach fündig. Unehelich Geborene hatten es im gesamten Reich in allen Bereichen des gesellschaftlichen Le-

771 So sei beispielsweise im Jahre 1733 einem Seilergesellen, der bei seinem Vater in die Lehre gegangen war, seine Lehrzeit mit dem Hinweis für ungültig erklärt worden, er sei einen Monat vor der Meisterprüfung seines Vaters geboren worden, vgl. Wankell, Beiträge zur Wirtschaftsgeschichte der freien Reichsstadt Köln, S. 16.

772 Mittermaier, Grundsätze des gemeinen deutschen Privatrechts, S. 709.

773 Vgl. dazu Eisenhart, Deutsches Recht in Sprichwörtern, S. 38 f.; Ennen, Zünfte und Wettbewerb, S. 112.

bens schwer, da die Gesellschaft nicht nur ihre Eltern aufgrund des Verstoßes gegen gesellschaftliche und rechtliche Konventionen branntmarkte, sondern auch die unehelichen Kinder in „Sippenhaft" nahm. Zur Verdeutlichung sei hier noch ein bei Böhmert geschilderter Fall wiedergegeben, der von der Bremer Schusterzunft im Jahre 1618 vor das Reichskammergericht getragen wurde. Die Ehefrau des Schustermeisters S. Vischbeck hatte bereits wenige Monate nach ihrer Hochzeit ein Kind zur Welt gebracht. Das Schusteramt verlangte daraufhin den Ausschluss Vischbecks aus der Zunft („propter anticipatum concubitum"). Der Rat lehnte dies jedoch ab und befahl dem Schusteramt, die Eheleute Vischbeck als ehrliche Leute anzusehen und zu behandeln.[774] Auch in Bremen war der städtische Rat also bemüht, den Abschließungsbestrebungen der Zünfte entgegen zu wirken. Das Schusteramt war dazu jedoch nicht bereit und appellierte gegen den Bremer Ratsbeschluss an das Reichskammergericht.[775] Eine Entscheidung des Gerichts ist auch hier nicht überliefert.[776]

Erstaunlich ist jedoch, dass der Bremer Rat über 100 Jahre später in einem gleich gelagerten Fall wesentlich engherziger urteilte. 1726 entschied der Bremer Rat in einem Konflikt der Schusterzunft gegen ihren Mitmeister Johann Drake, dessen Ehefrau wenige Wochen nach der Hochzeit ein Kind zur Welt gebracht hatte, dass der Ausschluss Drakes aus der Zunft rechtmäßig sei. Lediglich seine Kinder sollten die Amtsfähigkeit besitzen.[777]

Das offene Bestreben, solche als „Bastarde" stigmatisierte Kinder nicht in die Gesellschaft zu integrieren, war allerdings keineswegs auf die Handwerkerzünfte beschränkt, auch wenn es in diesem Zusammenhang besonders virulent gewesen zu sein scheint. Nach einem Bericht aus den Observationen des berühmten Reichskammergerichtsassessors Mynsinger von Frundeck nach zu urteilen, scheint auch das Reichskammergericht, zumindest für das 16. Jahrhundert, von einer Infamie Unehelicher ausgegangen zu sein.[778] Mynsinger erörterte diese Problematik im Rahmen der Frage, ob ein Jurist nichtehelicher Herkunft Assessor am Reichskammergericht werden durfte, sofern er ein hofpfalzgräfliches Reskript erhalten habe, oder seine Eltern nachträglich die Ehe geschlossen hätten.

---

774 An diesem Beispiel zeigt sich auch die im Alten Reich bestehende Korrelation von Recht und Ehre. Der unehelich Geborene, worunter auch der zu früh Geborene fiel, war zugleich auch ehrlos, was die Schmälerung seiner bürgerlichen Rechte nach sich zog, siehe dazu Wissel, Des alten Handwerks Recht und Gewohnheit, S. 146 ff.

775 Die sehr lesenswerte Appellationsschrift des Schusteramts aus der Originalakte des Bremer Stadtarchivs ist abgedruckt bei Böhmert, Beiträge zur Geschichte des Zunftwesens, S. 108-111.

776 Böhmert, Beiträge zur Geschichte des Zunfwesens, S. 39.

777 Siehe dazu die ausführlichen Hinweise bei Böhmert, Beiträge zur Geschichte des Zunftwesens, S. 40 f.

778 Falk, Consilia, S. 293.

Mynsinger lehnte dies ab.[779] Die einschlägige Bestimmung der Reichskammergerichtsordnung ordnete an, dass die Assessoren von „*ehrlicher Geburt seÿn*“ müssten.[780] Bei strenger Wortlautauslegung wäre Mynsinger beizupflichten gewesen, denn der Zustand der Unehelichkeit der Eltern bei Geburt des Kindes ist natürlich nicht mehr durch nachträgliche Ereignisse veränderbar. In ähnlicher Weise argumentierte auch der Schriftsatzverfasser Caspar Schneiders, Dr. von Hamm, im hier untersuchten Prozess gegen die Malerzunft, wenn auch in inhaltlich entgegengesetzter Weise, denn er pochte auf eine strenge, wortgetreue Anwendung der Kölner Statuten. Diese verwehrten unehelich Geborenen lediglich ausdrücklich den Zugang zum Kölner Ratsherrenamt, nicht jedoch zu den Zünften. Dr. von Hamm wandte sich daher energisch gegen eine Ausdehnung des Zugangsverbotes auch auf Zünfte. Bei Mynsinger scheint neben penibler Gesetzesanwendung auch eine verachtende Vorstellung hinsichtlich unehelich Geborener mitgeschwungen zu haben. Unter Bezugnahme auf Baldus verglich Mynsinger eine legitimierte Person mit „einem Werk der Alchemie“, denn sie lasse erscheinen, was tatsächlich nicht existiere.[781] Für das 16. Jahrhundert darf also vermutet werden, dass das Reichskammergericht hinsichtlich der rechtlichen Wirkung einer Legitimation äußerst zurückhaltend war. Der Problemkreis war in Deutschland jedoch heftig umstritten.[782] Rückschlüsse auf die Haltung des Gerichts im Prozess des Caspar Schneider zum Ende des 18. Jahrhunderts lassen sich daraus jedoch nicht schließen, da sich seit den Äußerungen Mynsingers die gesellschaftlichen und rechtlichen Umstände enorm gewandelt hatten.

Aber selbst zur Zeit Mynsingers gab es bereits Rechtsgelehrte, die die Rechtsstellung unehelich Geborener derjenigen von ehelich Geborenen anzugleichen suchten, so etwa Modestinus Pistoris. Im Rahmen eines Privatgutachtens ging Pistoris der Frage nach, ob ein unehelich Geborener, der durch ein hofpfalzgräfliches Reskript nachträglich legitimiert worden war und einen ehrlichen Lebenswandel führte, Zugang zu den Handwerkszünften sowie zu sonstigen Ehrenämtern, – im von Pistoris begutachteten Fall ging es um die Berufung zum Schöffen an einem Schöppenstuhl – habe. Dies bejahte Pistoris ausdrücklich:

„*Und ob die andern Mitschöppen/ solches zu Recht anfechten und verhindern möchten oder wenn solche person zu Recht des defectus wegen unzuleßlich und aber beÿ der Röm. Keÿs. Maÿest. unserm aller gnedigsten Herrn/ außbracht und erhalten/ das dieselbe Röm. Keÿs. Maÿest. authoritate Caesarea, denselben natalibus restituirt/ mit angehefftem Gebot/ beÿ einer namhafftigen peen der restitu-*

779 Falk, Consilia, S. 293.

780 RKGO von 1555, Teil 1, Art. III, § 2, abgedruckt bei Laufs, Die RKGO von 1555, S. 75.

781 Falk, Consilia, S. 300.

782 Falk, Consilia, S. 301.

tion zu gehorsamen/ also das er ungeacht des defects/ gleich als were er im Ehebette geboren/ alle zunfften/ gerichts und ander ämpter/ zu Recht haben/ besitzen und verstehen solle und möge."[783]

Pistoris stützte seine Rechtsmeinung auf den Codex de dignitate, dessen Wortlaut Pistoris einschränkend dahingehend auszulegen suchte, dass nur eine solche „infama facti" einen Ausschluss aus Zünften und Ehrenämtern zur Folge haben könne, die selbst verschuldet sei:

„*Und darumb/ obwol der text in de/.2 .C. de dignit. lib. 12 nicht allein redet die infamia iuris, sondern auch de infamia facti, so hat er doch das ansehen/ als rede er von einer solchen infamia facti, die da einer ex proprio scelere aut turpitudine vitae turpido inquinat,*[784] *nicht aber von den Leute/ die da ohne ihr verschulden einen mangel oder ein böse gerücht haben/ deme sie doch nicht vorkommen/ noch dasselbe endern können.*"[785]

Da Pistoris den Ausschluss aus den Zünften und sonstigen Ehrenämtern aufgrund eines daraus resultierenden faktischen Berufsverbots für eine gravierende Strafe hielt, war seiner Meinung nach eine solche Strafe nur dann gerechtfertigt, wenn sie ein ganz persönliches Fehlverhalten ahnden sollte. Einen Unehelichen treffe an seiner unehelichen Geburt jedoch gerade keine Schuld. Folglich könne ihm auch nicht ein faktisches Berufsverbot erteilt werden. In diesen Ausführungen klingt deutlich der Grundsatz „nulla poena sine culpa" an, auf dem unser heutiges Strafrecht basiert. Solche liberaleren Rechtsansichten konnten sich jedoch lange Zeit in Deutschland gegen den Widerstand der Zünfte nicht durchsetzen.

Der den Zünften stets gemachte Vorwurf, durch Verfolgung egoistischer Interessen gesamtgesellschaftlichen Schaden angerichtet zu haben, mag sich vor allem an Fällen wie diesem verfestigt haben, zeigt er doch, mit welcher Perfidie die Malerzunft gegen einen sozial schwachen Meisteranwärter vorging. Auf der einen Seite suchte sich die Malerzunft durch die Akzentuierung der unehelichen Geburt Schneiders und dessen dadurch bedingte Unannehmbarkeit trotz der erfolgten Rehabilitation durch das hofpfalzgräfliches Reskript, als besonders ehrsam und rechtschaffen darzustellen. Auf der anderen Seite hatte man offensichtlich keine Skrupel, zuvor von eben diesem Bewerber, der vom Gericht als arme Partei anerkannt worden war, die Anfertigung eines kostspieligen Meisterstücks zu verlangen und selbst die Aufnahmegebühr nebst aller sonstigen Geschenke

783 Pistoris, Consilia, Consilium XLVI, S. 503.

784 Sinngemäße Übersetzung: „*Als es aus diesen Worten erscheint, dass solches Verbrechen, oder solche Schande des Lebens beschmutzt, die aus eigenem Antrieb durch begangene Frevel herkommt.*"

785 Pistoris, Consilia, Consilium XLVI, S. 506, Ziff. 17.

anzunehmen. Die Zünfte schienen, wie Mittermaier es formuliert hat, das Gefühl für die alte Zunftehre verloren zu haben.[786]

3. Die Bäckerzunft wehrt sich gegen die Einrichtung einer weiteren Bäckerei

Der nachfolgende Fall schildert einen Konflikt, der von 1792 bis 1794 vor dem Reichskammergericht ausgetragen wurde.[787] Das Kölner Backamt wendete sich als Kläger gegen ein Dekret des Kölner Rates vom 25. November 1791, in dem der Rat Bernhard Schnorrenberg gestattet hatte, in seinem Haus auf der Buttgasse eine Bäckerei einzurichten. Thematisch geht es also – wie in der zuvor geschilderten Auseinandersetzung des Caspar Schneider mit der Malerzunft – um einen Rechtsstreit, in dem sich eine Zunft gegen die personelle Ausweitung ihres Gewerbes zur Wehr setzt.

a) Sachverhalt und vorinstanzlicher Ratsbeschluss

Der Sachverhalt lässt sich hier wiederum aus dem übereinstimmenden Vortrag der beiden Parteien sowie aus den Entscheidungsgründen des Kölner Rates entnehmen.

Der Kölner Bäckermeister Paul Küpper wendete sich am 26. September 1791 mit folgendem Problem supplizierend an den Kölner Rat: Küpper hatte bisher in einem angemieteten Backhaus, welches auf dem „Kleinen Krieg-Markt" gelegen war, gewohnt. Dieses war allerdings seit kurzem an jemand anderen verkauft worden, der daraufhin unter gerichtlicher Zuhilfenahme Küpper zum Auszug zwang. Küpper hatte sich daher intensiv auf die Suche nach einem neuen Backhaus zum Wohnen und Arbeiten begeben. Schließlich fand er ein geeignetes „Backhaus" auf der Buttgasse, welches er vom Verkäufer und Eigentümer Bernhard Schnorrenberg erwarb und daraufhin einzog. Das Kölner Backamt bestritt jedoch, dass das von Küpper erworbene Haus tatsächlich ein mit einer Backgerechtigkeit versehenes privilegiertes Backhaus gewesen sei. Küpper wandte sich

786 Mittermaier, Grundsätze des gemeinen deutschen Privatrechts, S. 697; besonders drastisch ist das Urteil bei Böhmert: „Hinter der scheinbaren Sorgfalt für die Reinheit des Handwerks verbarg sich die grösste Schamlosigkeit, welche sich noch dazu mit dem Deckmantel sogenannter löblicher Zunftsitten schmückte", Beiträge zur Geschichte des Zunftwesens, S. 29.

787 Vgl. dazu die Prozessübersicht im Spezialprotokoll, HAStK, RKG, C 111, fol. 1r.-7r.

daher an den Kölner Rat mit der Bitte, den Sachverhalt zu untersuchen.[788] Der Kölner Rat gab die Streitigkeit zur Untersuchung und Begutachtung an das städtische Syndikat sowie an die Gaffelkommissarien ab. Beim Syndikat handelte es sich um eine Art Rechtsabteilung, bzw. Rechtsamt einer Stadt, das einen oder mehrere Syndici umfassen konnte und für die streitigen Rechtsangelegenheiten in der Stadt oder Gemeinde zuständig war.[789] Die im städtischen Syndikat angestellten Syndici wurden zumeist durch den Bürgermeister und den Rat der Stadt bestellt und mussten als Qualifikation mindestens die Befähigung zum Amt eines Prokurators aufweisen.[790]

Im Rahmen der vom Kölner Rat eingeleiteten Untersuchung wurden sowohl Bernhard Schnorrenberg als auch das Backamt zu der Angelegenheit vernommen. Bernhard Schnorrenberg, der sein Haus an Paul Küpper wohl unter der Zusicherung verkauft hatte, dass es sich dabei auch tatsächlich um ein mit einer Backgerechtigkeit versehenes Haus handelte, hatte also selbst ein elementares Interesse daran, dass die Backgerechtigkeit seines Hauses positiv vom Rat festgestellt werden würde, um nicht in finanziellen Regress von Paul Küpper genommen zu werden. Schnorrenberg selbst führte daher den Streit mit dem Backamt vor dem Kölner Rat und auch die sich daran anschließende Auseinandersetzung vor dem Reichskammergericht im eigenen Namen für Paul Küpper fort. Auch die Prozessvollmachten der reichskammergerichtlichen Prokuratoren wurden im Namen Schnorrenbergs ausgestellt, so dass er zu dieser Zeit entweder noch Eigentümer des Hauses war, oder nach heutigem Verständnis eine Prozessstandschaft vorlag.[791]

Der Kölner Rat urteilte am 25. November 1791 zugunsten von Bernhard Schnorrenberg und stellte fest, dass das von ihm an Paul Küpper verkaufte Haus ein mit einer Backgerechtigkeit privilegiertes Backhaus sei. Wörtlich stellte der Kölner Rat fest:

---

788 Vgl. dazu die Sachverhaltsschilderung in den Entscheidungsgründen des Kölner Rates, HAStK, RKG, C 111, 2r. (nicht paginiert, daher eigene Zählung).

789 Im engeren Sinne verstand man unter dem Begriff des Syndikats lediglich die dem Syndikus von der Stadt oder Gemeinde ausgestellte Vollmacht zur Vertretung ihrer Rechtsangelegenheiten, siehe dazu Syndicat, in: Zedler, Grosses vollständiges Universal-Lexikon Aller Wissenschafften und Künste, Band 41, Sp. 979. Aus dem Sinnzusammenhang der Quelle ergibt sich jedoch, dass hier unter dem Begriff des Syndikats die zur städtischen Institution zusammengefasste Gesamtheit der für die Stadt Köln tätigen Syndici gemeint ist.

790 Syndicus, in: Zedler, Grosses vollständiges Universal- Lexikon Aller Wissenschafften und Künste, Band 41, Sp. 986 f.

791 Im Schriftsatz des Backamtes ist in diesem Zusammenhang davon die Rede, dass Küpper von Schnorrenberg im Prozess „*vertretten*" wurde, was eher für eine Prozessstandschaft sprechen würde, vgl. HAStK, RKG, C 111, fol. 21v.

„Auf hinc inde verleßene unterthänige Vorstellungen samt Bitt respective von zeitlichen Herrn Gaffelkommissarien erstatteten, und verleßenen Bericht, wird der Meister Bernard Schnorrenberg mit zurückstellung des von löblichem Sÿndikat erstatteten Gutachtens beÿ dem Backgerechtsam seines in der Buttgaß gelegenen Haußes andurch gehandhabet... .“[792]

Die Gaffelkommissarien und das Syndikat waren also in ihren Gutachten zu unterschiedlichen Ergebnissen gelangt. Der Kölner Rat hatte sich gegen die rechtliche Beurteilung des Syndikats gestellt und sich dem Ergebnis der Gaffelkommissarien angeschlossen. Gegen diese Entscheidung des Kölner Rates setzte sich das Backamt vor dem Reichskammergericht zur Wehr. Vor allem gegen die Abweichung des Kölner Ratsurteils vom Syndikatsgutachten machte das Backamt in seiner Supplik rechtliche Einwände geltend. Auf die Entscheidungsgründe des Kölner Rates wird im Rahmen der Darstellung der reichskammergerichtlichen Parteivorträge eingegangen.

Im Folgenden soll zunächst ein kurzer Überblick über das Kölner Bäckerhandwerk gegeben werden, um die Einordnung des dargestellten Streits zu erleichtern.

b) Das Kölner Bäckergewerbe

Das Bäckerhandwerk gehörte als wichtiges Handwerk der Nahrungsproduktion zu den ältesten Gewerben Kölns. Die Bäckerzunft gehörte daher auch zu den ältesten Zünften Kölns und bestand wohl schon seit dem 12. Jahrhundert.[793] Im 15. und 16. Jahrhundert dürfte die wirtschaftliche Lage der Kölner Bäcker recht gut gewesen sein.[794] Ein Grund hierfür war wohl die im Vergleich zu anderen Städten geringe Zahl von Kölner Bäckern im Verhältnis zur Einwohnerzahl der Stadt.[795] Gleichwohl hatte das Kölner Backamt seit jeher vor allem mit innerstädtischer Konkurrenz zu kämpfen. So besaß jeder Bürger das Recht, für den Eigenbedarf zu backen. Wohlhabendere Bürger beschäftigten hierzu eigens Lohnbäcker. Auch die geistlichen Institute backten eigenständig. Zudem wurde noch

---

792 HAStK, RKG, C 111, Entscheidungsgründe des Kölner Rates, fol. 3r. (nicht paginiert, daher eigene Zählung).

793 Krudewig, Zur Geschichte der ehemaligen Bäckerzunft in Köln, S. 17.

794 Im Jahre 1417 waren immerhin 54 Bäcker in der Lage, eine Kopfsteuer von einem Gulden zu bezahlen, siehe dazu Loesch, Die Kölner Zunfturkunden bis zum Jahre 1500, Band 2, S. 335.

795 Vgl. hierzu die Auswertungen Giels, nach denen im Jahre 1532 durchschnittlich 532 Einwohner auf einen Kölner Bäcker kamen. In Augsburg betrug die Zahl ca. 200, in Frankfurt am Main ca. 350.

auswärtiges Brot nach Köln eingeführt.[796] Seit jeher bestand daher ein spannungsgeladenes Verhältnis zwischen dem Backamt und dem Kölner Rat, der eine ausreichende und erschwingliche Versorgung der städtischen Bevölkerung mit Brot als einen Kernbereich seiner obrigkeitlichen Nahrungspolitik betrachtete. So war der wöchentlich von den Bürgermeistern im sog. Brotbescheid festgesetzte Preis für Brot bestimmter Qualität und bestimmten Gewichts ständiger Stein gegenseitigen Anstoßes, da dem Backamt diese Preise naturgemäß zu niedrig waren.[797] Gerade im Nahrungsmittelbereich war die obrigkeitliche Festsetzung von Preistaxen zu damaliger Zeit absolut gängig.[798] Zur Zeit des im Fall Schnorrenberg ausgetragenen Prozesses vor dem Reichskammergericht erließ der Kölner Rat im Jahre 1793 eine Brotbewirtschaftung und richtete einen Appell an die Bevölkerung, zur Stabilisierung der Brotpreise beizutragen.[799]

Im 18. Jahrhundert konnte sich auch das Backamt der wirtschaftlich desolaten Lage Kölns nicht entziehen. Vor allem für diesen Zeitraum sind daher zahlreiche Konflikte des Backamtes mit dem Kölner Rat überliefert. Wie die meisten Zünfte zu dieser Zeit, sah sich auch das Backamt als überbesetzt an.[800] Es versuchte daher, sich gegen weitere Konkurrenz zur Wehr zu setzen. Vor allem die bei Privatleuten angestellten Lohnbäcker waren der Zunft ein Dorn im Auge. Ende des 18. Jahrhunderts gab es in Köln 537 Privathäuser mit Backöfen, in denen für den Eigenbedarf gebacken wurde. Die Zahl der zünftigen Backhäuser betrug dagegen lediglich 137.[801] Da ein Versuch des Backamtes, das Recht der Bürger zum Backen für den Eigenbedarf einzschränken, sicherlich wenig Aussicht auf Erfolg gehabt hätte, suchte das Backamt zu Beginn des 18. Jahrhunderts nach anderen Wegen, um die Zahl der Backhäuser zu begrenzen. So sollte nach dem Willen der Bäckerzunft die Zahl der Bäckermeister dadurch beschränkt werden, dass das Recht zum Betrieb einer Bäckerei an ein mit einer Backgerechtigkeit ausgestattetes Haus, oder an eine Brotbank als einer besonderen Verkaufsstätte, geknüpft wurde.[802] Zu diesem Zweck erstellte das Backamt in den Jahren 1674 und 1682 eine vom Kölner Rat bestätigte Backamtsrolle, in der – aus Sicht des Backamtes – alle bis dato mit einer Backgerechtigkeit versehenen Häuser verzeichnet wa-

796 Giel, Politische Öffentlichkeit im spätmittelalterlich-frühneuzeitlichen Köln S. 338 f.
797 Vgl. hierzu Tuckermann, in: Festschrift gelegentlich der Einweihung des neuerbauten Innungshauses in Köln, S. 19ff. Für das 15. und 16. Jahrhundert hat Giel den Konflikt zwischen Backamt und Rat eingehend untersucht, vgl. dazu S. 334 ff.
798 Schmelzeisen, Polizeiordnungen, in: HRG III, Sp. 1803, 1807.
799 Wankell, Beiträge zur Wirtschaftsgeschichte der freien Reichsstadt Köln, S. 30.
800 Vgl. Supplik der Bäckerzunft in HAStK, RKG, C 111, fol. 19r.
801 Krudewig, Zur Geschichte der ehemaligen Bäckerzunft in Köln, S. 41.
802 Krudewig, Zur Geschichte der ehemaligen Bäckerzunft in Köln, S. 36.

ren.[803] Der Backamtsrolle sollte dabei ausschließender Charakter zukommen, so dass zeitlich nachfolgende Erteilungen von Backkonzessionen gegen den Willen der Bäckerzunft ausgeschlossen sein sollten. Konflikte ergaben sich aber immer wieder daraus, dass die Vollständigkeit der in dieser Backamtsrolle aufgeführten Häuser bestritten wurde. Dies ist auch der Hintergrund des nachfolgenden Konfliktes.

c) Das Backamt reklamiert Ausschließungsrecht aus errichteter Backamtsrolle

Am 28. November 1792 reichte das Backamt, vertreten durch seinen Prokurator Dr. Jacob Abel,[804] eine ausführliche Supplik beim Reichskammergericht ein. Um schnellen Rechtsschutz zu erlangen, bat das Backamt sogleich im „Einreichungsformular" um den Erlass eines Mandates *„de non turbando in possessione vel quasi juris ex statutis Collegii...sicque indilaté cassando decretum 25. Nov. a.p.* [anni prioris] *dictatorié...S.C.*"[805] Hier klingt wiederum die im Usus modernus verbreitete gemeinrechtliche Lehre der quasi-possessio an. Das Backamt sah in dem Kölner Ratsdekret also einen „dikatorischen" Rechtsspruch, der es in seinem durch die Errichtung der Backamtsrolle erworbenen Rechtsbesitz verletze. Inhaltlich ging es um nichts anderes als ein vom Backamt behauptetes Verbietungsrecht, auch wenn das Backamt es nicht ausdrücklich als solches bezeichnete.

Gleich zu Beginn seiner Klageschrift verwies Dr. Abel[806] auf das bereits seit der zweiten Hälfte des 17. Jahrhunderts bestehende Problem, dass die Bäckerzunft in Köln erheblich überbesetzt sei, und dies für die Stadt „*unvermeidlich*" Nachteile mit sich bringe.[807] Anders als etwa die Malerzunft in ihrem Prozess gegen Caspar Schneider griff die Bäckerzunft das Nahrungsargument direkt auf, und machte aus der bezweckten Abschließung der eigenen Zunft keinen Hehl. Im vorliegenden Fall blieb dem Backamt allerdings auch keine andere Möglichkeit, als offen mit ihrem Motiv umzugehen, denn schließlich hatte das Backamt ja nach eigenem Bekunden in den Jahren 1674 und 1682 eine Backamtsrolle errichtet, die alle bis zu diesem Zeitpunkt mit einer Backgerechtigkeit versehenen Häuser auflistete, um den damaligen Status quo an Backhäusern zu zementieren.

---

803 HAStK, RKG, C 111, fol. 19v.

804 1754-1819, zu seiner Person siehe Klass, Standes-oder Leistungselite?, S. 209; Baumann, Advokaten und Prokuratoren, S. 225 (Index der Personennamen).

805 HAStK, RKG, C 111, fol. 18r.

806 Auch in diesem Prozess ist anzunehmen, dass es neben dem Prokurator Dr. Abel noch einen Schriftsatzverfasser gab, dessen Identität aus der Akte jedoch nicht zu entnehmen ist.

807 HAStK, RKG, C 111, fol. 19r.

Da diese Backamtsrolle auch vom *„imploratischen Stadt Rath“* nach vorheriger Begutachtung durch das Syndikat ohne Beanstandung im Jahre 1693 bestätigt worden sei, habe das Backamt *„auf die unverbrüchliche Befolgung dieser errichteten Amtsrolle ein ungezweifeltes Jus quaesitum“* erhalten, *„woraus daßelbe in den Folgezeiten auf keine Weiße verdrängt werden konnte.“*[808]

Das Backamt bewegte sich hier ganz im Sinne der gemeinrechtlichen Lehre von den jura quaesita, die durch besondere Titel erworbene subjektive Sonderrechte darstellten. Die bestätigte Backamtsrolle war also der Rechtstitel, der dem Backamt das Verbietungsrecht gegenüber allen denjenigen zukommen ließ, deren Häuser nicht in der Backamtsrolle aufgelistet waren.

Zur Bekräftigung seiner Ausführungen hinsichtlich des bestehenden jus quaesitum allegierte das Backamt Werke von Georg Schreiber,[809] David Mevius sowie Johann Ulrich Cramer:

„cives enim potissimum in relatione ad alios cives, tam ex ordinationibus politicis, quam statutis collegiorum jus quaesitum habent, quod iisdem neutiquam auferendum.“[810]

Die genaue Angabe der Fundstellen zeigt, dass der Schriftsatzverfasser auch hier ausgiebig mit der seinerzeit einschlägigen Literatur gearbeitet hat.

In seinen weiteren Ausführungen zeichnete das Backamt die Zeit seit Erlass dieser Backamtsrolle bis zu dem Jahre 1792, dem Jahr der hier geschilderten Auseinandersetzung vor dem Reichskammergericht, nach. In diesem Zusammenhang schilderte es einen Fall aus dem Jahre 1703. Damals habe sich das Backamt schon einmal gezwungen gesehen, gegen einen *„gewissen Johann Justen ... den Weg Rechtens zu betretten.“* Dieser habe nämlich *„ohne ein mit der Backgerechtigkeit versehenes Haus zu besitzen, gleichwohl das nur diesen ausschließlich zustehende Gewerbe treiben“* wollen.[811]

Mit pathetischen Worten bewertete Dr. Abel diesen „Angriff“ auf die Backamtsrolle als *„das gewöhnliche Schicksal, welches unterdessen fast immer dergleichen gemeinnützige Einrichtungen in ihrer ersten Kindheit zu treffen*

808 HAStK, RKG, C 111, fol. 19v.

809 Der Rechtsgelehrte Georg Schreiber veröffentlichte im Jahre 1739 seine Dissertation „de causarum politiae et earum quae iustitiae dicuntur conflictu et differentia“, siehe Kroeschell, Justizsachen und Polizeisachen, in: Gerichtslauben-Vorträge, Freiburger Festkolloquium zum 75. Geburtstag von Hans Thieme, S. 57, 64, Fn. 31.

810 Zitat aus dem obigen Werk Schreibers, HAStK, RKG, C 111, fol. 19v., 20r. Übersetzung: *„Die Bürger haben nämlich das mächtigste wohlerworbene Recht im Vergleich zu anderen Bürgern sowohl aus der politischen Ordnung heraus, als auch aus den Zunftordnungen, welches ihnen keineswegs entrissen werden darf.“*

811 HAStK, RKG, C 111, fol. 20r.

pflegt, von vielen aus privat Interesse und Eigennutz verkannt, und deswegen angefochten werden muß.“[812]

Das Backamt betrachtete die Aufstellung der Backamtsrolle tatsächlich als eine „gemeinnützige Einrichtung“, die dem Allgemeinwohl förderlich sei. Jedwede Widersetzung gegen diese Rolle sollte daher ein gemeinschädliches, egoistisches Verhalten darstellen. Dies war sicherlich eine sehr eigenwillige Interpretation des Backamtes. Sie gibt allerdings einen weiteren Beleg dafür ab, wie sehr die Zünfte bemüht waren, ihr eigenes Handeln als mit dem Allgemeinwohl konform darzustellen. Im Fall Justen hatte sich das Backamt damals allerdings nur sehr bedingt durchsetzen können. So war nach Ausführung des Backamtes ein gerichtlicher Vergleich dahingehend geschlossen worden, dass das Haus des Johann Justen in die Liste der privilegierten Backhäuser aufgenommen wurde, „*jedoch extra ullum praeiudicium et consequentiam, und bloß mit der Kondition* – es folgt ein Zitat aus dem damaligen gerichtlichen Vergleich – *daß es keine mehrere Backhäuser, als wirklich auf die Rollen eingeschrieben, sondern es beÿ der dabeÿ exprimirten Zahl gelassen werden möge.*“[813]

Dem Fall Justen sollte also nach ausdrücklichem Hinweis des Backamtes keine Präjudizwirkung für spätere Streitigkeiten im Zusammenhang mit der Backamtsrolle zukommen. Eine präjudizielle Wirkung des damaligen gerichtlichen Vergleichs hätte sich im vorliegenden Prozess nämlich insofern zu Ungunsten des Backamtes auswirken können, als Johann Justen letztlich mit seinem Haus in die Backamtsrolle aufgenommen worden war.

Das Backamt sah die errichtete Backamtsrolle durch den mit Justen erzielten Vergleich trotz dessen Aufnahme in die Zunft als „*zum zweitenmal ... obrigkeitlich bestätigt; um so weniger konnte daher das auf die unverbrüchliche Befolgung derselben schon ehedem erlangte jus quaesitum für die Zukunft angetastet werden.*“[814] So habe es in der Folgezeit auch für die folgenden 90 Jahre bis zum jetzigen Prozess niemand gewagt, gegen die aufgestellte Zunftverordnung vorzugehen. Mittels eines beigefügten gerichtlichen Zeugnisses glaubte das Backamt nunmehr den Beweis erbracht zu haben, dass das von Paul Küpper erstandene Haus auf der Buttgasse, mit dem Namen „Zum Wolf“, nie zu den privilegierten Backhäusern gehört habe. So sei das Haus weder in der errichteten Backamtsrolle verzeichnet, noch in den seit dem Jahr 1584 aufgelegten Amts- und Schilderbüchern, in denen alle „*zur Meisterschaft aufgenommene Bäckermeister einst mit ihren als Meister bezogenen Backhäuser verzeichnet sind.*“[815] Es gebe zudem

812 HAStK, RKG, C 111, fol. 20r.
813 HAStK, RKG, C 111, fol. 20r., 20v.
814 HAStK, RKG, C 111, fol. 20v.
815 HAStK, RKG, C 111, fol. 21r., 21v.

Zeugen, die unter Eid und Siegel bekunden könnten, niemals gehört zu haben, dass in der Buttgasse eine andere Bäckerei existiert habe als die des Bäckermeisters Peisser. Nunmehr setzte sich der Prokurator des Backamtes, Dr. Abel, ausführlich mit dem Kölner Ratsdekret vom 25. November 1791 auseinander und griff den Kölner Rat ungewöhnlich scharf an.

aa) Prozessuales Vorbringen

Auf prozessualer Ebene ging es für die Appellanten darum, den zu erwartenden prozesshindernden Einwendungen der Appellaten vorbeugend zu begegnen. Hierbei wurden, wie bereits in den bisherigen Fällen, das privilegium den non appellando Rudolfs II. für die Stadt Köln aus dem Jahre 1576, sowie der Einwand, dass eine Polizeisache vorliege, thematisiert.

(1) Entgegenstehendes privilegium de non appellando

Auf das Kölner privilegium de non appellando vom 29. Oktober 1576 ging das Backamt nur kurz ein. Explizit benannte es dieses nicht einmal. „*Kein Privilegium stehet auch dieser Berufung im Weeg*", gab sich das Backamt selbstsicher. Die Jurisdiktion des Reichskammergerichts sei „*wegen notorischer Unmittelbarkeit des Judicis à quo hinläglich begründet.*"[816] Die Zuständigkeit des Reichskammergerichts in diesem Prozess ergab sich nach Ansicht des klagenden Backamtes also aus dem Status der Reichsstadt Köln als reichsunmittelbarer Stadt. Eine argumentatorische Auseinandersetzung mit dem Appellationsprivileg fand nicht statt. Die Ausführungen bleiben auf der Stufe reiner Behauptungen. Wieso das Appellationsprivileg in Zunftsachen in diesem Fall nicht einschlägig sein sollte, blieb also auch in diesem Prozess offen.

(2) Vorliegen einer Justizsache

Auf prozessualer Ebene stand auch in diesem Prozess die Abgrenzung von Justiz- und Polizeisachen im Kern der Auseinandersetzung. So trug das Backamt in tatsächlicher Hinsicht zunächst vor, dass der Rat die streitige Angelegenheit als erstes an die Gaffelherren zur Untersuchung weitergereicht habe. Als das Backamt jedoch Gründe vorgebracht habe, die eine rechtliche Prüfung erforderlich gemacht hätten, habe der Rat dem rechtskundigen „*eigentlichem Justiz Collegium*", dem Syndikat, zugleich den Auftrag zur Begutachtung vorgelegt. Damit habe „*der imploratische Magistrat sein eigenes Geständnis und Überzeugung wie-*

816 HAStK, RKG, C 111, fol. 27r.

der[gegeben], *daß diese Sache als eine wahre JustizSache betrachtet, und folglich auch so behandelt werden musste.*" Nach „*ihrer Natur und Eigenschaft*" sei sie dies auch tatsächlich gewesen.[817]

Hierzu allegierte Der Prokurator des Backamtes, Dr. Abel, ausführlich die einschlägige zeitgenössische Literatur. Als erstes führte er ein Zitat aus Georg Schreibers Dissertation an:

„*si collegium opificum alium ab usu opifici et exercitio excludendi jus sibi esse contendat, nullum dubium est, quin à judice ordinario, vel appellatione interposita à supremis Dicasteriis decidenda sit controversia. Idem obtinebit, si inter collegium et singulos de iisdem rebus lis mota fuerit.*"[818]

Der Zugang zu den ordentlichen Gerichten sollte hiernach also in allen jenen Fällen gegeben sein, in denen ein Handwerkerkollegium, wozu natürlich vor allem eine Zunft zuzuordnen war, das ius prohibendi, also das Recht, jemand anderen von der Ausübung dieser Tätigkeit auszuschließen, für sich reklamierte. Da die Abschließung der Zünfte im 17. und 18. Jahrhundert von diesen mit zunehmender Vehemenz betrieben wurde, war es für die Zünfte natürlich wichtig, in derartigen Fällen den ordentlichen Rechtsweg beschreiten zu können und sich nicht allein dem Rechtsspruch des Kölner Rates unterwerfen zu müssen. Auch den Zünften dürfte nämlich bekannt gewesen sein, dass sich Prozesse am Reichskammergericht sehr lange hinziehen konnten und eine Appellationen zudem suspensiven Charakter hatte. Das Appellationsprivileg für die Stadt Köln in Zunftangelegenheiten aus dem Jahre 1576 wäre nach dieser Rechtsauffassung in einem wichtigen Bereich des Zunftrechts ins Leere gelaufen.

Für das Backamt stand die Zulässigkeit der Appellation also außer Zweifel. Hierzu führte Dr. Abel noch eine weitere Fundstelle aus der Dissertation „*observationes de cognitione et potestate judiciaria in causis, quae politiae nomine veniunt*" des späteren reichskammergerichtlichen Beisitzers Johann Friedrich Albrecht Konstantin von Neurath[819] an. Neurath hatte sich in dieser Arbeit aus dem Jahre 1780 ausführlich mit der Abgrenzungsproblematik von Polizeisachen und

---

817 HAStK, RKG, C 111, fol. 22r.

818 HAStK, RKG, C 111, fol. 22v.
Übersetzung: „*Wenn eine Zunft von Handwerkern für sich das Recht beansprucht, einen anderen vom Gebrauch des Handwerks und von der Ausübung auszuschließen, besteht kein Zweifel, dass vom ordentlichen Richter, oder durch eine eingelegte Appellation von den allerhöchsten Dicasterien die Streitigkeit entschieden werden muss. Eben dasselbe wird gelten, wenn zwischen der Zunft und Einzelnen über dieselben Angelegenheiten ein Rechtsstreit entstanden ist.*"

819 Der Titel der Dissertation lautete: „Observationes nonnullae de cognitura et potestate in causis quae politiae nomine veniunt", aus dem Jahre 1780; zu seiner Person siehe Jahns, Das Reichskammergericht und seine Richter, Teil II, Biographien, Band 2, S. 1145-1154.

Justizsachen beschäftigt. Konkret zitierte das Backamt die 20. und 21. Observation:

„Si collegia opificum de finibus privilegiorum suorum et juriam, ex statutis vel ex pactis invicem initis, dijudicandis, lites excitant, nulla causa politiae sed justitiae adest, et judex litem decidere et statuta interpretari potest, salva tamen interpretatione authentica.“

„Si agitur de adimendo sub colore causae politiae, civi vel ordini civium jure quesito, quo vi ordinationis politiae, vel ex privilegii et statutis à superiore vel Magistratu concessis in relatione ad alios cives huc usque fruebatur; aditus ad sudicia non est praecludendus, et Magistratus sub praetextu, sibi arbitrium in causis politiae competere, decretum suum minime examini judicis subtrahere potest.“[820]

Auch hier zeigt sich, dass jedenfalls die Anwälte und Prokuratoren am Reichskammergericht sorgfältiges Rechtsquellenstudium betrieben und bezüglich der unter Rechtsgelehrten in Diskussion stehender Rechtsprobleme auf dem neuesten Stand waren.

Die Allegation von Dissertationen des früheren oder derzeitigen reichskammergerichtlichen Personals war also neben der Allegation von Entscheidungsliteratur ein beliebtes Mittel, um die Konformität der eigenen Rechtsansicht mit der des Reichskammergerichts zu belegen, denn es konnte erwartet werden, dass die jetzigen Reichsrichter nach wie vor ihre in den Dissertationen veröffentlichen Rechtsansichten vertraten.

Die hier vom reichskammergerichtlichen Beisitzer von Neurath angeführte Rechtsansicht stand in Bezug auf die prozessuale Bedeutung von jura quaesita sowohl mit der herrschenden zeitgenössischen Literaturmeinung, als auch mit der bereits vom Beisitzer Johann Ulrich Cramer in seinen Wetzlarischen Nebenstunden geschilderten höchstrichterlichen Rechtsprechung in Einklang.[821] Die Zuläs-

---

820 HAStK, RKG, C 111, fol. 22v.
Übersetzung: *„Wenn die Zünfte der Handwerker Streitigkeiten herbeiführen, in denen über die Grenzen ihrer Privilegien und Rechte aus Statuten oder wechselseitig eingegangenen Verträgen zu entscheiden ist, ist dies kein Fall für die Polizei, sondern für die Justiz, und der Richter kann über den Streit entscheiden und die Statuten auslegen, muß aber auf eine authentische Interpretation achten.“*
„Wenn einem Bürger oder dem bürgerlichen Stand unter dem Deckmantel einer Polizeisache ein Recht entzogen werden soll, kann er sich dieses wohlerworbenen Rechts kraft polizeilicher Verordnung, oder aus Privilegien und Statuten, die von Obrigkeit oder Magistrat verliehen wurden, im Verhältnis zu anderen Bürgern weiterhin bedienen; der Zugang zum Gericht darf nicht versagt werden, und der Magistrat kann unter dem Vorwand, ihm stehe in Polizeiangelegenheiten der Schiedsspruch zu, sein Dekret keinesfalls der Untersuchung eines Richters entziehen.“

821 Vgl. dazu Cramer, WN, 7, III, S. 84 f.

sigkeit von Appellationen an die Reichsgerichtsbarkeit dürfte im Falle der Verletzung wohlerworbener Rechte (jura quaesita) wohl gefestigte Rechtsprechung des Reichskammergerichts gewesen sein. Interessant ist die aus dem letzten Halbsatz des Zitats zu entnehmende Aussage des Beisitzers von Neurath, dass die Klage aus den Statuten zu interpretieren sei. Hieran wird ersichtlich, dass das Reichskammergericht – im Sinne der Statutenlehre – Partikularrecht vorrangig vor dem gemeinen Recht anwendete, wenn jenes dem Gericht angezeigt wurde.

Die hier zur Zulässigkeit vorgebrachten Argumente weisen deutliche Parallelen zu den übrigen späteren Zunftprozessen des 18. Jahrhunderts auf, vor allem zu dem zuvor geschilderten Prozess der Malerzunft gegen den Zunftanwärter Caspar Schneider. Hier wie dort argumentierten die Kläger, der Kölner Rat dürfe nicht mittels einer falschen Deklarierung als „Polizeisache" („*causae politiae*") den Zugang zu den ordentlichen Gerichten verhindern.[822] Der Zulässigkeitseinwand des Vorliegens einer Polizeisache wurde also von den Klägern bereits vorbeugend als ein abgedroschenes Vorwandargument bekämpft.

bb) Materielle Streitpunkte

Anders als noch der Schriftsatzverfasser der Malerzunft im vorhergehenden Prozess nahm der Prokurator des Backamtes das viel diskutierte Rechtsproblem der Abgrenzung von Polizeisachen und Justizsachen zum Anlass, um weitergehend auszuholen und den Kölner Rat der Begehung fundamentaler Rechtsverstöße anzuklagen.

(1) Vorwurf der Kabinettsjustiz

Hauptkritikpunkt der klagenden Bäckerzunft war, dass der Kölner Rat das vom beauftragten Syndikat erstellte Gutachten zurückgestellt und „*aus angemaßter Machtvollkommenheit*" heraus eine Verfügung getroffen habe. Hierdurch habe der Rat gegen die §§ 7 und 8 des Art. 16 der „neuesten kaiserlichen Wahlkapitulation" sowie gegen § 109 des Jüngsten Reichsabschieds verstoßen.[823] Das Dek-

---

822 Der vorliegende Fall müsste daher an sich einen Paradefall für eine Extrajudizialappellation darstellen, vgl. dazu Seeger, Die Extrajudizialappellation, S. 31-33 u. 204. Aus der Prozessakte lassen sich daraus jedoch keine Hinweise entnehmen. Auch Seeger hat aus diesem Grund für seine Aussagen kaum quellenfundierte Belege.

823 § 109 des JRA, abgedruckt bei Senckenberg, Neue und vollständigere Sammlung der Reichs-Abschiede, Band 3, S. lautet: „*Wann sich aus denen an bemeldtem unserm Kayserlichen und des heil. ReichsCammer=Gericht durch Appellation oder sonsten eingebrachten Rechtfertigungen entweder von wegen Ersetzung der Gerichten, oder Administrierung der Justitien einiger Mangel, oder sonsten in facto gnug-*

ret des Kölner Rates sei daher „*ein verbottener dictatorischer Eingriff in die Rechtshängigkeit der dem löblichen Sÿndikat übertragenen Sache, ein Eingriff in die Erkenntniß der richterlichen Behörde, folglich ein factum nullo jure justificabile, verbotten in den Reichsgesetzen, und durch die ausdrückliche Vorschrift derselben als ein Justizschädlicher Missbrauch geahndet.*"[824]

Der Kölner Rat habe damit „*in dieser offenbaren, selbst anerkannten Justitz Sache gantz wider alle Grundsätze der deutschen Staats Verfaßung, die rechtliche Ordnung umzustoßen*", *versucht.*[825]

Schon aus diesen Ausführungen wird der gegenüber dem Kölner Rat erhobene Hauptvorwurf erkennbar. Dieser hatte aus Klägersicht gegen den uns heute selbstverständlichen Grundsatz der Gewaltenteilung verstoßen. Hierin erblickte das Backamt auch einen von § 109 JRA unter Strafe gestellten Fall der Rechtsbeugung. Im Folgenden wurde Dr. Abel diesbezüglich sehr deutlich. So bilde der städtische Rat eben nicht den „*Rechtsprechenden Richterstand oder JustitzStelle, sondern nur die städtische Regierung ...: die von ihm erlaßene Verfügung ... ist daher eben das, was sonst die in JustitzSachen mit Recht so sehr verhasste Kabinets Befehle sind.*"[826]

Im heutigen Sprachgebrauch wäre das Verhalten des Kölner Rates wohl am treffendsten mit dem Begriff „Kabinettsjustiz" zu bezeichnen, womit ein unzulässiges Einwirken des Herrschers, bzw. der Regierung auf die Justiz zu verstehen ist. Dieser politisch negativ behaftete Begriff wurde an sich erst im Verlauf des 19. Jahrhunderts vor dem Hintergrund des Aufkommens liberalistischen Gedankenguts gebräuchlich.[827] Bis zum Ende des 18. Jahrhunderts wurden Entscheidungen der Obrigkeit, die aus allerhöchster Machtvollkommenheit heraus getroffen wurden, als sog. Machtsprüche bezeichnet. Im Zeitalter des Absolutismus sah man solche Machtsprüche als legitime Ausübung herrschaftlicher Gewalt an. Sie sollten der Durchsetzung materieller Gerechtigkeit dienen.[828] Möglicherweise sah sich der Kölner Rat durch sein erlassenes Dekret in der Tradition dieser Machtsprüche, denn aus seinen Urteilsgründen lassen sich auch Billigkeitserwägungen

---

sam verificirt befinden würde, daß aus des Richters Ungeschicklichkeit, oder Unerfahrenheit, auch Versäumniß, Corruption, oder Boßheit, zu jemands Präjuditz, Nachtheil und Schaden geurtheilt und gesprochen, das Recht versagt, oder verzogen worden wäre, so solle gegen der schuldhafften Obrigkeit so wohl, als deren geordneten Unter-Richtern gebührende Bestraffung fürgenommen, und durch Unsern Kayserlichen Fiscal zu Einbringung solcher Straff, wie sich gebührt, verfahren werden."

824 HAStK, RKG, C 111, fol. 23r., 23v.
825 HAStK, RKG, C 111, fol. 23v.
826 HAStK, RKG, C 111, fol. 23v.
827 Ogris, Kabinettsjustiz, in HRG II, Sp. 515 f.
828 Ogris, Machtspruch, in HRG III, Sp. 126 f.

ersehen. So führte der Rat in seiner Urteilsbegründung neben weiteren Gründen aus, dass *„ohnedem Bürgermeister und Rath als hiesigen OrtsObrigkeit ohnbedencklich die Macht zu*[stünde], *in derleÿ Fällen, wie der vorliegende ware, nach Umständen zu mindern, und zu mehren, wären also auch für das fragliche Hauß die Erwehnten Beweiße nicht beÿ, und vorgebracht worden, so würden wir als OrtsObrigkeit dieses Hauß dem Meister Küpper jedennoch als ein Backhauß um des willen haben angewießen können, weil dieser Küpper aus seinem Hauß weichen muste, ein anderes Backhaus in Rücksicht auf seine VermögensUmstände nicht haben konnte, und also wenn er dieses nicht erhalten hätte, außer Brodt, und aller Nahrung gesetzt worden wäre.*"[829]

Eine Entscheidung zu Ungunsten des Bäckermeisters Paul Küpper hätte der Kölner Rat nach eigenem Bekunden also mit Rücksicht auf Paul Küppers wirtschaftliche Zwangslage in keinem Fall getroffen. Auf die tragenden Urteilsgründe, insbesondere die in diesem Zusammenhang wichtigen Schreinsbuchauszüge wird weiter unten noch näher eingegangen.

Die Ausführungen geben über die konkrete Urteilsfindung hinaus einen guten Einblick in das Selbstverständnis des Kölner Rates als eine für die Gemeinde sorgende Obrigkeit, die sich um den Lebensunterhalt eines jeden einzelnen sorgte. In einer Zeit, in der die schriftliche Fixierung sowie die inhaltliche Ausdifferenzierung des Rechts noch bei Weitem nicht so fortgeschritten war wie heute, spielten Gesichtspunkte der materiellen Gerechtigkeit ohne normative Anknüpfung eine viel stärkere Rolle als heute und waren nach überwiegender Ansicht nicht Ausdruck obrigkeitlicher Willkür.

Unter der Entwicklung des Naturrechts, nach welchem der Mensch im Naturzustand frei und gleich sein sollte, sowie mit zunehmender Verbreitung aufklärerischer Ideen gegen Ende des 18. Jahrhunderts, änderte sich diese Sichtweise jedoch.[830] Nunmehr wurde der Ruf nach einer Kodifizierung des Rechts laut, die keinen Raum mehr für obrigkeitliche Machtsprüche zuließ und daher das Postulat der Freiheit am besten durchsetzten konnte.[831] *„Freiheit ist und kann nichts anders seyn als der höchste Grad der Gesetzlichkeit*", brachte August Hennings im Jahre 1799 die zentrale Forderung der Emanzipationsbewegung auf den Punkt.[832] Bereits im Jahr 1763 bezeichnete der Reichspublizist und spätere Reichshofrat

829 HAStK, RKG, C 111, Entscheidungsgründe des Kölner Rates, fol. 5r., 5v. (nicht paginiert, daher eigene Zählung).

830 Schlumbohm, Freiheit, Die Anfänge der bürgerlichen Emanzipationsbewegung in Deutschland im Spiegel ihres Leitwortes, S. 84 ff.

831 Schlumbohm, Freiheit, Die Anfänge der bürgerlichen Emanzipationsbewegung in Deutschland im Spiegel ihres Leitwortes, S. 106 f.; Caroni, Kodifikation, in HRG II, Sp. 907, 914; Ogris, Kabinettsjustiz, in HRG II, Sp. 515, 517.

832 Hennings, Der Genius der Zeit XVII, S. 425.

Friedrich Carl von Moser[833] insbesondere die sog. *„Lettres de cachet, Kabinetts-Ordres, Befehle ex plenitudine potestatis“* als Ausfluss *„willkürlicher Gewalt.“*[834] In diesem Umfeld ereignete sich im Jahre 1779 der viel beachtete „Justizeklat“ um den Wassermüller Arnold. Dieser hatte sich als Pächter einer Wassermühle nach verlorenen Prozessen, in denen er sich vergeblich gegen neu angelegte Fischteiche, die ihm das Wasser zum Betrieb seiner Mühle abgruben, mit einer Supplik an Friedrich II. gewandt. Sämtliche Gerichtsinstanzen hatten die Klage des Wassermüllers Arnold abgeschmettert, da sich der beklagte Landrat v. Gersdorff im Besitz einer Urkunde befunden hatte, die ihm das Bewässern von Fischteichen erlaubte.[835] Friedrich II. war über das Urteil des Berliner Kammergerichts derart erbost gewesen, dass er die beteiligten Richter wegen Rechtsbeugung verhaften ließ und den Wassermüller Arnold entschädigte. Nach eigenem Bekunden wollte der König durch seinen Machtspruch in dieser *„höchst ungerechten Sentenz ein nachdrückliches Exempel statuieren, damit sämmtliche Justiz-Collegia in allen dero Provinzien sich daran spiegeln, und keine dergleichen grobe Ungerechtigkeiten begehen mögen.“*[836]

Für den König konnten formale Rechtstitel also dann nicht durchgesetzt werden, wenn diese zur „materiellen Gerechtigkeit“ im Gegensatz standen. Dieser Machtspruch stieß unter Juristen auf großen Widerspruch und war letztlich ein wichtiger Auslöser für die Schaffung des Allgemeinen Preußischen Landrechts von 1794.[837] Vor allem auch vor dem Hintergrund des „Arnold-Prozesses“ hatte Carl Gottlieb Svarez[838] in § 6 der Einleitung zum ALR ein Verbot solcher Machtsprüche verankert, das allerdings von Friedrich Wilhelm II., dem Nachfolger Friedrichs II., wieder gestrichen wurde.[839]

Diesen Prozess um den Müller Arnold wird der Prokurator des Backamtes, Dr. Abel, bzw. der Schriftsatzverfasser bei Prozessbeginn vor dem Reichskammergericht im Jahre 1792 sicherlich deutlich vor Augen gehabt haben, als er den Kölner Ratsspruch als einen verhassten Kabinettsbefehl brandmarkte. Auch aus diesem behaupteten Verstoß gegen den Grundsatz der Gewaltenteilung folgerte das Backamt die Statthaftigkeit ihrer eingelegten Appellation. Dazu allegierte

---

833 1723-1798, zu seiner Person siehe Stolleis, Juristen, S. 442 f.

834 Schlumbohm, Freiheit, Die Anfänge der bürgerlichen Emanzipationsbewegung in Deutschland im Spiegel ihres Leitwortes, S. 109.

835 Siehe zur Fallschilderung u.a. Wesel, Geschichte des Rechts, S. 398, Rn. 265; Hülle, Müller Arnold-Prozeß, in HRG III, Sp. 726.

836 Aus dem am 11. Dezember 1779 von Friedrich II. diktierten Protokoll, abgedruckt bei Wesel, Geschichte des Rechts, S. 399.

837 Wesel, Geschichte des Rechts, S. 400.

838 1746-1798, zu seiner Person siehe Stolleis, Juristen, S. 598-600.

839 Hülle, Müller Arnold-Prozeß, in HRG III, Sp. 726, 728.

dessen Prokurator folgendes lateinisches Zitat aus Nicolaus Christoph Lynckers[840] umfangreichem Werk der kammergerichtlichen Literatur „de gravamine extrajudiciali et quatenus ab illo provocare liceat“:

„*si ordinationes politicae inique applicentur, privatique injustis decretis contra dictas ordinationes graventur, appellationi locus est.*“[841] Das Backamt erachtete das Kölner Ratsdekret also als ein ungerechtes Dekret, das mit der staatlichen Ordnung – gemeint war hiermit vor allem der oben angesprochene Paragraph 109 JRA – in Widerspruch stand. Für Lyncker, der das Reich als einheitliche Monarchie unter der Herrschaft des Kaisers begriff, stand die Vorrangstellung des Reichsrechts wohl außer Frage.[842]

(2) Rechtliche Befugnisse der Obrigkeit

Im weiteren Verlauf der Klageschrift setzte sich das Backamt mit der oben geschilderten Rechtsansicht des Kölner Rates auseinander, nach der es dem Rat aus obrigkeitlicher Machtvollkommenheit heraus angeblich ohnehin gestattet sei „*in derleÿ Fällen, wie der vorliegende ware, nach Umständen zu mindern, und zu mehren*“.[843] Dies sei zwar in der Tat gemäß § 106 des Jüngsten Reichsabschieds der Fall, den Befugnissen der Obrigkeit seien dabei aber im Weiteren näher ausgeführte Grenzen gesetzt.[844] Vor allem dürfe die Obrigkeit niemals in Einzelfallentscheidungen („*nicht in einzelnen Urtheils Sprüchen und Bescheiden*“) eingreifen. Es müssten vielmehr „*die Zunftartickel selbst abgeändert, und statt deren*

840 1643-1726. Im Jahre 1707 zum Reichshofrath auf der Herrenbank ernannt, zu seiner Person siehe Stintzing/Landsberg, Geschichte der deutschen Rechtswissenschaft, Abt. 3, Halbb. 1, S. 149-153 u. Noten, S. 95-98. Lyncker verfasste einen bedeutenden Traktat über die Extrajudizialappellation (Hypomnema de gravamine extrajudiciali et quantus ab eo provocari liceat), der laut Seeger dem Reichskammergericht als wichtige Beurteilungsgrundlage in Extrajudizialappellationen diente, vgl. Seeger, Die Extrajudizialappellation, S. 72.

841 HAStK, RKG, C 111, fol. 27r.
Übersetzung: „*Wenn die staatlichen Ordnungen ungerecht verwendet werden und die Privaten durch ungerechte Erlasse entgegen gesagter Ordnungen belastet werden, ist Platz für eine Appellation.*“

842 Siehe dazu Stintzing/Landsberg, Geschichte der deutschen Rechtswissenschaft, Abt. 3, Halbb. 1, S. 152.

843 HAStK, RKG, C111, Entscheidungsgründe des Kölner Rates, fol. 5r., 5v. (nicht paginiert, daher eigene Zählung), vgl. Fn. 829.

844 Der einschlägige Passus des § 106 JRA, auf den sich Dr. Abel bezog lautet: „... *und an des Orts Obrigkeit, als die ohne das den Gewalt haben, dergleichen Statuta nach Gelegenheit der Laufft und Zeiten zu widerrufen und zu ändern, verweisen*“, vgl. Senckenberg, Neue und vollständigere Sammlung der Reichsabschiede, Band 3, S. 660.

ein neuer Vertrag errichtet werden."[845] Weiterhin dürften die Zunftartikel nur *„nach vorhergehender Untersuchung aus gegründeten Ursachen, und zum Vortheil der Zunft oder des gemeinen Wesens*" erfolgen. Nur unter diesen Bedingungen gestatteten die Reichsgesetze den Ständen *„das Recht zu mindern und zu mehren.*" Andernfalls sei der Gebrauch dieses Rechts der Obrigkeit jedoch *„null und nichtig*"[846]

§ 106 JRA selbst enthielt diese vom Prokurator Dr. Abel angeführten Ausübungsbeschränkungen nicht. Der hierin liegenden Gefahr einer missbräuchlichen Machtausübung durch den Herrscher suchten Rechtsprechung und Literatur daher mittels einer gerichtlichen Missbrauchskontrolle Einhalt zu gebieten. Die einzelnen Reichsstände waren danach auf Grund ihrer Eingliederung in das Reich dieser Missbrauchskontrolle unterworfen.[847]

Zur Stützung seiner Argumente verwies Dr. Abel auf zeitgenössische Literatur, u.a. von Georg Schreiber, David Mevius und Jacob Gottlieb Sieber. Offenbar bestand auch am Reichskammergericht nicht völlige Einigkeit über den Umfang des der Obrigkeit zukommenden ius politiae. So wandte sich der Referent am Reichskammergericht, Steigentesch,[848] der im Jahre 1781 mit der Erstellung der Relation im Fall der Eheleute Heißler und Schanzenbach gegen den Fürstbischof Karl Philipp August, Graf zu Limburg-Styrum, betraut war, gegen seinen jungen Dienstkollegen Johann von Neurath. Dieser hatte in seiner ein Jahr zuvor erschienenen Dissertation der natürlichen Freiheit in bürgerlichen Dingen keine Bedeutung beigemessen und dem Fürsten die Entscheidung zugebilligt, selbst zu bestimmen, was öffentlicher Nutzen sei.[849] Steigentesch legte § 106 JRA hingegen einschränkend aus und postulierte einen Begründungszwang der Obrigkeit. Diese müsse u.a. stets überprüfen, ob sie guten oder schlechten Gebrauch von ihren politischen Hoheitsrechten mache, ob der Gebrauch der Hoheitsrechte wirklich notwendig sei und ihr Einschreiten dem Staat auch Nutzen bringe.[850] *„Allgemeine und nicht einmal auf den Fall passende Sätze*" seien demnach nicht ausreichend.[851] Vielleicht kannte der Schriftsatzverfasser auch dieses damals sicher-

---

845 HAStK, RKG, C 111, fol. 24v.

846 HAStK, RKG, C 111, fol. 24v.

847 Rüfner, Verwaltungsrechtsschutz in Preußen von 1749 bis 1842, S. 34f.

848 Andreas Steigentesch, zu seiner Person siehe Jahns, Das Reichskammergericht und seine Richter, Teil II, Biographien, Bd. 2, S. 1157-1172.

849 Siehe hierzu und zum damaligen Sachverhalt Weitzel, Der Schutz von Freiheitsrechten, in: Diestelkamp, Die politische Funktion des Reichskammergerichts, S. 157, 172.

850 Siehe Weitzel, Der Schutz von Freiheitsrechten, in: Diestelkamp, Die politische Funktion des Reichskammergerichts, S. 157, 172.

851 Zitiert nach Weitzel, Der Schutz von Freiheitsrechten, in: Diestelkamp, Die politische Funktion des Reichskammergerichts, S. 157, 172.

lich spektakuläre Urteil, in dem das Reichskammergericht den beklagten Fürstbischof zu einer hohen Schadensersatzsumme verurteilt hatte.

Im vorliegenden Rechtsstreit, so der Prokurator des Backamtes, komme es auf die Befugnis des Kölner Rates, Zunftartikel zu ändern, jedoch nicht an, da der Rat hier gar keinen Gebrauch von einem solchen Recht gemacht, sondern unter Aufrechterhaltung der Backamtsrolle einfach als „richtig“ unterstellt habe, dass das Schnorrenbergsche Haus die Backgerechtigkeit besitze. In der Tat hatte sich der Kölner Rat in seiner Begründung des damaligen Dekretes vom 25.11.1791 nur hilfsweise auf das in § 106 JRA niedergelegte Recht gestützt, die rechtliche Angelegenheit quasi aus obrigkeitlicher Machtvollkommenheit heraus zu entscheiden. Entscheidungserheblich war in diesem Prozess einmal mehr Kölner Partikularrecht, genauer gesagt, das Kölner Schreinsbuchwesen.

(3) Der Beweiswert der Kölner Schreinsbücher

Der Kölner Rat stellte im Rahmen seiner Urteilsbegründung vor allem auf den Beweiswert der Schreinsbucheinträge ab. Danach sei „*besagtes Hauß in der Buttgaß laut den beigebrachten, und aufgelegten Schreinsfüßen in denen Schreins-Büchern als ein Backhauß angemercket.*“[852] Daher müsste „*auch das Backgerechtsam als diesem Hauße anklebig für hinreichend erwiesen durch die Schreins Bücher um des willen angenohmen werden....*“ So seien nämlich die Schreinsbücher vor allem „*zu dem Endzwecke ... eingeführt worden ..., auf daß durch dieselbe die Eigenthümmere deren Praediorum,*[853] [und] *deren dazu erworbenen Pertinentzien, und Gerechtsame immerhin nachgewiesen werden mögten.*“[854]

Die Stadt Köln war seit dem Mittelalter für ihr Schreinsbuchwesen weithin bekannt. Es bildete sich ab dem 12. Jahrhundert heraus.[855] Es dürfte daher den Richtern des Reichkammergerichts zumindest in Grundzügen geläufig gewesen sein. Ein Schrein bezeichnete im Mittelalter ein Behältnis, das der Aufbewahrung von Wertgegenständen, wie etwa Geld, diente.[856] In Köln war hiermit jedoch keine zentrale Verwahrungsstelle für Wertgegenstände gemeint, sondern ein Urkundsschreinwesen, das von fest angestellten Amtsleuten verwaltet wurde. Diese

852 HAStK, RKG, C 111, Entscheidungsgründe des Kölner Rates, fol. 3r (nicht paginiert, daher eigene Zählung).
853 Grundstück, Besitztum.
854 HAStK, RKG, C 111, Entscheidungsgründe des Kölner Rates, fol. 4r (nicht paginiert, daher eigene Zählung).
855 Beyerle, Die Anfänge des Kölner Schreinswesens, S. 318, 325, 326; Loesch, Die Grundlagen der ältesten Kölner Gemeindeverfassung, S. 89, 198.
856 Becker, Schreinsbuch, Schreinskarte, in: HRG IV, Sp. 1496.

erteilten amtliche Zeugnisse über die im Schrein erfolgten Rechtsänderungen. Das Schreinswesen bezweckte die Beweissicherung bei Liegenschaftseinträgen und gilt daher zu Recht als ein Vorläufer unseres heutigen Grundbuchwesens.[857] Im vorliegenden Prozess drehte sich der Streit vor allem darum, wie weit der Beweiswert dieser Schreinsbucheinträge reichte.

(a) Kölner Rat: Beweiswert der Scheinsbücher ist zur Gewohnheit erstarkt

Wie bereits die oben angeführten Ausführungen des Kölner Rates zeigen, ging dieser davon aus, dass die Schreinsbücher gerade zu dem Zweck eingeführt worden waren, den Grundstückseigentümern die Führung eines Eigentumsnachweises zu ermöglichen, und zwar auch hinsichtlich der den jeweiligen Grundstücken anhaftenden Nebenrechten, den sog. Pertinenzien. So sei das Haus Schnorrenbergs bereits im Jahre 1640 – also viele Jahre vor Aufstellung der Backamtsrolle – als es noch im Eigentum von Diederich von Mahmem und Catharina Bankmans gestanden habe, in den Schreinbüchern als Backhaus verzeichnet gewesen. Aus der Tatsache, dass das Haus des Bernhard Schnorrenberg in den Schreinsbüchern als ein Backhaus vermerkt gewesen sei, ergab sich für den Kölner Rat die Rechtsfolge, dass die Backgerechtigkeit des Hauses „*dinglich geworden ware, folglich eum ipso Praedio auf allen und Jedweden Besitzeren überginge.*“[858] In diesem Zusammenhang verwies der Rat auf die hohe Glaubwürdigkeit der Schreinsbücher, die sich daraus ergebe, dass letztere „*von dreÿen beaideten Schreiberen geführet*“ würden. Die vom Backamt in den Jahren 1674 und 1682 aufgestellte Backamtsrolle hingegen, sei nicht vollständig, da selbst einige Backhäuser, die bis auf den Tag des vom Rat verkündeten Dekrets noch im Gebrauche seien, nicht in der Back-amtsrolle verzeichnet seien. In diesem Zusammenhang machte der Rat dem Backamt den Vorwurf, im Rahmen der Erstellung der Backamtsrolle zu keinem Zeitpunkt die jeweiligen Eigentümer der Backhäuser befragt zu haben. Der Kölner Rat habe bei Bestätigung der Backamtsrolle jedoch ausdrücklich nicht die Absicht besessen, solchen Häusern, die trotz fehlender Aufnahme in die Backamtsrolle, die Backgerechtigkeit dennoch tatsächlich besäßen, diese zu entziehen. Hierzu zitierte er eine Passage aus der damaligen Bestätigung, in der es dazu hieß: „*so wie jedoch die alte qualifizirte Backhäußer betrifft, und sonsten sich offene hand zu geben, und zu nehmen vorbehalten.*“[859]

---

857 Becker, Schreinsbuch, Schreinskarte, in: HRG IV, Sp. 1496, 1498.

858 HAStK, RKG, C 111, Entscheidungsgründe des Kölner Rates, fol. 4v, 5r. (nicht paginiert, daher eigene Zählung).

859 HAStK, RKG, C 111, Entscheidungsgründe des Kölner Rates, fol. 6r, 6v. (nicht paginiert, daher eigene Zählung).

Hinsichtlich der Beweiskraft der Schreinsbücher verwies der Kölner Rat zudem auf eine in Köln bestehende alte Gewohnheit, nach der „*immer auf die Schreins Bücher der Bezug genohmen ...* [worden], *wenn vom Beweiße des Eigenthums eines Scrinial Praedii, und dessen Pertinentzien die Frage vorkömt.*"[860] Die Beweiskrafterstreckung der Schreinsbücher auf die mit den Grundstücken verbundenen Nebenrechte war aus Sicht des Kölner Rates also zu einer lokalen Gewohnheit geworden und daher rechtlich nicht anzweifelbar. Sinngemäß endete die Begründung des Rates mit der Bezugnahme auf den nach eigenem Bekunden „*bekannten und geltenden Rechtssatz quod Contra Scrinium non valeat Praescriptio..*"[861]

Die volle Rechtsgültigkeit der von alters her stammenden Gewohnheiten wurde auch durch den Verbundbrief ausdrücklich bestätigt:

„*Were ouch ever sache, dat yeman van uns, he were, we he were, umb eyngerleye zwist, zweyungen, zorns, hasses of nijdtz wille sich mit deme anderen zweyde of sloege nu of hernamaltz zo eyngen zijden, yd were mit worden of mit wercken, so wer dat dede, dat der rait zerzyt dan aff richten sall na rechte und gewoynden der stede van Coelne, as dat van alders bisher gewoynlich und gehalden geweyst is, ind ouch na ynhalt der stede und des raitz morgenspraichen.*[862]

Das „van alders" her, wohl überwiegend mündlich überlieferte Recht, und das vom Kölner Rat gesetzte schriftlich fixierte Recht, das in den Morgensprachen[863] verkündet wurde, hatten also grundsätzlich den gleichen Stellenwert.

---

860 HAStK, RKG, C 111, Entscheidungsgründe des Kölner Rates, fol. 4v. (nicht paginiert, daher eigene Zählung).

861 HAStK, RKG, C 111, Entscheidungsgründe des Kölner Rates, fol. 7v. (nicht paginiert, daher eigene Zählung); Übersetzung: „*Gegen den Schrein läuft keine Verjährung.*"

862 Verbundbrief, zit. nach Huiskes, Kölns Verfassung für 400 Jahre: Der Verbundbrief vom 14. September 1396, in: Rosen/Deeters, Quellen zur Geschichte der Stadt Köln, S. 11. Übersetzung ebd. S. 22: „Geschähe es aber einmal, daß jemand von uns, wer er auch sei, sich wegen irgendwelchen Zwistes, Streites, Zornes, Hasses oder Neides mit einem anderen in Köln stritte oder schlüge, jetzt oder später einmal irgendwann, sei es mit Worten oder mit Handgreiflichkeiten, dann soll der dermalige Rat über den, wer auch immer das täte, zu Gericht sitzen nach Recht und Gewohnheit der Stadt Köln, wie es von alters her und auch nach dem Inhalt der Morgensprachen der Stadt und des Rates bis heute gebräuchlich war und beibehalten wurde."

863 In den regelmäßig stattfindenden Morgensprachen wurden wichtige Ratsbeschlüsse zur Morgenstunde feierlich vom Rathaus herab der Gemeinde verkündet, siehe dazu Huiskes, Kölns Verfassung für 400 Jahre: Der Verbundbrief vom 14. September 1396, in: Rosen/Deeters, Quellen zur Geschichte der Stadt Köln, S. 26.

(b) Backamt: Keinerlei Beweiswert der Schreine in Bezug auf Pertinentien

Das Kölner Backamt bewertete die Aussagekraft der Schreinsbücher grundlegend anders. Es maß den Schreinsbucheinträgen bei weitem nicht den gleichen Beweiswert zu, wie der Kölner Rat und Bernhard Schnorrenberg, in seiner – später noch erläuterten – Exzeptionsschrift.

So bezeichnete der Prokurator des Backamtes, Dr. Abel, Schreine lediglich als *„gewiße Behältnisse, worinn sich die nur in Gegenwart der Schreinmeister und Schreiber, wie auch der intereßirten Theile vollzogene Veräußerungen und sonstige Veränderungen, die sich mit den Häußern und den übrigen in dem Städtischen Bezirk liegenden Grundstücken von Zeit zu Zeit zutragen, aufgezeichnet befinden.*[864] Hierüber würde bei Bedarf ein „Zettel" ausgestellt, der sog. Schreinsfuß. Der Schreinschreiber habe jedoch lediglich die Aufgabe, *„die Namen der abwechßelnden Besitzer jedes Mal abzuändern...* ." Daher könne ein vom Schreinschreiber *„ausgefertigter Schreinsfuß, sobald von einer Befugnis die Frage ist, welche mit dem Schreine und seiner Bestimmung in keiner Verbindung steht, nie einen Beweis darüber abgeben.*"[865]

Im Hinblick auf die soeben dargestellten Urteilsgründe des Kölner Rates führte Dr. Abel hilfsweise aus, dass auch für den Fall, dass den Schreinsbüchern ein weitergehender Beweiswert zuzubilligen sei, das Schnorrenbergsche Haus im Jahre 1674, als das Backamt die Backamtsrolle aufstellte, die Backgerechtigkeit eben nicht mehr besessen habe. Auf die weitere Urteilsbegründung des Kölner Rates, dass dessen Bestätigung der Backamtsrolle nicht das Ziel gehabt habe, zuvor mit der Backgerechtigkeit versehene, jedoch nicht in der Rolle verzeichnete Häuser für die Zukunft zu präkludieren, ging Dr. Abel nicht ein.

Die Urteilsbegründung des Kölner Rates und die Supplik des Backamtes zeigen also, dass auch in diesem Prozess der materiellrechtliche Streitgegenstand gar kein eigentlich zunftrechtlicher war, sondern Fragen der Kölner Gemeindeverwaltung betraf. Dies wird auch im Rahmen der Untersuchung des Beklagtenvortrages deutlich.

d) Die Einreden Bernhard Schnorrenbergs

Für den beklagten Bernhard Schnorrenberg reichte dessen Prokurator Dr. Franz Carl von Sachs[866] am 26. August 1793, also erst etwa 9 Monate nach der Supplik

---

864 HAStK, RKG, C 111, fol. 25r.

865 HAStK, RKG, C 111, fol. 25v.

866 Klass, Standes-oder Leistungselite?, S. 322; Baumann, Advokaten und Prokuratoren, S. 229 (Index der Personennamen).

des Backamtes, die nahezu 100 Seiten umfassende Exzeptionsschrift ein.[867] Sie ist ein bezeichnendes Beispiel für die zu damaliger Zeit überfließende Rhetorik der Schriftsatzverfasser. Auch an diesem Prozess lässt sich ersehen, dass die Parteien zum Teil selbst Schuld an der langen Verfahrensdauer zahlreicher Prozesse waren. So hatte Dr. von Sachs das Gericht mehrfach um Fristverlängerungen gebeten, da er selbst den Schriftsatz vom Schriftsatzverfasser, dem Advokaten Fuchs,[868] sowie eine beizubringende Prozessvollmacht[869] zu den vorgesehenen Einreichungsterminen noch nicht erhalten hatte. In der Zwischenzeit war auf Antrag des Prokurators des Backamtes, Dr. Abel, bereits zweimal gegen den beklagten Bernhard Schnorrenberg das Rufen erkannt worden, allerdings ohne präkludierende Wirkung. Dr. Abel hatte aufgrund des Nichterscheinens der Beklagtenseite insgesamt zweimal, am 11. März sowie am 17. April 1793, beim Gericht die Feststellung der Litiskontestation im Säumnisverfahren beantragt. Wie bereits oben im Prozess der Schmiedegaffel gegen den Gürtelmacher Alexius Rach gezeigt, konnte die Litiskontestation im Falle der Säumnis auch einseitig erklärt werden.[870] Im Hinblick auf die streitige Sache bestand nach dem Zeitpunkt der Litiskontestation also eine Stillhalteverpflichtung. Für den Beklagten Bernhard Schnorrenberg hätte die Fingierung der Litiskontestation durch das Reichskammergericht daher zur Folge gehabt, dass er, bzw. der Käufer seines Hauses, Paul Küpper, bis zum Ausgang des Verfahrens keinen Gebrauch von der umstrittenen Backgerechtigkeit hätte machen dürfen. Das Reichskammergericht fingierte die Litiskontestation jedoch nicht, sondern gewährte Dr. von Sachs die jeweils beantragten Fristverlängerungen.[871]

In der Exzeptionsschrift entgegnete der Schriftsatzverfasser Fuchs sehr ausführlich den Angriffen des Backamtes und griff dieses heftig an. Inhaltlich lehnte er sich eng an die Urteilsbegründung des Kölner Rates an.

867 Siehe dazu Eintrag im Spezialprotokoll, HAStK, RKG, C 111, fol. 5r.

868 Sein Name befindet sich auf der letzten Seite der Exceptionsschrift, HAStK, RKG, C 111, fol. 196 v.

869 Die Prozessvollmacht sollte zusammen mit dem ersten Schriftsatz beim Gericht eingereicht werden, was allerdings häufig nicht geschah, siehe Klass, Standes-oder Leistungselite?, S. 62.

870 Vgl. dazu Fn. 288 und 289 mit Verweis auf Dick, Die Entwicklung des Kameralprozesses, S. 145 und 187.

871 Vielleicht berücksichtigte das Reichskammergericht zu Gunsten Schnorrenbergs die vom Prokuartor Dr. von Sachs gelieferte Begründung, dass allein die Kriegswirren in Köln für den Verzug der Prozesshandlungen seitens der Beklagtenseite verantwortlich seien.

aa) Plädoyer für mehr wirtschaftliche Freiheit

Jenseits aller juristischen Auseinandersetzung war die Exzeptionsschrift Schnorrenbergs im Vergleich zur Klageschrift der Bäckerzunft bereits vom neuen liberalen Zeitgeist geprägt, der jegliche Form wirtschaftlicher Gängelung und Fremdbestimmtheit bekämpfte. Versuchte das Backamt noch ganz im Sinne der gewohnten juristischen Pfade ihr Ausschließungsrecht auf wohlerworbene Rechte (jura quaesita) zu stütζten, beschworen die Anwälte Schnorrenbergs in pathetischen Worten den Anbruch eines freiheitlichen Zeitalters. Die „Aufbruchstimmung innerhalb der Lehren des neueren Naturrechts"[872] um das Jahr 1790, ist hier zu spüren. So habe *„der wahre Schwung zur Industrie beÿm herannahenden Ende dieses Jahrhunderts fast jeden Erdbewohner auf den Gebrauch seiner sich erworbenen Freiheiten aufmerksam und diese zu prüfen rege gemacht...* ."[873] In einer Zeit des wirtschaftlichen und damit einhergehenden gesellschaftlichen Wandels versuchte also jeder einzelne die geänderten Rahmenbedingungen für sich zu nutzten. Daher sei es auch nicht ungewöhnlich gewesen, dass sich Bernhard Schnorrenberg gerade zu dieser Zeit auf die bestehende Backgerechtigkeit seines Hauses besonnen habe. Die Backamtsrolle musste aus dieser Sicht in der Tat als ein Fremdkörper erscheinen, *„der einer sich rechtmäßig erworbener Freiheit die unnatürlichsten Feßelen anlegen will* [wollte]."[874] In diesem Kontext betonte der Schriftsatzverfasser Fuchs, dass gerade auf dem Nahrungsmittelsektor Konkurrenz sehr wichtig sei. Mit dem Aufsetzen der Backamtsrolle verfolge das Backamt daher keineswegs, das Wohl aller Bürger zu befördern, sondern vielmehr *„monopolistische Grundsätze durchzusetzen"*, um letztlich dadurch *„der Obrigkeit eine höhere Brodtaxe zum offenbarsten Druck der minderen aber zahlreicheren Volksklasse abzulocken.*"[875] Die Backamtsrolle schade also gerade der großen Masse der ärmeren Stadtbevölkerung, die höhere Preise für das Grundnahrungsmittel Brot zu zahlen hätte.

Diese Brandmarkung der Backamtsrolle als unnatürliche und gehässige Fessel, die einzig den Zweck verfolge, den Wettbewerb durch Schaffung einer Monopolstellung auszuschalten, ließ über den Rahmen der konkreten Streitigkeit hinaus das gesamte Zunftsystem mit seinem Zunftzwang als integralem Bestandteil als unzeitgemäß und wirtschaftlich schädlich erscheinen. So weit wie die Lübecker Krämerkompanie nur wenige Jahre später zur Jahrhundertwende in ihrem Streit gegen die alteingesessene Schusterzunft, wollten die Anwälte Schnorren-

872 Weitzel, Der Schutz von Freiheitsrechten, in: Diestelkamp, Die politische Funktion des Reichskammergerichts, S. 157, 161.
873 HAStK, RKG, C 111, fol. 162v.
874 HAStK, RKG, C 111, fol. 163r.
875 HAStK, RKG, C 111, fol. 152r.

bergs dann aber doch nicht gehen. Die Lübecker Krämerkompanie setzte sich in ihrer Klageerwiderung mit der Berufung auf eine allgemeine Handels- und Gewerbefreiheit als Ausfluss eines allgemeinen Freiheitsrechts erfolgreich gegen das jus prohibendi der Schusterzunft vor dem Reichskammergericht zur Wehr.[876] Tilman Seeger berichtet zudem von einem Fall, der sich im Jahre 1795 in der Stadt Dortmund zugetragen hat. In diesem berief sich der Kläger gegenüber dem beklagten städtischen Magistrat neben der Verletzung seines „ius quaesitum" auch auf die Verletzung seiner natürlichen Freiheit, um die Rechtswidrigkeit einer Abgabenerhebung zu begründen.[877] Im Jahr 1793 war in der Zunfthochburg Köln die Zeit für einen solchen „Ausbruch aus dem althergebrachten Rechtsquellensystem"[878] sicherlich noch nicht reif gewesen,[879] obgleich bereits Stimmen laut geworden waren, die die Übertragung natürlicher Freiheit auch auf den wirtschaftlichen Bereich forderten. So formulierte Johann August Schlettwein im Jahre 1772: „*Ein jeder ist über seine eigene Kräfte und Fähigkeiten und über sein ganzes Eigentum uneingeschränkter Herr, nur muß er dem Eigentum und den Kräften und Fähigkeiten eines andern keine Gewalt zufügen.*"[880]

Das Reichskammergericht schien gegenüber solchen Forderungen noch sehr reserviert gewesen zu sein. Gerade erst gute 30 Jahre vor diesem Rechtsstreit am Reichskammergericht hatte sich Johann Ulrich Cramer in einer seiner Observationen zu einem ähnlichen Fall geäußert, in dem ein Privatmann eine Backstube betreiben wollte und als Rechtsgrundlage die natürliche Freiheit anzuführen suchte.[881] Bereits der aus der Einzelfallentscheidung abstrahierte Rechtssatz seiner Observation: „*favor iuris pro libertate personali ad libertatem praediorum non est extendendus*"[882], machte deutlich, dass Cramer und wohl auch das Reichskammergericht, persönlichen Freiheitsrechten jedenfalls für die Herleitung be-

876 Oestmann, Zunftzwang und Handelsfreiheit im frühen 19. Jahrhundert, in ZNR 26. Jahrgang 2004, S. 246, 255, 259.

877 Seeger, Die Extrajudizialappellation, S. 188 ff.

878 Oestmann, Zunftzwang und Handelsfreiheit im frühen 19. Jahrhundert, in ZNR 26. Jahrgang 2004, S. 246, 255.

879 Laut Wankell steckte die Kölner Wirtschaft „im 18. Jahrhundert noch tief in zünftlerischen Bindungen", Wankell, Beiträge zur Wirtschaftsgeschichte der freien Reichsstadt Köln, S. 4.

880 Schlettwein, Die wichtigste Angelegenheit für das ganze Publikum, Bd. 1, S. 124 f. und Bd. 2, S. 82 f.

881 Dazu Weitzel, Der Schutz von Freiheitsrechten, in: Diestelkamp, Die politische Funktion des Reichskammer-gerichts, S. 157, 172.

882 Cramer: Observationum Iuris Universi Ex Praxi Recentiori Supremorum Imperii Tribunalium haustae, S. 475.
Übersetzung: „*Die Gunst des Rechts für die persönliche Freiheit ist nicht auf die Freiheit der Güter auszudehnen.*"

sonderer Rechte keine große Bedeutung beimaßen.[883] Für Cramer war es nämlich *„notorisch, daß das Backen in einer Gerechtigkeit aller Orten und nicht in Libertate naturali bestehe, wie denn auch solche Backgerechtigkeiten sogar Jura realia sind, und nur certis praediis inhaeriren."*[884] Mit der Berufung auf natürliche Freiheitsrechte ließen sich also die seit unvordenklichen Zeiten wohlerworbenen Rechte, die die Zünfte zumeist zu eigenen Gunsten vortrugen, nicht aufheben.[885] Cramers Aussage ist des Weiteren zu entnehmen, dass nicht nur in Köln, sondern auch im übrigen Reich das Backrecht – zumindest insoweit, als von ihm in gewerblichem Umfang Gebrauch gemacht wurde – einer besonderen Berechtigung bedurfte. Die Backgerechtigkeit war häufig, wie in Köln auch, als Realrecht ausgestaltet und wurde gerade nicht durch den Beitritt zu einer Zunft erworben.

Der beklagte Bernhard Schnorrenberg berief sich daher wohlweislich nicht auf die rechtlich unsichere Position eines Freiheitsrechts, sondern stützte sich ganz auf seine im Vergleich zum normalen Hauseigentümer privilegierte Stellung in Form der seinem Haus zukommenden Backgerechtigkeit. Schnorrenberg begnügte sich somit mit der Forderung, dass besonders erworbenen Freiheiten bzw. Rechten gegenüber Monopolbestrebungen der Zünfte Schutz zu gewähren sei. Dass eine Beschränkung wohlerworbener Rechte nämlich strengeren Voraussetzungen unterlag als eine Beschränkung der natürlichen Freiheit, galt damals als einhellige Meinung.[886]

Deutlich stellte der Schriftsatzverfasser Fuchs daher das seiner Ansicht nach wahre Motiv der Bäckerzunft für die Aufstellung der Backamtsrolle heraus. Es sei *„der Neid, daß täglich neue Meister auftraten, die durch ihre Zahl und beßere Waare, welche sie dem Publikum lieferten, die Preise herunter setzten, und dadurch nicht thätigen Meistern die Nahrung entzogen...."*[887]

Handwerkerneid wurde also auch hier als wahres Motiv der erhobenen Klage unterstellt. Dadurch versuchten die Appellaten dem Standardargument der Zünfte, dass eine zu große Mitgliederzahl bei den Zünften die Nahrung der Handwerker und die Qualität der Arbeit gefährde, zu begegnen.

---

883 Weitzel, Der Schutz von Freiheitsrechten, in: Diestelkamp, Die politische Funktion des Reichskammergerichts, S. 157, 172.

884 Cramer, Observationum juris universi ex praxi recentiori supremorum Imperii Tribunalium haustae, obs. DCCCCIII, S. 475 f.

885 Dazu auch Cramer, Observationum juris universi ex praxi recentiori supremorum Imperii Tribunalium haustae, obs. DCCCCIII, S. 475 f. „Ad libertatem naturalem provocant juris alteri ab immoriali tempore quaesiti auferendi gratia."
Übersetzung: *„Sie berufen sich auf die natürliche Freiheit, um das schon vor unvordenklicher Zeit wohlerworbene Recht eines anderen aufzuheben."*

886 Siehe dazu Rüfner, Verwaltungsrechtsschutz in Preußen von 1749 bis 1842, S. 40 f.

887 HAStK, RKG, C 111, fol. 180r.

Selbst derart kurze Situationsbeschreibungen offenbaren auf treffliche Weise die ausweglose Situation der Zünfte zum Ende des Alten Reiches. Der zunehmende wirtschaftliche Wandel, verbunden mit einem Zuzug der Bevölkerung in die Städte, sorgte für einen immer stärkeren Druck auf das Zunftsystem. Die Zünfte, die sich nach wie vor als eine Art Versorgungswerk für die angeschlossenen Meister verstanden, suchten naturgemäß die eigene Stellung dadurch zu behaupten, dass sie ihre politische Macht und das noch aus alter Zeit geltende Zunftrecht zu ihren Gunsten auszuspielen suchten. Im Vergleich zu den übrigen Prozessen stellt der hiesige Fall aber insofern eine Besonderheit dar, als die Bäckerzunft durch die Aufstellung der Backamtsrolle in den Jahren 1674 und 1682 einen systematischen Versuch unternommen hatte, künftige interne, wie externe Konkurrenz durch Fixierung der Anzahl der Backhäuser im Voraus zu unterbinden.[888] Dies bedeutete also de facto eine totale Abschließung der eigenen Zunft. In den bisherigen Fällen hatten sich die Zünfte darauf beschränkt, jeweils im Einzelfall Elemente des Zunftzwangs zur Konkurrenzausschaltung zu nutzen. Es war jedoch nur eine Frage der Zeit, wie lange die Zünfte diesem auf sie wirkenden Druck der Industrie und des freiheitlicheren Denkens standhalten konnten.[889]

bb) Prozessuale Streitfragen

Sehr ausführlich entgegnete Bernhard Schnorrenbergs Schriftsatzverfasser Fuchs in seiner Exzeptionsschrift auf die prozessrechtlichen Behauptungen der Bäckerzunft. Dabei stand die Abgrenzung von Polizeisachen und Justizsachen wiederum im Vordergrund. In diesem Zusammenhang gab der Advokat Fuchs tiefere Einblicke in die Tätigkeit des Kölner Syndikats, die eine hohe Vertrautheit des Advokaten mit den Rechtsverhältnissen in Köln erkennen lassen.

(1) Abgrenzung von Justiz-und Polizeisachen

Langatmig ging der Schriftsatzverfasser auf die prozessuale Frage ein, ob im vorliegenden Rechtsstreit eine Justiz- oder Polizeisache vorliege. In diesem Kontext setzte er sich auch mit dem zentralen Angriff des Backamtes auseinander, der Kölner Rat habe durch Zurückstellung des Syndikatsgutachtens einen verbotenen diktatorischen Eingriff in die Erkenntnis einer „richterlichen Behörde" vorgenommen. Dieser Vorwurf setzte das Vorliegen einer Justizsache im hiesigen Fall

888 Lt. der Exzeptionsschrift Schnorrenbergs existierten zum Zeitpunkt der Errichtung der Backamtsrolle in Köln in Wirklichkeit 222 Häuser; in die Rolle wurden allerdings nur 188 eingetragen, HAStK, RKG, C 111, fol. 162r.

889 Siehe dazu auch Mittermaier, Grundsätze des gemeinen deutschen Privatrechts, S. 695 f., der dabei heftige Kritik am Zunftsystem übt.

voraus, denn andernfalls wäre der Magistrat unzweifelhaft befugt gewesen, aus eigener Machtvollkommenheit heraus zu entscheiden.

Die Seite Schnorrenbergs verneinte natürlich das Vorliegen einer Justizsache in dieser Angelegenheit. In diesem Zusammenhang belegte Schnorrenbergs Advokat den Schriftsatzverfasser des Backamtes mit deftiger Polemik:

„Hätte der jenseitige Schriftsteller sich nur ein wenig um diese notorischen Lokalverhältniße erkundiget, oder falls er sie wüssen, solche dem Reichsrichter offenherzig vorgelegt, entweder würde er dann mit so elenden Vorwürfen den Magistrat nicht belegt, oder der Reichsrichter ihn wenigstens mit Abschlagung der Berufungsprozeßen heimgeschicket haben.“[890]

Jenseits der fachlichen Herabwürdigung des klägerischen Advokaten zeigt sich hier ein Argumentationsmuster, das noch an zahlreichen weiteren Stellen dieser Exzeptionsschrift, sowie auch in anderen Prozessen zu beobachten ist. Die Schriftsatzverfasser sprachen der Gegenseite jegliche Siegeschancen im Prozess ab und maßten sich an, die Entscheidung des Gerichts schon zu kennen.[891]

(2) Syndikatssache als Indiz für eine Justizsache

Die vom Backamt behauptete Akzessorietät von Syndikatsangelegenheiten und rechtlicher Qualifikation als Justizsache schmetterte der Advokat Fuchs ab. Allein aus der Tatsache, dass sich das Syndikat mit der Angelegenheit befasst habe, ließe sich keinesfalls der Rechtsschluss ziehen, dass der Kölner Rat dadurch eine Qualifikation als – appellable – Justizsache anerkannt habe:

„Nein, daran ist nichts, und gehört es unter die hinkendsten Folgerungen, eine Sache ist zum Sÿndikat verwiesen, ergo ist sie als eine Justitzsache zu betrachten,... [denn] *die hiesige Reichsstädtische Verfassung legt dem Sÿndikat noch ganz andere Eigenschaften als jene eines Justiz Kollegiums beÿ.“*[892] So wohne das Syndikat als eine Art beratschlagendes, mit Rechtsgelehrten besetztes Ministerium allen Konferenzen bei, *„wo sowohl über Staats- als Polizeÿ- und Zunftsachen deliberirt wird ... besonders* [dann], *wenn sich in dem Supplikat,*

890 HAStK, RKG, C 111, fol. 169r., 169v. Ob der Schriftsatzverfasser des Backamtes aus Köln stammte, oder nicht, kann nicht ermittelt werden.

891 Vgl. dazu auch HAStK, RKG, C 111, fol. 172v., wo sich der Schriftsatzverfasser Fuchs in seiner Exzeptionsschrift zu den Erfolgsaussichten des klagenden Backamtes äußert: *„So darf der Gegner sich selbst schon auf den Fingern herzälen, daß keine günstige Urteil, wohl aber eine mehrfach verdiente Ahndung ihm zu Theil werden müsse.“*

892 HAStK, RKG, C 111, fol. 167v. u. 168r.

wie untergebens, auf Privilegien, jura quaesita und damit verbundenen Rechtsauthoritäten abberufen wird."[893]

Auf diese Weise würden beinahe täglich Zunftangelegenheiten geregelt. Das Vorgehen des Kölner Rates entspreche daher dem allgemeinen Geschäftsbetrieb. Gleichwohl halte sich der Rat in einem Fall wie diesem, in dem er sowohl das Syndikat, als auch die Gaffelkommissare um die Erstellung eines Gutachtens gebeten habe, für befugt, sich dem Gutachten anzuschließen, welches seiner Rechtsüberzeugung entspreche. Der Gedanke, in einem solchen Fall liege eine appellable Justizsache vor, sei völlig abwegig. Dies würde nicht nur zu einer Auszehrung der Bevölkerung führen, sondern auch das der Reichsstadt Köln gewährte Appellationsprivileg ad absurdum führen:

„*Fast täglich fallen dahier Zunftsachen vor, welche den eigends dazu im Rathe sitzenden Gaffelmeistern oft mit, oft ohne Zuziehung des Sÿndikats zugewiesen, von diesen geprüft, und durch einen darüber in Rathsstadt abgegebenen Bericht daselbst resolviret worden, ohne daß es den Partien eingefallen, oder eingeräumt worden ist, solche als Justitzsachen zu betrachten, den Magistrat eines justitzwidrigen Verfahrens zu beschuldigen und darüber ein höchstes Reichsgericht mit einer ungegründeten Abberufung zu behelligen, eine Methode, die wenn ihr Platz gegeben würde, die Sache zu Hunderten an die Reichsgerichte bringen, die Stadtbewohner entkräften, und den Zweck vereiteln würde, warum eigentlich die Stadt Köln mit einem Privilegio limitato de non appellando von kaiserlicher Majestät gnädigst versehen worden.*"[894]

Dies war die einzige Stelle, an der der Advokat Schnorrenbergs auf das Appellationsprivileg der Stadt Köln in Zunftsachen einging. Er erwähnte das Appellationsprivileg also lediglich, um die Ratio der eigenen Ausführungen zu untermauern. Spräche allein schon die Befassung des städtischen Syndikats mit einer Rechtssache für deren Qualifikation als Justizsache, so würde das Appellationsprivileg in Zunftsachen vollkommen unterlaufen, da es seinen Sinn, Prozesse vor dem Reichskammergericht zu unterbinden, nicht mehr erfüllen könne. Schnorrenberg wies hier auf einen wichtigen Punkt hin. Träfe die Ansicht des Backamtes zu, so hätte sich der Kölner Rat in der Tat bei fast allen Zunftangelegenheiten in einer prekären Lage befunden. Bediente er sich nämlich im Rahmen der Entscheidung von Zunftkonflikten der rechtlichen Unterstützung des Syndikats, so hätte darin zugleich das Eingeständnis gelegen, dass es sich bei der zu entscheidenden Streitigkeit der Rechtsnatur nach um eine Justizsache handele. Dies hätte aber zugleich bedeutet, dass der Rat die Entscheidung komplett dem Syndikat hätte überlassen müssen, um nicht einen Übergriff in die institutionelle Zustän-

893 HAStK, RKG, C 111, fol. 168r.
894 HAStK, RKG, C 111, fol. 170r.

digkeit des Syndikats zu begehen, und damit einen „justizwidrigen“ Akt, bzw. einen „Kabinettsbefehl“ zu erlassen. Im Falle eines justizwidrigen Aktes war aber trotz des bestehenden Appellationsprivilegs der Rechtsweg zu den Reichsgerichten eröffnet, denn gewährte Appellationsprivilegien befreiten die Reichsstände nicht von der Durchführung eines ordnungsgemäßen rechtlichen Verfahrens. Dies wiederum hätte zu der absurden Folge geführt, dass sich der Kölner Rat bei selbst getroffenen Entscheidungen in Zunftsachen nicht mehr der Unterstützung des Syndikats hätte bedienen dürfen, um so ein rechtlich ausgewogenes Urteil zu finden. Der Rat hätte das Urteil vielmehr aus eigener Kompetenz heraus treffen müssen, um das Appellationsprivileg in Zunftsachen für sich noch reklamieren zu können. Dies wäre in der Tat nicht sinnvoll gewesen, und hätte den Zweck des Appellationsprivilegs, die Jurisdiktion der Reichsstände zu stärken, konterkariert. Letztlich hätte der Kölner Rat dann vollständig seine Gerichtsgewalt aufgeben müssen, was zu einer klaren Abgrenzung von exekutiver und gerichtlicher Tätigkeit geführt hätte. Darauf zielte die Kritik des klagenden Backamtes wohl auch ab.

Der Advokat Schnorrenbergs griff nun diejengen Äußerungen des Backamtes auf, die implizirten, dass das Syndikat eine gerichtliche Funktion ausübe. Er erläuterte in diesem Zusammenhang detailliert die Aufgaben des Syndikats. Diese Ausführungen sind insofern von besonderem Interesse, als sie über den hier geschilderten Fall hinaus verallgemeinerungsfähige Schlüsse über das arbeitstechnische Zusammenspiel von Syndikat und Kölner Rat in Zunftsachen ermöglichen.

(3) Aufgaben des Syndikats

Zwar räumte Schnorrenbergs Advokat ein, dass das Syndikat für sich genommen, wie der Kölner Rat auch, ein eigenständiges Justizkollegium bilde, da es mit Rechtsgelehrten, wie der Name schon verrate, besetzt sei. So gäbe es etwa Fälle, in denen das Syndikat *„als erste Instanz aufgestellet, und eine Sache an solches zur rechtlichen Erörterung verwiesen wird* [werde], *wenn nämlich der hochweise Magistrat entweder auf Anstehen der Partien, oder auf eine höchstreichsrichterliche Weisung eine besondere Komißion als erste Instanz niedersetzt, und diese dem Sÿndikat aufträgt.*“[895]

Im vorliegenden Fall habe der Kölner Rat das Syndikat jedoch lediglich mit der Erstellung eines Gutachtens *„zur Instruction“* beauftragt, und nicht als Justizkollegium eingesetzt. Nach Ansicht der Anwälte Schnorrenbergs ließe sich die unterschiedlich ausgeübte Funktion des Syndikats auch am jeweiligen Entscheidungstenor des Syndikats erkennen:

---

895 HAStK, RKG, C 111, fol. 168v.

„Derleÿ Komißionen entscheiden sich auch sogar in der Art ihre Resultaten kund zu machen, ist das Sÿndikat als ein Konferenz-Kollegium pro sentimento aufgefordert, so sagt es in seinem erstattenden bericht, so wie dahier (vid. die jens. Anlage Zif. 7.) so sind sÿndici in der unmaßgeblichen Meinung, dass [...]; ist dieses Sÿndikat aber als Justitz-Komißion, als instruirende erstere Instanz aufgestelt, dann heißt es, wie hierbeÿ Zif.4.

In Special-Komißions Sachen des ghn [gnädigen Herrn] *N. Klägers eines contra N. beklagte und andern theils, wird auf fernere Einsicht des Verfolgs und mit zugezogenem Rath zweer unpartheÿischen Rechtsgelehrten zu Recht erkant.*

Und wird dieser Bescheidt alsdann dem sitzenden Rath eingeschickt, daselbst öffentlich loco Publicationis verlesen, und dann den Partien mitgetheilt.“[896]

Einschränkend fügte Schnorrenbergs Schriftsatzverfasser an, dass das Syndikat jedoch nur in jenen Sachen als Justizkollegium fungiere, „*die ob defectum summa appellabilis, oder weil die Partien nicht auswärts gehen wollen, an ein höchstes Reichsgericht nicht gelangen können.*“[897]

Diese Ausführungen machen deutlich, dass offenbar nicht nur der zahlenmäßig kleinen juristischen Elite von Anwälten und Prokuratoren am Reichskammergericht die Differenzierung von Polizei- und Justizsachen geläufig war, sondern auch in einer Reichsstadt wie Köln ein hohes Maß an Sensibilität hinsichtlich dieser Problematik bestand. Vorgeblich dieser rechtlichen Ausführungen, enthielt sich der städtische Magistrat also bei allen streitigen Fällen, die er selbst als Justizsache bewertete, jeglicher Einflussnahme auf die getroffene Syndikatsentscheidung und beschränkte sich allein auf dessen Verkündung. Der städtischen Obrigkeit Kölns dürfte wohl bewusst gewesen sein, dass nur ein transparentes und fehlerfreies prozessuales Verfahren einen wirksamen Schutz vor anschließenden Appellationen an die Reichsgerichte bot. Bemerkenswert ist allerdings, dass das Syndikat nach Behauptung Schnorrenbergs nur in solchen Fällen als Justizkollegium Entscheidungen traf, in denen eine Appellation an die Reichsgerichtsbarkeit ohnehin ausschied. Dies waren also vor allem solche Fälle, bei denen die für eine Appellation festgesetzte Appellationssumme unterschritten wurde. Bei den bedeutenderen rechtlichen Konflikten behielt sich der Rat also offenbar selbst die Entscheidung vor.

In Bezug auf die vom Backamt gerügte sachliche Unzuständigkeit des Kölner Rates warf der Schriftsatzverfasser Schnorrenbergs dem Backamt widersprüchliches Verhalten vor, da jenes sich – modern gesprochen – zuvor bereits rügelos in die Zuständigkeit des Kölner Rates in dieser Sache eingelassen habe. So habe das Backamt, nachdem sich Schnorrenberg mit einem Bittgesuch an den Kölner Rat

896 HAStK, RKG, C 111, fol. 169r.
897 HAStK, RKG, C 111, fol. 167v.

gewandt habe, keineswegs dessen Unzuständigkeit gerügt, sondern sich vielmehr selbst vor dem Rat rechtlich eingelassen. Dadurch habe das Backamt aber zugleich konkludent den Rat auch als Entscheidungsorgan in diesem Fall akzeptiert. Andernfalls hätte das Backamt unverzüglich der magistratischen Entscheidung, die Sache an das Syndikat und die Gaffelherren zu verweisen, „*widersprechen, beÿ einem Gerichtshofe klagen, und den Magistrat bitten müßen, diese Sache als Justitzsache an das prävenierte forum hin zu verweisen, nicht aber [...] gar selbst supplicando seine Gründe dem hochweisen Magistrat vorbringen*" dürfen.[898]

Der appellierende Schnorrenberg habe sich zudem richtigerweise an den Kölner Rat gewandt, da dieser allen Kölner Bürgern die Unverletzlichkeit ihres Eigentums garantiert habe.

Zum Abschluß ihrer breiten Ausführungen zum Problemkreis der Justiz-und Polizeisachen fasste der Advokat Schnorrenbergs noch einmal seine bisherigen Argumente zusammen und verneinte dabei in direkter Bezugnahme die Vorwürfe des Backamts, hier liege ein diktatorischer Eingriff des Kölner Rates in die Erkenntnis des Syndikats als Justizstelle vor: „... *dann weder ein dictatorischer Eingrif in die Rechtshängigkeit der dem löblichen Sÿndikat übertragenen Sache, weil diese Sache dem Sÿndikat nie als eine Justitzsache zur Entscheidung übergeben worden (vid. ad § 8/9.) weder ein Eingrif in die Erkentniß der richterlicher Behörde /: das Sÿndikat war nicht als Richter, sondern als Konferenz Kollegium zum Gutachten aufgefordert, hat sich selbst nicht als Richter dargestelt, und benommen, auch nicht dekretiret, sondern nur gutachtlich berichtet (vid. ad 8/9.) /: weder also ein factum nullo jure justificabile, das doch der Gegentheil selbst als Haupterforderniß seines allgemeinen Rekurses aufstellet, ist mit dem magistratischen Resolut verbunden, dieses also gewiß nicht zu jener Ahndung geeignet, welche der Gegentheil aus dem Jüngeren Reichsabschied § 109. solchem so gutmüthig zudenkt.*"[899]

„*Es ist daher ein wahrhaft hinkender Gedanke, das vorliegende Resolutum mit Kabinetsbefehlen in Justizsachen zu vergleichen.*"[900]

Diese Ausführungen der Anwälte Schnorrenbergs geben bereits einen guten Einblick in die Arbeitsweise des Kölner Rates bei der Entscheidung juristischer Angelegenheiten. In solchen Fällen holte er sich also offenbar stets rechtlichen Sachverstand des Syndikats zur Hilfe, auch wenn er sich nicht notwendiger Weise dessen Sichtweise anschloss. Die bisher ausgewerteten Ratsentscheidungen be-

898 HAStK, RKG, C 111, fol. 167r., 167v.
899 HAStK, RKG, C 111, fol. 172v., 173r.
900 HAStK, RKG, C 111, fol. 173v.

legen dies, auch wenn beim Rat in vielen Zunftkonflikten eine mangelnde Entscheidungsfreude zu konstatieren ist.

cc) Materielle Streitfragen

In materieller Hinsicht war der Konflikt wiederum tief im Kölner Statutarrecht verwurzelt. Reichsrechtliche Vorschriften spielten hier nur eine untergeordnete Rolle. Im Kern des Konfliktes stand die Frage nach dem Rangverhältnis zweier Rechtsquellen, der Backamtsrolle auf der einen Seite und den Schreinsbüchern auf der anderen. Für das Verbietungsrecht des Backamts hatte dieser Konflikt über den Einzelfall hinaus sicherlich größte Bedeutung, denn wenn es in diesem Konflikt die Unangreifbarkeit der Backamtsrolle nicht würde verteidigen können, so wäre damit ein Präzedenzfall, ein Präjudiz, für weitere Konflikte der gleichen Art geschaffen worden. Die Backamtsrolle hätte dann ihren Hauptzweck, den status quo der bestehenden Backhäuser für die Zukunft festzuschreiben, verfehlt. Dass sich der Kölner Rat erstinstanzlich auf die Seite Bernhard Schnorrenbergs gestellt hatte, mag als Indiz für die schwindende Macht der Zunft angesehen werden.

Der Schriftsatzverfasser Schnorrenbergs brachte den eigentlichen Streitgegenstand aus seiner Sicht dann auch folgendermaßen auf den Punkt:

„*Hier stehet kein Zunftartickel noch eine vorhabende Abänderung deßselben, sondern einzig der Umstand in der Frage: Kann die Backamtsrolle ein Haus, das vor ihrem daseÿn schon zur Backgerechtigkeit privilegirt, und dieses Privilegium im Schrein eingetragen gewesen, seines Privilegiums just darum berauben, kann es dingliche Rechte eines Hauseigenthums darum zernichten, weil dieses Haus in der fraglichen Backamtsrolle aus unbekannten Ursachen nicht enthalten ist? Oder lag es vielmehr in der Befugniß des Magistrats, einen Bürger gegen derleÿ Eingriffe in seine Rechte zu schützen, ihn beÿ lezterm und seinem Eigenthum zu handhaben?*“[901]

Die Fragestellung war natürlich einseitig zu eigenen Gunsten verzerrt, denn sie suggerierte, dass hinsichtlich des den Schreinsbüchern beizumessenden Beweiswertes Einigkeit zwischen den Parteien herrschte. Tatsächlich lag hier jedoch der eigentliche Streitpunkt der Parteien, was sich bereits an den Ausführungen des Backamts zeigt. So vertrat das Backamt ja gerade die Auffassung, dass sich aus den sehr knapp gehaltenen Schreinsfüßen keine qualitativen Aussagen über die verzeichneten Grundstücke herleiten ließen. Hierauf ging der Advokat Schnorrenbergs noch an anderer Stelle ausführlich ein.

---

901 HAStK, RKG, C 111, fol. 179r., 179v.

Die Antwort Schnorrenbergs auf diese eigene, wohl fast rhetorische Fragestellung, lag natürlich auf der Hand und wurde dem Leser bereits zu Anfang des Schriftsatzes geliefert:

„Allein wie dorfte sich das Backamt eines solchen Schritts anmaßen, ohne die Eigenthumsrechte- das Heiligthum der Stadtbewohner Statutenwidrig zu verletzen, welches dieses Backamt in dem mitabgeschloßenen Transfix und Verbund [-brief] *selbst mit so feÿerlich zugesichert hatte, selbst der Magistrat konte und dorfte dies nicht eins, sobald die Eigenthümer dieser Häuser nicht ihre Einwilligung dazu gegeben hätten; diese Eigenthümer hatten auf die ihren Häusern anklebende Gerechtsame ein jus quaesitum, daß wie jedes andere einem Hause anerworbenes und dem Schrein eingetragenes Gerechtsam dem Besitzer nicht genommen werden, nicht eins präscribiret*[902] *werden konte, da der Rechtssatz dahier gemeinkundig selbst vom einem Höchstpreißlichen Reichskammergerichte durch mehrere Präjudizien bereits kanonisirt ist, quod contra scrinium non detur praescriptio.*“[903]

Diese rechtliche Ausführung stellte bereits eine vorweggenommene Zusammenfassung aller wesentlichen materiellrechtlichen Gesichtspunkte dar, die der Advokat Schnorrenbergs anschließend auf fast 90 Seiten ausführlich darstellte.

Die Wortwahl des Schriftsatzverfassers fällt durch ihre überfließende Pathetik auf und war sorgsam gewählt. Die Charakterisierung der Eigentumsrechte als „*Heiligthum*“ stellte eine bewusste Anlehung an den Wortlaut der französischen Menschenrechtserklärung dar. Das Sacheigentum wurde danach als ein mit der persönlichen Freiheit des Menschen eng verknüpftes Recht ebenso wie dieses als geheiligt und unverletzlich angesehen.[904] Das Vorgehen des Backamtes sollte nach Ansicht Schnorrenbergs also nicht nur gegen wohlerworbene wirtschaftliche Freiheiten verstoßen, sondern zugleich auch den Charakter eines menschenrechtswidrigen Eigentumsentzugs aufweisen.

Der Leser wusste daher beim weiteren Studieren des Schriftsatzes, trotz der zum Teil sehr weitschweifigen Erläuterungen, zu jedem Zeitpunkt, was das Ergebnis der Ausführungen sein würde. Argumentativ lehnte sich der Schriftsatzverfasser eng an die erstinstanzliche Urteilsbegründung des Kölner Rates an. Schon dieser hatte sich in seiner Urteilsbegründung vor allem auf den hohen Beweiswert der Schreinsbücher gestützt und dabei auf den *„hier bekannten und gel-*

---

902 Präscribirt = für verjährt erklärt.
903 HAStK, RKG, C 111, fol. 155r.
Übersetzung: *„weil gegen den Schrein keine Verjährung läuft.*“
904 Samwer, Die französische Erklärung der Menschen-und Bürgerrechte von 1789/91, S. 31. Art. 17 der Menschenrechtserklärung lautete: *„Da das Eigentum ein geheiligtes Recht ist, so kann niemand dessen beraubt werden,...*“, a.a.O, S. 225.

tenden Rechtssatz quod Contra Scrinium non valeat Praescriptio" berufen.[905] Dem Argument des Backamtes, dass es niemanden gebe, der sich an die Ausübung der Backgerechtigkeit in dem in Streit stehenden Haus auf der Buttgasse entsinnen könne, hatte der Kölner Rat im erstinstanzlichen Prozess keine Bedeutung beigemessen. Selbst ein jahrelanger Verzicht auf die Ausübung der Backgerechtigkeit hatte also keinerlei nachteilige Folgen für die privilegierten Eigentümer der mit dem Realrecht versehenen Grundstücke.[906] Auch die Anwälte Schnorrenbergs arbeiteten die rechtliche Ausgestaltung der Backgerechtigkeit als Realrecht deutlich heraus: „*Nach dem Vorangeschickten erwirbt sich der Eigenthümer eines solchen Hauses durch derleÿ Schreinvorgang für sich und alle künftige Besitzer dieses Hauses ein jus radicale quaesitum an der dem Hause anerworbenen Gerechtsamkeit, gefolglich hatten die damaligen Eigenthümer des fraglichen Hauses diesem ihrem Hause ein jus radicale quaesitum der Backgerechtigkeit anerworben.*"[907]

(1) Beweiswert der Schreinsbücher

Der lokalen Ausprägung des Kölner Schreinswesens kam also eine wichtige Rolle im Prozess zu, insbesondere, wie oben bereits gesagt, dem Beweiswert der Schreinsfüße. Auch auf diesem Gebiet unterstellte Schnorrenbergs Advokat dem klägerischen Schriftsatzverfasser mangelnde Vertrautheit mit dem lokalen Kölner Recht und hielt mit deftiger Kritik nicht hinter dem Berg: „*Zwar glaubt der Gegentheil mit der größten Leichtigkeit diesem Schreinfuß seine Kraft benehmen, ihn in die Klaße beweißloser Skripturen zu werfen; Allein just hierin verräth er auch, daß er gleich dem Blinden von der Farbe urtheilet, und sich die Lokal-Kentniße eigen zu machen nicht gewusst hat. Wer die althergebrachte Eigenschaft der Schreinen dahier kennet, der wird ihnen eine andere Kraft dann jene beilegen, womit der Gegner solche zu seinen Absichten bekleidet.*"[908]

Im Folgenden beschrieb Schnorrenbergs Advokat dem Gericht sehr ausführlich die Funktionsweise des Kölner Schreinswesens. Er zeichnete das Bild eines von vereidigtem und gelehrtem Schreinspersonal penibel geführten Schreinsregisters, in das neben den Realrechten noch zahlreiche weitere dingliche Rechte eingetragen würden, wie etwa Hypotheken oder Dienstbarkeiten. Bevor ein Haus den Zusatz „Backhaus" erhielte, werde die Berechtigung dieser Bezeichnung vom bediensteten Schreinspersonal bei einer Ortsbesichtigung überprüft. Den

905 HAStK, RKG, C 111, Entscheidungsgründe des Kölner Rates (nicht paginiert, daher eigene Zählung).
906 Vgl. dazu Mittermaier, Grundsätze des gemeinen deutschen Privatrechts, S. 712.
907 HAStK, RKG, C 111, 185r., 185v.
908 HAStK, RKG, C 111, fol. 181r.

Anwälten Schnorrenbergs war daran gelegen, die Reichsrichter von der Genauigkeit und großen Aussagekraft des Schreinsregisters zu überzeugen, denn sie erachteten ebenso wie zuvor schon der Kölner Rat die Beweiskraft der Schreinsfüße als wesentliche Entscheidungsgrundlage des Rechtsstreits und glaubten, dass das Reichskammergericht gleicher Ansicht sein werde, denn nach Auffassung Schnorrenbergs hatte in solchen Streitfällen eine Entscheidung in Übereinstimmung mit den Schreinsbüchern schon gewohnheitsrechtliche Qualität erlangt: *„Dieser Schreinfuß ist der einzige wahre Grund, auf welchen der Magistrat seine Verfügung fußen konnte und beÿ gegebener Erklärung darüber der höchste Reichsrichter seiner Zeit solche bestätigen wird.“*[909] *„Dann juxta Scrinium et ex eo apparens jus partium ist den hiesigen Statuten und Gewohnheiten zufolg bis hiehin immer in Streitfällen geurtheilet worden, und muß es auch in Zukunft selbst beÿ vorliegenden höchsten Reichsstellen werden, da es klare Reichsgesetze wollen, daß die Reichsgerichte nach jedes orts gewohnheiten und Statuten ihre Entscheidungen verfügen sollen, und die izt berührte Schreineigenschaft durch eine eigens darüber ausgestelte Urkunde Zif. 5. deutlich ans Licht gestelt ist.“*[910]

Der Schriftsatzverfasser stellte auch hier sein detailliertes prozessuales Wissen unter Beweis. Wie bereits zuvor erörtert, galt nach der Statutenlehre der Rechtsgrundsatz, dass das Recht des kleineren Rechtskreises Vorrang vor dem des größeren hatte, sofern für ersteres glaubhaft der Beweis angetreten wurde.[911] Diesen Beweis versuchte der Advokat Schorrenbergs unter Bezugnahme auf die unter Ziffer 5 beim Reichskammergericht eingereichte Urkunde zu erbringen. Die Ausführungen geben also ein gutes Beispiel für die zeitgenössische Kongruenz von praktischer Rechtsanwendung und gemeinrechtlicher Rechtsanwendungslehre ab.

(2) Fehlerhaftigkeit der Backamtsrolle

Im Gegensatz zur gewissenhaften Führung der Schreinsbücher wies Schnorrenbergs Schriftsatzverfasser, wie bereits der Kölner Rat in seiner erstinstanzlichen Entscheidungsbegründung, mit pathetischen Worten auf die kritikwürdigen Umstände der Errichtung der Backamtsrolle hin: *„Soll die Errichtung der Backamtsrolle damals ein Werk des Lichts und nicht der Finsterniß gewesen seÿn.“*[912]

---

909 HAStK, RKG, C 111, fol. 181r.
910 HAStK, RKG, C 111, fol. 184.
911 Oestmann, Rechtsvielfalt vor Gericht, S. 6; Schulze, Statutarrecht, in: HRG IV, Sp. 1922 f.
912 HAStK, RKG, C 111, fol. 185v.

Zum einen habe das Backamt insofern arglistig gehandelt, als es die Backamtsrolle ausgerechnet im Jahre 1682 errichtete, als *„die Stadt Köln mit einem innerlichen Aufruhr heimgesucht war“*, und das Backamt die schwache Stellung des Rates sich zunutze gemacht habe, um durch eine schnelle Bestätigung der Backamtsrolle Fakten zu schaffen.[913]

In der Tat war es in den Jahren 1679-1686 zu schweren Auseinandersetzungen zwischen dem aristokratischen Stadtregiment und Teilen der Bürgerschaft gekommen, in deren Folge der Kölner Rat zwischenzeitlich sogar gewaltsam aufgelöst wurde.[914] Insbesondere die Forderung nach freier Kür der Ratsherren zog sich wie ein roter Faden durch alle Proteste der Gemeinde.[915] Es wurde eine Spezialkommission errichtet, um Missbräuche der Verwaltung aufzuarbeiten. Diese Untersuchungen führten zur Verurteilung u. a. des Bürgermeisters. Die Situation geriet jedoch zeitweilig außer Kontrolle, so dass es zum offenen Aufruhr gegen die Stadtobrigkeit kam. Der Konflikt endete schließlich im Jahr 1686 mit der Enthauptung der beiden Rädelsführer Gülich und Sachs, die von einer eingesetzten kaiserlichen Kommission zum Tode verurteilt worden waren.[916] Der Vorwurf Schnorrenbergs, das Backamt habe diese Phase politischer Instabilität zum eigenen Vorteil nutzen wollen, erscheint daher nicht unberechtigt.

Des Weiteren habe es das Backamt bei Errichtung der Backamtsrolle unterlassen, die durch die Schreinsbücher ausgewiesenen Eigentümer von Backhäusern über die Errichtung einer Backamtsrolle zu unterrichten. Dies hätte jedoch durch öffentliche Ladung geschehen müssen, um allen Eigentümern solcher Häuser die Möglichkeit zu geben, sich in der neu zu errichtenden Rolle zu enrollieren. Die derart *„clancularie*[917] *errichtete Rolle“* könne jedoch keinesfalls die in Wahrheit mit der Backgerechtigkeit privilegierten Häuser nachteilig präjudizieren, *„da ein jus quaesitum der Natur, wie die dem Schrein einverleibte Gerechtsame sind, von Niemandem als mit Beÿstimmung des Eigenthümers selbst, eine Aenderung erleiden, oder gar erlöschen können.“*[918]

913 HAStK, RKG, C 111, fol. 177r.

914 Sog. „Gülich-Aufstand“ nach dem Anführer der Kölner Revolution, siehe dazu Merlo, Nikolaus Gülich, das Haupt der Kölner Revolution von 1680-1685, in: Annalen des Historischen Vereins für den Niederrhein, S. 21-47; Servos, Verfassungsgeschichte der Stadt Köln vom Verbund- und Transfixbrief bis zur Mitte des 19. Jahrhunderts, S. 54-56.

915 Schwerhoff, Apud populum potestas? Ratsherrschaft und korporative Partizipation in Köln, S. 219.

916 Servos, Verfassungsgeschichte der Stadt Köln vom Verbund- und Transfixbrief bis zur Mitte des 19. Jahrhunderts, S. 56.

917 Heimlich.

918 HAStK, RKG, C 111, fol. 158v.

Modern gesprochen hätte das Backamt bei Errichtung der Backamtsrolle also nach Behaupten von Schnorrenbergs Advokaten ein Aufgebotsverfahren durchführen müssen. Das zentrale Argument der Bäckerzunft, ihr stehe aufgrund der nicht nur einmal, sondern sogar zweimal vom Kölner Rat bestätigten Backamtsrolle ein Verbietungsrecht im Rang eines jus quaesitum gegenüber solchen Häusern zu, die nicht in der Backamtsrolle verzeichnet seien, wiesen die Anwälte Schnorrenbergs daher zurück. Sie warfen in diesem Zusammenhang dem Backamt vor, David Mevius' Deciciones verkürzt, und damit falsch zitiert zu haben:

„*Hätte sich der Gegner, da wo er ihn zu seinem vermeintlichen Vortheil für sich anführen will, ein wenig tiefer zu durchlesen, er würde dann auf eine Stelle gerathen seÿn, wo er just das, was auch der Backamtsrolle ihre widerrechtliche Entstehung gab, diese daher als von rechtlicher Unterstützung entblößt verdammet.*"[919]

Anschließend zitierten Schnorrenbergs Anwälte die ihrer Meinung einschlägige Passage:[920]

„*Spectato proterea quomodo collegia opificum suis juribus et privilegiis abutuntus ad effrenam fere licentiam, sub eorum obtentu Magistratus potestatem debito modo non honorant, in litem vocant. Mandata spernunt ad turbas proclives sunt invidiam exercent melioribus opificibus plerumque obsistunt de quibus etiam in Imperii Constitutionibus multiplex querela reperitur, non potest non sine magno aliquo incomodo ac pericolo iis indulgeri, ut nondum plene fundatis eorum desideriis cedat Magistratus, cui omnimodo adversus eos conservari authoritatem summopere necesse est.*"[921]

Die hier zitierte Stelle war also keine direkte Widerlegung der klägerischen Allegation, denn Mevius ging in dieser Passage seiner Deciciones nicht auf die Frage ein, unter welchen Voraussetzungen Rechtstitel einer Zunft den Rang eines jus quaesitum aufwiesen. Schnorrenbergs Advokat dürfte mit diesem Zitat daher vor allem bezweckt haben, Mevius generelle Kritik am Verhalten der Zünfte zu

---

919 HAStK, RKG, C 111, fol. 179v.

920 Sie gaben als Fundstelle *Mevius P.3. decis. 37.* an.

921 HAStK, RKG, C 111, fol. 179v.
Übersetzung: „*Es ist klar, wie sehr die Zünfte ihre Rechte und Privilegien missbrauchen bis hin zu einer fast zügellosen Willkür, wenn sie unter dem Deckmantel dieser Rechte Streitigkeiten herbeiführen, ohne die Macht des Magistrats in dem geschuldeten Maß zu achten. Mandate missachten sie, sind zu Verwirrungen geneigt, provozieren Neid, und bereiten besseren Handwerkern immer neue Hindernisse. Hierüber berichten sogar die Reichsgesetze, die häufige Beschwerde, daß man den Zünften bei der Gefahr weitreichender Unannehmlichkeiten und Gefahren nicht nachgeben dürfe, damit der Magistrat nicht ganz zurückweicht und sich ihren Wünschen beugt, der die eigene Authorität ihnen gegenüber mit aller Macht bewahren muss.*"

artikulieren und ihn als Gegner der Zünfte zu charakterisieren. Die Gegenseite sollte die Rechtsautorität eines David Mevius also nicht für sich in Anspruch nehmen dürfen.

Entsprechend deutlich strich Schnorrenberg dann auch wiederum seine Gewissheit, den Prozeß für sich zu entscheiden, heraus:

„mit welcher Hofnung kann sich da der Gegentheil schmeicheln, die erschlichene Processus aufrecht zu erhalten, gar darauf eine siegende Urtel als Folge zu erwarten, muß ihm nicht eigene gesunde Vernunft schon sagen, daß ihm nicht nur diese Prozeße wiederum eingezogen werden müßen, sondern er auch in Schaden und Kosten werde fällig ertheilet werden.“[922]

e) Ergebnis

Eine Sachentscheidung des Gerichts ist nicht überliefert und wohl auch nicht ergangen. Das Spezialprotokoll bricht mit dem letzten Eintrag vom 12. Februar 1794 ab.[923] Ob auch für diesen Prozessabbruch die kriegerischen Ereignisse des Jahres 1794, wie im Fall der Malerzunft gegen Caspar Schneider, ausschlaggebend gewesen waren, muss mangels eines Hinweises in der Akte unbeantwortet bleiben. Die Parteien stritten zuletzt aber wohl nur noch um prozessuale Förmlichkeiten. Es ist daher möglich, dass einer der beiden Parteien an einem „Spiel auf Zeit“ durchaus gelegen war. Ob im vorliegenden Fall der Kölner Rat während der Dauer des reichskammergerichtlichen Verfahrens dem Käufer des „Backhauses“, Paul Küpper, tatsächliche Unterstützung beim Betrieb der Bäckerei gegenüber dem Backamt zu Teil werden ließ, ist ebenfalls nicht aus der Akte ersichtlich. Im Fall des Caspar Schneider hatte der Kölner Rat nach Beklagen der Malerzunft unter Hinweis auf das Allgemeinwohl und die besondere Bedürftigkeit Schneiders diesen offenbar als Freimeister zugelassen, um ihm die Ausübung des Handwerks zu ermöglichen. Bestellungen zu Freimeistern und Befreiungen von der Anfertigung eines Meisterstücks nahm der Kölner Rat offenbar häufiger vor.[924] Es ist daher durchaus möglich, dass der Rat auch Paul Küpper das Backen gestattete. In seiner erstinstanzlichen Urteilsbegündung hatte sich der Kölner Rat hilfsweise dahingehend geäußert, dass er notfalls dem von Paul Küpper erworbenen Haus die Backgerechtigkeit auch hätte verleihen können, da die finanziellen Mittel Küppers wohl sehr eingeschränkt waren. Die rechtliche Ermächtigung dazu zog der Rat aus § 106 JRA. Danach sollten die Reichsstände das Recht besitzen, Zunftordnungen jederzeit abändern zu können. Am übergeordneten Gedan-

922 HAStK, RKG, C 111, fol. 184r.
923 Spezialprotokoll, HAStK, RKG, C 111, fol. 7r.
924 Wankell, Beiträge zur Wirtschaftsgeschichte der freien Reichsstadt Köln, S. 37.

ken des Allgemeinwohls ausgerichtete Billigkeitserwägungen spielten also auch für die Rechtsfindung eine erhebliche Rolle.

Im Vergleich zu den bisher behandelten Fällen sind auch hier die altbekannten Argumentationsmuster festzustellen. Dem Appellationsprivileg in Zunftsachen zugunsten des Magistrats aus dem Jahr 1576, das eine Appellation an die Reichsgerichte grundsätzlich ausschließen sollte, wurde von den Parteien offenbar keine große rechtliche Relevanz beigemessen. So erscheint die Herleitung des Backamtes nach frei begehbarem Rechtsweg an das Reichskammergericht unter Verweis auf die Reichsunmittelbarkeit des Kölner Rates aus heutiger Sicht als nicht stichhaltig, um dadurch die Anwendung des Appellationsprivilegs zu verneinen. Die Stärkung der Reichsstände beim Auf- und Ausbau ihrer hoheitlichen Macht war ja gerade der Grund für die Gewährung der Appellationsprivilegien gewesen.

Ein Schluss dahingehend, dass reichsrechtliche Normen in städtischen Zunftkonflikten nur eine untergeordnete Rolle spielten, oder von den Advokaten nicht beherrscht wurden, kann daraus jedoch nicht gefolgert werden. Insbesondere die einschränkenden Erläuterungen des Backamtes zum Verständnis des § 106 JRA unter Zuhilfenahme gelehrter Literatur belegen dies.

III. Bekämpfung unzünftiger Konkurrenz

Die letzte Kategorie der zu untersuchenden Prozesse betrifft die Bekämpfung unzünftiger Konkurrenz. Hier hatten es die Zünfte in der Regel leichter, sich durchzusetzen, da sie sich häufig in der rechtlich komfortableren Situation befanden. Die Institution des Zunftzwangs stand nämlich vor allem in den Reichsstädten, wo die Zünfte vielerorts eine starke Position hatten, außer Frage.[925] Neben ihrer privilegierten rechtlichen Stellung kam den Zünften auch ihr politischer Einfluss zugute. In Reichsstädten wie Köln, in denen die Zünfte direkten Zugriff auf Ratsherrenstellen hatten, dürften unzünftige Handwerker und Krämer daher einen schweren Stand gehabt haben. Aus der Reichsstadt Köln sind Prozesse Unzünftiger allerdings in nur zwei Fällen vor das Reichskammergericht gelangt.[926] Generalisierende Aussagen können zu dieser Frage daher nicht getroffen werden.

---

925 Vgl. dazu Oestmann, Zunftzwang und Handelsfreiheit im frühen 19. Jahrhundert, S. 246, 253.

926 Prozesse, die gegen auswärtige zünftige Handwerker geführt wurden, sind hierin nicht inbegriffen.

1. Der Streit um den Handel mit auswärtigen Messern

Der erste der beiden Konflikte stellt einen typischen Prozess dieser Kategorie dar. Es handelt sich um die aus dem Anfang des 17. Jahrhunderts überlieferte Klage der Messerkrämer gegen das Kölner Amt der Messerschmiede.[927] Die Messerkrämer wehrten sich gegen gewaltsam vorgenommene Beschlagnahmungen von importierten Messern durch das Messerschmiedeamt. Der Kölner Rat stützte jedoch die Position des Messerschmiedeamtes mit dem Argument, dass der Handel mit auswärtigen Messern in der Stadt Köln verboten sei.[928] Auch hier zeigt sich, wie schon im Prozess des Nadelmachers Jacob Müller, dass der Kölner Rat den Handel mit importierter Ware streng reglementierte und deutlich einschränkte; ein erstaunlicher Befund für eine Stadt, die als Reichsstadt ohne großes eigenes Territorium vom Handel leben musste.

Im Gegensatz zum Fall des Jacob Müller war die Rechtslage in diesem Prozess insofern anders, als das Messerschmiedeamt vorbringen konnte, im Besitz eines althergebrachten Monopols auf Herstellung und Verkauf ihrer erzeugten Waren zu sein.[929] Sie bewegten sich damit also ganz in den gewohnten rechtlichen Bahnen der quasi-possessio-Lehre. Aussagen des Reichskammergerichts zu diesem Prozess sind nicht überliefert. Aus der Kategorie der Bekämpfung unzünftiger Konkurrenz soll in dieser Arbeit daher ein anderer Prozess ausführlicher ins Blickfeld gerückt werden, der im Gegensatz zu dem oben angesprochenen Prozess sicherlich als ein ungewöhnlicher Prozess zu gelten hat.

2. Der Streit um die Bereifung von Weinfässern

Der Prozess trug sich in der ersten Hälfte des 18. Jahrhunderts zu.

Kläger und Beklagte dieses Prozesses stritten sich um die Befugnis, eiserne Schlagreifen an aus Holz gefertigten Weinfässern anzubringen. Ungewöhnlich war diese Streitigkeit vor allem hinsichtlich der am Prozess beteiligten Parteien. Die in solchen Fällen häufig anzutreffenden sozialen Rangunterschiede, wie etwa im oben erwähnten Prozess der Kölner Messerschmiede gegen die Messerkrämer, waren bei dieser Streitigkeit nicht vorzufinden. Kläger und Beklagte gehörten vielmehr der Kölner Oberschicht an.

---

927 Der Prozess ist im HAStK unter der Registratur RKG, C 113 verzeichnet.

928 Bereits 1603 hatte der Kölner Rat befohlen, die ständigen Verkaufsstätten der Messerkrämer in der Stadt Köln aufzuheben, vgl. dazu Allgemeine Akten der Zunftabteilung, Nr. 160 aus dem Jahr 1603, zit. nach Lürken, Das Schmiedegewerbe im reichsstädtischen Köln, S. 76.

929 Lürken, Das Schmiedegewerbe im reichsstädtischen Köln, S. 76.

Kläger in diesem Konflikt war der Kölner Ratsherr und Weinhändler Peter Andreas Vallen.[930] Beklagte waren Bannerherr und Amtsmeister des Kölner Fass- und Weinamts.[931] Der Bannerherr des Fass- und Weinamts, Nikolaus de Groote, entstammte der berühmten Kölner Familie de Groote, die im 18. Jahrhundert insgesamt 24 mal den Bürgermeister stellte.[932] Nikolaus de Groote wurde im Verlaufe des Prozesses, im Jahr 1724 (24. Juni) zum zweiten Mal zum Bürgermeister der Stadt Köln gewählt.[933] An der Person Nikolaus de Groote lässt sich also gut die Verflechtung der Kölner Ämter mit der regierenden Obrigkeit dokumentieren.

a) Vorgeschaltetes Mandatsverfahren

Verfahrensrechtlich gliederte sich der Konflikt in ein Mandatsverfahren und einen sich anschließenden Appellationsprozess. Da hinsichtlich des Mandatsverfahrens in der Prozessakte[934] keine Exzeptionsschrift überliefert ist, wird der Streitgegenstand aus Sicht des klagenden Weinhändlers Peter Andreas Vallen geschildert.

aa) Das Fass- und Weinamt verhängt eine hohe Geldstrafe

In seiner ersten Supplik an das Reichskammergericht vom 9. August 1723[935] bat Peter Andreas Vallen um den Erlass eines Mandates s.c. gegen das ihm vom Fass- und Weinamt auferlegte Bereifungsverbot seiner eigenen Weinfässer. Der Prokurator von Peter Andreas Vallen, Lic. Ambrosius Joseph Stephani,[936] stellte den Stein des Anstoßes gleich zu Beginn der Supplik wie folgt dar:

„Euer hochgräffl. Excellenz giebt Anwaldt im Namen des Stadt Cöllnischen Raths Verwandten und Wein händlern Peteren Vallen unterthänigst höchstge-

930 Teilweise auch als Petrus Andreas Vallen bezeichnet, vgl. z.B. den Aktendeckel der Akte HAStK, RKG; V 3.

931 Vgl. dazu HAStK, RKG, V 2, fol. 24v.

932 Vgl. dazu bereits Fn. 197.

933 Insgesamt wurde er zwischen den Jahren 1722 und 1735 sogar fünf Mal zum Bürgermeister gewählt. Eine detaillierte Übersicht aller Kölner Bürgermeister mit Datumsangaben findet sich unter www.worldstatesmen.org/German_states1.html

934 Gemeint ist hier die Akte HAStK, RKG, V 2.

935 HAStK, RKG, V 2, Q. 3.

936 1687-1750, zu seiner Person siehe Klass, Standes- oder Leistungselite ?, S. 341 ff.; Baumann, Advokaten und Prokuratoren, S. 192. Der Name des Advoakaten in dem Mandatsverfahren ist nicht überliefert. Aus der Supplik ergibt sich jedoch, dass diese nicht vom Prokurator Stephani selbst verfasst worden war. Im sich anschließenden Appellationsverfahren hieß der Advokat Stoll.

mässiget zu erkennen, was maßen eines Ehrbahren Vass- und Wein Ambts in Cöllen beÿde zeitliche Ambts meistere Johann Tilmetz und Johann Jacob Adolphi, alß sie in erfahrung bracht, daß ermelter Principal einige Wein fässere mit höltzernen und eisernen reiffen untermischter beschlagen im Dominicaner Closter daselbst liegen habe, auß eigener Authorität ohne desselben vorwissen und hinterdenklich den 28. tn verflossenen Junÿ[937] *unterm Vorwandt alß seÿen besagte eiserne reiffen in der Stadt Cöllen unzulässig seinen Knecht und bedienten alle bender- und schröderarbeith beÿ ihme zu inhibiren, und solcher gestalt nicht allein das freÿe Commercium gleichfalls via facti demselben zu praecludiren, sondern auch seine Weine aus Mangel nothwendiger besorgung in die größte Verunglückungs gefahr zu stellen sich thätlich unterstanden haben.*"[938]

Der Ratsherr und Weinhändler Peter Andreas Vallen habe also durch eigene Knechte und Angestellte seine im Kölner Dominikanerkloster lagernden Weinfässer mit eisernen Schlagreifen versehen lassen.[939] Als die beiden Amtsmeister des Fass- und Weinamtes, Johann Tilmetz und Johann Jacob Adolphi davon Kenntnis erlangt hätten, hätten sie sofort, ohne Rücksprache mit Vallen zu halten, eingegriffen und den Angestellten Vallens unter Hinweis darauf, dass das Beschlagen der Weinfässer mit eisernen Schlagreifen in der Stadt Köln verboten sei, die weitere Ausführung dieser Arbeiten verboten. Vallen beklagte nicht nur, dass seinem Wein dadurch der Verderb drohe, sondern sah in dem Verhalten des Fass- und Weinamtes auch einen Verstoß gegen den freien Handelsverkehr in der Stadt Köln.

Eine ihm in der Folgezeit vom Fass- und Weinamt per Amtsboten überbrachte Ladung auf das Amtshaus habe Vallen nicht befolgt, weil das Amt den Vorladungsgrund nicht offengelegt habe. Das Fass- und Weinamt habe Vallen daraufhin erneut für den 25. Juni 1723 auf das Amtshaus geladen und im Falle des erneuten Nichterscheinens Vallens eine Strafe von 25 Goldgulden angedroht. Da dieser Tag jedoch Vallens „*nahmens tag* [gewesen sei] , *welchen er mit Einladenden guten freunden zu occupiren gewohnt ist*"[940], habe er dem Amt ausgerichtet, dass er an diesem Tag nicht auf das Amtshaus kommen könne. Dies sei vom Amt auch akzeptiert worden und man habe Vallen erklärt, „*daß er bis da-*

937 Also den 28. Juni 1723.

938 HAStK, RKG, V 2, fol. 16r., 16v. Den drohenden materiellen Schaden präzisierte der Schriftsatzverfasser Vallens an späterer Stelle der Supplik und sprach von einer „*täglich mehr und mehr anwachsender*[en] *Verunglückungs gefahr einer ansehentlicher*[en] *quantität von ein ad zweÿ hundert Stück der kostbahristen Weinen,*" fol. 22r.

939 Die Anbringung eiserner Schlagreifen sollte einen besseren Zusammenhalt der Fass-Dauben gewährleisten und damit ein Auslaufen des Weins verhindern.

940 HAStK, RKG, V 2, fol. 17v.

rahn ihme eine andere Citation[941] *zukäme, auffm Ambt hauß zu erscheinen nicht von nöthen hätte.*“[942]

Dennoch habe das Amt am 13. Juli gegenüber Vallen verlautbaren lassen, dass „*Er in eine straff von 25 gfl.*[943] *Erklähret, und der gebrauch eiserner schlagreiffen alß unzuläßig ihme untersagt wäre, mit der warnung, daß wofern Er solche straff binnen zeit von 8. tag nicht erlegen würde, dafür exequirt*[944] *werden solle.*“[945]

Gegen diese vom Fass- und Weinamt ausgesprochene Strafe hatte sich Vallen am 15. Juli an den Magistrat zwecks Aufhebung dieser Strafe gewandt, da das Amt nach Vallens Überzeugung zur Festsetzung einer solchen Strafe nicht befugt gewesen sei („*de plano widerrechtlich verhengte procedur*“).[946]

Zwar sei „*von einem hochweisen Magistrat zu Cöllen dasigen Ambteren in ambts sachen eine etwaige, jedoch absque figura Judicÿ*[947] *übliche Jurisdiction, so von denen in ungelehrten subjectis bestehenden ambtsmeistern exercirt zu werden pfleget, verliehen.*“[948] Dadurch sei jedoch weder den ordentlichen Richtern die übergeordnete Jurisdiction, noch den beschwerten Parteien die Berufung an den am höchsten gestellten Magistrat benommen („*da durch aber weder denen Judicÿs ordinarÿs die Cumulative Jurisdictio, noch und zware viel weniger denen durch besagte Ambtsmeistere via facti, de plano et absque figura Judicÿ beschwehrten...Partheÿen der recursus*[949] *ad concedentem Amplissimum Magistratum benohmen*“).[950]

Diese Aussagen Vallens skizzieren in kurzer Form die Jurisdiktion in Zunftstreitigkeiten. Die Kölner Zünfte besaßen also auf unterster Ebene Rechtsprechungsbefugnisse. Dabei hatten sich die Zünfte jedoch streng an ihre Zunftordnungen und die ihnen verliehenen Privilegien zu halten. Rechtsschöpferisch tätig

941 Ladung.
942 HAStK, RKG, V 2, fol. 18r.
943 Goldgulden, vgl. dazu auch die Erläuterungen unter Fn. 111.
944 Vollstreckt.
945 HAStK, RKG, V 2, fol. 18v.
946 HAStK, RKG, V 2, fol. 19v.
947 Absque figura judicÿ, sinngemäß mit „außerhalb der Gerichtsförmlichkeit“ zu übersetzen.
948 HAStK, RKG, V 2, fol. 18v.
949 Berufung (an den allerhöchsten Magistrat). Bereits diese Äußerungen Vallens in der Mandatssupplik sind ein Indiz dafür, dass das anschließende Appellationsverfahren als eine Extrajudizialappellation geführt wurde, denn Vallen beklagte sich hier über eine von der Zunft ohne vorherige Anhörung, und damit außergerichtlich, verhängten Strafe. Dies war der klassische Anwendungsfall einer Extrajudizialappellation, vgl. dazu bereits Fn. 144.
950 HAStK, RKG, V 2, fol. 18v., 19r.

zu werden, war ihnen untersagt. Diese Befugnis blieb dem durch Wahl legitimierten Magistrat vorbehalten.

Die Verteidiger Vallens sahen für das vom Fass- und Weinamt ausgesprochene Verbot der Verwendung eiserner Schlagreifen in diesem Konflikt keine Rechtsgrundlage, insbesondere nicht in der Zunftordnung. In der gegen ihren Mandanten Vallen verhängten Geldstrafe von 25 Goldgulden liege daher eine unzulässige eigene Rechtsschöpfung des Fass- und Weinamtes. Der von Vallen daraufhin angerufene Kölner Magistrat habe sich auch der Sache annehmen und an eine unparteiische Kommission weiterleiten wollen, wie es in Fällen, in denen eine Partei von „*extrajudicial ambts bescheideren gravirt*“ werde, der „*rechtliche*[n] *gewohnheit*“ entspreche.[951] In der Ratssitzung vom 19. Juli habe jedoch der Mitbürgermeister der Stadt Köln und zugleich Bannerherr des Fass- und Weinamtes, Nikolaus de Groote, mit Hilfe seines großen Einflusses im Rat durchgesetzt, dass die Angelegenheit statt an ein unparteiisches Gremium, an ein Urteilergremium aus Mitgliedern des beschuldigten Amtes geschickt wurde („*so hat besagter bannerherr und burgermeister de Groote durch seine /: in Cöllen notoriè :/ den Stadt Rath würcklich begleitende und darin ein großes gewicht habende Verwandten und zahlreiche adhaerenten ... Principal original Registratur ab- und mit seinen beschwehrdten ad Judices gravantes verwiesen, ...*“).[952] Damit habe der Magistrat dem Appellanten Vallen „*die einem jeden schuldige Justitzertheilung öffentlich versagt.*“[953]

Vallen sah sich durch die beiden vom Fass- und Weinamt sowie dem Kölner Magistrat gefällten Entscheidungen, gleich zweimal extrajudizial beschwert und hielt sich daher in Einklang mit den „*Reichs Constitutionen*“ für „*höchst gemässigt und befugt*“, sich supplizierend an das Reichskammergericht zur Erlangung eines Mandats s.c. zu wenden.[954]

bb) Reichskammergerichtliches Mandat s.c.

Die Ausführungen Vallens wurden vom Reichskammergericht für glaubwürdig befunden, denn es erließ am 20. Mai 1724 das beantragte „Mandat de relaxanda inhibitione nec amplius impediendo commercium s.c.“[955] an den Bürgermeister und Rat der Stadt Köln, sowie an den Bannerherrn und die Amtsmeister des Fass- und Weinamts:

951 HAStK, RKG, V 2, fol. 20r., 20v.
952 HAStK, RKG, V 2, fol, 20r.
953 HAStK, RKG, V 2, fol. 21r.
954 HAStK, RKG, V 2, fol. 21v., 22r.
955 HAStK, RKG, V 2, fol. 10r.-12v.

„Wir Carl der Sechste von Gottes Gnaden, Erwählter Römischer Kaÿser, zu allen Zeiten Mehrer deß Reichs, [...] Entbiethen denen Ehrbaren, unßeren, und des Reichs lieben getreuen, N.N. Bürgermeister und Rath, wie auch sogenanten Bannerherren, ambtsherren, und ambtsmeisteren des Vaß- und wein-Ambts in Cöllen unßer gnad und alles guths:

Ehrbare, liebe-getreue. Waß beÿ unßerm Kaÿßerl. Cammergericht, Petrus Andreas Vallen ferner unterthänigst für und anbracht, solches ist auß beÿkommender supplication [...], wie auch gegenbericht ... zu Ersehen.

Wann nun dieß unßer kaÿserlich Mandaten, de relaxandâ inhibitione, nec amplius impediendo Commercium sine Clausula an- und wieder Euch heut dato erkennt worden.

Hierumb so gebiethen wir Euch eingangs erwehnten beklagten von Römischer Kaÿserlicher Macht, und beÿ Pöen zehen Marck löthigen goldts, [...] hiermit Ernstlich und wollen, daß Ihr den nechsten nach Verkündung dieses ohne einige wiederrede, das von Euch dem Klägern angelegtes Verbott, bender, schröder, und röder arbeit, und dardurch gehemmtes Commercium zum gebrauch eigener bender-Knecht, und Jungen, indessen, relaxiret, deme alßo gehorsamblich nachkommet, alß lieb Euch seÿn mag, vorangetrohete Pöen zu vermeÿden.

Darahn geschieht unßere Ernstliche Meÿnung... .“[956]

Das Reichskammergericht gab dem Rat der Stadt Köln sowie dem Fass- und Weinamt also unter Strafandrohung auf, den Weinhändler Vallen vom ausgesprochenen Verbot der Beschlagung seiner Fässer mit eigenen Schlagreifen zu befreien und ihn nicht weiter in der Ausübung seines Handels zu stören. Das Fass- und Weinamt hatte das Gericht in seinem eingereichten – jedoch nicht mehr in der Akte überlieferten – Gegenbericht daher nicht von einem jus prohibendi ihrerseits überzeugen können.

Zwar enthielt das Mandat keine Aussage zu der gegen Vallen verhängten Strafe, jedoch konnte auch diese nach dem Inhalt des Mandats insofern keinen Bestand mehr gehabt haben, als das der Strafe zugrunde liegende Verhalten Vallens ja gerade durch das Mandat aufrecht erhalten werden sollte. Es zeigt sich auch in diesem Fall,[957] dass das Reichskammergericht der freien Gewerbeausübung immer dann Vorrang zubilligte, wenn keine ausdrücklichen Zunftprivilegien vorgebracht wurden.[958] Der Weinhändler Vallen hatte mit diesem Reichs-

956 HAStK, RKG, V 2, fol. 10v., 11r.

957 Auch bei dem von Oestmann geschilderten Fall zeigt sich dies, vgl. „Zunftzwang und Handelsfreiheit im frühen 19. Jahrhundert“, in ZNR 26. Jahrgang 2004, S. 246 ff.

958 Zwar ergibt sich hier aus dem Appellationslibell Vallens, dass das Fass- und Weinamt im Jahre 1685 einen Zunftartikel in ihre Zunftordnung aufgenommen hatte –

kammergerichtsmandat also einen wichtigen, wenn auch nur vorläufigen Sieg errungen.

b) Appellationsverfahren

Da das Mandatsverfahren den Streitgegenstand nur vorläufig regelte, folgte häufig im Anschluss noch ein Appellationsverfahren, das den Streit einer endgültigen Entscheidung zuführte und in dem die Prozessparteien ausführlich zum Streitgegenstand Stellung nehmen konnten. So schloss sich auch in diesem Konflikt noch ein Appellationsverfahren an. Den Ausführungen der Anwälte Vallens aus dem Mandatsprozess nach zu urteilen, handelte es sich in diesem Prozess um einen typischen Fall einer Extrajudizialappellation, denn Vallens Verteidiger verwiesen besonders darauf, dass ihr Mandant durch das Fass- und Weinamt sowie den Kölner Magistrat extrajudizial beschwert worden war.[959]

Auch im Appellationsverfahren machte das beklagte Fass- und Weinamt nur spärliche Angaben. Während vom klagenden Weinhändler Vallen neben zwei umfangreicheren Schriftsätzen auch mehrere kürzere Bittschriften vorhanden sind, reichte der Prokurator des Fass- und Weinamtes, Lic. Johann Wilhelm Weylach[960] nur eine kurze, nicht mehr als 7 Seiten umfassende Exzeptionsschrift („*Exceptiones frivolae et non Devolutae Appellationis*")[961] ein, in der er primär die Unzuständigkeit des Reichskammergerichts rügte.

aa) Streit um eine Aktenversendung

Am 10. Oktober 1725 reichte Vallens Prokurator Stephani die Klageschrift („*libellus Gravaminum*")[962] sowie eine weitere Supplik ein, mit der er den Erlass eines Zwangsbriefes, sog. Compulsorial, an die Stadt Köln beantragte.[963] Zwischenzeitlich hatte der Kölner Rat in dem noch bei ihm anhängigen Verfahren weitere Entscheidungen getroffen, auf die die Anwälte Vallens in ihrem Klagelibell Bezug nahmen. Danach habe der Kölner Rat nach Erlass des reichskammer-

---

dessen Rechtsgültigkeit von Vallens Advokat natürlich verneint wurde –, jedoch trug das Amt hierzu erstaunlicherweise nichts vor, siehe unten.

959 Die Prozessakte ist jedoch nicht als Extrajudizialappellation gekennzeichnet.

960 1696-1765, zu seiner Person siehe, Klass, Standes- oder Leistungselite?, S. 351 f.

961 HAStK, RKG, V 2, Q 46.

962 In der Akte unter der Quadrangel 6 verzeichnet.

963 Das Bittschreiben um Erlass eines Compulsorials ist in der Akte unter der Quadrangel 15 verzeichnet. Beim Compulsorial handelt es sich um einen Befehl des Obergerichts an den säumigen Unterrichter, die Gerichtsakten für den Appellationsprozess an das übergeordnete Gericht zu schicken, vgl. dazu Laufs, Die RKGO von 1555, S. 296.

gerichtlichen Mandats der Bitte Vallens, dass „*Numehro über die haubtsache ein ohnpartheÿsches Decisum eingehohlt, undt zu solchem ende die acta ahn eine ausländische Universität sumptibus succumbentis versandt werden mögten,*“ zunächst entsprochen.[964]

Trotz Widerspruchs des Fass- und Weinamts seien nämlich durch Beschluss vom 23. Mai 1725, bestätigt am 20. Juni durch einen inhaesiven Beschluss, „*beÿde regierende Hhen.* [Herren] *bürgermeister in pleno senatu ersuchet worden den Verfolg der acten ad universitatem partibus ignotam*[965] *so forth abzuschicken, ...* [um] *das gantze werck finaliter entscheiden zu laßen.*“[966]

Der Kölner Rat hatte also als Reaktion auf das reichskammergerichtliche Mandat eine Aktenversendung an eine auswärtige Universität beschlossen. Bei der Aktenversendung handelte es sich um ein gebräuchliches Instrument der frühneuzeitlichen Rechtspflege. Die konsultierte Juristenfakultät verfasste ein Gutachten und unterbreitete daraufhin dem anrufenden Gericht einen Urteilsvorschlag, welcher dann vom Gericht als eigenes Urteil den Parteien verkündet wurde.[967] Der Name der Universität, an die die Akte geschickt wurde, sollte den Parteien nicht offenbart werden.[968] Auch in diesem Prozess war den streitenden Parteien die anzurufende Universität unbekannt, wie sich aus den Äußerungen des Schriftsatzverfassers Vallens ergibt. Der vom Kölner Rat getroffene Beschluss der Aktenversendung zeigt bereits, dass das vom Reichskammergericht erlassene Mandat seine Wirkung bei der Kölner Obrigkeit nicht verfehlt hatte.

Die Freude Vallens währte jedoch nicht lange, denn schon nach kurzer Zeit wendete sich das Blatt zu seinen Ungunsten. Nur einen Tag, nachdem der kurz vor seiner Ablösung stehende alte Rat trotz Protestes des Fass- und Weinamtes seinen ersten Beschluss zur Aktenversendung vom 23. Mai nochmals am 20. Juni bestätigt hatte, konstituierte sich am 24. Juni der neue Rat.[969] Dieser neue Rat habe ohne erneute Anhörung Vallens („*unverhört*“), des doch „*am meisten darbeÿ interessirten theils*“ den vom alten Rat gefassten Aktenversendungsbeschluss

---

964 HAStK, RKG, V 2, fol. 33v.

965 Ignotus: unbekannt, fremd.

966 HAStK, RKG, V 2, fol. 34r. und 37r.

967 Oestmann, Aktenversendung, in: HRG I, 2. Lieferung, Sp. 128, 130.

968 Die Anwälte schienen aber dennoch ohne Mühe an diesbezügliche Informationen gelangt zu sein, siehe Oestmann, Aktenversendung, in: HRG I, 2. Lieferung, Sp. 128, 130.

969 In Köln wurden die Ratsmitglieder stets für ein Jahr gewählt, aber immer zu Johannis (24. Juni) und zu Weihnachten (25. Dezember) schied die Hälfte der Ratsmitglieder aus. Dies hatte gerade den Zweck, ein Stück weit Kontinuität im Rat zu gewährleisten, siehe Huiskes, Kölns Verfassung für 400 Jahre: Der Verbundbrief vom 14. September 1396, in: Rosen/Deeters, Quellen zur Geschichte der Stadt Köln, Bd. 1, S. 2.

einfach *„über ein Hauffen"* geworfen und den Beschluss des alten Rates kassiert.[970] Es sollte nunmehr keine Aktenversendung stattfinden, sondern eine Kölner Kommission mit der Sache betraut werden. Die Unterstützer des Fass- und Weinamtes sowie der große Einfluss von Nikolaus de Groote – er hatte weiterhin eines der beiden Bürgermeisterämter inne[971] – hatten im Rat offenbar die Oberhand gewonnen und eine neue Entscheidung durchgesetzt. Vallens Verteidiger werteten diesen Beschluss des neuen Kölner Rates als rechtlich nichtig, denn der Beschluss des alten Rates sei bereits *„in ... vollkommene rechts krafft erwachßen."*[972]

Spottend fügten sie hinzu, dass von der Gegenseite offensichtlich *„nichts dienlicheres darzu* [habe] *ausersehen werden können, als mit abwechßelung des alteren raths das alte recht aus musteren, und hergegen mit dem neuen turno neues recht undt neues gesätz ... einführen zu laßen."*[973]

Verfahrensrechtlich lassen sich hinsichtlich der appellantischen Argumentation in diesem Konflikt deutliche Parallelitäten zu den bisher untersuchten Kölner Zunftprozessen erkennen. Immer wieder tauchte das Argument der eingetretenen Rechtskraft auf, um den rechtlichen Fortbestand früherer Ratsentscheidungen zu Gunsten der eigenen Mandanten zu reklamieren. Dies galt besonders dann, wenn frühere Ratsbeschlüsse nochmals vom Rat bestätigt worden waren (sog. decreta inhaesiva), bevor der Rat dann letzten Endes doch zugunsten der jeweils anderen Partei urteilte.

Der Advokat Vallens leitete zudem – rechtlich konsequent – aus der von ihm unterstellten eingetretenen Rechtskraft des Aktenversendungsbeschlusses ein unentziehbares Recht seines Mandanten auf dessen inhaltliche Umsetzung ab. Die Verteidiger Vallens akzentuierten dabei besonders die Tatsache, dass Vallen vom neu gewälten Kölner Rat im Rahmen der Kassation des ursprünglichen Aktenversendungsbeschlusses nicht angehört, und somit das Recht verweigert worden sei. Auch dies spricht dafür, dass dieses Verfahren im Wege einer Extrajudizialappellation ausgetragen wurde.

---

970 HAStK, RKG, V 2, fol. 34r., 34v. In der Exzeptionsschrift des Fass- und Weinamtes wird der 27. Juni als der Tag, an dem der neu gewählte Kölner Rat den alten Ratsbeschluss kassierte, genannt, vgl. HAStK, RKG, V 2, fol. 102v.

971 Seine zweite Amtszeit dauerte vom 24. Juni 1724 bis zum 24. Juni 1726, vgl. www.worldstatesmen.org/German_states1.html.

972 HAStK, RKG, V 2, fol. 35v.

973 HAStK, RKG, V 2, fol. 36v.

bb) Anwendungsbereich des Appellationsprivilegs von 1576

Zum Ende ihrer Klageschrift gingen die Anwälte Vallens auch auf das ihrer Appellation möglicherweise entgegenstehende Appellationsprivileg aus dem Jahre 1576 ein. In diesem Zusammenhang thematisierten sie die (vermeintliche) Rechtsgrundlage, auf die sich das Fass- und Weinamt hinsichtlich des gegenüber Vallen ausgesprochenen Verbots der Bereifung seiner Fässer mit eisernen Schlagreifen angeblich stützte. Danach habe das Fass- und Weinamt im Jahre 1685 eine Zunftordnung aufgestellt, in der es sich das Privileg hinsichtlich der Bereifung von Weinfässern mit eisernen Schlagreifen eigenmächtig und ohne rechtsgültige Bestätigung des Kölner Rates ausbedungen habe:

„Indeme nun der so genanter Zunftts-Vertrag quaestionis, ratione der eißeren schlagreifen, im Jahr 1685 allererst /:wie man jetzt in erfahrung gebracht:/ und also 109. Jahr nach sothanem privilegio unter denen Faßbinderen eigenmächtig aufgerichtet, von seithen des Magistratus aber dazumahlen so wenig, weilen selbiger per tumultu des so genanten Gülichs und Sachs tum temporis verjagt geweßen, auch kein recht noch gesetz in der Stadt Cölln mehr gegolten gehabt, als noch weniger hernechstens confirmiret worden.“[974]

Die Argumentation des Advokaten von Peter Andreas Vallen glich in diesem Punkt der des klagenden Bernhard Schnorrenberg gegenüber dem Kölner Backamt aus dem vorhergehenden Prozess. In beiden Fällen schien sich die jeweilige Zunft die politisch äußerst instabile Lage zu Nutze gemacht zu haben, um neu errichtete, vorteilhaftere Zunftartikel beim politisch geschwächten Rat durchzusetzen.[975]

Aufgrund der geschilderten irregulären Umstände, unter denen der umstrittene Zunftartikel im Jahre 1685 vom Fass- und Weinamt aufgesetzt worden sei, könne dieser *„für kein wahrer Zunffts articul gehalten, noch auch das privilegium de non appellando* [gemeint ist das von 1576] *darauf applicabel gemacht werden.“*[976] Das Appellationsprivileg sei nämlich *„im Jahr 1576. auf die damahls hergebrachte Zunffts- oder ambts- Gerechtigkeiten, concediret, mit nichten aber auf die künfftighin eigenmächtig et absque praescitu Magistratus*[977] *einführende Neuerungen undt ungerechtigkeiten extendiret worden.“*[978]

Die Äußerungen der Anwälte Vallens machen deutlich, dass Zunftordnungen erst mit Erlangung obrigkeitlicher Bestätigung als rechtsverbindlich galten. Vermutlich hatte in diesem Fall der Kölner Rat formal betrachtet seine Bestätigung

---

974 HAStK, RKG, V 2, fol. 37v.
975 Vgl. zum sog. Gülichaufstand Fn. 914.
976 HAStK, RKG, V 2, fol. 38r.
977 Ohne Vorwissen des Magistrats.
978 HAStK, RKG, V 2, fol. 37v.

zu diesem Zunftartikel erteilt. Die Anwälte Vallens werteten eine etwaig vorgenommene Bestätigung aufgrund der damaligen „tumultartigen" Auseinandersetzungen in der Stadt Köln und der dadurch bedingten praktischen Arbeitsunfähigkeit des Rates ohnehin als rechtlich ohne Bedeutung. In diesem Zusammenhang sind auch die rechtlichen Ausführungen des Advokaten zum Anwendungsbereich des Appellationsprivilegs von Interesse. In keinem anderen der hier untersuchten Prozesse äußerte sich ein Advokat derart konkret zu dieser Frage. So sah Vallens Advokat nur diejenigen ordnungsgemäß bestätigten Zunftordnungen vom „Schutzbereich" des Appellationsprivilegs erfasst, die bereits vor Erteilung des Privilegs an die Stadt Köln im Jahre 1576 bestanden hätten. Alle Entscheidungen des Kölner Rates im Zusammenhang mit später errichteten Zunftordnungen wären dann also vor dem Reichskammergericht überprüfbar gewesen.

Gegen einen derartig eng gefassten Anwendungsbereich dürfte aber wohl der Sinn und Zweck des Appellationsprivilegs gesprochen haben, denn Ziel der Privilegienerteilung war ja gerade die Stärkung territorialer Herrschaftsmacht durch Schaffung einer weitgehend autonomen Gerichtsgewalt. Eine rechtliche Absicherung althergebrachter Zunftordnungen war gerade nicht Ziel kaiserlicher Privilegienerteilung. Auch der „Gesetzescharakter" der Appellationsprivilegien[979] sprach für deren Anwendbarkeit auch auf Zunftstreitigkeiten, bei denen neu errichtete Zunftordnungen den maßgeblichen Streitgegenstand bildeten. Geradezu spöttisch in Bezug auf die inkriminierte Zunftklausel wirkte die Äußerung des Advokaten von Vallen, das Appellationsprivileg erstrecke sich nicht auf eigenmächtig und ohne Absprache mit dem Rat erlassene Ungerechtigkeiten der Zünfte. Letztlich wird auch aus diesen Aussagen deutlich, dass unter den Advokaten eine Unsicherheit im Umgang mit diesem Privileg bestand. Dies zeigen auch die abschließenden Worte des Advokaten Vallens, in denen er offen die alleinige Kompetenz zur Beurteilung der Frage, wann eine Streitigkeit als eine Zunftsache im Sinne des Appellationsprivilegs zu betrachten sei, den Reichsrichtern zubilligte. Danach sei evident, dass sein Mandant Vallen durch die Maßnahmen der Beklagten dermaßen beschwert sei, dass er *„mit höchstem fug rechtens appelliret, undt beÿ diesem höchsten Reichs gericht /: als welchem ohne dem die alleinige cognition ob- undt wie weith diese sache vor ein Zunffts wesen ahnzusehen, und ob das vorgeschützte privilegium darauf zu extendiren seÿe, gebühret:/ die decision des gantzen rechts Streits ausgebetten* [habe]."[980]

979 Als Gesetzescharakteristika ist auf den unbestimmten Adressatenkreis sowie die aufgenommenen Strafklauseln in den Appellationsprivilegien zu verweisen, siehe dazu nur Mohnhaupt, Untersuchungen zum Verhältnis Privileg und Kodifikation im 18. und 19. Jahrhundert, in: Ius Commune 1975, S. 78 ff.

980 HAStK, RKG, V 2, fol. 38r.

Die Äußerungen des Advokaten zeigen, dass Appellationsprivilegien, die ja den partikularen Obrigkeiten erteilt wurden, dennoch als Reichsrecht und nicht als Partikularrecht angesehen wurden. Daher stand für den Advokaten die oberste Beurteilungskompetenz bezüglich des Anwendungsbereiches dieses Appellationsprivilegs auch dem Reichskammergericht zu.

Wenig erhellend waren die Aussagen des Fass- und Weinamtes zur Geltung des Appellationsprivilegs von 1576. Anders als aus den bisherigen Prozessen gewohnt, unterließ es die Zunft, direkten Bezug auf die Aussagen des Klägers Vallen zu nehmen.[981] Nicht einmal der hinsichtlich seiner rechtlichen Geltung vom Kläger so sehr angegriffene Zunftartikel aus dem Jahr 1685 über das Verbot des privaten Anbringens eiserner Schlagreifen wurde thematisiert. Lediglich Bezug nehmend auf die Kassation des Aktenversendungsbeschlusses durch den neu konstituierten Kölner Rat führte der Prokurator des Fass- und Weinamtes[982] aus, dass der Magistrat *„zwahr ... dem äusserlichen schein nach Sententiam contra Sententiam gefället habe, diese schein gründe aber seÿndt nicht zureichig umb eine ahn sich selbsten zur Appellation nicht qualificirte sach höheren orths einführen zu können, dan daß wohlbesagter Magistratus ein Kaÿßerliches privilegium de non Appellando á Causis Tribulibus habe, ist diesem höchsten Reichsgericht von selbsten bekannt.*"[983] Die von der Klägerseite aufgeworfene materiellrechtliche Frage, nämlich ob der neu konstituierte Rat das überhaupt das Recht hatte, den Aktenversendungsbeschluss zu kassieren, oder ob die Aktenversendung nicht bereits ein unentziehbares Recht des Weinhändlers Vallen darstellte, blieb also ebenfalls unbeantwortet. Sollte die Kassation des Aktenversendungsbeschlusses also rechtswidrig gewesen sein, so sei ein solcher Rechtsverstoß jedenfalls nicht gravierend genug, um eine Appellation an das höchste Reichsgericht rechtfertigen zu können. In sachlicher Hinsicht hielt das Fass- und Weinamt den Kassationsbeschluss des neuen Rates ohnehin für gerechtfertigt, denn die einheimischen Rechtsgelehrten seien mit der Anwendung lokaler Zunftgesetze der Reichsstadt Köln ohnehin viel vertrauter, als auswärtige Juristen (*„und über deme einheimische Rechtsgelährten über die in der Reichs Stadt offenbahre Zunfft gesetz besser dan auswendige informiret*").[984]

Der Kläger Vallen handele zudem widersprüchlich, wenn er sich nunmehr an das Reichskammergericht wende, da er in einer früheren Supplik an den Kölner Rat selbst dessen Entscheidungsbefugnis in dieser Streitigkeit anerkannt habe. Als Beleg dafür zitierte die Zunft eine Passage aus einem Schreiben Vallens an

---

981 Dies war prozessual insofern möglich, als der Prozess im artikulierten Verfahren und nicht im Wege des Artikelprozesses geführt wurde.

982 Der Name des Schriftsatzverfassers des Fass- und Weinamtes ist nicht überliefert.

983 HAStK, RKG, V 2, fol. 102v.

984 HAStK, RKG, V 2, fol. 105r.

den Kölner Rat vom 16. Dezember 1723: „*ich zu Ew. Gnaden als welchem privativè vermög Statutis Coloniensibus sowohl als der reformations ordnung beÿ gedruckten Kaÿserlichen privilegÿs die cognition in der gleichen sachen gebührt, mich zwahr gewendet, selbsten gestanden.*“[985]

Vallen habe sich mit diesen Äußerungen also rügelos in die Zuständigkeit des Kölner Rates eingelassen, weshalb eine anschließende Appellation an das Reichskammergericht ebenfalls ausscheide. Folgerichtig stellte das Fass- und Weinamt daher den Antrag an das Gericht, die Klage kostenpflichtig ab- und wieder an den Kölner Rat zurück zu verweisen.

cc) Der Appellant Vallen wendet sich persönlich an das Gericht

Neben dem Schriftsatz des Advokaten reichte der Prokurator von Peter Andreas Vallen auch eine von diesem selbst verfasste Bittschrift ein.[986] Vallen wiederholte darin in verkürzter Form zahlreiche Argumente aus den Schriftsätzen seines Advokaten und beklagte sich darüber, dass seinem Handelsgeschäft durch den widerrechtlich aufgestellten Zunftartikel über das Verbot der Verwendung eiserner Schlagreifen bis zu dem Tag seines Schreibens ein irreparabler Schaden zugefügt worden sei. Genaueres erwähnte Vallen dazu nicht, aber es ist zu vermuten, dass ein Teil seines Weins dadurch verdorben gegangen war, dass Vallen keine ausreichende Anzahl dichter Weinfässer mehr zur Verfügung gehabt hatte. Vallens persönliche Supplik endete mit der Bitte an das Reichskammergericht, „*sich die vollständige acta zu dem Ende inrotulirt ein liefferen zulaßen, damit solche [...] ahn Eine außländische universität sumptibus succumbentis versandt, und von daraus Ein rechtliches decisum erfordert werden möge.*“[987]

Aus dem Schreiben Vallens lässt sich also auch ersehen, dass der neu zusammen getretene Kölner Rat im Zuge der Revidierung des Aktenversendungsbeschlusses des alten Rates auch das reichskammergerichtliche Mandat nicht befolgte und dem Weinhändler Vallen nicht die Beschlagung seiner Weinfässer mit eisernen Schlagreifen ermöglichte. Sicherlich war hierfür maßgeblich der Bürgermeister und Bannerherr des Fass- und Weinamtes Nicolaus de Groote verantwortlich, der sich keinerlei Neutralitätspflichten in Bezug auf sein Bürgermeisteramt aufzuerlegen schien.

Eine Entscheidung des Reichskammergerichts in dieser Auseinandersetzung liegt nicht vor. Der Streit ging jedoch noch viele Jahre weiter und schien immer mehr zu einem persönlichen Konflikt zwischen dem Weinhändler Peter Andreas

985 HAStK, RKG, V 2, fol. 103r.
986 Das Schriftstück hat die Quadrangel 37.
987 HAStK, RKG, V 2, fol. 85r.

Vallen und dem Bürgermeister Nicolaus de Groote über angebliche Beleidigungen zu mutieren. Der Konflikt verlor sich schließlich in jahrelangen Kompetenzkonflikten, in die neben dem Reichskammergericht auch der Reichshofrat involviert war.[988] Die Auswertung dieser Akten ist für die Gewinnung neuer Erkenntnisse über Zunftkonflikte jedoch unergiebig. Sie werden in dieser Arbeit daher nicht untersucht.

Der Konflikt wurde schließlich über den Tod von Vallen und de Groote hinaus von ihren Nachkommen weitergeführt und erst im Jahre 1741 durch einen Vergleich beendet.[989]

c) Ergebnis

Die Auswertung des Prozesses scheint zunächst nur wenig neue Erkenntnisse hervor zu bringen. Die anwaltlichen Schriftsätze enthalten jedoch zahlreiche Angaben, die zur Validierung der bisherigen Ergebnisse aus anderen Prozessen sowie aus der Sekundärliteratur beitragen.

Erstens dokumentiert dieser Prozess ein wichtiges Instrument der Zünfte im Kampf gegen missliebige Konkurrenz: die eigene Gerichtsbarkeit. Die extrajudizial verhängte Geldbuße in Höhe von 25 Goldgulden verdeutlicht den Machtanspruch des Fass- und Weinamtes, gegen Übertretungen ihrer Zunftordnung autonom zu richten. Die Höhe der Geldbuße war zwar enorm, für den Ratsherren und Weinhändler Vallen war die in Streit stehende Bereifung seiner Weinfässer durch eigene Angestellte allerdings von übergeordneter wirtschaftlicher Priorität, so dass er auch durch die erste Androhung der Strafe nicht zum Einlenken bereit gewesen war. Wirtschaftlich schwächer gestellte Händler dürften durch eine solche Strafandrohung aber sicherlich abgeschreckt worden sein.

Eine Besonderheit des Prozesses stellt auch der Streit um die vom Kläger Vallen eindringlich geforderte Aktenversendung dar. In allen übrigen hier untersuchten Prozessen war eine solche Forderung durch die jeweiligen Kläger nicht erhoben worden.[990] Bemerkenswert hierbei ist, dass die Aktenversendung nicht etwa mit dem Hinweis auf die größere fachliche Kompetenz einer auswärtigen Juristenfakultät gefordert wurde – kundige Juristen besaß der Kölner Rat durch die Hinzuziehung des Syndikats ja auch –, sondern aufgrund der Besorgnis der

988 Siehe dazu die Angaben aus dem Kölner Repertorium über die weiteren zu diesem großen Konflikt zugehörigen Akten HAStK, RKG, V 3 und V 4, Kordes, Mitteilungen aus dem Stadtarchiv von Köln, Band 4, Teil 1, S. 66-68.

989 Siehe dazu ebenfalls Kordes, Mitteilungen aus dem Stadtarchiv von Köln, Band 4, Teil 1, S. 66-68.

990 Auch den übrigen anhand des Kölner Repertoriums ermittelten Zunftprozessen ist kein Hinweis auf eine Aktenversendung zu entnehmen.

Befangenheit einer vom Kölner Rat einzusetzenden Kommission. Der Prozess verdeutlicht den enormen Einfluss, den große Ämter auf den Rat ausübten, zumal, wenn sich wie in diesem Beispiel auch personale Überschneidungen ergaben. Anders als die übrigen hier untersuchten Prozesse, ist dieser Prozess offenbar geeignet, einen Schatten auf die Rechtsprechung des Rates zu werfen.

Aus einem späteren Konflikt zwischen dem Amt der Fassbinder[991] und dem Kölner Rat, der in den Jahren 1767-1771 vor dem Reichskammergericht ausgetragen wurde, geht aus der Supplik der Kölner Fassbinder jedoch hervor, dass der Kölner Rat in den Jahren 1727 und 1740 eine „*Zunfts-Verordnung de Anno 1681, mithin besonders die darinnen enthaltene Entsagung des ohnbeschränckten Gebrauches derer eisernen Schlag-Reifen provisionaliter cassiret*" habe.[992] Als Grund sei vom Kölner Rat ein besserer Schutz vor der „*Wein-Ergiesungs-Gefahr*" angegeben worden.[993] Hieran wird deutlich, dass sich die Kölner Weinhändler und vor allem der Weinhändler Peter Andreas Vallen im Kampf gegen das Verbot der Verwendung eiserner Schlagreifen letztlich doch durchgesetzt hatten. Das von Vallen errungene reichskammergerichtliche Mandat dürfte dabei einen entscheidenden Einfluss auf den Kölner Magistrat gehabt haben. Auch dies zeigt, dass der Einfluss reichskammergerichtlicher Rechtsprechung trotz des bekannten Vollzugsdefizits nicht unterschätzt werden sollte. Für Peter Andreas Vallen dürfte sich der Gang nach Wetzlar also ausgezahlt haben.

Der Fall zeigt also, dass auch bei scheinbar ergebnislos geendeten Reichskammergerichtsprozessen,[994] – zum Teil im Zusammenspiel mit späteren Prozessen – wertvolle Erkenntnisse gewonnen werden können. Dies gilt vor allem dann, wenn gerichtliche Mandate überliefert sind, aus denen sich die Haltung des Reichskammergerichts zu einem Rechtsprobelm ersehen lässt.

---

991 Gleichzusetzen mit dem Begriff Fass-und Weinamt, vgl. dazu auch Fn. 974.

992 HAStK, C 128, fol. 11r.

993 HAStK, C 128, fol. 11r.

994 Zur Akte V 2 ist kein Spezialprotokoll überliefert. Das Spezialprotokoll der zum Prozess gehörenden Akte V 3 weist insoweit unter dem Datum des 16. Dezember 1724 nur ein Completum-Vermerk auf, vgl. HAStK, RKG, V 3, fol. 1v.

4. Teil: Schluss

Im folgenden Schlussteil der Arbeit soll ein kurzes übergreifendes Resümee aus den soeben dargestellten Prozessen gezogen werden. Die aus den anwaltlichen Schriftsätzen gewonnenen rechtlichen Erkenntnisse der Untersuchung lassen sich nach prozessualen und materiellen Aspekten darstellen.

I. Prozessuale Problemkreise in Zunftprozessen

Ein wichtiges Untersuchungsziel der Arbeit auf prozessualem Gebiet war die Frage, wie sich die Anwälte am Reichskammergericht in ihren Schriftsätzen mit dem Appellationsprivileg in Zunftsachen für die Stadt Köln aus dem Jahre 1576 auseinandersetzten. Gleichzeitig sollte untersucht werden, ob sich anhand der Prozessakten Hinweise für eine Rechtsprechung des Reichskammergerichts zu diesem Problemkreis ermitteln lassen.

Die in dieser Arbeit exemplarisch untersuchten Schriftsätze bieten hinsichtlich ihrer Auseinandersetzung mit dem Appellationsprivileg kein einheitliches Bild. Festgestellt werden kann, dass alle Schriftsatzverfasser das Privileg kannten und je nach ihrer Stellung im Prozess entweder für einschlägig, oder nicht einschlägig befanden. Meistens wirkten ihre diesbezüglichen Ausführungen jedoch eher halbherzig denn als überzeugend vorgebrachte rechtliche Argumentation. Manchen Advokaten war das Privileg zudem kaum mehr als eine juristische Randbemerkung wert. Der Grund hierfür dürfte wohl vor allem darin zu sehen sein, dass die Rechtsprechung des Reichskammergerichts, so es denn eine gefestigte gegeben hat, den Advokaten nicht bekannt war und auch nicht bekannt sein konnte, da sich das Gericht bei Abweisung einer Klage aufgrund eines Appellationsprivilegs jeglicher Hinweise im Urteilstenor enthielt.[995] So zeigt die Aussage des Advokaten von Peter Andreas Vallen aus dem Prozess gegen das Fass- und Weinamt, dass die Advokaten nur Mutmaßungen hinsichtlich der Anwendung des Privilegs durch das Reichskammergericht anstellen konnten: *„und weilen man über das von seithen des gegentheils auf das von Kaÿser Rudolpho glorwür-*

995 Vgl. Fn. 554. Die häufige Wendung „in angemaßter Appellation" in den Urteilstenören des Reichskammergerichts ist aber ein Hinweis für die Unzulässigkeit der Klagen, vgl. etwa Fn. 552.

digsten andenckens ertheiltes privilegium de non appellando In- undt über Zunffts sachen bis anhero seine vornembste schutzwehr gesetzet, ein Hochweißliches Kaÿl. Camer gericht auch aus deßen Veranlaßung vermuthlich zu denen in dieser sachen nach undt nach ergangenen decretis bewogen worden."[996]

Es schien für die Advokaten daher ratsam gewesen zu sein, sich allzu forscher Rechtsausführungen zu enthalten. Die Anklageerhebung des Reichsfiskals[997] aufgrund Verstoßes gegen das Appellationsprivileg von 1576 im Prozess der Lohgerberzunft gegen Jost Rath zeigt aber, dass das Appellationsprivileg am Reichskammergericht beachtet und auch angewendet wurde. Es ist daher ebenfalls möglich, dass das reichskammergerichtliche Remissionsurteil im Prozess der Weißgerber gegen die Lohgerber in Anwendung des Appellationsprivilegs erging.[998]

Die Unzulässigkeit einer Appellation an die Reichsgerichtsbarkeit konnte neben dem Verweis auf das Appellationsprivileg aber auch im Sinne des gemeinen Prozessrechts auf das Institut der eingetretenen Rechtskraft gestützt werden. Die vielfach wechselnden Entscheidungen des Kölner Rates in ein und demselben Konflikt veranlassten sowohl die Appellanten, als auch die Appellaten dazu, eine zeitweilig zu ihren Gunsten ergangene Entscheidung des Kölner Rates als unabänderliche res iudicata für sich zu reklamieren. Darüber, dass im Falle einer tatsächlich vorliegenden res iudicata eine nochmalige Entscheidung in dieser Sache durch den iudex a quo ausgeschlossen war, bestand unter den Advokaten kein Zweifel. Gegen feststehende Rechtsgrundsätze konnte nämlich auch nicht das der Obrigkeit zustehende ius emendandi angeführt werden. Dass dies auch vom Reichskammergericht so gesehen wurde, lässt sich aus dessen strafbewehrtem Mandat gegen die Stadt Köln im Konflikt der Lohgerber gegen den Lederzurichter Jost Rath ersehen.[999]

In diesem Zusammenhang bleibt festzustellen, dass sich der Kölner Rat mit seiner Judikatur in Zunftsachen schwer tat, und häufig keine klare Linie verfolgte. Von einer „zerrütteten Rechtsprechung" zu reden[1000], ist jedoch im Hinblick auf den Rat nicht gerechtfertigt. Die in den Reichskammergerichtsakten in dieser Arbeit untersuchten beiden Magistratsurteile waren rechtlich fundiert und zeugten mit einem aktenmäßig festgehaltenem Wissen des Kölner Rates zumindest auf dem Gebiet der Zunftsachen von einem erheblichen Professionalisierungsgrad. Aus den Schriftsätzen ist zudem das Bemühen des Rates zu erkennen, existenzgefährdende Belastungen oder Hemmnisse für einzelne Prozessbeteiligte

---

996 HAStK, RKG, V 2, fol. 37v.
997 Siehe Fn. 561.
998 Siehe Fn. 380.
999 Vgl. dazu Fn. 569.
1000 Vgl. dazu Brunn, Franzosen in Köln, (1794-1814), S. 19, 27.

möglichst zu vermeiden. Diesbezüglich scheute der Rat auch nicht vor heftigen Konflikten mit den Zünften zurück.

Eine bedeutendere Rolle als das Appellationsprivileg von 1576 spielte in den späteren Prozessen zum Ende des 18. Jahrhunderts die zu jener Zeit viel diskutierte Frage, ob die Streitigkeiten als grundsätzlich appellable Justizsachen, oder aber als inappellable Polizeisachen einzustufen waren. Unter zunehmender Verbreitung des Naturrechts und der Ideen der Aufklärung setzte sich verstärkt der Gedanke durch, dass sich die Obrigkeit aus der Rechtsprechung heraushalten solle und nicht durch Machtsprüche beschwerend in Rechte der Einwohner eingreifen dürfe. Unstreitig stand dabei der Rechtsweg für die Einwohner dann offen, wenn diese in ihren wohlerworbenen Rechten, den jura quaesita, durch obrigkeitliche Eingriffe verletzt worden waren. Dabei reichte es bereits aus, wenn eine Verletzung lediglich geltend gemacht wurde, weshalb sich die Zünfte vor Gericht auch stets auf ihre wohlerworbenen Privilegien beriefen. Für das 19. Jahrhundert ordnete Mittermaier in die Rubrik der Justizsachen u. a. Streitigkeiten zwischen Zünften untereinander ein, sofern die Konflikte auf Privatrechtstitel gründeten. Als reine Verwaltungssachen waren seiner Meinung jedoch solche Streitigkeiten zu bewerten, in denen die Gewerbspolizei die Grenzen der jeweiligen Gewerbe absteckte.[1001]

Die Arbeit anhand der originalen Reichskammergerichtsakten zeigt jedoch, dass eine holzschnittartige Trennung der Materie nicht möglich ist, denn die Abgrenzung der zünftigen Arbeitsgebiete war gerade eng mit der Frage verbunden, welche Rechte den beteiligten Zünften aus erworbenen Privatrechtstiteln zustanden. Schließlich besaßen nahezu alle Zünfte obrigkeitlich bestätigte Zunftbriefe, die ihnen eigenständige Rechte verliehen. Das Problem bestand jedoch darin, dass die Zunftbriefe zumeist sehr alt waren – in Köln hatten die meisten Zünfte Ende des 14. Jahrhunderts im Zuge der Verfassungsreform neue Zunftbriefe erhalten – und daher mit zunehmender Ausdifferenzierung der Gewerbe und dem Aufkommen neuer Produktionsmethoden anhand der Zunftbriefe nicht eindeutig zu ermitteln war, welchem Gewerbe bestimmte Tätigkeiten zukamen. Wie bereits oben erörtert, machte dies zunehmend eine rechtsschöpferische Arbeit des Kölner Rates nötig. Dennoch wurde auch in diesen Zunftkonflikten regelmäßig mit der Verletzung wohlerworbener Rechte von Seiten der erstinstanzlich unterlegenen Partei argumentiert. Da solche Konflikte zahlreich am Reichskammergericht ausgetragen wurden, scheinen sie von der Reichsgerichtsbarkeit eben nicht als reine Verwaltungssachen bewertet worden zu sein.

Die bisher erzielten Forschungsergebnisse bleiben auch insofern unbefriedigend, als sie nicht plausibel zu erklären vermögen, warum der Unterscheidung

---

1001 Mittermaier, Grundsätze des gemeinen deutschen Privatrechts, S. 699.

von Polizeisachen und Justizsachen damals eine derart große Aufmerksamkeit geschenkt wurde. Führte wirklich allein die Geltendmachung wohlerworbener Rechte zu einer appellablen Justizsache[1002], bleibt nämlich unverständlich, warum hierüber in den anwaltlichen Schriftsätzen so intensiv gestritten wurde. Bemerkenswert erscheint zudem, dass die Appellanten am Reichskammergericht, die sich in ihren eingereichten Schriftsätzen stets auf die Verletzung ihnen zukommender jura quaesita beriefen, nie auf die Formel zurückzogen, dass allein die Geltendmachung dieser jura quaesita das Vorliegen einer Justizsache bewirkte. Mehr noch, sie führten dieses Argument in den in dieser Arbeit ausgewerteten Quellen nicht ein einziges Mal an. Vielmehr versuchten die Appellanten, das Gericht in diesem Zusammenhang auch von einer tatsächlichen Rechtsverletzung zu überzeugen. Die wohl banalste Erklärung für diesen Befund wäre die schlichte Annahme, dass den Anwälten und Prokuratoren diese Zusammenhänge nicht bekannt gewesen seien. Die Schriftsätze haben jedoch gezeigt, dass deren Verfassern die jeweils einschlägige neueste Literatur, vor allem natürlich die Entscheidungsliteratur, geläufig war und auch von ihnen benutzt wurde. Eine derart einfache Erklärung scheidet daher wohl aus. Möglicherweise begnügte sich das Reichskammergericht eben doch nicht mit der einfachen, „behauptungshaften" Geltendmachung der Appellanten, dass das erstinstanzliche Urteil ihre wohlerworbenen Rechte verletzt habe, sondern forderte hierfür eine Glaubhaftmachung. In jedem Fall dürfte es für die Appellanten sicherer gewesen sein, bereits sofort den Beweis für die Verletzung ihrer wohlerworbenen Rechte anzutreten, denn dann war der Rechtsweg zur Reichsgerichtsbarkeit in jedem Fall eröffnet.

Der erfolgreiche Nachweis der Verletzung eigener wohlerworbener Rechte war zudem ausschlaggebend für Erfolg oder Misserfolg der Klage, und musste ohnehin in jedem Fall erbracht werden. Ein Mehraufwand war mit dem Beweisantritt für die Appellanten somit nicht verbunden. Zu bedenken ist hierbei immer, dass es eine konsequente Trennung von Prozessrecht und materiellem Recht damals nicht gab.[1003] Das Parteivorbringen war insofern auch nicht nach den Gesichtspunkten von Zulässigkeit und Begründetheit der Klage getrennt.[1004] Ein weiterer Gesichtspunkt für den Argumentationsaufwand der Anwälte bezüglich der Appellabiliät der Streitsache könnte auch in der Reichskammergerichtsordnung begründet sein. Diese sah für die Parteien sog. Kalumnieneide vor. Die Ap-

1002 So u.a. die Ansicht Johann Ulrich Cramers, vgl. Fn. 153.

1003 Diese setzte sich erst ab 1856 nach dem Erscheinen von Bernhard Windscheids Werk „actio des römischen Rechts" durch, vgl. dazu S. 3 ebd.: „Actio ist die Befugniß, seinen Willen durch gerichtliche Verfolgung durchzusetzen."

1004 In den Prozessschilderungen wurde eine Unterteilung nach Zulässigkeits- und Begründetheitsaspekten vor allem unter dem Gesichtpunkt der Übersichtlichkeit und Strukturierung vorgenommen.

pellanten mussten eidlich versichern, nur für ihr gutes Recht zu streiten und nicht wider besseres Wissen Ansprüche geltend zu machen.[1005] Durch einen erfolgreichen Beweisantritt konnte man sich vom Verdacht des Verstoßes gegen den geleisteten Eid befreien.

Auffällig ist schließlich, dass es die jeweils gegnerischen Anwälte trotz weitschweifiger Ausführungen in ihren Schriftsätzen immer geschickt vermieden, eine verallgemeinerungsfähige Definition für Polizeisachen und Justizsachen abzugeben. So ist es nahezu unmöglich, das eigentliche Substrat dieser beiden Begriffe anhand der Quellen herauszuarbeiten. Möglicherweise war dies jedoch gerade ein taktischer Schachzug der Parteien, nicht allzu abstrakte Ausführungen zu diesem damals viel diskutierten Thema abzugeben, denn dies barg in stärkerem Maße die Gefahr, die Ansicht der Reichsrichter zu verfehlen. Die Parteien beließen es daher bei Rechtsbehauptungen und weitschweifigen Ausführungen um die Befugnisse und Arbeitsweise des Kölner Magistrats und der ihm angeschlossenen Behörden. Die Argumentationsmuster der Parteien waren stets die gleichen, je nach ihrer Rolle als Kläger oder Beklagte im Prozess. Die am Reichskammergericht beklagten Zünfte und Handwerker argumentierten stets vor dem Hintergrund eines weit reichenden ius emendandi des Magistrats, hatte dieser doch in erster Instanz den Rechtsstreit zu ihren Gunsten entschieden. Der Begründungsaufwand erschien hier geringer als auf klägerischer Seite, denn die reichsständischen Befugnisse waren anhand der Reichsgesetze und des schriftlich fixierten Statutarrechts in Form der Zunftstatuten schnell zu überblicken. Die Einschränkung dieser Rechte musste häufig mit kollidierendem Reichsrecht und ungeschriebenen richterlichen Missbrauchskontrollen hoheitlicher Machtausübung begründet werden. Hierzu wurde dann zur Bekräftigung auf die zeitgenössische einschlägige Literatur berühmter Rechtsautoritäten verwiesen. Rückschlüsse auf die Erfolgsaussichten der eingebrachten Klagen lassen sich aus all dem jedoch nicht ziehen, zumal davon auszugehen ist, dass die Beisitzer am Reichskammergericht einschlägige Erfahrung mit dieser Rechtsmaterie hatten. Einige von ihnen hatten sich mit diesem rechtlichen Fragenkomplex bereits in ihren Dissertationen beschäftigt.[1006]

Der Unterscheidung von Polizeisachen und sonstigen Justizsachen kam nach der Entstehung der Territorialstaaten im Alten Reich und der Erlangung der alleinigen Gerichtsbarkeit durch die Landesherren noch aus einem weiteren Grund größere Bedeutung zu. So war die Einsetzung außerordentlicher Kommissionen, oder die Deklarierung zur „Polizeisache“ ein beliebtes Mittel der Landesherren,

---

1005 Dick, Die Entwicklung des Kameralprozesses, S. 117-119; Laufs, Die RGKO von 1555, S. 303.

1006 So z.B. der Reichskammergerichtsassessor von Neurath, siehe dazu Fn. 819.

um direkten Einfluss auf ein gerichtliches Verfahren zu erlangen, und die ordentliche Gerichtsbarkeit auszuschalten.[1007] Dieser Form von Kabinettsjustiz sollte mit Hilfe des Reichskammergerichts ebenfalls entgegengetreten werden. Die Reichskammergerichtsordnung von 1555 sah daher vor, dass sich jedermann mit der Behauptung der Justizverweigerung oder Justizverzögerung an das Reichskammergericht wenden konnte.[1008]

Auch in den hier untersuchten Prozessakten finden sich zur Rechtfertigung der Anrufung des Reichskammergerichts häufig Klagen der Appellanten, der Kölner Rat habe die Streitigkeit zu Unrecht als Polizeisache deklariert.[1009] Die Aussage, dass die rechtliche Auseinandersetzung um Rechtsnatur und Rechtsbestand gewerblicher Privilegien eng mit der Lehre von den jura quaesita korreliere,[1010] kann daher anhand der Kölner Zunftakten belegt werden.

Wie gesehen, weist der Problemkreis von Polizei- und Justizsachen noch weiteren Forschungsbedarf auf. Die im 18. Jahrhundert aufkommende Diskussion über Polizei- und Justizsachen zeugt dabei vor allem auch von einem sich wandelnden Rechts- und Staatsgefüge. Hatte bis zur Mitte des 18. Jahrhunderts stets das rechtliche Verhältnis der Fürsten zum Kaiser im Zentrum des rechtlichen Interesses gestanden, so rückte nunmehr das Verhältnis der Fürsten zum Volk ins Blickfeld.[1011]

II. Materielle Rechtsprobleme in Zunftprozessen

Viele der hier dargestellten Zunftkonflikte hatten hinsichtlich ihrer materiellrechtlichen Problemkreise keineswegs nur eine regionalspezifische Prägung, sondern waren auch für andere Reichsstädte typisch. Dies ist nicht ungewöhnlich,

---

1007 Weitzel, Der Kampf um die Appellation ans Reichskammergericht, S. 313-315; Knauer, Gesetzlicher Richter, in: HRG I, Sp. 1620, 1622.

1008 RKGO, Teil 2, Tit. XXVI, § 1, abgedruckt bei Laufs, Die RKGO von 1555, S. 203

1009 Siehe dazu die Replik der Lohgerber im Prozess gegen die Weißgerber, HAStK, RKG, C 108, fol. 56r. Erstere rügten, der Kölner Rat habe ihre Revision mit dem Hinweis verworfen, „*nit ex rationibus iuris, sondern ex rationibus politicis et plenitudine potestatis verfahren*“ zu haben. Der Rat sah sich offenbar aufgrund der Einordnung der Streitigkeit als Polizeisache als berechtigt an, aus allerhöchster Machtvollkommenheit heraus zu handeln. Solche Machtsprüche wurden damals nicht als Willkürakte angesehen, sondern als rechtmäßige Ausübung hoheitlicher Rechte. Das Prinzip der Gewaltenteilung war damals unbekannt. Siehe dazu Ogris, Kabinettsjustiz, in: HRG II, Sp. 515.

1010 Pirson, Jura quaesita, HRG II, Sp. 472, 474.

1011 Stintzing/Landsberg, Geschichte der deutschen Rechtswissenschaft, Abt. 3, Halbb. 1, S. 258.

denn die Zünfte hatten sich auch in anderen Reichsstädten seit dem Spätmittelalter eine den Kölner Zünften vergleichbare verfassungsrechtliche Stellung erkämpft[1012] und taten sich auch dort schwer, sich den verändernden wirtschaftlichen und gesellschaftlichen Rahmenbedingungen anzupassen. Die ähnliche Thematik der Konflikte erklärt auch, weshalb die Advokaten und Prokuratoren am Reichskammergericht mit den auftretenden Rechtsproblemen innerhalb solcher Prozesse sicher umzugehen wussten und zahlreiche Literatur für ihre Rechtsansichten anführten. Im Einzelfall waren die anzuwendenden Normen jedoch unterschiedlich, da viele Zunftkonflikte aufgrund der lokalen verfassungsrechtlichen Verwurzelung der Zünfte einen erheblichen partikularrechtlichen Einschlag hatten. Ein Zunftkonflikt konnte sich daher schnell als Streit über die Auslegung lokalen Partikularrechts entpuppen. Aufgrund der gemeinrechtlichen Rechtsanwendungslehre (Statutentheorie) war Partikularrecht grundsätzlich auch von den Reichsgerichten zu beachten.

Die übergreifende Parallelität der Streitgegenstände wurde bereits exemplarisch anhand des Problemkreises der unehelichen Geburt im Fall der Malerzunft gegen den Meisterschaftsanwärter Caspar Schneider dargestellt. Dabei wurde auch der Streit um das anzuwendende Recht, der Dualismus zwischen Partikularrecht und Reichsrecht deutlich. Für Zunftkonflikte hatte dieser Dualismus gerade vor dem Hintergrund eine besondere Bedeutung, dass sich das Reichsrecht, in dem Bestreben, die wirtschaftlich verkrusteten Strukturen im Handwerksbereich aufzubrechen, klar gegen die Abschließungstendenzen der Zünfte wandte. Die Zünfte verfochten daher die Anwendbarkeit partikularen Rechts.

Das Reich unternahm mit dem Reichsgutachten vom 22. Juni 1731, das am 4. September 1731 publiziert wurde, einen letzten energischen Versuch zu durchgreifenden Reformen im Zunftwesen.[1013] Die Reichsstädte waren aber häufig

---

1012 Vgl. Fn. 40.

1013 Böhmert, Beiträge zur Geschichte des Zunftwesens, S. 44. Für den Fall, dass sich die Zünfte gegenüber ihrer Obrigkeit weiterhin renitent verhalten sollten, drohte das Reichsgutachten am Ende sogar mit der Auflösung aller Zünfte:
„*So will doch gleichwohl ohnumgänglich seyn, mit Hindansetzung der bißherigen Langmuth, Meister und Gesellen den rechten Ernst zu zeigen, also und dergestalt, daß, wo sie diesem allem ohnangesehen, nichts destoweniger in ihrem bißherigen Muthwillen, Bosheit und Halsstarrigkeit verharren, und sich also Zügel-los aufzuführen fortfahren sollten, Kayserliche Majestät und das Reich leicht Gelegenheit nehmen dörfften, nach dem Beÿspiel anderer Reiche, und damit das Publicum durch dergleichen freventliche Privat-Händel in Zukunfft nicht ferner gehemmet und belästiget werde, alle Zünfften insgesamt und überhaupt völlig aufzuheben und abzuschaffen.*“ Reichsgutachten von 1731, Beylage sub signo, abgedruckt bei Senckenberg, Neue und vollständigere Sammlung der Reichs-Abschiede, Bd. 3, S. 376, 384 f.

nicht in der Lage, die Bestimmungen des Reichsgutachtens durchzuführen. So wagte es etwa der Bremer Rat kaum, die gegen die Ausschließung von Kindern bestimmter Berufsgruppen gerichteten Bestimmungen des Reichsgutachtens von 1731 gegen den Widerstand der Zünfte umzusetzen.[1014] Zwar konnten mit Hilfe dieses Reichsgutachtens einige Missbräuche abgestellt werden, doch die Schwäche des Reichs war zu groß, als dass durchgreifende Reformen hätten erzielt werden können.

So verweigerte die Bremer Schusterzunft noch im Jahr 1751 dem Schuster Johann Kehlenbeck aufgrund seiner unehelichen Geburt die Aufnahme in ihre Zunft. Neben dem klassischen Brotneid waren die Schuster aber nach eigenem Bekunden in Sorge, bei Aufnahme Unehelicher in ihre Zunft außerhalb ihrer Stadt in Verruf zu geraten. Ob und wie das Reichsgutachten von 1731 in anderen Städten angewendet wurde, war den Zünften offenbar häufig unbekannt.[1015] Aufschluss über die geringe Akzeptanz und Beachtung des Reichsgutachtens von 1731 gibt auch eine Supplik des bremischen Tischleramts vom 22. September 1745:

„*Diese Verordnung lieget da, es wird aber Niemand kommen und erweisen können, dass dieser Paragraphus (nämlich ex anticipato concubitu erzeugte und nachher legitimirte Kinder sollten volle Amtsgerechtigkeit haben) sothanen Reichsgutachtens an einem Orte im teutschen Reiche observiret oder introduciret worden. Wenn dieses wäre, so würde unsere Entlegung so leichte sich nicht rechtfertigen lassen. Da aber dieses nicht ist, so sind wir der geringen Meinung, dass dabei eine Erwägung wohl verdiene, ob eine für 14 Jahren emanirte, bis auf den heutigen Tag gar nicht observirete, mithin weder in andern Aemtern recipirete Verordnung anjetzo gegen uns Platz haben kann und zum ersten mahl bei unserem Amt introduciret werden soll? Bei solchen Umständen müssen wir befürchten, dass unser Amt in der ganzen Welt verrufen.*“[1016]

Das Tischleramt bestritt also gar nicht die bestehende Gesetzeslage im Reich hinsichtlich der Aufnahme Legitimierter in Zünfte, sondern stellte maßgeblich auf das bestehende Vollzugsdefizit des Reichsgutachtens von 1731 ab. Würde vor diesem Hintergrund das Reichsrecht in ihrem Fall angewandt, geriete das Tischleramt in Verruf. Modern gesprochen berief sich das Tischleramt also auf eine Art „Gleichbehandlung im Unrecht“. Diese großen Defizite bei der Umsetzung des Reichsgutachtens riefen Kaiser Joseph auf den Plan, der noch im Jahre 1772 ein Reichsedikt erließ, das zahlreiche weiterhin bestehende Missbräuche verbot. Im Edikt drückte der Kaiser zudem sein Missfallen darüber aus, dass das

1014 Böhmert, Beiträge zur Geschichte des Zunftwesens, S. 41.
1015 Böhmert, Beiträge zur Geschichte des Zunftwesens, S. 46.
1016 Zitiert nach Böhmert, Beiträge zur Geschichte des Zunftwesens, S. 47.

Reichsgutachten aus dem Jahre 1731 nicht konsequent genug umgesetzt worden war: „*... was massen der um Abstellung verschiedener in Handwerkssachen eingerissenen schädlichen Missbräuche im Jahr 1731 errichtete Reichsschluss, und darnach bereits damals ins Reich ergangene Patenten etlicher Orten genau nicht beobachtet werden.*“[1017]

Für die Stadt Köln, deren Verfassung seit dem Verbundbrief auf dem Zunftsystem basierte, und die selbst im Reich als rückständig galt, trafen die Umsetzungsmängel des Reichsabschieds von 1731 in besonderem Maße zu. Es verwundert daher nicht, dass die einflussreichen Kölner Bürger nach dem Ende der französischen Besatzung die in dieser Zeit erfolgten Wirtschafts- und Verwaltungsreformen beizubehalten suchten, um der Stadt Köln als Handelsmetropole neuen Schwung zu verleihen.[1018] Die Zünfte hatten ihre machtvolle Stellung dauerhaft verloren.

1017 Zitiert nach Böhmert, Beiträge zur Geschichte des Zunftwesens, S. 44.
1018 Brunn, Franzosen in Köln (1794-1814), S. 19, 40.

Quellen- und Literaturverzeichnis

I. Quellen

1. Ungedruckte Quellen

Historisches Archiv der Stadt Köln, RKG, (Bestand 310): C 106, C 108, C 109, C 111, C 126, R 15, C 130, T 13, M 95, V 2, V 3

2. Gedruckte Quellen und Literatur bis 1806

Bücher, Karl/Schmidt, Benno: Frankfurter Amts- und Zunfturkunden bis zum Jahre 1612, Erster und zweiter Band, Neudruck der Ausgabe von 1914, Wiesbaden 1968

Cramer, Johann Ulrich von: Observationum Juris Universi, ex Praxi Recentiori Supremorum Imperii Tribunalium Haustarum, Tom. III, Darmstadii 1791

Cramer, Johann Ulrich von: Wetzlarische Nebenstunden. Worinnen auserlesene beym höchstpreißlichen Cammergericht entschiedene Rechts-Händel zur Erweiter- und Erläuterung der teutschen in Gerichten üblichen Rechts-Gelehrsamkeit angewendet werden. 128 Teile, Ulm 1755-1772

Eisenhart, Johann Friedrich: Deutsches Recht in Sprichwörtern, nach seinem Werk „Grundsätze der deutschen Rechte in Sprichwörtern, Helmstädt 1759, neu bearb. von Waldmann, Berlin 1935

Gaill, Andreas: Practicarum observationum tam ad processum judiciarium praesertim Imperialis camerae quam causarum decisiones pertinentium, libri duo, Köln 1721

Groten, Manfred (Hrsg.): Beschlüsse des Rates der Stadt Köln, 1320-1550, Band 2, 1513-1520, (= Publikationen der Gesellschaft für Rheinische Geschichtskunde; 65) Düsseldorf, 1989

Hennings, August: Der Genius der Zeit, 17. Band, Altona 1799

Huiskes, Manfred (Hrsg.): Beschlüsse des Rates der Stadt Köln, 1320-1550, Band 1, Die Ratsmemoriale und ergänzende Überlieferung, 1320-1543, (= Publikationen der Gesellschaft für Rheinische Geschichtskunde; 65) Düsseldorf 1990

Judendunck, Arnold: Theatrum lanienae Coloniensis sive Blutige Schau Bühne, Auff welcher Die im Jahr Christi 1683 Verübte Entsetzliche Massacre Des Vatterlandes Vatters/ der Statt Cöllen gewesenen Archivarij, Gereonis Hesselmanns/ In der Form eines Journals repraesentiert und in Fernerem erzehlt wird: Wie abscheulich des Statt-Cölnischen Syndicats-Dctor, und zu jüngsterem Reichs-Deputations-Tag nacher Franckfurt gewesener Subdelegatus, Baadische Truckerey 1694

Kordes, Matthias/Nippert, Klaus: Mitteilungen aus dem Stadtarchiv von Köln, Reichskammergericht Köln, Heft 81 Nr. 1-600 (A-F), Heft 82 Nr. 601-1232 (G-M), Heft 84, Teil 1 Nr. 1678-1864 (T-Z), Köln, Weimar, Wien 1998, 2000, 2002

Laufs, Adolf (Hrsg.): Die Reichskammergerichtsordnung von 1555, (= Quellen und Forschungen zur höchsten Gerichtsbarkeit im alten Reich; Band 3) eingeleitet und herausgegeben von Adolf Laufs, Köln, Wien 1976

Loesch, Heinrich von: Die Kölner Zunfturkunden nebst anderen Kölner Gewerbeurkunden bis zum Jahre 1500 (= Publikationen der Gesellschaft für Rheinische Geschichtskunde 22) 2 Bände, Bonn 1907

Kuske, Bruno: Quellen zur Geschichte des Kölner Handels und Verkehrs, Bonn 1918

Mevius, David: Decisiones super causis praecipuis ad summum tribunal regium Vismariense delatis quibus praeter repertorium, quo dictae decisiones juxta ordinem Pandectarum cura Johannis Jacobi a Ryssel, antea exhibitae, Frankfurt am Main 1726

Moser, Johann Jacob: Alte und neue Reichs-Hof-Raths-Conclusa, so in lauter causis illustribus ergangen, Band 1, 1743

Pistoris, Modestinus: Consilia sive responsa Trium Saxoniae Iureconsultorum celeberrimorum, Duobus voluminibus comprehensa et nunc denuò emendatius edita, Leipzig 1596

Pütter, Johann Stephan: Institutiones iuris publici Germanici, Göttingen 1770

Rosen, Wolfgang/Deeters, Walter: Quellen zur Geschichte der Stadt Köln, Antike und Mittelalter von den Anfängen bis 1396/97, Band 1, Köln 1999

Schlettwein, Johann August: Die wichtigste Angelegenheit für das ganze Publicum oder die natürliche Ordnung in der Politik, Band 1 und 2, Karlsruhe 1772

Schönwetter (Verlag): Aller Deß heiligen Römischen Reichs gehaltenen Reichs-Tage, Abschiede und Satzungen sambt andern Kayserlichen und Königlichen Constitutionen, Mainz 1692

Senckenberg, Heinrich Christian von: Neue und vollständige Sammlung der Reichs-Abschiede, Band 3, von dem Jahr 1552 bis 1654. inclusive, Frankfurt am Main 1747

Zedler, Johann Heinrich: Grosses vollständiges Universal- Lexicon, Band 3, B-Bi, Graz-Austria 1961, photomechanischer Nachdruck der Ausgabe Leipzig und Halle, 1733; Band 23, N-Net, Graz-Austria 1961, photomechanischer Nachdruck der Ausgabe Leipzig und Halle, 1740; Band 41, Suin-Tam, Graz-Austria 1962, photomechanischer Nachdruck der Ausgabe Leipzig und Halle, 1744

II. Literatur nach 1806

Arentz, Ludwig: Die Zersetzung des Zunftgedankens, Nachgewiesen an dem Wollenamte und der Wollenamtsgaffel in Köln, Köln 1935

Aretin, Karl Otmar von: Heiliges Römisches Reich, 1776-1806, Reichsverfassung und Staatssouveränität, Teil I, Darstellung, Wiesbaden 1967

Arlinghaus, Franz-Josef (Hrsg.): Gelehrte Juristen und das Prozeßgeschehen in Deutschland im 15. Jahrhundert, S. 305-411, in: Arlinghaus, Praxis der Gerichtsbarkeit in europäischen Städten des Spätmittelalters (= Band 23 der Veröffentlichungen des Max-Planck-Instituts für europäische Rechtsgeschichte), Frankfurt am Main 2006

Asch, Jürgen: Rat und Bürgerschaft in Lübeck, 1598-1669, Die verfassungsrechtlichen Auseinandersetzungen im 17. Jahrhundert und ihre sozialen Hintergründe, (= Veröffentlichungen zur Geschichte der Hansestadt Lübeck, Band 17) Lübeck 1961

Barth, Reinhard: Argumentation und Selbstverständnis der Bürgeropposition in städtischen Auseinandersetzungen des Spätmittelalters (Kollektive Einstellungen und sozialer Wandel im Mittelalter, Band 3), Köln 1976

Baumann, Anette: Die Gesellschaft der frühen Neuzeit im Spiegel der Reichskammergerichtsprozesse, eine sozialgeschichtliche Untersuchung zum 17. und 18. Jahrhundert, (= Quellen und Forschungen zur höchsten Gerichtsbarkeit im alten Reich; Band 36) Köln, Weimar, Wien 2001

Becker, Hans-Jürgen: Präjudiz, in: HRG III, (1984) Sp. 1866-1870

Becker, Hans-Jürgen: Schreinsbuch, Schreinskarte, in: HRG IV, (1990) Sp. 1496-1499

Benke, Nikolaus/Meissel, Franz-Stefan: Juristenlatein, 2800 lateinische Fachausdrücke und Redewendungen der Juristensprache, München 2002

Bethmann-Hollweg, Moritz August von: Der römische Civilprozeß, Zweiter Band, Formulae, Bonn 1865, Dritter Band, Bonn 1866

Beyerle, Konrad: Die Anfänge des Kölner Schreinswesens, in: ZRG (GA) 51, (1931) S. 318-509

Böhmert, Victor: Beiträge zur Geschichte des Zunftwesens, in: Preisschriften, gekrönt und herausgegeben von der Fürstlich Jablonowski'schen Gesellschaft zu Leipzig, Leipzig 1862
Brand, J.: Zunft, Zunftwesen, in: HRG V, (1998) Sp. 1792-1803
Brincken von den, Anna- Dorothee: Köln 1475 des heiligen Reichs freie Stadt, in: Ausstellung des Historischen Archivs der Stadt Köln zum 500. Jahrestag der Anerkennung Kölns als Freie Reichsstadt am 19. Sept. 1975, Köln 1975
Brunn, Gerhard: Franzosen in Köln (1794-1814), Ein Überblick, in: Geschichte in Köln, Heft 26, Köln in der Zeit der französischen Revolution, Köln 1989, S. 19-41
Buchda, Gerhard: Appellationsprivilegien, in: HRG I, (1971) Sp. 200-201
Buchda, Gerhard: Gerichtsverfassung, in HRG I, (1971) Sp. 1563-1574
Buchda, Gerhard/Cordes, Albrecht: Anwalt, in: HRG I, 2. Lieferung (2005), Sp. 255-263
Budischin, Hans Jörg: Der gelehrte Zivilprozess in der Praxis geistlicher Gerichte des 13. und 14. Jahrhunderts im deutschen Raum, (= Bonner rechtswissenschaftliche Abhandlungen 103) Bonn 1974
Carl, Horst: Die Aachener Mäkelei 1786-1792, Konfliktregelungsmechanismen im alten Reich, in: Zeitschrift des Aachener Geschichtsvereins, Band 92, Jahrgang 1985, Aachen 1985, S. 103-187
Coing, Helmut: Europäisches Privatrecht I: Älteres Gemeines Recht, (1500 bis 1800), München 1985
Conrad, Hermann: Deutsche Rechtsgeschichte, Band II: Neuzeit bis 1806, Karlsruhe 1966
Cordes, Albrecht: Spätmittelalterlicher Gesellschaftshandel im Hanseraum, (= Quellen und Darstellungen zur Hansischen Geschichte; N.F., Band 45) Köln, 1998
Deeters, Joachim: Köln, in: HRG II, (1978) Sp. 935-942
Deeters, Joachim: Das Bürgerrecht der Reichsstadt Köln seit 1396, in: ZRG (GA) 104, (1987) S. 1-83
Dick, Bettina: Die Entwicklung des Kameralprozesses nach den Ordnungen von 1495 bis 1555, (= Quellen und Forschungen zur höchsten Gerichtsbarkeit im alten Reich; Band 10) Köln, Wien 1981
Dieling, Friedrich: Zunftrecht, eine Rechtsquellenstudie mit besonderer Berücksichtigung des Schneiderhandwerks, Heidelberg 1932
Diestelkamp, Bernhard (Hrsg.): Das Reichskammergericht in der deutschen Geschichte. Stand der Forschung, Forschungsperspektiven, (= Quellen und Forschungen zur höchsten Gerichtsbarkeit im alten Reich; Band 21) Köln, Wien 1990

Diestelkamp, Bernhard: Recht und Gericht im heiligen Römischen Reich, (= Ius commune: Sonderhefte, Studien zur europäischen Rechtsgeschichte; 122) Frankfurt am Main 1999
Diestelkamp, Bernhard: Das Reichskammergericht im Rechtsleben des Heiligen römischen Reiches deutscher Nation (= Schriftenreihe der Gesellschaft für Reichskammergerichtsforschung, Heft 1), Wetzlar 1985
Diestelkamp, Bernhard: Die politische Funktion des Reichskammergerichts, (= Quellen und Forschungen zur höchsten Gerichtsbarkeit im alten Reich; Band 24)
Diestelkamp, Bernhard: Rechtsfälle aus dem Alten Reich. Denkwürdige Prozesse vor dem Reichskammergericht, München 1995
Diestelkamp, Bernhard: Das Reichskammergericht im Rechtsleben des 16. Jahrhunderts, in: Becker u.a. (Hrsg.), Rechtsgeschichte als Kulturgeschichte, Festschrift für Adalbert Erler zum 70. Geburtstag, Aalen 1976, S. 435-480
Dirr, Kathrin: Hoheitsrechtliche Streitigkeiten zwischen den Kölner Erzbischöfen und der Stadt Köln auf Grundlage reichskammergerichtlicher Verfahren des 16. und 17. Jahrhunderts, Frankfurt am Main 2005
Eberhard, Winfried: Der Legitimationsbegriff des „Gemeinen Nutzens" im Streit zwischen Herrschaft und Genossenschaft im Spätmittelalter, in: Zusammenhänge, Einflüsse, Wirkungen, Kongressakten zum ersten Symposium des Mediävistenverbandes in Tübingen, 1984, Berlin 1986, S. 241-254
Eisenhardt, Ulrich: Die kaiserlichen privilegia de non appellando, (= Quellen und Forschungen zur höchsten Gerichtsbarkeit im alten Reich; Band 7), Köln 1980
Ennen, Leonard: Geschichte der Stadt Köln, meist aus den Quellen des Kölner Stadt-Archivs, Bd. 2, Köln/Neuß 1865
Ennen, Reinald: Zünfte und Wettbewerb, Möglichkeiten und Grenzen zünftlerischer Wettbewerbsbeschränkungen im städtischen Handel und Gewerbe des Spätmittelalters, Köln 1971
Erler, Adalbert: Akzise, in: HRG I, (1971) Sp. 87-88
Falk, Ulrich: Consilia. Studien zur Praxis der Rechtsgutachten in der frühen Neuzeit, (Rechtsprechung. Materialien und Studien. Band 22 der Veröffentlichungen des Max-Planck-Instituts für europäische Rechtsgeschichte) Frankfurt am Main 2006
Fuchs, Ralf Peter: Um die Ehre. Westfälische Beleidigungsprozesse vor dem Reichskammergericht (1525-1806), (= Westfälisches Institut für Regionalgeschichte. Landesverband Westfalen-Lippe, Münster. Forschungen zur Regionalgeschichte 28), Paderborn 1999
Gehrke, Heinrich: Die privatrechtliche Entscheidungsliteratur Deutschlands, Charakteristik und Bibliographie der Rechtsprechungs- und Konsiliensamm-

lungen vom 16. bis zum Beginn des 19. Jahrhunderts (= Ius Commune, Sonderhefte 3), Frankfurt am Main 1974
Giel, Robert: Politische Öffentlichkeit im spätmittelalterlich-frühneuzeitlichen Köln (1450-1550), Berlin 1998
Groh, Günter: Das Personal des Reichskammergerichts in Speyer, I. Teil, Familienverhältnisse (anhand der ältesten Speyerer Kirchenbücher), in: Pfälzische Familien- und Wappenkunde, Band II, (1955-1957), S. 101-111; 129-141; 151-195
Härter, Karl: Das Reichskammergericht als „Reichspoliceygericht", in Battenberg, Friedrich/ Ranieri, Filippo (Hrsg.): Geschichte der Zentraljustiz in Mitteleuropa- Festschrift für Bernhard Diestelkamp zum 65. Geburtstag, Weimar, Köln, Wien 1994, S. 237-252
Haupt, Heinz-Gerhard: Das Ende der Zünfte, Ein europäischer Vergleich, Göttingen 2002
Heinzen, Toni: Zunftkämpfe, Zunftherrschaft und Wehrverfassung in Köln, (= VKGv 16), Köln 1939
Henning, F.-W.: Kammerzieler, in: HRG II, (1978) Sp. 590-592
Hertz, Friedrich: Die Rechtsprechung der höchsten Reichsgerichte im römisch-deutschen Reich und ihre politische Bedeutung, in: Mitteilungen des Instituts für österreichische Geschichtsforschung 69 (1961), S. 331-358
Hinz, Manfred: Der Mandatsprozeß des Reichskammergerichts, Teildruck der diss. jur., Berlin 1966
Hinz, Manfred: Mandatsprozeß, in: HRG III, (1984) Sp. 232-240
Hocks, Stephan: Gerichtsgeheimnis und Begründungszwang, Zur Publizität der Entscheidungsgründe im Ancien Régime und im frühen 19. Jahrhundert (Rechtsprechung. Materialien und Studien. Band 17 der Veröffentlichungen des Max-Planck-Instituts für Europäische Rechtsgeschichte Frankfurt am Main), Frankfurt am Main 2002
Hörner, Manfred: Anmerkungen zur statistischen Erschließung von Reichskammergerichtsprozessen, in: Baumann/Westphal/Wendehorst/Ehrenpreis (Hrsg.) Prozessakten als Quelle, Neue Ansätze zur Erforschung der Höchsten Gerichtsbarkeit im Alten Reich, Köln, 2001, S. 69- 81
Hof, Hagen: Wettbewerb im Zunftrecht, Zur Verhaltensgeschichte der Wettbewerbsregelung durch Zunft und Stadt, Reich und Landesherr bis zu den Stein – Hardenbergschen Reformen, Köln 1982
Hülle, Werner: Müller Arnold- Prozeß, in HRG III, (1984) Sp. 726-728
Irsigler, Franz: Kölner Wirtschaft im Spätmittelalter, in: Kellenbenz, Hermann (Hrsg.) : Zwei Jahrtausende Kölner Wirtschaft, Band 1, Von den Anfängen bis zum Ende des 17. Jahrhunderts, Köln 1975, S. 217-319

Jacobi, Jessica: Besitzschutz vor dem Reichskammergericht, Die friedenssichernde Funktion der Besitzschutzklagen am Reichskammergericht im 16. Jahrhundert, dargestellt anhand von Kameralisten, (Rechtshistorische Reihe, Band 170), Frankfurt am Main 1998

Jahns, Sigrid: Das Reichskammergericht und seine Richter, Verfassung und Sozialstruktur eines höchsten Gerichts im Alten Reich, Teil II Biographien, Band 1 und Band 2, (= Quellen und Forschungen zur höchsten Gerichtsbarkeit im alten Reich; Band 26) Köln, Weimar, Wien 2003

Kannowski, Bernd: Bürgerkämpfe und Friedebriefe, Rechtliche Streitbeilegung in spätmittelalterlichen Städten, (Forschungen zur deutschen Rechtsgeschichte; Band 19), Köln 2001

Kellenbenz, Hermann: Wirtschaftsgeschichte Kölns im 16. und beginnenden 17. Jahrhundert, in: Kellenbenz, Hermann (Hrsg.): Zwei Jahrtausende Kölner Wirtschaft, Band 1, Von den Anfängen bis zum Ende des 17. Jahrhunderts, Band 1, Köln 1975, S. 321-427

Kempis, Karl von: Andreas Gaill (1526-1587); zum Leben und Werk eines Juristen der frühen Neuzeit, Frankfurt am Main 1988

Keutgen, Friedrich: Ämter und Zünfte, Zur Entstehung des Zunftwesens, Neudruck und Ausgabe Jena 1903, Aalen 1965

Klass, Andreas: Standes- oder Leistungselite?, Eine Untersuchung der Karrieren der Wetzlarer Anwälte des Reichskammergerichts (1693-1806), Frankfurt am Main 2002

Kleinheyer, Gerd/Schröder, Jan: Deutsche Juristen aus fünf Jahrhunderten, eine biographische Einführung in die Geschichte der Rechtswissenschaft, 3. Auflage, Heidelberg 1989

Knauer, P.: Gesetzlicher Richter, in: HRG I, (1971) Sp. 1620-1627

Knolle: Fiskalat, in: HRG I, (1971) Sp. 1134-1135

Kocher, Gernot: Prozessvollmacht, in: HRG IV, (1990) Sp. 74-76

Kotulla: Austrägalinstanz, in HRG I, 2. Lieferung, (2005) Sp. 387-388

Kramer, Karl- Sigismund: Handwerk, Handwerksgesellen (volkskundlich), in: HRG I, (1971) Sp. 1984-1988

Kramer, Karl- Sigismund: Morgensprache, in: HRG III, (1984) Sp. 683-684

Krause, Hermann: Gewohnheitsrecht, in HRG III, (1984) Sp. 683-684

Kroeschell, Karl: Justizsachen und Polizeisachen, in Gerichtslauben-Vorträge, Freiburger Festkolloquium zum 75. Geburtstag

von Hans Thieme, Sigmaringen 1983, S. 57-72

Krudewig, Johannes: Zur Geschichte der ehemaligen Bäckerzunft in Köln, in: Fest-Schrift 100 Jahre Bäckerinnung Köln, 1849- 1949, Köln 1949, S.17-42

Kuske, Bruno: Die städtischen Handels- und Verkehrsarbeiter und die Anfänge städtischer Sozialpolitik in Köln bis zum Ende des 18. Jahrhunderts, Bonn 1914
Latzke, Walther: Das Archiv des Reichskammergerichts, in: ZRG (GA) 78 (1961), S. 321-326
Lau, Friedrich: Entwicklung der kommunalen Verfassung und Verwaltung der Stadt Köln bis zum Jahre 1396, unveränderter Nachdruck der Ausgabe 1898, Amsterdam 1969
Lau, Thomas: Der Rechtsanwalt und das juristische Argument, in: Albrecht Cordes (Hrsg.), Juristische Argumentation- Argumente der Juristen, (zugleich Band 49 der Quellen und Forschungen zur höchsten Gerichtsbarkeit im Alten Reich), Köln 2006, S. 75-96
Laufs, Adolf: Jüngster Reichsabschied, in: HRG II, (1978) Sp. 468-472
Laufs, Adolf: Reichskammergericht, in: HRG IV, (1990) Sp. 655-662
Lentze, H.: Handwerk (rechtlich), in: HRG II, (1978) Sp.468- 472
Liebs, Detlef: Lateinische Rechtsregeln und Rechtssprichwörter, 6. Auflage München 1998
Loening, Edg.: Realgewerberechte, in: Handwörterbuch der Staatswissenschaften, zweite Auflage, Sechster Band, Paasche-Syndikat, Jena 1901, S. 314f.
Loesch, von Heinrich: Die Grundlagen der ältesten Kölner Gemeindeverfassung, in: ZRG (GA) 53, (1933) S. 89-207
Lorenz, Sönke: Das Reichskammergericht. Ein Überblick für den angehenden Benutzer von Reichskammergerichts-Akten über Geschichte, Rechtsgang und Archiv des Reichskammergerichts mit besonderer Berücksichtigung des südwestdeutschen Raumes, in: Zeitschrift für Württembergische Landesgeschichte 43 (1984), S. 176-203
Lürken, Franz: Das Schmiedegewerbe im reichsstädtischen Köln (unter Ausschluss der Gold- und Waffenschmiede), Köln 1920
Luig, Klaus: Georg Adam Struve, in: HRG V, (1998) Sp. 52-54
Maier, Hans: Polizei, in: HRG III, (1984) Sp. 1800-1803
Mayer-Maly, Theo: Die Kölner Gaffelverfassung und die Rechtsgeschichte der Demokratie, in: Österreichische Zeitschrift für öffentliches Recht, Band 7 (1956), S. 208-218
Merlo, Johann Jacob: Nicolaus Gülich, das Haupt der Kölner Revolution von 1680-1685, in: Annalen des Historischen Vereins für den Niederrhein, Jg. 46 (1887), S. 21-47
Mick, Elisabeth: Köln im Mittelalter, Köln 1990
Milz, Herbert: Das Kölner Grossgewerbe von 1750 bis 1835, (= Schriften zur rheinisch-westfälischen Wirtschaftsgeschichte; Band 7), Köln 1962

Mittermaier, Carl Joseph Anton: Grundsätze des gemeinen deutschen Privatrechts, mit Einschluss des Handels-, Wechsel,- und Seerechts, Zweiter Band, 7. Auflage, Regensburg 1847
Mohnhaupt, Heinz: Untersuchungen zum Verhältnis Privileg und Kodifikation im 18. und 19. Jahrhundert, in: Ius Commune V (1975), S. 71-121.
Münch, Paul: Lebensformen in der fühen Neuzeit, 1500 bis 1800, Berlin 1998
Naujoks, Eberhard: Obrigkeitsgedanke, Zunftverfassung und Reformation, Studien zur Verfassungsgeschichte von Ulm, Esslingen und Schwäb. Gmünd, Stuttgart 1958
Neuburg, C.: Zunftgerichtsbarkeit und Zunftverfassung in der Zeit vom 13. bis 16. Jahrhundert, Ein Beitrag zur ökonomischen Geschichte des Mittelalters, Wiesbaden 1966 (Neudruck der Ausgabe von 1885)
Nicolini, Ingrid: Die politische Führungsschicht in der Stadt Köln gegen Ende der reichsstädtischen Zeit, Köln 1979
Oberbach, Elly: Das Kölner Textilgewerbe von der Wende des Mittelalters bis zum 19. Jahrhundert, Köln 1929
Oestmann, Peter: Aktenversendung, in: HRG I, 2. Lieferung, (2005) Sp. 128-132
Oestmann, Peter: Artikelprozeß, in: HRG I, 2. Lieferung, (2005) Sp. 313-314
Oestmann, Peter: Einlassung, in HRG I, 6. Lieferung, (2007) Sp. 1300-1301
Oestmann, Peter: Hexenprozesse am Reichskammergericht, (= Quellen und Forschungen zur höchsten Gerichtsbarkeit im alten Reich; Band 31) Köln, Weimar 1997
Oestmann, Peter: Die Rekonstruktion der reichskammergerichtlichen Rechtsprechung des 16. und 17. Jahrhunderts als methodisches Problem, in: Baumann/Westphal/Wendehorst/Ehrenpreis (Hrsg.) Prozessakten als Quelle, Neue Ansätze zur Erforschung der Höchsten Gerichtsbarkeit im Alten Reich, Köln 2001, S. 15-54
Oestmann, Peter: Rechtsvielfalt vor Gericht, Rechtsanwendung und Partikularrecht im Alten Reich, (Rechtsprechung. Materialien und Studien. Veröffentlichungen des Max-Planck-Instituts für Europäische Rechtsgeschichte Frankfurt am Main; Band 18) Frankfurt am Main 2002
Oestmann, Peter: Germanisch-deutsche Rechtsaltertümer im Barockzeitalter- eine Fallstudie, in: ders.: Aus den Akten des Reichskammergerichts, Prozessrechtliche Probleme im Alten Reich, Hamburg 2004, S. 1-67
Oestmann, Peter: Zunftzwang und Handelsfreiheit im frühen 19. Jahrhundert, in Zeitschrift für Neuere Rechtsgeschichte, 26. Jahrgang 2004, S. 246-261
Oestmann, Peter: Rückblick auf die Hanse, Der Streit um die Abgaben an das Novgorod-Kontor, in: Das Gedächtnis der Hansestadt Lübeck, Festschrift für Antjekahrin Graßmann zum 65. Geburtstag, Lübeck 2005, S. 545-556

Oestreich, Gerhard: Vom Herrschaftsvertrag zur Verfassungsurkunde. Die Regierungsformen des 17.Jahrhunderts als konstitutionelle Elemente, in: Vierhaus, Rudolf (Hrsg.): Herrschaftsverträge, Wahlkapitulationen, Fundamentalgesetze, Göttingen 1977, S. 45-67

Ogris, Werner: Kabinettsjustiz, in HRG II, (1978) Sp. 515-518

Ogris, Werner: Machtspruch, in HRG III, (1984) Sp. 126-128

Ogris, Werner: Realrecht, in: HRG IV, (1990) Sp. 210-212

Otto, Carl/Schilling, Bruno/Sintenis, Carl F.F.: Das Corpus Juris Civilis in's Deutsche übersetzt von einem Vereine Rechtsgelehrter,Dritter Band, Leipzig 1831, Vierter Band, Leipzig 1832, Sechster Band, Leipzig 1832

Pfeiffer, Burkhard Wilhelm: Praktische Ausführungen aus allen Theilen der Rechtswissenschaft. Mit Erkenntnissen des Oberappellationsgerichts zu Cassel, Sechster Band, Hannover 1841

Pirson, Dietrich: Jura quaesita, in: HRG II, (1978) Sp. 472-476

Planitz, Hans: Die deutsche Stadt im Mittelalter, Von der Römerzeit bis zu den Zunftkämpfen, Graz-Köln 1954

Pock, Änne Sybille: Die Kölner Gerberei bis zum Ende der reichsstädtischen Zeit, Köln 1929

Pohl, Hans: Wirtschaftsgeschichte Kölns im18. und beginnenden 19. Jahrhundert, in: Kellenbenz, Hermann (Hrsg.): Zwei Jahrtausende Kölner Wirtschaft, Band 2, Vom 18.Jahrhundert bis zur Gegenwart, Köln 1975, S. 9-162.

Ranieri, Filippo: Die Arbeit des Reichskammergerichts in Wetzlar, Kontinuität und Diskontinuität im Vergleich zur Speyerer Zeit, (Schriftenreihe der Gesellschaft für Reichskammergerichtsforschung), Wetzlar 1988

Ranieri, Filippo: Rezeption und Prozessrecht am Reichskammergericht, in: Scheurmann (Hrsg.), Frieden durch Recht, Das Reichskammergericht von 1495 bis 1806, Mainz 1994, S. 170-173

Reininghaus, Wilfried: Gewerbe in der frühen Neuzeit, (= Enzyklopädie deutscher Geschichte, Bd. 3), München 1990

München 1991

Rückert, Joachim/Vortmann, Jürgen (Hrsg.): Niedersächsische Juristen, Ein historisches Lexikon mit einer landesgeschichtlichen Einführung und Bibliographie, Göttingen 2003

Rüfner, Wolfgang: Verwaltungsrechtsschutz in Preußen von 1749 bis 1842, (Bonner rechtswissenschaftliche Abhandlungen Band 53) Bonn 1962

Ruthmann, Bernhard: Die Religionsprozesse am Reichskammergericht, eine Analyse anhand ausgewählter Prozesse, (= Quellen und Forschungen zur höchsten Gerichtsbarkeit im alten Reich; Band 28) Köln 1994

Sailer, Rita: Untertanenprozesse vor dem Reichskammergericht, (= Quellen und Forschungen zur höchsten Gerichtsbarkeit im alten Reich; Band 33), Köln 1999
Samwer, Sigmar-Jürgen: Die französische Erklärung der Menschen- und Bürgerrechte von 1789/91, ihre Entstehung und ihre Herkunft, Hamburg 1969
Schenk, Hans: Findbücher zu Beständen des Bundesarchivs, Reichskammergericht, Band 52 (Bestand AR I).Urteilsbücher, Koblenz 1995
Scheurmann, Ingrid (Hrsg.): Frieden durch Recht, das Reichskammergericht 1495 bis 1806, Mainz 1994
Schlumbohm, Jürgen: Freiheit, Die Anfänge der bürgerlichen Emanzipationsbewegung in Deutschland im Spiegel ihres Leitwortes (1760- ca. 1800), (= Geschichte und Gesellschaft, Bochumer Historische Studien; Band 12) Düsseldorf 1975
Schmelzeisen, Gustaf Klemenz: Polizeiordnungen, in HRG III, (1984) Sp. 1803-1808
Schott, Clausdieter: „Interpretatio cessat in claris"- Auslegungsfähigkeit und Auslegungsbedürftigkeit in der juristischen Hermeneutik, in: Jan Schröder (Hrsg.), Theorie der Interpretation vom Humanismus bis zur Romantik-Rechtswissenschaft, Philosophie, Theologie, Beiträge zu einem interdisziplinären Symposion in Tübingen, 29. September bis 1. Oktober 1999, Stuttgart 2001
Schröder, Jan: Zur Vorgeschichte der Volksgeistlehre, Gesetzgebungs- und Rechtsquellentheorie im 17. und 18. Jahrhundert, in Zeitschrift der Savigny-Stiftung für Rechtsgeschichte, 109. Band, Germanistische Abteilung, Köln 1992, S.
Schulze, Reiner: Statutarrecht, in: HRG IV, (1990) Sp. 1922-1926
Schumann, Sabine: Joachim Mynsinger von Frundeck (1514-1588); herzoglicher Kanzler in Wolfenbüttel , Rechtsgelehrter – Humanist; zur Biographie eines Juristen im 16. Jahrhundert, Wiesbaden 1983
Schwerhoff, Gerd: Apud populum potestas? Ratsherrschaft und korporative Partizipation in Köln, in: Schreiner, Klaus/Meier, Ulrich (Hrsg.) Stadtregiment und Bürgerfreiheit, Handlungsspielräume in deutschen und italienischen Städten des Späten Mittelalters und der frühen Neuzeit, Göttingen 1994, S. 188-243
Schwerhoff, Gerd: Die goldene Freiheit der Bürger, Zu den Bedeutungsebenen eines Grundwertes in der stadtkölnischen Geschichte (13.-17. Jahrhundert), in: Schreiner, Klaus/Meier, Ulrich (Hrsg.) Stadtregiment und Bürgerfreiheit, Handlungsspielräume in deutschen und italienischen Städten des Späten Mittelalters und der frühen Neuzeit, Göttingen 1994, S. 84-119

Schwerhoff, Gerd: Köln im Kreuzverhör, Kriminalität, Herrschaft und Gesellschaft in einer frühneuzeitlichen Stadt, Bonn 1991

Schwering, Leo: Die Auswanderung protestantischer Kaufleute aus Köln nach Mühlheim am Rhein im Jahre 1714, in: Westdeutsche Zeitschrift für Geschichte und Kunst, 26. Jahrgang, Trier 1907, S. 194-250

Sedatis, Lutz: Summarischer Prozeß, in: HRG IV, (1990) Sp. 79-80

Seeger, Tilman: Die Extrajudizialappellation, (= Quellen und Forschungen zur höchsten Gerichtsbarkeit im alten Reich; Band 25) Köln, Weimar, Wien 1992

Sellert, Wolfgang: Die Akzessorietät von Kostentragung und Prozesserfolg. Ein historisches Problem von aktueller Bedeutung, in: Becker, Dilcher, Gudian, Kaufmann, Sellert (Hrsg.) Rechtsgeschichte als Kulturgeschichte, Festschrift für Adalbert Erler, Aalen 1976, S. 509-540.

Sellert, Wolfgang: Zur Geschichte der rationalen Urteilsbegründung gegenüber den Parteien insbesondere am Beispiel des Reichshofrats und des Reichskammergerichts, in: Dilcher, Gerhard/ Diestelkamp, Bernhard (Hrsg.), Recht, Gericht, Genossenschaft und Policey. Studien zu Grundbegriffen der germanistischen Rechtshistorie. Symposium für Adalbert Erler, Berlin 1986, S. 97-113

Sellert, Wolfgang Prozeßgrundsätze und Stilus Curiae am Reichshofrat im Vergleich mit den gestzlichen Grundlagen des reichskammergerichtlichen Verfahrens, Aalen 1973

Sellert, Wolfgang (Hrsg.): Reichshofrat und Reichskammergericht, Ein Konkurrenzverhältnis, Köln 1999

Sellert, Wolfgang: Litis contestatio, in: HRG III, (1984) Sp. 14-20

Sellert, Wolfgang: Prokurator, in: HRG III, (1984) Sp. 2032-2034

Sellert, Wolfgang: Prozeß des Reichskammergerichts, in: HRG IV, (1990) Sp. 29-36

Sellert, Wolfgang: Revision, Supplikation, in: HRG IV, (1990) Sp. 958-960

Sellert, Wolfgang: Sollizitieren, in: HRG IV, (1990) Sp. 1699-1702

Servos, Hans: Verfassungsgeschichte der Stadt Köln vom Verbund- und Transfixbrief bis zur Mitte des 19. Jahrhunderts, Heidelberg 1921

Siegrist, Hannes: Advokat, Bürger, und Staat, Band 1, Erster Halbband, Sozialgeschichte der Rechtsanwälte in Deutschland, Italien und der Schweiz, (18.-20.Jh.) (= Ius Commune, Veröffentlichungen des Max-Planck-Instituts für Europäische Rechtsgeschichte Frankfurt am Main) Sonderhefte 80, Frankfurt am Main 1996

Smend, Rudolf: Das Reichskammergericht. Erster Teil: Geschichte und Verfassung, Weimar 1911 (Nachdruck Aalen 1965)

Sombart, Werner: Der moderne Kapitalismus, Historisch-systematische Darstellung des gesamteuropäischen Wirtschaftslebens von seinen Anfängen bis zur

Gegenwart, Zweiter Band, Das europäische Wirtschaftsleben im Zeitalter des Frühkapitalismus, vornehmlich im 16., 17. und 18. Jahrhundert, Erster und Zweiter Halbband, München 1917
Sonntag, Willy: Der Zunftzwang in Köln bis zum Ausgang des Mittelalters, Köln 1937
Stintzing, Roderich von: Landsberg, Ernst Geschichte der deutschen Rechtswissenschaft, 3 Abteilungen in 4 Bänden, Abteilung 3, Halbband 1, Text und Noten, Das Zeitalter des Naturrechts (Ende 17. bis Anfang 19. Jahrhundert), 2. Neudruck der Ausgabe München 1898, Aalen 1978
Stolleis, Michael (Hrsg.): Juristen – Ein Biographisches Lexikon- Von der Antike bis zum 20. Jahrhundert, 2. Auflage, München 2001
Strauch, Dieter: Kölnisches Gerichtswesen bis 1794: Die Ordnung des Hochgerichts, 14. bis 15. Jahrhundert, in: Quellen zur Geschichte der Stadt Köln, Band 2, Spätes Mittelalter und frühe Neuzeit (1396-1794), 1. Aufl., Köln 1996, S. 29-62
Tuckermann, Walter: Zur Geschichte des älteren Kölner Bäckergewerbes, in: Festschrift gelegentlich der Einweihung des neuerbauten Innungshauses in Köln, Altermarkt 20-22 am 29. August 1911, Köln 1911, S. 7-27
Verdenhalven, Fritz: Alte Meß –und Währungssysteme aus dem deutschen Sprachgebiet, Was Familien- und Lokalgeschichtsforscher suchen, Neustadt an der Aisch 1998
Walter, Ferdinand: Das alte Erzstift und die Reichsstadt Cöln. Entwicklung ihrer Verfassung vom 15. Jahrhundert bis zu ihrem Untergang, Bonn 1866
Wankell, Matthias: Beiträge zur Wirtschaftsgeschichte der freien Reichsstadt Köln im 18. Jahrhundert unter besonderer Berücksichtigung der Industrialisierung, Köln 1948
Weingärtner, Georg: Zur Geschichte der Kölner Zunftunruhen am Ende des 18. Jahrhunderts, Geschichte der bürgerlichen Deputatschaft, Münster 1913
Weinsberg, Hermann von: Das Buch Weinsberg, Kölner Denkwürdigkeiten aus dem 16. Jahrhundert, Band 4, Köln 1997
Weitzel, Jürgen: Appellation, in: HRG I, 2. Lieferung, (2005) Sp. 268-271
Weitzel, Jürgen: Der Kampf um die Appellation ans Reichskammergericht, zur politischen Geschichte der Rechtsmittel in Deutschland, (= Quellen und Forschungen zur höchsten Gerichtsbarkeit im alten Reich; Band 4) Köln, Wien 1976
Weitzel, Jürgen: Der Schutz von Freiheitsrechten, in: Diestelkamp (Hrsg.), Die politische Funktion des Reichskammergerichts, (= Quellen und Forschungen zur höchsten Gerichtsbarkeit im alten Reich, Band 24) Köln, Weimar, Wien 1993

Weitzel, Jürgen: Anwälte am Reichskammergericht, in: Battenberg, Friedrich/ Ranieri, Filippo (Hrsg.): Geschichte der Zentraljustiz in Mitteleuropa, Festschrift für Bernhard Diestelkamp zum 65. Geburtstag, Weimar, Köln, Wien 1994, S. 253-269

Weitzel, Jürgen: Rechtsmittel, in HRG IV, (1990) Sp. 315-321

Wesel, Uwe: Geschichte des Rechts, Von den Frühformen bis zum Vertrag von Maastricht, München 1997

Wesener, Gunther: Prozessmaximen, in: HRG IV, (1990) Sp. 55-62

Wiegand, Wolfgang: Die privatrechtlichen Rechtsquellen des Usus modernus, in: Dieter Simon (Hrsg.), Akten des 26. Deutschen Rechtshistorikertages (Ius Commune Sonderheft 30), Frankfurt 1987, S. 237-252

Wiegand, Wolfgang: Zur Herkunft und Ausbreitung der Formel „habere fundatam intentionem“, in: Sten Gagnér/Hans Schlosser/Wolfgang Wiegand (Hrsg.), Festschrift für Hermann Krause, Köln, Wien 1975, S. 126-170

Wiese, Marion: Leibeigene Bauern und Römisches Recht im 17. Jahrhundert, Ein Gutachten des David Mevius, Berlin 2006

Windscheid, Bernhard: Die actio des römischen Zivilrechts vom Standpunkte des heutigen Rechts, Düsseldorf 1856, Nachdruck Aalen 1969

Wissel , Rudolf: Des alten Handwerks Recht und Gewohnheit, I. Band, Berlin 1929

Abkürzungsverzeichnis

Art.	Artikel
Bl.	Blatt
bzw.	beziehungsweise
c.c.	cum clausula
Cod.	Codex
Dr.	Doktor
ebd.	ebenda
f.	folgend(e)
ff.	folgende
fl.	Gulden
HAStK	Historisches Archiv der Stadt Köln
HRG	Handwörterbuch zur Deutschen Rechtsgeschichte
Hrsg.	Herausgeber
JRA	Jüngster Reichsabschied
Lic.	Licentiat
obs.	Observation
Q.	Quadrangel
RKG	Reichskammergericht
RKGO	Reichskammergerichtsordnung
Rn.	Randnummer
Rspr.	Rechtsprechung
S.	Seite(n)
s.c.	sine clausula
Sp.	Spalte
Tit.	Titel
Tom.	Tomus (Band)
u.a.	unter anderem
vgl.	vergleiche
VKGv	Veröffentlichungen des Kölnischen Geschichtsvereins
WN	Wetzlarische Nebenstunden
z.B.	zum Beispiel
ZNR	Zeitschrift für Neuere Rechtsgeschichte
ZRG (GA)	Zeitschrift der Savigny-Stiftung für Rechtsgeschichte (Germanistische Abteilung)

RECHTSHISTORISCHE REIHE

Band 1 Studien zu den germanischen Volksrechten. Gedächtnisschrift für Wilhelm Ebel. Vorträge gehalten auf dem Fest-Symposion anläßlich des 70. Geburtstages von Wilhelm Ebel am 16. Juni 1978 in Göttingen. Götz Landwehr (Hrsg.) 1982.

Band 2 Hans Poeschel: Die Statuten der Banken, Sparkassen und Kreditgenossenschaften in Hamburg und Altona von 1710 bis 1889. 1978.

Band 3 Thomas Kolbeck: Juristenschwemmen, Untersuchungen über den juristischen Arbeitsmarkt im 19. und 20. Jahrhundert. 1978.

Band 4 Norbert Hempel: Richterleitbilder in der Weimarer Republik. 1978.

Band 5 Rolf Stratmann: Die Scheinbußen im mittelalterlichen Recht. 1978.

Band 6 Martin C. Lockert: Die niedersächsischen Stadtrechte zwischen Aller und Weser. Vorkommen und Verflechtungen. Eine Bestandsaufnahme. 1979.

Band 7 Joachim Rückert/Wolfgang Friedrich: Betriebliche Arbeiterausschüsse in Deutschland, Großbritannien und Frankreich im späten 19. und frühen 20. Jahrhundert. Eine vergleichende Studie zur Entwicklung des kollektiven Arbeitsrechts. 1979.

Band 8 Peter Bender: Die Rezeption des römischen Rechts im Urteil der deutschen Rechtswissenschaft. 1979.

Band 9 Friedrich Karl Alsdorf: Untersuchungen zur Rechtsgestalt und Teilung deutscher Ganerbenburgen. 1980.

Band 10 Dietmar Willoweit/Winfried Schich (Hrsg.): Studien zur Geschichte des sächsisch-magdeburgischen Rechts in Deutschland und Polen (Sammelband). 1980.

Band 11 Brigitte Hempel: Der Entwurf einer Polizeiordnung für das Herzogtum Sachsen-Lauenburg aus dem Jahre 1591. 1980.

Band 12 Klaus-Detlev Godau-Schüttke: Rechtsverwalter des Reiches. Staatssekretär Dr. Curt Joël. 1981.

Band 13 Rainer Polley: Anton Friedrich Justus Thibaut (AD 1772-1840) in seinen Selbstzeugnissen und Briefen. Teil 1: Abhandlung. Teil 2: Briefwechsel. Teil 3: Register zum Briefwechsel. 1982.

Band 14 Michael Wettengel: Der Streit um die Vogtei Kelkheim 1275-1276. Ein kanonischer Prozeß.1981.

Band 15 Otto Wilhelm Krause: Naturrechtler des sechzehnten Jahrhunderts. Ihre Bedeutung für die Entwicklung eines natürlichen Privatrechts. 1982.

Band 16 Helga Spindler: Von der Genossenschaft zur Betriebsgemeinschaft. Kritische Darstellung der Sozialrechtslehre Otto von Gierkes. 1982.

Band 17 Holger Otte: Gustav Radbruchs Kieler Jahre 1919-1926. 1982.

Band 18 Rüdiger Teuner: Die fuldische Ritterschaft 1510-1656. 1982.

Band 19 Gerhard Dilcher/Rudolf Hoke/Gian Savino Pene Vidari/Hans Winterberg (Hrsg.): Grundrechte im 19. Jahrhundert. 1982.

Band 20 Karl-Hans Schloßstein: Die westfälischen Fabrikengerichtsdeputationen - Vorbilder, Werdegang und Scheitern. 1982.

Band 21 Birger Schulz: Der Republikanische Richterbund (1921-1933). 1982.

Band 22 Engelbert Krause: Die gegenseitigen Unterhaltsansprüche zwischen Eltern und Kindern in der deutschen Privatrechtsgeschichte. 1982.

Band 23 Meent W. Francksen: Staatsrat und Gesetzgebung im Großherzogtum Berg (1806-1813). 1982.

Band 24 Gerd von Sonnleithner: Bearbeitung des Handelsrechts durch Ignaz von Sonnleithner in seinem "Leitfaden über das österreichische Handels- und Wechselrecht". 1982.

Band 25 Rudolf Palme: Rechts-, Wirtschafts- und Sozialgeschichte der inneralpinen Salzwerke bis zu deren Monopolisierung. 1983.

Band 26 Helen Bosshard: Pestalozzis Staats- und Rechtsverständnis und seine Stellung in der Aufklärung. 1983.

Band 27 Jens Jessen: Die Selbstzeugnisse der deutschen Juristen. Erinnerungen, Tagebücher und Briefe. Eine Bibliographie. 1983.

Band 28 Günter Martin Jensen: Das Domanium Waldeck. Die rechtliche Zuordnung eines Fürstenvermögens. 1984.

Band 29 Johann Heinrich Kumpf: Petitionsrecht und öffentliche Meinung im Entstehungsprozeß der Paulskirchenverfassung 1848/49. 1983.

Band 30 Sabine Frey: Rechtsschutz der Juden gegen Ausweisungen im 16. Jahrhundert. 1983.

Band 31 Dietrich Joswig: Die germanische Grundstücksübertragung. 1984.

Band 32 Andreas Baryli: Konzessionssystem contra Gewerbefreiheit. Zur Diskussion der österreichischen Gewerberechtsreform 1835 bis 1860. 1984.

Band 33 Gerhard Oberkofler: Studien zur Geschichte der österreichischen Rechtswissenschaft. 1984.

Band 34 Rudolf Lauda: Kaufmännische Gewohnheit und Burgrecht bei Notker dem Deutschen. Zum Verhältnis von literarischer Tradition und zeitgenössischer Realität in der frühmittelalterlichen Rhetorik. 1984.

Band 35 Jens Jensen: Die Ehescheidung des Bischofs Hans von Lübeck von Prinzessin Julia Felicitas von Württemberg-Weiltingen AD 1648-1653. Ein Beitrag zum protestantischen Ehescheidungsrecht im Zeitalter des beginnenden Absolutismus. 1984.

Band 36 Horst Schröder: Friedrich Karl von Savigny. Geschichte und Rechtsdenken beim Übergang vom Feudalismus zum Kapitalismus in Deutschland. 1984.

Band 37 Andreas Hatzung: Dogmengeschichtliche Grundlagen und Entstehung des zivilrechtlichen Notstands. 1984.

Band 38 Matthias Klasen: Das Billwerder Landrecht. Landrecht und Landgericht in den Hamburger Elbmarschen. 1985.

Band 39 Rainer Jamin: Aufbau, Tätigkeit und Verfahren der Auseinandersetzungsbehörden bei der Durchführung der preußischen Agrarreformen. 1985.

Band 40 Henry Winter: Teilschuld, Gesamtschuld und unechte Gesamtschuld. Zur Konzeption der §§ 420 ff. BGB - Ein Beitrag zur Entstehungsgeschichte des BGB. 1985.

Band 41 Hermann Eichler: Verfassungsbewegung in Amerika und Europa. 1985.

Band 42 Dagmar Bandemer: Heinrich Albert Zachariae. Rechtsdenken zwischen Restauration und Reformation. 1985.

Band 43 Eva-Christine Frentz: Das Hamburgische Admiralitätsgericht (1623-1811). Prozeß und Rechtsprechung. 1985.

Band 44 Karl Lillig: Rechtsetzung im Herzogtum Pfalz-Zweibrücken während des 18. Jahrhunderts. Ein Beitrag zur Geschichte der territorialen Rechtsbildung. 1985.

Band 45 Walter Weber: Die Entwicklung der Sparkassen zu selbständigen Anstalten des öffentlichen Rechts. Ein Beitrag zur Entwicklung des Anstaltsbegriffs im 19. Jahrhundert. 1985.

Band 46 Bärbel Baum: Der Stabreim im Recht. Vorkommen und Bedeutung des Stabreims in Antike und Mittelalter. 1986.

Band 47 Hans Popp: Die nationalsozialistische Sicht einiger Institute des Zivilprozeß- und Gerichtsverfassungsrechts. 1986.

Band 48 John Karl-Heinz Montag: Die Lehrdarstellung des Handelsrechts von Georg Friedrich von Martens bis Meno Pöhls. Die Wissenschaft des Handelsrechts im ersten Drittel des 19. Jahrhunderts. 1986.

Band 49 Volker D. Anhäusser: Das internationale Obligationenrecht in der höchstrichterlichen Rechtsprechung des 19. Jahrhunderts. 1986.

Band 50 Udo Beer: Die Juden, das Recht und die Republik. Verbandswesen und Rechtsschutz 1919-1933. 1986.

Band 51 Herbert Grziwotz: Der moderne Verfassungsbegriff und die "Römische Verfassung" in der deutschen Forschung des 19. und 20. Jahrhunderts. 1986.

Band 52 Ralf Conradi: Karl Friedrich Eichhorn als Staatsrechtslehrer. Seine Göttinger Vorlesung über "Das Staatsrecht der deutschen Bundesstaaten" nach einer Kollegmitschrift aus dem Wintersemester 1821/22. 1987.

Band 53 Dieter Dannreuther: Der Zivilprozeß als Gegenstand der Rechtspolitik im Deutschen Reich 1871-1945. Ein Beitrag zur Geschichte des Zivilprozeßrechts in Deutschland. 1987.

Band 54 Stephan Felix Pauly: Organisation, Geschichte und Praxis der Gesetzesauslegung des (Königlich) Preußischen Oberverwaltungsgerichtes 1875-1933. 1987.

Band 55 Rüdiger Schulz: Die Entstehung des Seerechts des Allgemeinen Deutschen Handelsgesetzbuches unter besonderer Berücksichtigung der Bestimmungen über die Reederei, den Schiffer und die Schiffsmannschaft. 1987.

Band 56 Reinhold Reis: Deutsches Privatrecht in den Weistümern der Zenten Schriesheim und Kirchheim. 1987.

Band 57 Jürgen Christoph: Die politischen Reichsamnestien 1918-1933. 1987.

Band 58 Gerhard Oberkofler/Eduard Rabofsky: Hans Kelsen im Kriegseinsatz der k.u.k.-Wehrmacht. Eine kritische Würdigung seiner militärtheoretischen Angebote. 1988.

Band 59 Arne Wulff: Staatssekretär Prof. Dr. Dr. h.c. Franz Schlegelberger. 1876-1970. 1991.

Band 60 Gerhard Köbler (Hrsg.): Wege europäischer Rechtsgeschichte. Karl Kroeschell zum 60. Geburtstag. 1987.

Band 61 Rüdiger Hütte: Der Gemeinschaftsgedanke in den Erbrechtsreformen des Dritten Reichs. 1988.

Band 62 Markus Göldner: Politische Symbole der europäischen Integration. Fahne, Hymne, Hauptstadt, Paß, Briefmarke, Auszeichnungen. 1988.

Band 63 Wolfgang Kröner: Freiheitsstrafe und Strafvollzug in den Herzogtümern Schleswig, Holstein und Lauenburg von 1700 bis 1864. 1988.

Band 64 Werner Gaile: Die Norder Theelacht. 1988.

Band 65 Karl v. Kempis: Andreas Gaill (1526-1587). Zum Leben und Werk eines Juristen der frühen Neuzeit. 1988.

Band 66 Wolf-Rüdiger Osburg: Die Verwaltung Hamburgs in der Franzosenzeit. 1811-1814. 1988.

Band 67 Christian Schudnagies: Hans Frank. Aufstieg und Fall des NS-Juristen und Generalgouverneurs. 1988.

Band 68 Otmar Jung: Senatspräsident Freymuth. Richter, Sozialdemokrat und Pazifist in der Weimarer Republik. Eine politische Biographie. 1989.

Band 69 Joachim Lohner: Das landeshauptmannschaftliche Gericht in Oberösterreich zu Beginn der Neuzeit. Eine Darstellung des oberösterreichischen Prozeßrechts am obersten Territorialgericht des Landes anhand der oberösterreichischen Landtafel.1989.

Band 70 Bernd Klemann: Rudolf von Jhering und die Historische Rechtsschule. 1989.

Band 71 Adalbert Langer: Männer um die österreichische Zivilprozeßordnung 1895. Zusammenspiel / Soziales Ziel. 1990.

Band 72 Robert-Dieter Klee: Die Landessuperintendentur Lauenburg. Ursprung und Entwicklung sowie Ende der Sonderstellung des Kirchenkreises Herzogtum Lauenburg durch die nordelbische Kirchenvereinigung. 1989.

Band 73 Heinrich Herrmann: Die Gehöferschaften im Bezirk Trier. 1989.

Band 74 Wilhelm Brauneder, Franz Baltzarek (Hrsg.): Modell einer neuen Wirtschaftsordnung. Wirtschaftsverwaltung in Österreich 1914-1918. 1991.

Band 75 Thomas Dreyer: Die "Assecuranz- und Haverey-Ordnung" der Freien und Hansestadt Hamburg von 1731. 1990.

Band 76 Bernhard Sendler: Die Rechtssprache in den süddeutschen Stadtrechtsreformationen. 1990.

Band 77 Brigitte Lehmann: Ehevereinbarungen im 19. und 20. Jahrhundert. 1990.

Band 78 Michael Sunnus: Der NS-Rechtswahrerbund (1928-1945). Zur Geschichte der nationalsozialistischen Juristenorganisation. 1990.

Band 79 Stefan Schulz: Die historische Entwicklung des Rechts an Bienen. (§§ 961-964 BGB). 1990.

Band 80 Gerhard Lingelbach, Heiner Lück (Hrsg.): Deutsches Recht zwischen Sachsenspiegel und Aufklärung. Rolf Lieberwirth zum 70. Geburtstag dargebracht von Schülern, Freunden und Kollegen, herausgegeben von Gerhard Lingelbach und Heiner Lück. 1991.

Band 81 Manfred Krohn: Die deutsche Justiz im Urteil der Nationalsozialisten 1920-1933. 1991.

Band 82 Angelika Kühn: Privilegierung nationaler Minderheiten im Wahlrecht der Bundesrepublik Deutschland und Schleswig-Holsteins. 1991.

Band 83 Georg Brun: Leben und Werk des Rechtshistorikers Heinrich Mitteis unter besonderer Berücksichtigung seines Verhältnisses zum Nationalsozialismus. 1991.

Band 84 Wolfgang Simon: Claudius Freiherr von Schwerin. Rechtshistoriker während dreier Epochen deutscher Geschichte. 1991.

Band 85 Friedrich-Carl Wachs: Das Verordnungswerk des Reichsdemobilmachungsamtes. Stabilisierender Faktor zu Beginn der Weimarer Republik. 1991.

Band 86 Jens-Uwe Petersen: Die Vorgeschichte und die Entstehung des Mieterschutzgesetzes von 1923 nebst der Anordnung für das Verfahren vor dem Mieteinigungsamt und der Beschwerdestelle. 1991.

Band 87 Ulrike Haibach: Familienrecht in der Rechtssprache. Die historische Entwicklung zentraler Ausdrücke des geltenden Familienrechts. 1991.

Band 88 Joern Christian Nissen: Die Beratungen des Seeversicherungsausschusses der Akademie für Deutsches Recht zu einem neuen Seeversicherungsgesetz (1934-1939). Ein Beitrag zur Entwicklung der allgemeinen Lehren des Seeversicherungsrechts unter besonderer Berücksichtigung des Handelsgesetzbuchs und der Allgemeinen Deutschen Seeversicherungs-Bedingungen 1919. 1991.

Band 89 Diethard Bühler: Die Entstehung der allgemeinen Vertragsschluß-Vorschriften im Allgemeinen Deutschen Handelsgesetzbuch (ADHGB) von 1861. Ein Beitrag zur Kodifikationsgeschichte des Privatrechts im 19. Jahrhundert. 1991.

Band 90 Gerhard Oberkofler: Die Vertreter des Römischen Rechts mit deutscher Unterrichtssprache an der Karls-Universität in Prag. Vom Vormärz bis 1945. 1991.

Band 91 Ulrich Andermann: Ritterliche Gewalt und bürgerliche Selbstbehauptung. Untersuchungen zur Kriminalisierung und Bekämpfung des spätmittelalterlichen Raubrittertums am Beispiel norddeutscher Hansestädte. 1991.

Band 92 Heinz Marcus Hanke: Luftkrieg und Zivilbevölkerung. Der kriegsvölkerrechtliche Schutz der Zivilbevölkerung gegen Luftbombardements von den Anfängen bis zum Ausbruch des Zweiten Weltkrieges. 1991.

Band 93 Kirsten Kraglund: Familien- und Erbrecht. Materielles Recht und Methoden der Rechtsanwendung in der Rechtsprechung des Oberappellationsgerichts der vier Freien Städte Deutschlands zu Lübeck. 1991.

Band 94 Reinhard Lorenz: Die politische und rechtliche Stellung des Proletariats in Preußen in der Zeit zwischen den Reformen und der Revolution 1848/49. 1991.

Band 95 Eric Hilgendorf: Die Entwicklungsgeschichte der parlamentarischen Redefreiheit in Deutschland. 1991.

Band 96 Hans J. Reiter: Die Handelsgesellschaft Villeroy & Boch von der Gründung 1836 bis zum Jahr 1878. 1992.

Band 97 Martin Johannes Heller: Reform der deutschen Rechtssprache im 18. Jahrhundert. 1992.

Band 98 Michael Kotulla: Die Tragweite der Grundrechte der revidierten preußischen Verfassung vom 31.01.1850. 1992.

Band 99 Michael Siefener: Hexerei im Spiegel der Rechtstheorie. Das crimen magiae in der Literatur von 1574 bis 1608. 1992.

Band 100 Andreas Ebert-Weidenfeller: Hamburgisches Kaufmannsrecht im 17. und 18. Jahrhundert. Die Rechtsprechung des Rates und des Reichskammergerichtes. 1992.

Band 101 Enno Bommel: Die Entstehung der Verwirkungslehre in der Krise des Positivismus. 1992.

Band 102 Ralph Steppacher: Die Berücksichtigung der bäuerlichen Postulate bei der Entstehung des ZGB und der Revision des OR. Ein Beitrag zur schweizerischen Kodifikationsgeschichte (1893-1912). 1992.

Band 103 Martin Fleckenstein: Die Todesstrafe im Werk Carl Joseph Anton Mittermaiers (1787-1867). Zur Entwicklungsgeschichte eines Werkbereichs und seiner Bedeutung für Theorie- und Methodenbildung. 1992.

Band 104 Jörn Eckert: Der Kampf um die Familienfideikommisse in Deutschland. Studien zum Absterben eines Rechtsinstitutes. 1992.

Band 105 Jörg Grotkopp: Beamtentum und Staatsformwechsel. Die Auswirkungen der Staatsformwechsel von 1918, 1933 und 1945 auf das Beamtenrecht und die personelle Zusammensetzung der deutschen Beamtenschaft. 1992.

Band 106 Andreas Rohde: Die Garantiehaftung des Vermieters und ihr Verhältnis zum Unmöglichkeitsrecht in dogmengeschichtlicher und modernrechtlicher Sicht. 1992.

Band 107 Tjark Siefke Kunstreich: Gesamtvertretung. Eine historisch-systematische Darstellung. 1992.

Band 108 Jürgen Krüger: Blindheit und Königtum. Die Blindheit des Königs Georg V. von Hannover als verfassungsrechtliches Problem. 1992.

Band 109 Wolfgang Putschek: Ständische Verfassung und autoritäre Verfassungspraxis in Österreich 1933-1938 mit Dokumentenanhang. Verfassung und Verfassungswirklichkeit. Mit einem Anhang: Denkschriften von Rechtsanwalt Dr. Erich Führer 1936/37. 1993.

Band 110 Klaus Hofmann: Die Verdrängung der Juden aus öffentlichem Dienst und selbständigen Berufen in Regensburg 1933-1939. 1993.

Band 111 Franz Kilger: Die Entwicklung des Telegraphenrechts im 19. Jahrhundert mit besonderer Berücksichtigung der technischen Entwicklung. Telegraphenrecht im 19. Jahrhundert. 1993.

Band 112 Wilhelm Brauneder (Hrsg.): Heiliges Römisches Reich und moderne Staatlichkeit. 1993.

Band 113 Thomas Heinrich: Das preußische Nichtehelichenrecht: Von der Aufklärung zur Reaktion. 1993.

Band 114 Gerald Kohl: Jagd und Revolution. Das Jagdrecht in den Jahren 1848 und 1849. 1993.

Band 115 Christian Schudnagies: Der Kriegs- oder Belagerungszustand im Deutschen Reich während des Ersten Weltkrieges. Eine Studie zur Entwicklung und Handhabung des deutschen Ausnahmezustandsrechts bis 1918. 1994.

Band 116 Elisabeth Bellmann: Die Internationale Kriminalistische Vereinigung (1889-1933). 1994.

Band 117 Julia Pfannkuch: Volksrichterausbildung in Sachsen 1945-1950. 1993.

Band 118 Jörg Offen: Von der Verwaltungsgemeinschaft des BGB von 1896 zur Zugewinngemeinschaft des Gleichberechtigungsgesetzes von 1957. 1994.

Band 119 Dorothee Kohlhas-Müller: Untersuchungen zur Rechtsstellung Theoderichs des Großen. 1995.

Band 120 Monika Rose: Das Gerichtswesen des Herzogtums Pfalz-Zweibrücken im 18. Jahrhundert. Ein Beitrag zur territorialen Gerichtsbarkeit im Alten Reich. 1994.

Band 121 Jörn Eckert / Hans Hattenhauer (Hrsg.): Bibel und Recht. Rechtshistorisches Kolloquium 9. - 13. Juni 1992 an der Christian-Albrechts-Universität zu Kiel. 1994.

Band 122 Robert Martin Mizia: Der Rechtsbegriff der Autonomie und die Begründung des Privatfürstenrechts in der deutschen Rechtswissenschaft des 19. Jahrhunderts. 1995.

Band 123 Walther Graf von Plettenberg: Das Fortleben des Liber Iudiciorum in Asturien/León (8.-13. Jh.). 1994.

Band 124 Wolfgang Schulz: Das deutsche Börsengesetz. Die Entstehungsgeschichte und wirtschaftlichen Auswirkungen des Börsengesetzes von 1896. 1994.

Band 125 Frank Hagemann: Der Untersuchungsausschuß Freiheitlicher Juristen. 1949-1969. 1994.

Band 126 Andreas Rethmeier: "Nürnberger Rassegesetze" und Entrechtung der Juden im Zivilrecht. 1995.

Band 127 Edith Grether: Die Poesie der Throne. Die Juristen in der Fruchtbringenden Gesellschaft. 1995.

Band 128 Anna Bartels-Ishikawa: Der Lippische Thronfolgestreit. Eine Studie zu verfassungsrechtlichen Problemen des Deutschen Kaiserreiches im Spiegel der zeitgenössischen Staats. 1995.

Band 129 Jörg Schmidt: Otto Koellreutter 1883-1972. Sein Leben, sein Werk, seine Zeit. 1995.

Band 130 Christian Hattenhauer: Wahl und Krönung Franz II. AD 1792. Das Heilige Reich krönt seinen letzten Kaiser - Das Tagebuch des Reichsquartiermeisters Hieronymus Gottfried von Müller und Anlagen. 1995.

Band 131 Jutta v. der Decken: Das Seearbeitsrecht im Hamburger Stadtrecht von 1301 bis 1603. 1995.

Band 132 Detlev Schmidt: Die Reform des Rechts der Handelsvertreter von 1953. 1995.

Band 133 Gabi Roßdeutscher: Privatautonomie im Scheidungsrecht. Scheidungsbezogene Vereinbarungen in den letzten 200 Jahren. 1995.

Band 134 Harald Kahlenberg: Leben und Werk des Rechtshistorikers Walther Merk. Ein Beispiel für das Verhältnis von Rechtsgeschichte und Nationalsozialismus. 1995.

Band 135 Michael Steitz: Adelbert Düringer am Reichsgericht (1902-1915). Seine aktienrechtlichen Entscheidungen und sein Einfluß auf das Aktienrecht in Deutschland. 1995.

Band 136 Christian Becker: Beata Justorum Translatio. Juristen in schleswig-holsteinischen Leichenpredigten. 1996.

Band 137 Christoph Seiler: Vom Allgemeinen Landrecht zum Bürgerlichen Gesetzbuch. Dargestellt am Beispiel der höchstrichterlichen Judikatur zum kaufrechtlichen Sachmängelgewährleistungsrecht. 1996.

Band 138 Bernd Mayer: Die Vertrauensmännerausschüsse auf den preußischen Steinkohlegruben an der Saar. Entstehung und Wirken. Eine rechtshistorische Untersuchung. 1996.

Band 139 Rochus Scholl: Juden und Judenrecht im Herzogtum Pfalz-Zweibrücken. Ein Beitrag zur Rechtsgeschichte eines deutschen Kleinstaates am Ende des alten Reiches. 1996.

Band 140 Meike Bursch: Judentaufe und frühneuzeitliches Strafrecht. Die Verfahren gegen Christian Treu aus Weener/Ostfriesland 1720-1728. 1996.

Band 141 Markus Hillenbrand: Fürstliche Eheverträge. Gottorfer Hausrecht 1544-1773. 1996.

Band 142 Ulf Häder: Das gemeinschaftliche Oberappellationsgericht thüringischer Staaten in Jena. Ein Beitrag zur Geschichte des Gerichtswesens im 19. Jahrhundert. 1996.

Band 143 Andreas Bauer: Das Gnadenbitten in der Strafrechtspflege des 15. und 16. Jahrhunderts. Dargestellt unter besonderer Berücksichtigung von Quellen der Vorarlberger Gerichtsbezirke Feldkirch und des Hinteren Bregenzerwaldes. 1996.

Band 144 Christian Wirth: Der Jurist Johann Andreas Georg Friedrich Rebmann zwischen Revolution und Restauration. 1996.

Band 145 Stefanie Müller: Die Rechtsprechung des Hanseatischen Oberlandesgerichts zum persönlichen Eherecht in Hamburgischen Gerichtsfällen von 1879-1900. 1996.

Band 146 Jean-Nicolas Morisset: Der Frachtvertrag in der *Ordonnance de la marine* von 1681. 1996.

Band 147 Dirk Lentfer: Die Glogauer Landesprivilegien des Andreas Gryphius von 1653. 1996.

Band 148 Wencke Mull: Die Haftung für Einsturzschäden nach den §§ 836-838 BGB in der Rechtsprechung des Reichsgerichts. 1996.

Band 149 Renate Zelger: Teufelsverträge. Märchen, Sage, Schwank, Legende im Spiegel der Rechtsgeschichte. 1996.

Band 150 Guido Kraß: Das Arrestverfahren in Frankfurt am Main im Spätmittelalter. 1996.

Band 151 F. Benedict Heyn: Die Entwicklung des Eisenbahnfrachtrechts von den Anfängen bis zur Einführung des Allgemeinen Deutschen Handelsgesetzbuches (ADHGB). 1996.

Band 152 Thomas Lang: Die Staats- und Verfassungslehre Carl Salomo Zachariaes. 1996.

Band 153 Michael Hebeis: Karl Anton von Martini (1726-1800). Leben und Werk. 1996.

Band 154 Gerald Hubert: Die Diskussion um die rechtliche Natur der Bizone in den Jahren 1947-1949. 1996.

Band 155 Christof Horn: Die Rechtsprechung des Reichsgerichts in Ehescheidungssachen der Jahre 1900 bis 1905. 1996.

Band 156 Hermann Nehlsen / Georg Brun (Hrsg.): Münchener rechtshistorische Studien zum Nationalsozialismus. 1996.

Band 157 Jan Otto Clemens Kehrberg: Die Entwicklung des Elektrizitätsrechts in Deutschland. Der Weg zum Energiewirtschaftsgesetz von 1935. 1997.

Band 158 Johannes Tradt: Der Religionsprozeß gegen den Zopfschulzen (1791-1799). Ein Beitrag zur protestantischen Lehrpflicht und Lehrzucht in Brandenburg-Preußen gegen Ende des 18. Jahrhunderts. 1997.

Band 159 Dietmar Olsen: Das kaufrechtliche Sachmängelgewährleistungsrecht des Code civil in der Rechtsprechung deutscher Gerichte im 19. Jahrhundert. Ein Beitrag zur Ablösung der Partikularrechte durch das BGB. 1997.

Band 160 Ulrich Bernhardt: Die Deutsche Akademie für Staats- und Rechtswissenschaft „Walter Ulbricht" 1948-1971. 1997.

Band 161 Claudia Susan Hoppe: Die Bürgschaft im Rechtsleben Hamburgs von 1600 bis 1900. 1997.

Band 162 Franz-Rudolf Ecker: Die Entwicklung des Bergrechts im Saarbrücker Steinkohlenrevier bis zum Ende des 18. Jahrhunderts. Ein Vergleich mit dem älteren deutschen Bergrecht. 1997.

Band 163 Anne Katrin Rückert: Politik und Privatrecht in der „konservativen Revolution". 1997.

Band 164 Gisbert Laube: Der Reichskunstwart. Geschichte einer Kulturbehörde 1919-1933. 1997.

Band 165 Nicolas Lührig: Die Diskussion über die Reform der Juristenausbildung von 1945 bis 1995. 1997.

Band 166 Regula Gerber Jenni: Die Emanzipation der mehrjährigen Frauenzimmer. Frauen im bernischen Privatrecht des 19. Jahrhunderts. 1997.

Band 167 Mischa A. Färber: Das gemeinschaftliche Testament in der höchstrichterlichen Rechtsprechung zum Allgemeinen Preußischen Landrecht und zum BGB. Ein Beitrag zur Ablösung der Partikularrechte durch das BGB. 1997.

Band 168 Catherine Antoinette Gasser: Philipp Lotmar 1850-1922. Professor der Universität Bern. Sein Engagement für das Schweizerische Arbeitsrecht. 1997.

Band 169 Lars Immisch: Der sozialistische Richter in der DDR und seine Unabhängigkeit. Der Versuch eines Rechtsvergleiches zum Unabhängigkeitsbegriff in der bundesdeutschen Rechtsordnung. 1997.

Band 170 Jessica Jacobi: Besitzschutz vor dem Reichskammergericht. Die friedenssichernde Funktion der Besitzschutzklagen am Reichskammergericht im 16. Jahrhundert, dargestellt anhand von Kameralisten. 1998.

Band 171 Ewald Hügemann: Die Geschichte des öffentlichen und privaten Mietpreisrechts vom Ersten Weltkrieg bis zum Gesetz zur Regelung der Miethöhe von 1974. 1998.

Band 172 Lutz Rentzow: Die Entstehungs- und Wirkungsgeschichte der Vernewerten Landesordnung für das Königreich Böhmen von 1627. 1998.

Band 173 Sabine Stürmer: Mühlenrecht im Herzogtum Pfalz-Zweibrücken während des 18. Jahrhunderts. Ein Beitrag zum Wirtschaftsrecht eines deutschen Kleinstaates im Alten Reich. 1998.

Band 174 Mario Bogisch: *Nemo testis in re sua*. Das Problem der Zeugnisfähigkeit bei der Anwendung der deutschen Zivilprozeßordnung von 1877. 1998.

Band 175 Rainer Oßwald: Pactane sunt servanda? Freiwilligkeit, Zwang und Unverbindlichkeitserklärungen im islamischen Vertragsrecht malikitischer Schule. 1998.

Band 176 Bettina Kern: Der preußische BGB-Entwurf von 1842. 1998.

Band 177 Inken Fuhrmann: Die Diskussion über die Einführung der fakultativen Zivilehe in Deutschland und Österreich seit Mitte des 19. Jahrhunderts. 1998.

Band 178 Annette Rieck: Der Heilige Ivo von Hélory (1247-1303). Advocatus pauperum und Patron der Juristen. 1998.

Band 179 Frank Bottenberg: Die Hamburgische Strafprozeßordnung von 1869. 1998.

Band 180 Matthias Krauß: Das kursächsische Postrecht von seinen Anfängen bis zum Ende des Alten Reichs. 1998.

Band 181 Torsten Schmidt: Die Entmündigung von den Anfängen des BGB bis zu ihrer Ablösung durch das Institut der Betreuung. 1998.

Band 182 Christian Nunn: Rudolf Müller-Erzbach. 1874-1959. Von der realen Methode über die Interessenjurisprudenz zum kausalen Rechtsdenken (Leben und Werk). 1998.

Band 183 Christian Ortloff: Das staatskirchenrechtliche System Wilhelm Traugott Krugs. Glaubens- und Gewissensfreiheit – eine Forderung der Vernunft. 1998.

Band 184 Christian Hattenhauer: Schuldenregulierung nach dem Westfälischen Frieden. Der sog. § *de indaganda* und seine Umsetzung im Jüngsten Reichsabschied (AD 1648 und 1654). 1998.

Band 185 Werner Schubert: Preußen im Vormärz. Die Verhandlungen der Provinziallandtage von Brandenburg, Pommern, Posen, Sachsen und Schlesien sowie – im Anhang – von Ostpreußen, Westfalen und der Rheinprovinz (1841-1845). 1998.

Band 186 Silvia Schumacher: Das Rechtsverhältnis zwischen Eltern und Kindern in der Privatrechtsgeschichte. 1999.

Band 187 Kai Sommer: Die Strafbarkeit der Homosexualität von der Kaiserzeit bis zum Nationalsozialismus. Eine Analyse der Straftatbestände im Strafgesetzbuch und in den Reformentwürfen (1871-1945). 1998.

Band 188 Jan Erik Backhaus: Volksrichterkarrieren in der DDR. 1999.

Band 189 Ralf Ruhnau: Die Fürstlich Thurn und Taxissche Privatgerichtsbarkeit in Regensburg. Ein Kuriosum der deutschen Rechtsgeschichte. 1999.

Band 190 Antonio Grilli: Die französische Justizorganisation am linken Rheinufer 1797-1803. 1999.

Band 191 Stephanie Kammerloher-Lis: Die Entstehung des Gesetzes über die religiöse Kindererziehung vom 15. Juli 1921. 1999.

Band 192 Jan Telp: Ausmerzung und Verrat. Zur Diskussion um Strafzwecke und Verbrechensbegriffe im Dritten Reich. 1999.

Band 193 Kurt von Pannwitz: Die Entstehung der Allgemeinen Deutschen Wechselordnung. Ein Beitrag zur Geschichte der Vereinheitlichung des deutschen Zivilrechts im 19. Jahrhundert. 1999.

Band 194 Sylvia Busch: Die Entstehung der Allgemeinen Gerichtsordnung für die Preussischen Staaten von 1793/95. Ein Beitrag zur Geschichte der Kodifikationsbewegung und der Reform des Zivilprozesses in Preußen im 18. Jahrhundert. 1999.

Band 195 Dirk Bieresborn: Klage und Klageerwiderung im deutschen und englischen Zivilprozeß. Eine rechtshistorische und rechtsvergleichende Untersuchung unter besonderer Berücksichtigung der Beeinflussung durch das römisch-kanonische Verfahren. 1999.

Band 196 Andreas Thier / Guido Pfeifer / Philipp Grzimek (Hrsg.): Kontinuitäten und Zäsuren in der Europäischen Rechtsgeschichte. Europäisches Forum Junger Rechtshistorikerinnen und Rechtshistoriker München 22.-24. Juli 1998. 1999.

Band 197 Franz Smola: Die Fürstlich Liechtenstein'sche Kunstsammlung. Rechtsfragen zur Verbringung der Sammlung von Wien nach Vaduz in den Jahren 1944/45. 1999.

Band 198 Frank Martin Krauss: Das geteilte Eigentum im 19. und 20. Jahrhundert. Eine Untersuchung zum Fortbestand des Teilungsgedankens. 1999.

Band 199 Matthias Frey: Die spanische Aktiengesellschaft im 18. Jahrhundert und unter dem Código de Comercio von 1829. 1999.

Band 200 Alexandra Gilde: Die Stellung der Frau im Reichsstrafgesetzbuch von 1870/71 und in den Reformentwürfen bis 1919 im Urteil der bürgerlichen Frauenbewegung. Eine Analyse ausgewählter Straftatbestände. 1999.

Band 201 Malte Dießelhorst / Arne Duncker: Hans Kohlhase. Die Geschichte einer Fehde in Sachsen und Brandenburg zur Zeit der Reformation. 1999.

Band 202 Jörg Hillmann: Territorialrechtliche Auseinandersetzungen der Herzöge von Sachsen-Lauenburg vor dem Reichskammergericht im 16. Jahrhundert. 1999.

Band 203 Carsten Engler: Die Kommanditgesellschaft (KG) und die stille Gesellschaft im Allgemeinen Deutschen Handelsgesetzbuch (ADHGB) von 1861. 1999.

Band 204 Vesta Hoffmann-Steudner: Die Rechtsprechung des Reichsgerichts zu dem Scheidungsgrund des § 49 EheG (EheG 1938) in den Jahren 1938-1945. 1999.

Band 205 Michaela Thiele: Die Auflösung von Arbeitsverhältnissen aufgrund Anfechtung und außerordentlicher Kündigung nach der Rechtsprechung des Reichsarbeitsgerichts (1927-1945). 2000.

Band 206 Peter Landau / Hermann Nehlsen / Mathias Schmoeckel (Hrsg.): Karl von Amira zum Gedächtnis. 1999.

Band 207 Marcus Flinder: Die Entstehungsgeschichte des Zivilgesetzbuches der DDR. 1999.

Band 208 Boris Franz Leo Bromm: Die Entstehungsgeschichte des Berufs des Handelsvertreters. Unter besonderer Berücksichtigung der Sozialgesetzgebung in den Jahren von 1871-1933. 2000.

Band 209 Winfried C. J. Eberstein: Das Tierschutzrecht in Deutschland bis zum Erlaß des Reichs-Tierschutzgesetzes vom 24. November 1933. Unter Berücksichtigung der Entwicklung in England. 1999.

Band 210 Patrick Deller: Der „nach dem Vertrage" vorausgesetzte Gebrauch (§ 459 Absatz 1 Satz 1 BGB). Eine kaufrechtliche Untersuchung unter Berücksichtigung rechtshistorischer wie rechtsvergleichender Grundlagen. 2000.

Band 211 Eckard Freiherr von Bodenhausen: Haftung des Geschäftsherrn für Verrichtungsgehilfen im Straßen- und Schienenverkehr. Eine Analyse der Entscheidungen des Reichsgerichts zu § 831 BGB (1900-1945). 2000.

Band 212 Birte Gast: Der Allgemeine Teil und das Schuldrecht des Bürgerlichen Gesetzbuchs im Urteil von Raymond Saleilles (1855-1912). 2000.

Band 213 Hansjörg Michael Huber: Koloniale Selbstverwaltung in Deutsch-Südwestafrika. Entstehung, Kodifizierung und Umsetzung. 2000.

Band 214 Ulf Björner: Die Verfassungsgerichtsbarkeit im Norddeutschen Bund und Deutschen Reich (1867-1918). Eine rechtshistorische Untersuchung über Gerichtsbarkeit im Spannungsfeld von Politik und Recht innerhalb der von Bismarck geschaffenen deutschen Bundesstaaten. 2000.

Band 215 Mathias Freiherr von Rosenberg: Friedrich Carl von Savigny (1779-1861) im Urteil seiner Zeit. 2000.

Band 216 Reinhard Binder-Krieglstein: Österreichisches Adelsrecht 1868-1918/19. Von der Ausgestaltung des Adelsrechts der cisleithanischen Reichshälfte bis zum Adelsaufhebungsgesetz der Republik unter besonderer Berücksichtigung des adeligen Namensrechts. 2000.

Band 217 Claudia-Regine Nerius: Johannes Lehmann-Hohenberg (1851-1925). Eine Studie zur völkischen Rechts- und Justizkritik im Deutschen Kaiserreich. 2000.

Band 218 Ludger Meuten: Die Erbfolgeordnung des Sachsenspiegels und des Magdeburger Rechts. Ein Beitrag zur Geschichte des sächsisch-magdeburgischen Rechts. 2000.

Band 219 Christoph Alexander von Wilcken: Die Reformbestrebungen zum Genossenschaftsgesetz in der Frühzeit der Bundesrepublik. Die Beratungen der Sachverständigenkommission zur Überprüfung des Genossenschaftsrechts 1954 bis 1958 und der Referentenentwurf von 1962. 2000.

Band 220 Verein Junger RechtshistorikerInnen Zürich (Hrsg.): ¿Rechtsgeschichte(n)? ¿Histoire(s) du droit? ¿Storia/storie del diritto? ¿Legal Histori(es)? Europäisches Forum Junger Rechtshistorikerinnen und Rechtshistoriker Zürich 28.-30. Mai 1999. 2000.

Band 221 Hans Christian Schüler: Die Entstehungsgeschichte der Bundesnotarordnung vom 24. Februar 1961. 2000.

Band 222 Nils-Eberhard Schramm: Die Vereinigung demokratischer Juristen (1949-1999). 2000.

Band 223 Silke Anke Torp: Das Rechtsverhältnis zwischen den Eltern und ihren Kindern. Dienstleistungspflicht, Aussteuer und Ausstattung. Eine Analyse der Rechtsprechung des Reichsgerichts und des Reichsarbeitsgerichts zu den Vorschriften der §§ 1616 bis 1625 des Bürgerlichen Gesetzbuches in der Zeit von 1900 bis 1945. 2000.

Band 224 Martin Jürgen Maaß: Die Geschichte des Eigentumsvorbehalts, insbesondere im 18. und 19. Jahrhundert. 2000.

Band 225 Stefanie Langer: Rechtswissenschaftliche Itinerarien. Lebenswege namhafter europäischer Juristen vom 11. bis zum 18. Jahrhundert. 2000.

Band 226 Ulrich Schmitz: Der Unterhaltsanspruch des nichtehelichen Kindes gegen seinen Erzeuger. Die rechtsgeschichtliche und dogmatische Entwicklung im deutschen Recht. 2000.

Band 227 Sebastian Günther: Friedrich Carl von Savigny als Grundherr. 2000.

Band 228 Henning Ibs: Hermann J. Held (1890-1963). Ein Kieler Gelehrtenleben in den Fängen der Zeitläufe. 2000.

Band 229 Matthias Rücker: Wirtschaftswerbung unter dem Nationalsozialismus. Rechtliche Ausgestaltung der Werbung und Tätigkeit des Werberats der deutschen Wirtschaft. 2000.

Band 230 Hendrik Sandmann: Die Entwicklung von Begriff und Inhalt des Wirtschaftchsrechts durch die Rechtswissenschaft in der Weimarer Republik. 2000.

Band 231 Sibylle Müller: Gibt es Menschenrechte bei Samuel Pufendorf? 2000.

Band 232 Karin Olechowski-Hrdlicka: Die gemeinsamen Angelegenheiten der Österreichisch-Ungarischen Monarchie. Vorgeschichte – Ausgleich 1867 – Staatsrechtliche Kontroversen. 2001.

Band 233 Johannes Mierau: Die juristischen Abschluß- und Diplomprüfungen in der SBZ/DDR. Ein Einblick in die Juristenausbildung im Sozialismus. 2001.

Band 234 Jörg Wolff (Hrsg.): Stillstand, Erneuerung und Kontinuität. Einsprüche zur Preußenforschung. 2001.

Band 235 Friedo Schröder: Die anwaltliche Tätigkeit während der nationalsozialistischen Herrschaft. Eine Analyse der anwaltlichen Argumentation in Zivilprozessen anhand der vorhandenen Prozeßakten der Landgerichte Frankenthal, Wiesbaden, Limburg und Frankfurt und der Handakten der *jüdischen Konsulenten* des OLG-Bezirks Frankfurt. 2001.

Band 236 Der Code pénal des Königreichs Westphalen von 1813 mit dem Code pénal von 1810 im Original und in deutscher Übersetzung. Herausgegeben und mit einer Einleitung versehen von Werner Schubert. 2001.

Band 237 Klaus Richter: Deutsches Kolonialrecht in Ostafrika 1885-1891. 2001.

Band 238 Kai von Lewinski: Deutschrechtliche Systembildung im 19. Jahrhundert. 2001.

Band 239 Alexander Herzog: Sittenwidrige Rechtsgeschäfte in der höchstrichterlichen Rechtsprechung aus den Jahren 1948-1965. 2001.

Band 240 Claudia Rönnau: Die Beratungen des Wasserrechtsausschusses der Akademie für Deutsches Recht zu einem Reichswassergesetz (1934-1941). Ein Beitrag zur Dogmatik der Begriffe *Gemeingebrauch* und *Sondergebrauch* in der Zeit des Nationalsozialismus. 2001.

Band 241 Momme Rohlack: Kriegsgesellschaften (1914-1918). Arten, Rechtsformen und Funktionen in der Kriegswirtschaft des Ersten Weltkrieges. 2001.

Band 242 Rolf Geyer: Der Gedanke des Verbraucherschutzes im Reichsrecht des Kaiserreichs und der Weimarer Republik (1871-1933). Eine Studie zur Geschichte des Verbraucherrechts in Deutschland. 2001.

Band 243 Felix Lorenz Benjamin Lehmann: Der Rote Adlerorden. Entstehung und rechtliche Grundlagen (1705-1918). 2002.

Band 244 Marc Ludwig: Der Pfändungsschutz für Lohneinkommen. Die Entstehungs- und Entwicklungsgeschichte der Vorschriften zum Schutz vor Lohnpfändung in Deutschland. 2001.

Band 245 Alexander Wachter: Dorfschule zwischen Pastor und Schulmeister. Zur Säkularisierung des niederhessischen Schulwesens im 19. Jahrhundert. 2001.

Band 246 Richard Scholz: Analyse der Entstehungsbedingungen der reichsgerichtlichen Aufwertungsrechtsprechung. Untersuchung unter besonderer Berücksichtigung der konservativen Geldpolitik der Reichsbank und der Inflationspolitik der Reichsregierung. 2001.

Band 247 Judith Laeverenz: Märchen und Recht. Eine Darstellung verschiedener Ansätze zur Erfassung des rechtlichen Gehalts der Märchen. 2001.

Band 248 Christina Schenk: Bestrebungen zur einheitlichen Regelung des Strafvollzugs in Deutschland von 1870 bis 1923. 2001.

Band 249 Nils Werner: Die Prozesse gegen die Landvolkbewegung in Schleswig-Holstein 1929/32. Ein Beitrag zur Justizkritik in der späten Weimarer Republik. 2001.

Band 250 Wolfgang Walter: Das Duell in Bayern. Ein Beitrag zur bayerischen Strafrechtsgeschichte. 2002.

Band 251 Jörn Eckert / Kjell Å. Modéer (Hrsg.): Geschichte und Perspektiven des Rechts im Ostseeraum. Erster Rechtshistorikertag im Ostseeraum 8.–12. März 2000. 2001.

Band 252 Jan Könighaus: Die Inauguration der Christian-Albrechts-Universität zu Kiel 1665. Symbolgehalt und rechtliche Bedeutung des Universitätszeremoniells. 2002.

Band 253 Andreas Görgen: Rechtssprache in der Frühen Neuzeit. Eine vergleichende Untersuchung der Fremdwortverwendung in Gesetzen des 16. und 17. Jahrhunderts. 2002.

Band 254 Ralf Schäfer: Die Rechtsstellung der Haigerlocher Juden im Fürstentum Hohenzollern-Sigmaringen von 1634-1850. Eine rechtsgeschichtliche Untersuchung. 2002.

Band 255 Regine Schmalhorst: Die Tierhalterhaftung im BGB von 1896. Die Entstehung und Änderung des § 833 BGB sowie eine Analyse der Rechtsprechung des Reichsgerichts bis 1908. 2002.

Band 256 Thomas Hense: Konrad Beyerle. Sein Wirken für Wissenschaft und Politik in Kaiserreich und Weimarer Republik. 2002.

Band 257 Christian Mahlmann: Die Strafrechtswissenschaft der DDR. Klassenkampftheorie und Verbrechenslehre. 2002.

Band 258 Henning Kahmann: Die Bankiers von Jacquier & Securius 1933–1945. Eine rechtshistorische Fallstudie zur "Arisierung" eines Berliner Bankhauses. Mit einem Geleitwort von John Kornblum. 2002.

Band 259 Volker Friedrich Drecktrah: Die Gerichtsbarkeit in den Herzogtümern Bremen und Verden und in der preußischen Landdrostei Stade von 1715 bis 1879. 2002.

Band 260 Andreas Klass: Standes- oder Leistungselite? Eine Untersuchung der Karrieren der Wetzlarer Anwälte des Reichskammergerichts (1693-1806). 2002.

Band 261 Wolfgang Eder: Das italienische Tribunale Speciale per la Difesa dello Stato und der deutsche Volksgerichtshof. Ein Vergleich zwischen zwei politischen Gerichtshöfen. 2002.

Band 262 Albrecht Cordes / Bernd Kannowski (Hrsg.): Rechtsbegriffe im Mittelalter. 2002.

Band 263 Thomas Hildebrandt: Die Brandenburgischen Provinziallandtage von 1841, 1843, und 1845 anhand ausgewählter Verhandlungsgegenstände. 2002.

Band 264 Jan Finzel: Georg Adam Struve (1619-1692) als Zivilrechtler. 2003.

Band 265 Björn Carsten Frenzel: Das Selbstverständis der Justiz nach 1945. Analyse der Rolle der Justiz unter Berücksichtigung der Reden zur *Wiedereröffnung* der Bundes- und Oberlandesgerichte. 2003.

Band 266 Nils Reichhelm: Die marxistisch-leninistische Staats- und Rechtstheorie Karl Polaks. 2003.

Band 267 Raik Schneider: Altrechtliche Personenzusammenschlüsse. Ihre Entwicklung unter besonderer Berücksichtigung des Rechts des Großherzogtums Sachsen-Weimar-Eisenach sowie der Herzogtümer Sachsen-Meiningen und Sachsen-Gotha. 2003.

Band 268 Anke Meier: Die Geschichte des deutschen Konkursrechts, insbesondere die Entstehung der Reichskonkursordnung von 1877. 2003.

Band 269 Stefan Jens Jordan: Leben und Werk des Tübinger Rechtsprofessors Wilhelm Gottlieb Tafinger 1760-1813. 2003.

Band 270 Stefanie Hubig: Die historische Entwicklung des § 23 ZPO. Zum Ursprung und Fortleben des Vermögensgerichtsstandes im deutschen Prozeßrecht des 19. Jahrhunderts. 2003.

Band 271 Michael G. Perband: Der Grundsatz der freien Beweiswürdigung im Zivilprozeß (§ 286 ZPO) in der Rechtsprechung des Reichsgerichts. 2003.

Band 272 Mathias Bouveret: Die Stellung des Staatsoberhauptes in der parlamentarischen Diskussion und Staatsrechtslehre von 1848 bis 1918. 2003.

Band 273 Barbara Széchényi: Rechtliche Grundlagen bayerischer Zensur im 19. Jahrhundert. 2003.

Band 274 Sylvia Scharfenberg: Die Entstehungsgeschichte des Beurkundungsgesetzes vom 28. August 1969. 2003.

Band 275 Urte Nesemann: Die schwedische Familiengesetzgebung von 1734 bis zu den Reformgesetzen von 1915 bis 1920 und deren Einfluss auf die Gesetzgebungsprojekte der Weimarer Republik. Unter besonderer Berücksichtigung der Rechtsstellung der Frau und des unehelichen Kindes. 2003.

Band 276 Alexandra Brück: Die Polizeiordnung Herzog Christians von Braunschweig-Lüneburg vom 6. Oktober 1618. 2003.

Band 277 Torsten Landwehr: Das Kommissionsgeschäft in Rechtswissenschaft, Gesetzgebung und Rechtspraxis vom 16. bis zum Ende des 18. Jahrhunderts. 2003.

Band 278 Tassilo Wilhelm Maria Englert: Deutsche und italienische Zivilrechtsgesetzgebung von 1933–1945. Parallelen in der Rechtsetzung und gegenseitige Beeinflussung unter besonderer Berücksichtigung des Familien- und Erbrechts. 2003.

Band 279 Tobias Prang: Der Schutz der Versicherungsnehmer bei der Auslegung von Versicherungsbedingungen durch das Reichsgericht. 2003.

Band 280 Thorsten Lieb: Privileg und Verwaltungsakt. Handlungsformen der öffentlichen Gewalt im 18. und 19. Jahrhundert. 2004.

Band 281 Michael Rühling: Das Ladenschlussgesetz vom 28. November 1956. Vorgeschichte, Entstehung des Gesetzes und weitere Entwicklung. 2004.

Band 282 Kathrin Nawotki: Die schleswigsche Deichstavengerechtigkeit. Vom 17. Jahrundert bis in die Gegenwart. Eine gewohnheitsrechtliche Superfizies an nordfriesischen Deichgrundstücken und ihre Entwicklung. 2004.

Band 283 Erik Nils Voigt: Die Gesetzgebungsgeschichte der militärischen Ehrenstrafen und der Offizierehrengerichtsbarkeit im preußischen und deutschen Heer von 1806 bis 1918. 2004.

Band 284 Dorothea Riedi Hunold: Die Einführung der allgemeinen Wechselfähigkeit in der Schweiz in der zweiten Hälfte des 19. Jahrhunderts. Unter besonderer Berücksichtigung der politischen, wirtschaftlichen und sozialen Verhältnisse. 2004.

Band 285 Thomas Gergen: Pratique juridique de la paix et trêve de Dieu à partir du concile de Charroux (989–1250). Juristische Praxis der Pax und Treuga Dei ausgehend vom Konzil von Charroux (989–1250). 2004.

Band 286 Kathrin Bethkenhagen: Die Entwicklung des Luftrechts bis zum Luftverkehrsgesetz von 1922. 2004.

Band 287 Heiko Lüpkes: Die Verbrechen der Diener des Staats im Allgemeinen Landrecht für die Preußischen Staaten von 1794 und ihre Entwicklung zu den Vergehen und Verbrechen im Amte im Strafgesetzbuch für die Preußischen Staaten von 1851. 2004.

Band 288 Mirco Peter Hirsch: Von der Erbbescheinigung des Preußischen Rechts zum Erbschein des Bürgerlichen Gesetzbuchs. 2004.

Band 289 Bettina Günther: Die Behandlung der Sittlichkeitsdelikte in den Policeyordnungen und der Spruchpraxis der Reichsstädte Frankfurt am Main und Nürnberg im 15. bis 17. Jahrhundert. 2004.

Band 290 Seunghyeon Seong: Der Begriff der *nicht gehörigen Erfüllung* aus dogmengeschichtlicher und rechtsvergleichender Sicht. 2004.

Band 291 Steffen-Werner Meyer: Bemühungen um ein Reichsgesetz gegen den Büchernachdruck. Anläßlich der Wahlkapitulation Leopolds II. aus dem Jahre 1790. 2004.

Band 292 Ulrich Löffler: Instrumentalisierte Vergangenheit? Die nationalsozialistische Vergangenheit als Argumentationsfigur in der Rechtsprechung des Bundesverfassungsgerichts. 2004.

Band 293 Norbert Koch: Die Entwicklung des deutschen privaten Immissionsschutzrechts seit Beginn der Industrialisierung. Unter besonderer Berücksichtigung des Einflusses der höchstrichterlichen Rechtsprechung. 2004.

Band 294 Julius Ludwig Pfeiffer: Das Tierschutzgesetz vom 24. Juli 1972. Die Geschichte des deutschen Tierschutzrechts von 1950 bis 1972. 2004.

Band 295 Bert-Hagen Strodthoff: Die richterliche Frage- und Erörterungspflicht im deutschen Zivilprozeß in historischer Perspektive. 2004.

Band 296 Tim Kannewurf: Die Höfeordnung vom 24. April 1947. Entstehungsgeschichte und Einordnung in die Entwicklung des Anerbenrechts. 2004.

Band 297 Steffi Heine: Die Methodendiskussion nach Inkrafttreten des Bürgerlichen Gesetzbuches und die Gründung des Vereins *Recht und Wirtschaft*. 2004.

Band 298 Anne Marlene Simon-Holtorf: Geschichte des Familienwahlrechts in Frankreich (1871 bis 1945). 2004.

Band 299 Jürgen Busch: Das Germanenbild der deutschen Rechtsgeschichte. Zwischen Wissenschaft und Ideologie. Mit einem Vorwort von Herwig Wolfram. 2004.

Band 300 Jan Kohlmann: Der Marsch zu den Gräbern von Karl und Rosa. Geschichte eines Gedenktages. 2004.

Band 301 Christian Rainer Schlicht: Die kumulative Schuldübernahme in der Rechtsprechung des Reichsgerichts und in der zeitgenössischen Literatur. 2004.

Band 302 Hans Peter Glöckner: Positive Vertragsverletzung. Die Geburt eines Rechtsinstituts. 2006.

Band 303 João Manuel Azevedo Alexandrino Fernandes: Die Theorie der Interpretation des Gesetzes bei Francisco Suárez. 2005.

Band 304 René Funk: Die Wahlprüfung der volksgewählten Abgeordneten der Volksvertretungen im Frühkonstitutionalismus. Eine Untersuchung der Wahlprüfung in den Kammern der Abgeordneten des Großherzogtums Baden, des Königreichs Württemberg und des Großherzogtums Hessen. 2005.

Band 305 Carolin O'Sullivan. Die Ahndung von Rechtsbrüchen der Seeleute im mittelalterlichen hamburgischen und hansischen Seerecht (1301–1482). 2005.

Band 306 Martin Jürgens: Staat und Reich bei Ernst Rudolf Huber. Sein Leben und Werk bis 1945 aus rechtsgeschichtlicher Sicht. 2005.

Band 307 Florian G. Dürselen: Franz Beyerle (1885–1977). Leben, Ära und Werk eines Rechtshistorikers. 2005.

Band 308 Kai Bandilla: Urheberrecht im Kaiserreich. Der Weg zum Gesetz betreffend das Urheberrecht an Werken der Literatur und Tonkunst vom 19. Juni 1901. 2005.

Band 309 Stefan Mieth: Die Entwicklung des Denkmalrechts in Preußen 1701–1947. 2005.

Band 310 Catharina Lodemann: Die Geschichte des französischen *acte de gouvernement*. 2005.

Band 311 Christina Wicke: Kodifikationsbestrebungen und Wissenschaft in Hessen-Darmstadt im vorkonstitutionellen Zeitalter. Zu der Beteiligung der Gießener Rechtsprofessoren an den Gesetzgebungsarbeiten in Hessen-Darmstadt in der Zeit zwischen 1769 und 1820. 2005.

Band 312 Christiane Chlosta: Nur dem Gesetz unterworfen? Eine rechtsgeschichtliche Untersuchung zu Idee und Wirklichkeit richterlicher Gesetzestreue unter besonderer Berücksichtigung der Aufwertungsrechtsprechung und des richterlichen Prüfungsrechts. 2005.

Band 313 Kathrin Dirr: Hoheitsrechtliche Streitigkeiten zwischen den Kölner Erzbischöfen und der Stadt Köln auf Grundlage reichskammergerichtlicher Verfahren des 16. und 17. Jahrhunderts. 2005.

Band 314 Michael Racky: Die Diskussion über Gewaltenteilung und Gewaltentrennung im Vormärz. 2005.

Band 315 Petra Thiemrodt: Die Entstehung des Staatshaftungsgesetzes der DDR. Eine Untersuchung auf der Grundlage von Materialien der DDR-Gesetzgebungsorgane mit zeitgeschichtlichen Bezügen. 2005.

Band 316 Julius F. Reiter: Entstehung und staatsrechtliche Theorie der italienischen *Carta del Lavoro*. 2005.

Band 317 André Book: Die Justizreform in der Frühzeit der Bundesrepublik. Die Beratungen der Kommission zur Vorbereitung einer Reform der Zivilgerichtsbarkeit in den Jahren 1955 bis 1961. 2005.

Band 318 Frank Zentz: Das amerikanische Strafverfahren als Element der Besatzungspolitik in Deutschland. Erziehung zur Demokratie durch den *Court of Appeals* 1948–1955. 2005.

Band 319 Friederike Quaisser: Mietrecht im 19. Jahrhundert. Ein Vergleich der mietrechtlichen Konzeptionen im Allgemeinen Landrecht für die Preußischen Staaten von 1794 und dem gemeinen Recht. 2005.

Band 320 Stefan Burghard: Professor Dr. Wilhelm Kahl – Leben zwischen Wissenschaft und Politik. 2005.

Band 321 Günter Baranowski: Die *Russkaja Pravda* – ein mittelalterliches Rechtsdenkmal. 2005.

Band 322 Christina Schneider: Die SS und „das Recht". Eine Untersuchung anhand ausgewählter Beispiele. 2005.

Band 323 Werner Schubert (Hrsg.): Zivilprozessreform in der Weimarer Zeit. Quellen zur Emminger-Zivilprozessverordnung vom 13.2.1924 und zu den Arbeiten der Zivilprozesskommission des Reichsjustizministeriums (1922–1930). Eingeleitet und herausgegeben von Werner Schubert. 2005.

Band 324 Felix Gaul: Der Jurist Rudolf Isay (1886–1956). Ein verantwortungsbewusster Vermittler im Spannungsfeld zwischen dynamischer Rechtsschöpfung, ökonomischem Wandel und technischem Fortschritt. 2005.

Band 325 Konstanze Braun: Dr. Otto Georg Thierack (1889–1946). 2005.

Band 326 Eckart Klein / Stefan Chr. Saar / Carola Schulze (Hrsg.): Zwischen Rechtsstaat und Diktatur. Deutsche Juristen im 20. Jahrhundert. 2006.

Band 327 Stefan Botor: Das *Berliner Sühneverfahren* – Die letzte Phase der Entnazifizierung. 2006.

Band 328 Andreas Köhler: Die Sorgerechtsregelungen bei Ehescheidung seit 1945. Scheidungsstrafe und verordnete Gemeinsamkeit. 2006

Band 329 Lars Düwel: Die Nichtigkeit und Anfechtbarkeit der Ehe in der Rechtsprechung des Reichsgerichts zwischen 1900 und 1945. 2006.

Band 330 Katalin Polgar: Das Oberappellationsgericht der vier freien Städte Deutschlands (1820–1879) und seine Richterpersönlichkeiten. 2007.

Band 331 Julia Schweitzer: Schiffer und Schiffsmann in den Rôles d'Oléron und im Llibre del Consolat de Mar. Ein Vergleich zweier mittelalterlicher Seerechtsquellen. 2007.

Band 332 Diana-Catharina Kurtz: Das Institut der Adoption im preußischen Allgemeinen Landrecht und im französischen Code civil zwischen Rezeption römisch-rechtlicher Prinzipien und verändertem Familienverständnis. 2006.

Band 333 Dino Joakim Duderstadt: Spiel, Wette und Differenzgeschäft (§§ 762–764 BGB) in der Rechtsprechung des Reichsgerichts und in der zeitgenössischen Literatur. 2007.

Band 334 Ronald Hoffmann: Die Domänenfrage in Thüringen. Über die vermögensrechtlichen Auseinandersetzungen mit den ehemaligen Landesherren in Thüringen nach dem Ersten Weltkrieg. 2006.

Band 335 Joachim Windmüller: *Ohne Zwang kann der Humanismus nicht existieren...* – „Asoziale" in der DDR. 2006.

Band 336 Sven Christian Gläser: Die Mediatisierung der Grafschaft Wertheim. Der juristische Kampf eines kleinen Reichsstandes gegen den Verlust der Landesherrschaft und seine Folgen. 2006.

Band 337 Benjamin Schleyer: Friedrich Wilhelm Bornemann (1798–1864). Eine Juristenkarriere im Preußen des 19. Jahrhunderts. 2006.

Band 338 Die Reform des Ehescheidungsrechts von 1976. Quellen zum Ersten Gesetz vom 14.6.1976 zur Reform des Ehe- und Familienrechts (Parlamentarische Ausschussprotokolle – Anglikanische Denkschrift von 1966 zur Scheidungsrechtsreform – Schlussabstimmung 1969 in der Eherechtskommission des Bundesministeriums der Justiz). Eingeleitet und herausgegeben von Werner Schubert. 2006.

Band 339 Andreas Feld: Das Bayerische Gesetz zum Schutz des Eigentums an Erzeugnissen der Literatur und Kunst gegen Nachdruck vom 15.04.1840. Vorgeschichte und Zustandekommen. 2007.

Band 340 Bernd Wörner: Adelbert Düringers Einfluß als Richter am Reichsgericht in Leipzig auf dem Gebiet des Personengesellschaftsrechts. 2007.

Band 341 Jan Jelle Kähler: Französisches Zivilrecht und französische Justizverfassung in den Hansestädten Hamburg, Lübeck und Bremen (1806–1815). 2007.

Band 342 Jörn Eckert / Pia Letto-Vanamo / Kjell Å. Modéer (Hrsg.): Juristen im Ostseeraum. Dritter Rechtshistorikertag im Ostseeraum 20.–22. Mai 2004. 2007.

Band 343 Ferdinand von Weyhe: A.E. Wassermann. Eine rechtshistorische Fallstudie zur „Arisierung" zweier Privatbanken. 2007.

Band 344 Martin Klaus Römermann: Kündigungen und Kündigungsschutz im Franquismus. 2007.

Band 345 Thomas Hoffmann: Der Landrechtsentwurf David Hilchens von 1599. Ein livländisches Rechtszeugnis polnischer Herrschaft. 2007.

Band 346 Ingo Ullmann: Die rechtliche Behandlung holsteinischer Leibeigener um die Mitte des 18. Jahrhunderts. Dargestellt unter besonderer Berücksichtigung der Schmoeler Leibeigenschaftsprozesse von 1738 bis 1743 sowie von 1767 bis 1777. 2007.

Band 347 Petra Fischer-Langosch: Die Entstehungsgeschichte des Familiengesetzbuches der DDR von 1965. 2007.

Band 348 Lasse O. Johannsen: Die rechtliche Behandlung ausreisewilliger Staatsbürger in der DDR. 2007.

Band 349 Ralf Schlottau: Deutsche Kolonialrechtspflege. Strafrecht und Strafmacht in den deutschen Schutzgebieten 1884 bis 1914. 2007.

Band 350 Hartwig Brandt / Ewald Grothe (Hrsg.): Rheinbündischer Konstitutionalismus. 2007.

Band 351 Nora Lutze: Der Verwandtenunterhalt nach den §§ 1601 bis 1603 und §§ 1610 bis 1612 BGB in der Rechtsprechung des Reichsgerichts. Unter Berücksichtigung der Entstehung des BGB. 2007.

Band 352 Frank Thiäner: Das Verhältnis von Aufsichtsrat und Abschlussprüfern in der rechtshistorischen Entwicklung bis 1937. 2007.

Band 353 Britta Heymann: Ernst Melsheimer (1897–1960). Eine juristische Karriere in verschiedenen staatlichen Systemen. Mitarbeiter im Preußischen Justizministerium in der Weimarer Republik, im Justizministerium Preußens und des Reiches sowie Richter am Kammergericht in der NS-Zeit und Erster Generalstaatsanwalt der Deutschen Demokratischen Republik. 2007.

Band 354 Susanne Adlberger: Wilhelm Kisch – Leben und Wirken (1874–1952). Von der Kaiser-Wilhelms-Universität Straßburg bis zur nationalsozialistischen Akademie für Deutsches Recht. 2007.

Band 355 Moritz Waibel: Josef Berchtold (1833–1894). Ein Leben gegen den Ultramontanismus. 2007.

Band 356 Aline Levin: Erinnerung? Verantwortung? Zukunft? Die Beweggründe für die gemeinsame Entschädigung durch den deutschen Staat und die deutsche Industrie für historisches Unrecht. 2007.

Band 357 Ferdinand Krause: Die hergebrachten Grundsätze des Berufsbeamtentums. Eine rechtshistorische Analyse. 2008.

Band 358 André Tiebel: Die Entstehung der Schutztruppengesetze für die deutschen Schutzgebiete Deutsch-Ostafrika, Deutsch-Südwestafrika und Kamerun (1884–1898). 2008.

Band 359 Holger Ruff: Sittenwidrige Rechtsgeschäfte in der späten Kaiserzeit. Die Entwicklung der reichsgerichtlichen Rechtsprechung zu § 138 BGB von 1900 bis 1914. 2007.

Band 360 Frank Rohrer: Strafjustiz im Dritten Reich und in der SBZ/DDR. Die personelle und organisatorische Neuordnung des Justizapparates in den totalitären Diktaturen (1933–1955) mit ihren Auswirkungen auf die Rechtsprechung zum politischen Strafrecht. 2007.

Band 361 Hans-Georg Knothe / Marc Liebmann (Hrsg.): Gerichtskultur im Ostseeraum. Vierter Rechtshistorikertag im Ostseeraum. 18.–20. Mai 2006 in Greifswald. 2007.

Band 362 Christina Meß: Das Vertragsrecht bei Adam Smith. 2008.

Band 363 Quellen zur dänischen Rechts- und Verfassungsgeschichte (12.–20. Jahrhundert). Herausgegeben von Ditlev Tamm, Werner Schubert und Jens Ulf Jørgensen. 2008.

Band 364 Günter Baranowski: Die Gerichtsurkunde von Pskov. 2008.

Band 365 Mark Spengler: Die Entstehung des Scheckgesetzes vom 11. März 1908. 2008.

Band 366 Ivan Biliarsky / Radu G. Păun (eds./éds.): The Biblical Models of Power and Law. Les modèles bibliques du pouvoir et du droit. Papers of the International Conference, Bucharest, New Europe College 2005. Actes du colloque international, Bucarest, New Europe College 2005. 2008.

Band 367 Thomas A. Roth: Ausgestaltungen der Rechtsfähigkeit im 19. und 20. Jahrhundert. Zur Rechtspersönlichkeit natürlicher Personen in den bedeutenden deutschen Zivilrechtsordnungen. 2008.

Band 368 Björn Alexander Rautenberg: Der Fiskal am Reichskammergericht. Überblick und exemplarische Untersuchungen vorwiegend zum 16. Jahrhundert. 2008.

Band 369 Thorsten Miederhoff: *Man erspare es mir, mein Juristenherz auszuschütten.* Dr. iur. Kurt Tucholsky (1890–1935). Sein juristischer Werdegang und seine Auseinandersetzung mit der Weimarer Strafrechtsreformdebatte am Beispiel der Rechtsprechung durch Laienrichter. 2008.

Band 370 Philipp Nordloh: Kölner Zunftprozesse vor dem Reichskammergericht. 2008.

www.peterlang.de

Kathrin Dirr

Hoheitsrechtliche Streitigkeiten zwischen den Kölner Erzbischöfen und der Stadt Köln auf Grundlage reichskammergerichtlicher Verfahren des 16. und 17. Jahrhunderts

Frankfurt am Main, Berlin, Bern, Bruxelles, New York, Oxford, Wien, 2005.
199 S., 1 Abb., 4 Graf.
Rechtshistorische Reihe. Verantwortlicher Herausgeber: Bernhard Diestelkamp.
Bd. 313
ISBN 978-3-631-53983-5 · br. € 41.10*

Gegenstand der Untersuchung ist die Rechtsstellung der Stadt Köln gegenüber den Kölner Erzbischöfen. Zu diesem Zweck werden anhand reichskammergerichtlicher Verfahren des 16. und 17. Jahrhunderts die Streitpunkte der Parteien aufgezeigt und einer inhaltlichen Analyse unterzogen. Es wird ein Überblick über das in den zugrundegelegten Verfahren streitige Vorbringen der Parteien für und gegen die reichsunmittelbare Stellung der Stadt gegeben. Von zentraler Bedeutung ist dabei die Frage nach der Jurisdiktionshoheit im Kölner Burgbann. Die Rechtsauffassung des Reichskammergerichts wird anhand von Urteilen und Mandatsbefehlen herausgearbeitet. Obwohl die Argumentation der Erzbischöfe stets in sich schlüssig und überzeugend, die der Stadt hingegen zum Teil widersprüchlich war, erkannte das Reichskammergericht die reichsunmittelbare Stellung der Stadt und deren Jurisdiktionsgewalt im Kölner Burgbann an.

Aus dem Inhalt: Die Rechtsstellung der Stadt Köln gegenüber den Kölner Erzbischöfen · Das „Reichsstadtprivileg" Kaiser Friedrich III. · Huldigung und Einreiten · Die Reichsstandschaft der Stadt Köln und ihre Eintragung in die Reichsmatrikel · Die städtische Teilnahme an den Kreistagen · Die städtische Autonomie · Der „Große Schied" als Urkundenbeweis · Rekonstruktion der reichskammergerichtlichen Rechtsauffassung · u.v.m.